新・MINERVA
福祉ライブラリー
31

社会保障制度の高齢化への挑戦

世代間の連帯契約で新たな制度を構築する

アンヌ＝マリー・ギルマール 著　藤森宮子 監訳

ミネルヴァ書房

Cet ouvrage a bénéficié du soutien des Programmes d'aide à la publication de l'Institut français.
本書は，アンスティチュ・フランセ・パリ本部の出版助成プログラムの助成を受けています。

Originally published in France as:
Les Défis du Vieillissement. Age emploi, retraite: perspectives internationales, second edition.
by Anne-Marie GUILLEMARD
Copyright © Armand-Colin, Paris, 2010
ARMAND-COLIN is a trademark of DUNOD Editeur-11, rue Paul Bert-92230 MALAKOFF
Japanese translation rights arranged with
Dunod Editeur S. A.
through Japan UNI Agency, Inc., Tokyo

日本語版への序文

　20世紀末の30年間に生じた，寿命の伸長と出生率の低下を伴う重大な人口動態の変化により，人口の高齢化は，世界の公的機関が懸念し熟慮すべき主要なテーマの1つとなった。まず先進国に及んでいたこの現象は，21世紀の幕開けには地球全体に拡大するに至る。

　本書は，高齢化に挑戦するために採択された公共政策を，国際比較に基づいて分析しようと試みる。この新たな人口動態の状況において，社会会計の均衡を取り戻すために実施された年金制度の改革については，多くが語られている。しかし，これらの改革だけでは，我々の先進国社会がこの大規模な人口動態の変化に適応するには不十分であることはわかっている。年金改革はせいぜい，部分的な解決策にすぎない。高齢化を相伴った寿命の延長は，さまざまな次元で社会全体に影響を与えるからである。我々の働き方や，人生行路の社会生活時間を教育・仕事・余暇時間で配分する方法，また世代間の新たな形の連帯を構想し，所得移転のシステムを編成する方法は，根本的に変化した。したがって，政治的対策は必然的に多次元的でなければならない。それらの対策は，世代間の公平を回復するべく所得移転システムの均衡を立て直す行動と同様に，健全な活力ある高齢化を促進する労働と雇用政策の実施を必要とする。さもなくば，人口の高齢化は，たとえ年金や医療に費やされた公共支出が，国内総生産の常に増加する部分で吸収されるにしても，経済成長と社会の結束に深刻な影響を与えるおそれがある。

　本書では，先進国で実施されている多様な公共政策を比較する。その成果を評価することにより，高齢化の難問に立ち向かうために最も効果的な政治戦略を特定することが可能となる。この点で，日本は特に興味深い，また行動のために有益な教訓を示す事例となっている。日本は極めて早い段階から高齢化に備えてきたが，それはおそらく，急激な人口ショックが追い風となったきらいもあっただろう。ある国において高齢者が7％から14％に増加する，すなわち65歳以上の人々の割合が倍増するに要する時間について，欧州では長い過程（フランスでは115年，スウェーデンでは85年）を経るものであったが，日本ではわずか25年でこの問題に直面しなくてはならなかった点に留意しよう。したがって日本は，国を脅かす深刻な人口上の課題を把握し，対応するための積極的かつ一貫した公共政策を早急に実施しなければならなかった。日本が選んだ道は，企業，経済，国にとって，50歳以上の人々が占める莫大な潜在的人的資源を最大限に活用することであった。この選択は，人口ショックを社会の新たな好機に転換する目的で，活力ある高齢化と高齢者雇用の拡大を目指す政策の採用とな

って現れた。この政策の成果はまさに典型的なものである。今日，日本は55-64歳の就業率が最も高いOECD加盟国の1つに数えられる。日本は就労年齢人口が世界で最高齢の国のひとつでありながら，1996年以来，この指標上でOECD諸国のトップに君臨し続けている。2015年，日本の55-64歳の就業率は70.4％であった。現在，この分野では74.4％のスウェーデンのみが日本を上回っており，欧州の平均はわずか52％に過ぎない。

　この分野における日本の成功の分析は，行動するために非常に重要な知識をもたらしてくれる。だからこそ筆者は，1994-1997年の期間から，この国で実施された公共政策の比較研究に注力したのである。当時，日本は活力ある高齢化の先駆者であった。日本の事例は間違いなく，雇用のための欧州戦略に影響を与えた。その戦略は2000年代から実施され，2010年を目処に55-64歳の就業率を引き上げる目標を設定することとなる。本書で展開される比較研究の結果は，活力ある高齢化の分野における日本の実績が，日本が実施できた多次元にわたる公的調整によるものであることを示している。日本は早い段階から，協調したやり方で，社会が高齢化および長引く低出生率に適応するための2つの主要な手段を作動させた。まず1960年代半ばから，年金制度改革が働き続けながら年金を受給する機会を拡大している。さらに，1994年の最近の大規模な年金改革は，公的年金の受給年齢を60歳から65歳に徐々に押し上げ，年配勤労者の労働供給の可能性を広げた。第2には，それに並行して，「高年齢者等の雇用の安定等に関する法律」とともに，積極的な公共雇用政策が1986年から実施された。それは，企業の競争力の追求と最高齢者の雇用維持の両立を支援するため，企業向けの奨励構造によって年配労働者の雇用拡大を促すことを目的としていた。この法律には二重の影響力があった。新たな雇用機会を開くことによって，年配勤労者に対する雇用主の労働需要と，年配勤労者の労働供給の両方を支え，刺激したのである。

　本書で行った公共政策の評価は，マクロ社会的レベルでの影響の分析にとどまるものではない。特に日仏のキャリア後半期の経営慣行を比較することにより，これらの政策が企業の経営慣行に影響を与えた方法を明らかにしようと試みたものである。大企業の事例研究が両国で実施された。研究チームを組んだ横浜市立大学の岡真人教授および山形大学の木村武司教授とともに1994年から1997年にかけて行ったこの比較研究の総括は，本書の第5章の主題となっている。公的行動の最も効果的な原動力を突き止めるだけでは不充分であるため，それがいかにして年齢管理の経営慣行の方向性を変えるのか，また高齢者の就労を大幅に延長させるに至るのかを理解する必要がある。この経営慣行に関する日仏の比較から，日本の雇用安定法の成功の主な要因の1つは，フランスの事例とは異なり，日本が実施した奨励策のメカニズムが適切，かつ有効であったからということが明らかとなった。これらの奨励策は，年配労働者の低い被雇用者能力や，年功序列型賃金体系に関連する相対コストなど，年配労働者を維持する上で企業が直面する主な障壁のいくつかを取り除くのに役に立った。この法律

はまた，年齢管理の再編成に必要な先を見通す長期的な視野を保持していた。この年齢管理の再編成は，労働力の高齢化および流動性や移動性，避けられない世代継承の新たな管理により急務となっている。

日本の公共政策およびそれに伴う経営慣行は，55-64歳の年齢層で比較的高い就業率を維持するのに役立ったが，一定の限界がないわけではない。日本労働研究機構から招待を受け，2000年と2001年に「21世紀のアクティブエイジングのための共同プログラム日本／米国／EU」に参加した際に，日本の公共政策の方向性，またそれがもたらすジレンマに関する理解を深めることができた。今日，日本の活力ある高齢化の成功は，2つの大きな限界に突き当たっているように思える。第1に，就労生活の延長が，非正規契約で低賃金で再雇用された高齢労働者の，一種の不安定さという犠牲の上で実施に至ったことである。第2に，ますます高齢化する労働力を活用するには，仕事の過酷さ，労働条件の改善，労働時間とリズムの調整，および教育研修の方式に多くの問題があることである。これらの問題は，職業生活にわたる雇用および労働の質の全体的な改善に焦点を当てることによってのみ克服することができる。この点で，北欧諸国は，2000年代初頭から，労働と雇用政策の分野において独自の対応策を開発することができた。これらの対応策について，本書では，スウェーデンとフィンランドの事例を通して分析する。これらの国々は，就労生活を著しく延長するとともに，あらゆる年齢の労働における福利厚生を向上させ，結果的に労働をより長期にわたって「持続可能な」ものとすることができた。増大する高齢労働者の雇用あるいは再雇用の機会を首尾よく確保したうえで，日本は必ずや，このような欧州の事例から，現在年配労働者の就労延長政策が突き当たっている限界を突破する手段を見出すことができよう。

国際比較の優れた利点は，本書が実践したように，高齢化に直面して各国が採用した独自の公共政策の選択肢が，年配労働者およびその雇用との関係，その社会的地位の定義にどう反映されているかを示せることである。これらの定義は，社会的影響のあるアクターたち全体によって，ある状況，ある時点で，共有される明瞭な「年齢文化」を形成する。したがって，本書は，さまざまな国々で実施されている諸方法を比べる単なる「ベンチマーキング」を記すにとどまらず，公共政策を社会の生活や制度の状況の中でとらえ直すことを可能とする。それゆえに，読者は自国で行われた政治的選択から距離を置き，相対化し，高齢化の難問に立ち向かうために可能な別の手段を発見することが可能になる。ケーススタディによる方式の採用で，分析に必要不可欠な文脈の掘り下げをすることができた。日本，フランス，スウェーデン，英国という対照的な4ヵ国が，分析を深める対象となった。また，オランダとフィンランドに関する調査が，これらの事例を補完することとなった。これらの国々は，欧州で長期にわたって支配的であった労働市場からの早期退出の傾向を反転させることができたからである。日本の読者は，自国にもたらされた解決策を，他の状況で考案された解

決策と照らし合わせ，相対的に見ることができるであろう。

　2010年にフランス語で出版された本書を日本の読者に提案するにあたり，日本語版にいくつかの改訂を施した。第1に，先進国の労働市場における年配勤労者の状況に関するデータ，また実施された公共政策に関する情報の両方において，2010年以降に生じた変化を考慮に入れ，全面的に更新した。第2に，「変化する退職」と題した原著の第3部第7章は日本語版から削除した。日本の読者層にとって，あまり得るところはないように思えたためである。事実，この章は，1990年代半ばまで欧州を席巻した労働市場からの早期退職措置，またそれが雇用と退職の間の移行の再整備に与えた影響について，欧州5ヵ国と米国の比較分析に焦点を当てたものであった。日本は労働市場からの早期退職制度を用いたことは一度もなかったため，この章に含まれる分析は不要であると思われた。それらの分析は，欧州における早期退出の大規模な行使が，多くの国において，退職への移行の様式と表現をどのように変換させたのかを示したもので，その上，これらの比較分析を扱った英文著作，*Times for Retirement*（退職すべき時）(Kohli, Rein, Guillemard (eds.), 1991) でもすでに対象にしていたからである。

　本書を読み終えた日本の読者の皆さんが，人口高齢化に適応するために自国が達成した著しい進歩の価値を評価することを期待したい。さらにまた，今日の高齢化・長寿化社会をすべての年齢の人のための社会へ，すなわち多様性により留意して，教育・雇用・引退のための世代間連帯の公平な契約を再構築できる社会をつくるために果たすべき道を見定めることも期待したい。確かに活力ある高齢化は，すべての高齢化社会にとって急務となっているが，だからといって他の年齢層と世代，特に若者を犠牲とするのであれば，何の解決にもならない。高齢化に適応することは，残念ながら多くの国で新たな貧困層となっている若者に，公平な地位を確保することでもある。本書で扱われた海外事例という迂回手段が，職場において多様な年齢間の協力や協働が生み出す重要性について，一人ひとり，市民，経営者，当局者を啓蒙できるよう望んでいる。実際，我々の高齢化社会はあまりにも長い間，いまだ未開発の成長源である人口の世代間管理の重要性をおろそかにしてきたように思える。しかし世代間の管理は，活力ある健全な高齢化に不可欠な手段たる，生涯にわたる個人の自律性と能力を支えると同時に，我々が必要とする世代間の連帯契約を再び築くことを可能とするであろう。

2016年4月16日

　　　　　　　　　　　　著者　Anne-Marie GUILLEMARD

［訳者注］
(i) 現在の名称は「独立行政法人　労働政策研究・研修機構」。同機構の主催で2000年12月5‐6日に東京でシンポジウム「ミレニアムプロジェクト—21世紀の活力ある高齢社会へ向けて—諸外国の高齢者雇用の実態と政策」が開催された。海外から米国，英国，フランス，ドイツ，オランダ，スウェーデンの研究者が招かれ，それに日本からも加わって，7ヵ国の研究者たちによる，実証事例に富む報告が次々に紹介された。なお，同プロジェクトは継続して，翌年2001年11月にも開催された。
(ii) マネジメント用語。優れた商品を売り出したり，業績の良い他社の手法を学んで，自社の品質の向上や企業改革を目指す方法。

目　次

日本語版への序文

第Ⅰ部　高齢化とその課題への考察

第1章　人口の高齢化と進む長寿化：
　　　　ライフサイクルに適した社会生活時間の新たな配分 …… 3

　雇用と退職のための世代間連帯の再考…3
　相互に矛盾する変動…6
　社会が年をとる：二つの高齢化…8
　人口の高齢化と年齢の社会的意味…10
　研究戦略としての国際比較…12
　比較分析の理論的枠組み…14
　本書の構成…21

第2章　労働市場におけるシニアたち：
　　　　キャリア後半期の不確実性 …………………………… 25

　シニアの労働市場への参加の低下…28
　キャリア後半期の脆弱化…48
　脆弱化の連鎖…57
　早期退職文化の構築における労働市場のアクターたち…67
　結　論…81

第Ⅱ部　年齢と労働：就労人口の高齢化の課題

第3章　キャリア後半期の就労に関する比較理論の構築 …… 87

　公共政策分析の核心，労働と社会保護をつなげる弁証法…88
　キャリア後半期の対照的な職業経歴の軌道が物語る，4種の公共政策の配置構造…95
　キャリア後半における，代表的な4つの軌道…98

公共政策の配置構造，年齢文化と典型的な軌道…101

第4章　公共政策の配置構造と 職業寿命の根源にある年齢文化 …………………………… 111

　　　大陸型レジーム：向老期就労者の雇用に反する保護体制。フランスの事例…112
　　　フランス：現役生活から早期退職の文化に閉じ込もり…116
　　　スウェーデン：向老期就労者の参入を促進する公共政策の配置構造…135
　　　日本：年配労働者の就労維持に関する公的規制…144
　　　英国：就労を市場の自由な働きに委ねる公共政策…157

第5章　労働力の高齢化に直面する企業 ……………………… 169

　　　高齢化と人手不足：新たな難問…170
　　　就労人口の高齢化の難問…170
　　　就労人口の収縮の難問…171
　　　人口ピラミッドの高齢化をしばしば人為的に引き起こした企業…172
　　　国によって規模が異なる重要課題…173
　　　年齢に関する企業の行動論理と公共政策：比較研究の視座…175
　　　公共政策に関する国の配置構造に対する会社の行動論理。
　　　　　　グローバルな比較研究アプローチ…177
　　　日本とフランスにおける公的手段に対する企業慣行…180
　　　経済活動アクターと国の連携：比較から学ぶこと…191

第6章　早期退職傾向を反転：改革の障害と革新 ………… 199

　　　改革が変えるもの，分析の概要へ…200
　　　新たな公的意思と制度上の障壁…204
　　　オランダとフィンランドで成功した改革の軌道…210
　　　比較研究からの教訓…223

第Ⅲ部　社会生活時間の変革と年金制度の変化

第7章　より柔軟なライフコース，社会保護への新たな挑戦　231

産業社会の3段階の時間性モデルの崩壊…231
ライフコースの脱制度化，行路の脱標準化，経験的諸要素にみる国際比較…234
柔軟な時間性での安全性の担保…247
社会保護の配置構造改編…248

第8章　新しい長寿化社会における年金と雇用のための世代間社会契約の再構築　257

比較分析から得られた2大原則…257
シニアの雇用と年金改革，国際比較から見るフランスの遅延の理由…259
世代契約，雇用対策から年齢区分を断ち切るオランド大統領の目玉施策…276
教育，雇用，年金について，多様な年齢と世代間の，新しい連帯へ…279

引用参考文献…291
訳者あとがき…309
人名索引…311
事項索引…312

第Ⅰ部

高齢化とその課題への考察

第1章
人口の高齢化と進む長寿化：ライフサイクルに適した社会生活時間の新たな配分

　人口の高齢化がもたらす結果は今日，多くの場合，年金制度とその存続に取り組むべき改革という視点からのみ取り上げられている。こうした捉え方は問題を極度に矮小化している。高齢化は，我々の社会全体のあらゆる側面に影響を及ぼす問題なのである。我々の働き方，人生行路における社会生活時間の配分や社会的リスクの補償の仕方，各年齢のアイデンティティや世代間の関係に対する考え方は，人口の高齢化によって大きく変化する。本書はまさにこの観点に重点を置く。

　高齢化と結びついた寿命の伸びによって，年齢と社会生活時間の編成の文化モデル全体が問い直される。それは今日の先進国社会におけるさまざまな世代が各々演じる役割，富の生産や所得移転システムにおける各世代の占める位置，さらには各世代をつなぐことのできる連帯の新しい形といった問題の提起である。この視座に立つと，若年から老年までの世代が雇用において占める位置は，社会保護制度における各世代の位置と同じくらい重要な要因となっている。一般に言われていることとは逆に，人口の高齢化が提起する真の難問は，年金に関するものというよりは老いていく勤労者の雇用における問題であり，より広範には，世代間の仕事配分方法に関するものとさえ思われる。

雇用と退職のための世代間連帯の再考

　その点から見ると，人はいまだに，長寿化の激動以前に構想されたフォード産業モデルを継承する文化的な構築物を保ちながら思考しているかのように，思われる。そこでは，老人は退職に結びけられる。したがって，人口の高齢化は年金制度の側面からのみ問題にされる。かようなアプローチでは，社会生活時間をライフサイクル全体に配分する方法，また年齢に応じて補償されるべきリスクの概要についても，年金制度が世代間の合意に明確な形を与えているということへの考慮が疎かにされる。我々の年金制度は，第二次世界大戦後に出現した世代間の暗黙の契約を基盤としている。

補償の対象となる非就労時間の主要な部分は，年金の形で老人に支払われてきた。当時富裕国の最貧困部分を占めていた「年寄り」のために，普遍的な年金への基本的人権の確立が急務だったからである。老人への休息権と引き換えに，若者や成人は，短期間の職業教育を経て，安定した継続的な雇用を確保した。このような状況では，退職は強い両義性を帯びていた。一方で，長期間にわたり過酷な労働生活を終えた年配工業労働者にとって，退職は休息の権利であった。まさに，この休息権の解釈が支配的となったのである。その後の寿命の伸びで，退職とは，最も多くの人々にとって，その他の年代にのしかかる社会的制約から離れた人生の第3時代になった。他方，企業においては，退職は，労働力の中で最も採算性の低い労働者たちの排除を制度化することとなった。その意味で，それは労働力の流動を管理する方法だった。

　退職に固有のこの両義性の中に，集団的高齢化をめぐる今日の議論の特徴のいくつかの説明を見い出せる。集団的高齢化は多くの場合，社会への脅威として示される。それは生産性とダイナミズムの低下を不可避的にもたらすとされる。この議論の中に，集団的高齢化を個人の高齢化に重ねて理解しようとする類推の影響をみるべきではないだろうか(1)。したがって，高齢で生産性の低い工場労働者は高齢化する社会の集団的な未来を表しているのかもしれない。こうした個人の高齢化と集団的高齢化の同一視は適切さに欠け，真の課題が何であるかを見損なう。進む長寿化とベビーブーム世代の高齢化の影響の下で，今日の人口高齢化の加速が産業社会モデルの衰退を背景に起きているのであれば，なおのことである。それは勤労者の安定した雇用身分，リスクに対する拡張的な社会保護制度，および若者には職業教育，成人には継続的労働，老人には引退という，不変の順序による社会生活時間と人生の諸年齢の3構成を伴っている。このように我々は，年齢と社会生活時間の編成全体の大変動に直面しているのである。

　高齢化と進む長寿化が突きつける課題に立ち向かうには，まさにこの新たな地平の下で熟考し，行動しなければならない。それは社会の重要な問題である。すなわち教育期，就労期，非就労期からなる社会生活時間のライフサイクル上での配分について，雇用と退職のための世代間の連帯契約を新たに打立てられるように，いかにして再考すべきかが問われているのである。この世代間の契約は今日，人口，経済，社会の変動によって危機を迎えている。1970年代から，平均余命の延び（1年に3ヵ月）で寿命が8年延び，それによって退職後の生活も延びた。したがって長寿化の激動によって，我々の年齢に関する考え方や管理方法の定義の見直しへと導かれる。知識社会の到来はまた，順に教育，就労，非就労に特化された3つの時期からなる人生行路の編成を一変させもする。本書が提起する問題は，年齢と社会生活時間のこれまでの管理方法を根本から変えるためにとるべき選択と実施すべき政策の問題であり，知識および長寿社会の新しい要請にそれらを適応させることがねらいである。人生の新たな時間的地平が求める，雇用と退職のための年代間，世代間の新たな連帯を考案すること

第1章 人口の高齢化と進む長寿化：ライフサイクルに適した社会生活時間の新たな配分

が重要なのである。

このような問題を研究対象とするには，労働市場，社会保護制度，人生行路の時間編成という3つの主要な局面間で，相互に依存する諸変化全体を包括する理論的な視座を取り入れることが必要である。これら3項目の新たな構成関係を解き明かすこと，それが本書の問題群の中心にある。こうした研究は，国際比較においてしか意味をもたない。しかしながら，出現しつつある新たな配置の複数のモデルは複合的で，解明するのが難しい。したがって本書では，主に職業キャリア後半期に集中して取り組み，それらの分析を試みたい。人生行路のこの時期は，実際，加齢のプロセスが，分類化や特別施策のように多様な形で社会的に具体化し始める時期である。この配置のモデルを明らかにすることは，結局のところ，それらの基礎となっている年齢および「年配労働者」の概念の異なる諸定義を見分けるために，分析に立ち戻ることである。さらに，職業生活のこの時期は，20年前から，以下の二つ要因が結びつき，相互に矛盾する複数の変化の中心となっている。一つは知識・情報社会の到来，もう一つは長寿化の進展である。それにもかかわらず，この時期についてはあまり知られておらず，若者および若者の労働市場への統合プロセスに比べると，いまだにほとんど研究されていない。

本書は，年齢に関するいくつかの対照的な定義が生じたプロセスと，各々の定義に対応する異なった職業経歴の軌道の解明を目指している。そのために，国際比較を用いて，キャリア後半期の職業経歴の軌道の力学がどのように描き直されるかを詳細にたどる。それによって，いかなる雇用と社会保護の新たな連結がもたらされるのか，いかなる社会生活時間の配分方法に対応するのか，さらにはいかにしてそれらが退職への移行を再構成するのかを問う。そのために，社会保護制度の社会学，労働市場に関する社会学，人生行路と社会生活時間の社会学が同時に用いられる。

向老期就労者の労働市場参加に関する現状比較の報告，公共政策が年配勤労者向けに雇用や社会保護における彼らの地位を構築したさまざまなやり方の解明，この枠内でのシニア労働者に対する企業の行動の分析，いくつかの国がその他の国々よりも労働人口の高齢化を好機とすることに成功した理由の把握等々は，どれも，今日，知の重要課題である。

このような研究が唯一，向老期勤労者の雇用や諸年金の今後についての議論に必要な知をもたらし得るものであると考える。分析のこの2項は切り離せない。例えば，年配労働者の労働力率の上昇が，年金制度の財政均衡の回復の最重要ファクターであることは知られている。このことは，55歳以上の労働力率が比較的低い国々にとって特にそうである。退職への移行期だけに注意が向かえば，長期の漸進的プロセス全体を見失う危険が大きい。このプロセスを通して，労働市場では，勤労者の年齢に応じて就労維持か排除かが決まるのである。しかしながら今日，社会生活時間に関する重要な本質的議論を避けて，年金の資金調達や社会保障会計の赤字といった，問題の重

要さとは釣り合わない技術的問題へと議論を縮少化しようとする傾向が明らかに見える。本書では、とるべき行動を明らかにし、先進国社会が人口の高齢化を必然的な破局とするのではなく、あらゆる年代に向けた連帯社会を築くための好機とするに必要な知の要素を提供したい。

相互に矛盾する変動

　寿命の伸びと高齢化は見かけ上矛盾した、しかも判読困難な変動の原因となる。この変動の判読不可能性は、整合的に観察し解釈する枠組みを緊急に構築する必要性を示している。以下では三つの主なパラドックスを取りあげる。

　第1のパラドックスは、ほとんどの国が、雇用問題の解決と人口の高齢化進展の見通しとを両立させられないでいることに起因している。

　雇用を守るために、欧州のほとんどの国々が、少なくともこの20年間、年配勤労者の労働市場からの撤退を奨励してきた。高齢者が若者に雇用の機会を譲るという考え方からである。後述するように、現実にはそうならず、若者の不完全雇用は続いた。それにもかかわらず、対称的に、こうした選択は早期退職の対象とされた55-64歳の年齢層の不完全雇用をもたらした。欧州の多くの国で、このカテゴリーの就業率は1971年から1995年の間に50%近く低下した。つまり早期退職制度の大規模な利用は、40歳以上の勤労者の価値下落と、この年齢層の雇用における新たな脆弱性を招いた。反対に、年金制度の財政的均衡の名において、こうした国々では、1990年代から年金受給年齢を引き上げる改革がとられてきた。実際、人口高齢化の見通しは、ベビーブーム世代の退職期の到来と結びついて社会保障会計に重くのしかかる。

　そうなると、勤労者は複数の相反する義務の板挟みに立たされることになる。彼らは若者に場を譲るために、退職の規定年齢よりも前に労働市場を離れなければならなかった。しかし年金制度の財政的均衡の維持のためには、より長く働くことを求められていた。だが企業の方は彼らを雇い続けることを嫌い、新規採用者との競合状態に置く。

　第2のパラドックスは、最近数十年にわたり見られる、より長く健康な人生に通じる寿命の著しい伸びと、就労期間の著しい短縮の結合の中にある。欧州の多くの国々では、もはや中央年齢に属する年代しか就労していない。この新たな現実は、一家に置き換えてみると、4世代のうち上の2世代が現役を退き、最も若い世代は就学状態にあることを意味している。この例を通してみると、問題は財政問題からだけで提起されるべきではないことがわかる。これは、まずすべての年齢行路にわたる就労と非就労の時間配分に起因する、きわめて重要な社会の問題である。

　OECDは、1998年の報告書でこのパラドックスを強調していた。そこでは、加盟諸国の平均的な男性が1960年の時点では68年の生涯のうちの50年間仕事についていた

第1章　人口の高齢化と進む長寿化：ライフサイクルに適した社会生活時間の新たな配分

のに，1995年には，76年の生涯のうちの半分，言い換えれば38年しか就労しないことが明らかにされていた。この労働生活短縮の動きは，二重の変化に起因している。すなわち若者の労働市場参加は就学の長期化と就職困難のためにさらに遅れることとなったが，とりわけ退職後の生活が，労働市場からの早期退出傾向と長寿化の二つが結びついた結果，著しく長期化したのである。たとえばフランスでは，退職後の人生は1975年から2010年までに2倍に伸びた。1910年に生まれ1975年に65歳で退職した世代では，退職後の平均余命は10.6年だった。1950年に生まれ60歳で退職する世代の退職後の平均余命は今では20.4歳である（Conseil d'analyse économique, 2005, p.54）。

ベビーブーム世代が大挙して現役を引退，あるいはキャリア後半期に入り，労働市場新規参入者がベビーブーム以後の少数人口集団に属するなか，先進国社会が例外なしにこれからまさに経験しようとしている人口減少が加速する現状においては，年齢順路におけるこの新たな社会生活時間の配分を維持できなくなることは明らかである。この就労と非就労の時間配分は，二重の脅威になる。

第1にそれは，世代間の社会的所得移転の制度を危うくさせる。人口のうちで減少の一途をたどる少数派によって生産された富が，増え続ける非就労人口のためのしかるべき所得給付を，いかにして確保できるのか。労働生産性の上昇だけではこの方程式は解けない。「年代間戦争」という不穏な言葉で，憂慮すべきシナリオに言及した人もいた。それによれば，年金の重荷が若い就労世代によってつくられた富のかなりの部分を独占して，世代間の公正原則を危うくする。それは先進国社会の結束にとって深刻な危険となるだろう。

第2に，労働生活の短縮は，国の将来の生産努力が依存すべき労働力の問題を深刻に提起する。フランスの場合，以下の数字が十分なまでに雄弁に語っている。すなわち雇用の80％以上が25歳から54歳までの労働人口によって支えられているが，彼らはもはや人口全体の40％でしかない。こうした憂慮すべき展望にどう対応すべきか。その答えは，さまざまな年齢層や世代間での職業活動機会のよりよい配分にあるのではないだろうか。OECDや，今日では欧州委員会も提唱する解決策は，「活力ある高齢化」という解決法である。向老期就労者が，より長い期間に生産的であるよう奨励されると同時に，25歳以下の就職状況改善に向けて，より大きな努力が提供されなければならないというものである。

雇用のためのEU戦略の枠内で，2001年と2002年の欧州理事会が，55歳から64歳までの就業率上昇および職業生活延長の分野において2010年をめどに明確な目標を定めたことは，後述する。残念ながら，フランスも含めて大陸欧州・南欧のいくつかの国々では，目標の達成からは遠く隔たっている。というのも，第3のパラドックスになるが，対称的に労働市場で起きた変化が，少なくともフランスをはじめいくつかの国々では，活力ある高齢化へ向かう歩みをいっそう見分けにくくしているからである。

実際，知識・情報社会の到来は，内部労働市場における年配勤労者の雇用維持や昇

進を保障していたルールを揺るがせた。生産の再編成は，年長者の経験を多くの場合，意味のないものにした。彼らの経験は，技術革新の進行が緩やかだったために，時代遅れの無用のものとされることのなかった時代には，彼らの能力資本の主要な部分を占めていた。こうした新たな労働編成は，企業においては一般に，年長者よりも高学歴の若年者の採用と，年長者の労働市場からの排除につながった。しかし，こうした年長者の所得補償つき強制退去の慣習は，従業員の急速な高齢化にも労働力不足の危険にも突き当たる。欧州では，国によっては，この危険は2006-2010年頃にくると予想されていた。2008年の景気後退により，予想されていたほど顕著ではないが，いくつかの部門ではすでに緊張状態が存在する。ベビーブーム世代が大量に職場を去る一方で，労働市場に入ってくるベビーブーム以後の世代の層は薄いという，ハサミ状に広がる格差の影響で，この緊張状態がやがて全部門に及んでいくことは避けられないだろう。2015年以降には，今日，労働市場で脆弱化しつつある45歳以上が，欧州の労働力の主要な部分をなすだろうと予想されている。企業が自発的にこの趨勢を反転させるために適切に対応するとは，ほとんど考えられない。企業が年配労働者に突然，新たなメリットを見出すとすれば驚きである。確かに大陸欧州諸国の企業はこの20年間，過去に十分な教育も受けず，市場の新状況に対応できないとして，常に年配労働者を追いやってきた。例えばフランスの場合，学歴も，重要な職能開発の前途を開くに十分な経験もない労働人口の割合は50％と見なされている。フランスの人材開発担当者を対象とした2008年のIFOP社の世論調査によれば，70％が45歳の勤労者を年配と見なしていた。40代は，その上の年代より当初の教育レベルは確かに高い。しかし，技術的進化も知識の陳腐化も加速していることを考慮すれば，より若い世代と比較して彼らの教育レベルが劣ることもまた事実である。企業側がこの不可欠な方針転換をするには，中期的な計画が必要であろう。それには，連続する世代の職場における雇用される能力を維持する積極的な公共政策に根ざした，新たな年齢管理を推進することが必要となろう。それは，後述するように，活力ある高齢化を進めることのできた国々で実施されたのである。「新産業世界」には，心地よい職を整えたり，最も脆弱な人々を支えるための余裕がほとんど残されていないだけに，なおさら必要である（Veltz, 2000）。以下では，この方向へ断固として歩み出した国が，現状ではまだ少ないことを見ていきたい。

社会が年をとる：二つの高齢化

　ある社会の高齢化は，その社会の年齢構成のいかなる変化を基準に語られるのだろうか。
　第1の単純な指標は，人口の平均年齢の上昇に見出せるかもしれない。しかしこの指標はあまりにも分化した現実を寄せ集めているために，問題を適切に把握できない。

第1章　人口の高齢化と進む長寿化：ライフサイクルに適した社会生活時間の新たな配分

　一見したところ，「社会が年とる」と言うと，人口全体における高齢者の割合の増加を思い浮かべる。人口全体における，あるいは生産年齢人口に対する60歳あるいは65歳以上の割合を問題にするのが一般的である。こうした割合は退職の諸問題と直結している。なぜなら，先進諸国においては，一般に就労と非就労の境界線を年齢で決定するからである。このような基準は，年金財政や，人口の高齢化に関連した，特に医療をはじめとする社会保障支出全体をまかなうために，労働力人口全体に課された制約の増大を示している。そのためこの基準は，人口学者から高齢者人口の「従属率」として示されることが多い。しかしながら，それは人口高齢化プロセスの一側面にすぎず，高齢化が我々の社会につきつける課題を部分的にしか把握できない。この基準は，上からの人口の高齢化だけを，すなわち平均寿命の伸びによる高齢化を描き出している。実際，新たな「長命社会」においては，高い年齢の従業員が増えている。高齢人口内部の高齢化プロセスもまた観察できる。このプロセスが，いわゆる高齢人口における高齢従業員に，ますます無視することのできない地位を与えている。

　人口高齢化には，軽視されすぎているもう一つの要因がある。出生率の低下に起因し従属率の第2項をなすもの，すなわち分母である。出生率の低下は若者人口集団の規模を小さくし，それに応じて人口の下部からの高齢化をもたらす。ところで今日，多くの国々で，この下からの高齢化の影響を受けているのが生産年齢人口である。45歳以上がそれより若い労働人口世代を差し置いて重みを増しているため，生産年齢人口が年をとっているのである。例えばEU加盟諸国全体で，45歳から64歳は1995年には生産年齢人口の35％だったのが，2015年には43％を占めると予想されている。EU全体の労働力人口の今後の構成変化を年代層ごとに見ると，欧州連合統計局の人口推計（基本的なシナリオ）は以下の数値を示している。すなわち，2005年から若年成人（25～39歳）は減少しはじめ，2010年以降，それが加速する（2010年から2030年の間で－16％）。40歳から54歳の減少は2010年に始まる。平行して，55～65歳は2005年から2010年で9.6％増加した。この増加は2010年から2030年にかけてさらに勢いを増す（＋15.5％）（Commission Européenne, 2005）。

　したがって労働力の高齢化は欧州社会にとって，年金問題と少なくとも同じくらい重要な課題である。この問題にこそ，本書の大部分が割かれることとなろう。就労生活の延長が，年金制度の財政的均衡を「維持可能」なものとする最良の答えであれば，なおのことである。

　同一のプロセスにかかわらず，労働力人口の高齢化が進行する時期は国によりいくつかの相違が見られる。それは，一方ではベビーブーム世代の高齢化によるもので，ベビーブーム現象の規模と時期によって変わる。他方で，最近25年間の妊娠率の低下とも関係し，その大きさと時期が，若い世代の労働市場参入の規模を左右する。後者のパラメーターについて，フランスは女性が生涯に産む子どもの数が2人に近いため，人口減少問題では，ほとんどの先進諸国と比べて不利でない立場にあることは知られ

9

ている。

人口の高齢化と年齢の社会的意味

　ここまで，比較的似通ったいくつかの主要な人口変化を取りあげた。これらの変化は時間的なずれはあるが，すべての先進国に共通する現象である。とはいえ，本書で進められる国際比較は，それぞれの国がまったく異なったやり方で高齢化の問題を組み立て，それに解答しようとしたことを明らかにするはずである。

　各国のキャリア後半期の職業経歴の軌道を調査して，まず注意をひくのは，それらに際立った違いがあることである。50歳代の日本人，スウェーデン人，フランス人の間では，その違いは驚くほどである。日本人の場合，完全就労が標準であり，前途にまだ長い職業キャリアが控えている。労働市場から実際に退出する中央年齢は，スウェーデンでは65歳に近く，日本では，さらにその年齢は上がる。逆にフランスは，50歳代に近づくと，労働市場における脆弱性が高まる。この年齢層はすでに「年配勤労者」層のレッテルが貼られているようである。55歳を越えて仕事を続ける勤労者はあまり多くはいない。実際に労働市場から退く中央年齢は，58歳をわずかに越えるにすぎない。以上のデータが示しているのは，労働市場における向老期勤労者の価値の下落を，本来的に明白な事象ととらえてはならないということである。年配勤労者の定義や，彼らを雇用に参入させるのか，排除するのかの水準は，社会的に構築されたものである。繰り返し問われて来た「人は何歳から高齢者なのか」という問題に対し，社会学者からの正解がないことがわかる。何事も社会全体の文脈からは，切り離せない。

　同一の人口統計上の事実であっても，社会によって，また社会保護関連の制度をはじめとするその社会の諸制度がどのように各年齢を社会的に定義し，例えば労働年齢や退職年齢を定めるのかによって，さまざまに異なる意味を帯びる。したがって，1980年代と90年代に欧州の多くの国々の労働市場で早期退職措置の頻発で実施されたような退職年齢の引き下げは，一つの世代全体の社会的年齢の引き上げになる。その世代は，年でもないのに老けてしまう。最終的な非就労状態に置かれて，上の世代と同様に社会移転所得で生活しなければならないからである。まだ就労中の50歳代については，企業において年配労働者のレッテルを貼られることになる。もはや退職を間近に控えた労働者でしかないからである。そのため企業は，彼らの昇進も研修も躊躇する。次第に，労働年齢の社会的定義全体が，いかなる人口高齢化プロセスとも関係なく見直される。この社会的定義は，公的措置の中に含まれる年代順区分によって具体的な形が与えられ，各年代に割り当てられた時間的展望から構築される。一方ではますます若いうちから年配と見なされる職業生活の短縮された展望，また他方では，健康なままの余生が伸び続けているおかげで，制約から解放された新たなライフステ

ージを始めることができ，真の黄金時代となった退職後の長期の展望との間で，今日我々が直面する衝突はこのように理解できるのである。

　最高齢者を示すために用いられる語彙の変化もまた，それぞれの社会全体の文脈に固有な年齢の社会的構築をよりよく理解する助けとなる。第3年齢の名称は，やがて第4年齢と区別されて，1970年代以降，寿命の伸びとともに出現したこの新しい健康な人生空間に一つの社会的意味を付与することを可能にした。この名称の考案は，公共問題としての老いの新たな表現の出現に対応していたことはすでに見た。老齢問題はその後，戦争直後のような貧困や収入不足の問題としてのみならず，社会参入の問題として提起された（Guillemard, 1986）。この新たな名称には，高齢者が自宅で暮らし続けられる設備やサービスの提供（第3年齢クラブなど）に示されたような，普通の生活を維持するための公共政策が伴うこととなる。今日，さらに新たな名称として「シニア」がある。超高齢ではまだないが，高齢で仕事を続ける人々を指す。このような語彙の変化は何を意味するのだろうか。シニアという言葉は相対的で，文字通り「より年をとっている」ことを示すという長所をもつ。しかしまた，スポーツの隠喩を想起させる。シニアはもうジュニアではないが，まだベテランよりは若い。シニアにはしたがって，ジュニアと同様の能力はもはや期待できない。意味を広げて，シニアはすでに職業的な老化に関係する人でもある。このライフステージに結びつけられた時系列の年齢境界が，状況によって変化するのを確認することは興味深い。EUはシニアの名称を65-79歳に割り当て，55-64歳を「年配労働者」とする。成人は40-54歳で，若年成年は25-39歳である。フランスでは「シニア」の名称は普通に45-65歳におよぶ。確かにシニアというカテゴリーの境界を動かすことは，大抵の場合，首尾よくいくことの現れである。シニアというカテゴリーは，国によって異なる社会的高齢化のプロセスを隠蔽したり，婉曲に表現したりすることが可能なのである。以上，語彙の詳細な説明をしたうえで，これ以後本書では，年配労働者とシニア労働者の言葉を特に区別なしに用いることとする。

　似通った人口変化を受けながらも，それぞれの社会の文脈に応じて年齢に付与された社会的意味の多様性が認められるが，この多様性は，本書の第8章冒頭で述べるように，人口的決定論は存在しないことを強く想起させる。年齢構成の変化は，指導とか政策で指令されるものではない。こうした変化は，いくつもの制約からなる一つの新たな全体として作用する。すべては，各国がこの新しい長命社会における年齢と世代の間の関係を構築するそのやり方と，とりわけ雇用，職業教育，社会保護の領域においてこれらの制約に応えるためにそれぞれ実施された公共政策を通して，各国が加齢に付与する意味とに左右される。

研究戦略としての国際比較

　年齢はまさに相対的なデータであり，一つの社会的総体の中において意味をもつのであるから，国際比較は本書のアプローチを導く発見的過程の核心に位置している。それは単なる方法論ではなく，まぎれもない研究戦略なのである。関係分析を行なうためには，この戦略だけが対象との距離を保つことを許し，それによって年齢の概念の本来の性質を変えることが可能となる。

　本書の出発点は，雇用および社会保護の公共政策の力学と，キャリア後半期に与えるそれらの影響を比較検討することである。この検討によって，一方では年齢，労働，社会保護間の関係構築や調整について，各社会に応じ，分化した方法を見分けることができる。他方では，このような相対主義的枠組みにおいて，先進国全体にのしかかる比較的似通った新たな人口的制約に対し，各国が出す回答の多様性を認識し分析することができる。それを通して，この多様性を描写するだけでなく解釈することもできるだろう。

　本書のねらいは，人口の変動に対する多様な政策的回答を，キャリア後半期の対照的な職業経歴の軌道に関連づけることのできる比較論に到達することである。そこから，フランス以外の欧州のいくつかの国々の成功要因を手懸かりにして，年齢に応じた雇用の領域におけるフランスの遅れの理由，およびその打開策の解明が可能となるであろう。

　同様に，日本と大陸欧州諸国との比較は，当初の印象の見直しにつながり得る。これらの国々はすべて同じ「人口高齢化のショック」を受けてはいるが，そこでは，年齢の定義，および年齢と雇用の関係の定義が根本的に異なることが観察できるであろう。日本の年配労働者は，労働市場から排除すべき，雇用不能で余分な勤労者として分類化されてはいない。この国では，55歳以上の就業率は70％に近い。1995年にこの年齢層の男性の3分の1強（35-39％）しか労働市場に残っていなかった，大陸欧州で観察される事態との違いには驚くべきものがある。

　この観察は，年配労働者分類が数々の社会的要因の相互作用から生じたことを示している。中でも，社会保護と雇用の公共政策の配置構造が重要な役割を演じる。それらの配置構造は，施策に関わるさまざまなアクターたちに動機や正当化，特定の基準の網の目を提供し，年配勤労者に対する雇用維持か排除かの二者択一をつくり上げる。

　本書の進め方は，ソシエタル（社会生活・制度の）分析が開いた展望から着想を得ている。ここで採用する比較戦略は，普遍主義的アプローチにも文化主義的アプローチにも対立するものである。普遍主義的アプローチは，比較を可能とするために分析対象の社会的な脱文脈化を行なう。しかしそれでは，分析対象がはめ込まれている相互依存に負うているものを見失うことになる。文化主義的アプローチは，ある種の本

質主義的方法に閉じこもる危険がある。文化主義者たちは，ある所定の国の文化の統一性を維持しその特性を構成するものを再構築しようとするので，文化の内部で説明しがちである。そうなると，国際比較はいくつかの自らに閉じられた文化的総体を併置するに等しくなり，その対立原理しか捉えられなくなるだろう。このようなアプローチでは，収束の原理は判読できなくなる。

ソシエタル分析を主唱する人々が所定の文脈で，諸制度やアクターたちの構築メカニズムを重視していることは，本書の国際比較戦略に照らすと，とくに適切である。このアプローチにより，ある国で社会保護と雇用政策の分野でとられた選択を，こうした政策の根拠となった向老期勤労者の定義とカテゴリー化のプロセスとに関連づけることを可能とする。このようにして，公共政策の配置構造と，そうした配置構造を決定づける年齢の構築を，同一の動きの中で判読することができる。制度上の組み合わせと構成結果を明らかにしたことは，社会的アプローチの主要な前進であり，これらの配置構造と結びついた価値判断と分類形態が浮き彫りにされる。しかしながらソシエタル分析に対しては，いくつかの的確な批判もあり，この分析の限界を越えようとすれば，そうした批判を考慮する必要がある。社会生活・制度の分析に対しとりわけ非難されたのは，それが明らかにした「社会の同調性」に力学的視点が欠けているという点である。

この潜在的限界を改善するために，本書では，識別できた公共政策の典型的な配置構造の各々について，それらに作用する連関や緊張を，その内部から検討しようと試みた。このようにすれば，静的システム工学にこだわらず，変化の力学をも捉えることのできる国際比較を推し進められるだろう。

本書は，比較で取りあげる各国について，約20年にわたる公共政策の典型的な配置構造とその進化の特徴づけを，以下の3つの分析レベルから行なう。

- キャリア後半期に影響を及ぼす雇用と社会保護の公共政策の独自の配置のレベル
- この配置と結びついた労働市場の関連アクター間の協調あるいは対立の諸形態のレベル
- この配置が中枢となる緊張と再調整，およびそれを変化させる改革プロセスのレベル

本書における比較は，検討を経た対照的な先進諸国の標本を主な対象とし，うち数ヵ国のみが分析の過程でより体系的に用いられる。主にフランス，日本，英国，スウェーデンの4ヵ国である。このような比較を通して，国際的文献において確認された主要な社会保護レジームによる高齢化への対応の，各々異なる性質を捉えることができる。しかしながら上記4ヵ国の体系的分析は，この体系的な一覧表をいくつかの点でさらに明確にすることのできる複数の特別な比較観点により補足される必要がある。

アメリカがそれにあてはまる。最近のEU指令の対象となった，雇用における年齢差別禁止の原則採用の影響を検証するために，この国の事例が用いられる。オランダ

とフィンランドの事例も，労働市場からの早期退去の動きを反転させる問題に関して，深く掘り下げて検討される。さらに，フランスおよび日本企業における向老期労働者の管理も比較する。両国のことのほか対照的な特徴がいかなる理由によるものかを解明するためである。

比較分析の理論的枠組み

ここで採用する比較分析枠組みは，労働市場，社会保護制度，年齢行路の社会的編成という変貌しつつある3領域間の相互作用の検証を結びつけようとするものである。国際比較はこれらの3領域間の特有な配置を見分け，それらがキャリア後半期の雇用における経路の多様性に及ぼすインパクトをとらえることを可能とするであろう。

分析装置としてのライフコースと，時間性の編成の視座
寿命の伸びと人口高齢化の影響は，ライフコースという長期的視座からしか理解され得ない。この視座だけが，人口と社会の変化がもたらす時間性の再構成をとらえることを可能とする。ライフサイクル概念の利点は，マクロ社会学分析を，ライフコースの諸制度が個人の人生行路を形成するやり方や，それらに各社会に固有の時間や未来との関係を刻み込むやり方を通して，個々の人生の軌跡のミクロ社会学につなげられることである。だから，この概念は制度上の変化と個々の人生の軌跡の橋渡しをするのにとりわけ適しているのである。したがって，ライフコースの概念が，労働市場と社会保護の間で行なわれている脱構成／再構成を理解するための貴重な分析装置であるという考え方を擁護したい。それは，今日個人が諸年代の行路においてさらされているリスクの新たな特徴も，リスクをカバーするために取り組まなければならない社会保護の再構成も，どちらについてもよりよく理解することを可能にしてくれる。このようにして，キャリア後半期に見られる新たな脆弱性を理解することも，またいくつかの国々が職業教育，雇用，社会保護政策の調整によって，他の国々よりもこうした脆弱性への対策にうまく成功した理由を説明することもできるであろう。
　① **ライフコースの新たな時間的柔軟性：脱制度化と脱規格化**
ライフコースの概念を採用するほとんどの社会学者は，今日，産業社会における3期に分かれたライフサイクルが本質的な変化を被り，また個人の人生行路が，かつてそれを特徴づけていた，順番に区別されて続く3つに区切られた期間にもはや一致しない，という事態の確認で合意している。個人の人生行路はきわめて複雑になったのである。

こうした診断は広く共有されてはいるが，この問題を扱った文献を検証すると，現在進行中の諸変化の解釈には違いのあることが明らかになる。ベック（Beck）のような著者たちは，労働の脱標準化と職業的不安定を伴う年齢行路の脱標準化の進行を

語る（Beck, 2001, p. 304-305）。ハインツ（Heinz）は、人生が展開する過程に起こる再構築に対し比較分析の総括を試みる際に、ますます不確実で予測不可能な行路が出現するのを見る。彼は、ライフコースのこの「偶発的」特徴が主に、不規則に襲う雇用期と失業期の交代の繰り返しによるものであり、今では職業行路全体を通じてそれが起きていることを明らかにして、分析を続ける。そして雇用期・失業期のスケジュールとそれらの交代の連続は、産業構造改革政策をそのまま写し取られたものであり、各国の既存の社会保護制度に左右されることを指摘する（p. 9）。カステル（Castells, 1998, p. 497 およびそれ以降）は、ネットワーク社会分析において、社会的時間性とライフサイクルについて、ほぼ似通った結論に到達する。彼は、フローの空間が、出来事の同時性により展開の順序を壊して、時間を解消することを論証した。彼によれば、3期に分かれたライフサイクルの解消と社会的不整脈が、いまや年齢行路を特徴づけている。マルク・ベッサン（Marc Bessin）（1993, 1996）もまた、現在の社会生活時間の再編とライフコース編成に対するその影響に注目し、3期構成の「脱制度化」を確認する。彼は、人生行路が、その直線的な特徴や不可逆的な年齢段階の連続性を失ったことを指摘する。人生はもはや、仕事という主要な社会生活時間を中心に組織された、時系列に並ぶ3つの段階に機能的に区切られてはいない。今では、職業領域および家庭領域の変化によって広く引き起こされた、新たな社会生活時間の複雑な錯綜が観察できる。就労する成人年齢の時系列的時間はもはや、3期構成モデルの時間的中心軸の役割を演じない。その結果、必然的に人々の人生暦の脱同期化を伴う一種の「多次元時間」が重きをなす。そうなれば、中心的な社会生活時間はもはや「*Chronos*（クロノス）」（時間）の次元だけに還元され得ない。マルク・ベッサンは、アクターに利するよう規範による規制が消え、自ら行動を起こす好機を選択するような時間性を思考するために、「*kairos*（カイロス）」の新たなパラダイムを提唱する。

　人生行路に関する研究成果を踏まえつつ、その諸概念を明確にするために、本書は2つの分析レベルを区別したい。

　第1に、制度としての人生行路は、社会化機能と調整機能をもった規則・規範制度を内包している人生の展開モデルである。それは、生涯を通じて身分や役割を付与する地位の序列に従って、個人の動向を秩序立てる。それはまた、行動が展開される時間と領域を定めるため、象徴的機能ももっている。したがって、人生行路の「脱制度化」に言及するときは、個々の人々の履歴の規範的枠組みにおいて起きた変化を扱うことになる。

　第2に、個々の人々の履歴のレベルでは、観察された諸変化は個人の行路の「脱標準化」に対応している。つまり人生の軌跡の多様化に立ち会うのである。それらは年齢行路の規範的枠組みが解体するに従い、より不確定でより不安定になる。個人はもはや、秩序立った地位の序列に、かつてほどには強く組み込まれてはいない。逆に選択の余地はより広い。ベックが表現しているように、個人の人生行路は「自己反省

的」になる (Beck, 2001, p. 290)。社会的形成の所産だったものが,個人的形成の対象になる (マルク・ベッサンの kairos 参照)。分析家は皆,そろってこの変化を強調する。時間に対する個人的主権への切望が高まり,人生経路はますます交渉の対象となり,したがって多様性に満ちたものとなる。

② 社会政策：ライフコースを形成する主要な制度

年齢行路を対象とする社会学は,一方では国家およびその社会政策諸制度,他方では人生展開の社会的編成との間に存在する強力な相互作用を明らかにした。そして社会保護制度の到来が,3期に分かれたライフサイクルの制度化の重要な要因となったことを示した。たとえば,子どもの労働,ついで退職年齢や義務教育に関する法律は,産業社会に固有のライフコースの3期編成において主要な役割を演じた。福祉国家は,普遍的な社会権と明白な規則,とりわけ年代順の形で表明された規則によって,人生の出来事の標準化と3期に分かれる年齢行路の制度化に導いた。福祉国家の主要な貢献の一つは,職務や社会活動を学校,家庭,労働という人生の主要領域の間に配分し,それによって,それらの間の完全な境界を確保することだった (Smelser, Halpern, 1978)。このように,3期に分かれた人生行路を形成するすべての要因は,その機能によって徐々に固定されてきた。その機能とは,連続する年齢ステージの数とその社会的内容,ある年代から次の年代への移行のスケジュール,これらの移行の性質や境界を示す目安,そして最後にすべての年代を結びつける連帯や競合の諸形式である。

人生の軌跡の面では,メイヤー (Mayer) とシェプフリン (Schoepflin) が指摘するように,社会保護制度も,長期的に予想でき,かつ個人化された経歴の出現を可能にすることによって,同様に中心的機能を果たした。

> 「福祉国家の到来とともに,連続的に展開していた人生は,それぞれ厳密かつ明白な定義を持つ一連の段階に変化した［……］。社会保障制度によって,ライフコースはいくつかの時期に分けられ,いくつもの年代に区切られたうえ,人生経歴モデルに組み立てられる」

③ **時間的編成が解体される産業社会**

本書では,各々の社会モデルはいくつかの雇用形態,社会保護の中身およびライフコースの独自な編成方法を密接に連結させているという考え方を擁護する。この編成方法が,個人が保持できる時間や将来との関係を構成する。

ライフコース社会学 (Riley *et alii*, 1972; Guillemard, 1986; Kohli, 1987; Guillemard, van Gunsteren, 1991) は,産業社会の到来が3つの時代 (教育期,就労期,引退期) によるライフサイクルの構成様式の出現と密接に結びついていることを明らかにした。この様式は,社会権と市民権承認を合わせ持つ社会保護の形態と,雇用身分としての賃金制度の出現とともに,徐々に制度化されてきた。労働,社会保護,ライフサイクルの社会的編成の3つの領域間のこの体系的配置は,産業社会にその特殊性とその固有の時間性とを付与した。今日,この3つの領域間の配置は徐々に崩れ,人

口変動を伴う，情報・ネット・知識社会の到来とともに再構成されつつある。その配置は，ライフコースの新たな時間的柔軟性に行き着く。

今日，キャリア後半期に散見される，年配労働者にとって仕事の継続を困難にしている数多くの経歴上の不安定さに意味を与えるためには，ライフコースと社会生活時間の再構成の視座を採用することが不可欠のように思われる。この視座からによってのみ，こうした新たな時間的枠組みが要請するであろう，雇用と退職のための世代間の連帯契約の刷新を描き出すこともまた可能なのである。

公共政策の新制度主義的アプローチ

本書では制度（institution）が主要な位置を占める。制度という用語は本書においては二つの意味で理解される。一つはより社会学的で，役割や身分を配分するためのルールの基になる，共有された価値観や規範全体を意味する。もう一つは，より政治学的で，決定の規則とメカニズムを意味する。したがって，それは世界を解釈する枠組みを規範的な行動モデルに密接に結びつける。そのために，本書では公共政策に関する調査研究において，新制度主義の視座と認知主義的アプローチを結びつけたい。新制度主義によれば，制度と公共政策は公的行為のモデルと手段を示している。認知主義的アプローチによれば，それらは年齢の問題を設定しその社会的定義を構築すると同時に，ライフコースの制度を形成する規範的体系を構成している。

新制度主義アプローチは，比較主義的説明において国家や制度の役割を最優先する。新制度派が，それ以前に優勢であった国際比較の機能主義的・普遍主義的アプローチへの反動として形成されたことを思い出そう。そのようなアプローチは，ウィレンスキー（Wilensky, 1975）の著書を例として挙げることができる。この著作では，近代福祉国家の形成を説明するために，産業化が進む中で，社会保護制度の構築過程が同一の方向に収斂したとする仮説が立てられた。この研究においては，社会保護制度の出現は社会保障の領域における公的支出の量によってしか量られていない。その場合，それぞれの国による社会計画の多様性や制度上の特殊性を見誤ってしまう。国による多様性や特殊性は単一の数量に縮小され，著者は，産業化を主たる原動力とする，社会保護制度の収斂的発展を語るに至る。新制度派の功績は，このような普遍主義的視座とは決別し，社会保護を構成する制度上の配置の特定化に努めて，再び文脈の中に位置づけた分析を提案したことである。この学派の出発点は，リスクの社会的補償の問題に答えるため，各国が質的に異なるアプローチを採用したと考えたことである。それぞれの国が出した答えは，補償額や，さらには給付の寛大さという表現だけで特徴づけることはできないであろう。ティトマス（Titmuss）の制度から着想を得て新制度派を創設することとなった記念的著書において，社会保護の「レジーム」の類型的アプローチを最初に体系化したのはエスピン-アンデルセン（Esping-Andersen, 1990）である。

これらの「レジーム」は，一つの中心的目標を囲んで築かれた整合性のある制度上の配置構造に相当し，共通の価値観や規範，運営規則，手段，資金調達メカニズム，管理原則となって現れる。さらに独自なやり方で，国家，市場，家庭という3つの主な福祉の源を結合する。この類型学の形成は，先進諸国の社会保護制度のあらゆる多様な制度上の配置の中で，それぞれに異なる一貫性のある3つの世界を識別した。それは歴史的新制度主義の名称の下に特徴づけられる，この学派に共通の概念的基盤を形成する諸原則に立脚している。以下にこれらの諸原則を，4つの主な要素として図式的に示す。

- 第1に，制度とそれを規定している規則に優先的に注意が払われている。このようにして，制度のインパクトや制度がもっている固有の力学を判読できるようにするのである。
- 第2に，歴史的視座が最大の重要性を帯びる。過去になされた制度上の選択が社会福祉計画のその後の発展を左右する。新制度主義派の人々は，現在の政治的選択が過去の経路に依存することを指摘する（経路依存性論）。
- 第3に，ある公共政策が，いったん採用されると，その実現に関与したアクターたちの力学に根本から影響を与えることになる遡及プロセスに，特別の注意が注がれる。
- 第4に，類型学的手段に根ざした，再文脈化する差異主義的比較方法を取り入れることは，このような研究をそれ以前に優勢だった普遍主義的で発展主義的な量的アプローチから区別することになる。

　さらに指摘できることは，新制度主義アプローチを導く原理は，本書の国際比較戦略に着想を与えたソシエタル（社会生活・制度の）分析原理と両立するように思われるのである。実際，この2つの視座は制度上の配置を優先し，それらが生じた国内の歴史的文脈に置き直す。またこの2つの視座は，ウェーバーを継承して，内部の重要な一貫性や，測定の設計図と基準の特徴を優先しつつ，理想的類型を構築しようとする一種の理解社会学を選択する。

　新制度主義的視座にしたがって，本書では，各国の文脈に固有の個別の制度上の配置を抽出する。各国の特徴を指摘するために，以下の側面が考慮される。社会保護レジーム，雇用政策および労働市場モデル，年齢行路の固有の編成方法，そこに参加するアクターたち全体との職業関係システムである。

　出発点としては，本書の目的に適したいくつかの典型的な公共政策の配置構造を特定することである。それらは，キャリア後半期の労働力人口に保障する非就労の補償と給付の水準によって明示される社会保護レジームと，キャリア後半期の被雇用者能力および雇用への参入・再参入を保障する能力で特徴づけられる労働市場政策とを結び合せるであろう。

　次に，このような典型的な公共政策の配置構造がいかなるプロセスを通じて，キャ

リア後半期に見られる非常に異なる職業経歴に影響を及ぼし，またそれらを形成していくのかを示すことに努めたい。

　第1段階では，こうした公共政策の制度上の配置構造は，各国の勤労者がたどった経路に直接影響を及ぼす。実際，それらが付与する権利や給付金，雇用における地位，あるいは社会保護制度等によって，そうした制度上の配置構造は，雇用統合への複数の手段，就労と補償からの二重の収入，および（あるいは）早期退職など，勤労者に開かれた幅広い選択肢をつくる。その結果，それらの配置構造が可能な限りの軌跡を形づくるのである。

　第2段階では，それらの配置構造は，その他の社会制度に遡及効果を及ぼす。一方では人生を歩む行路の制度が，他方では関連するアクターの制度がこの遡及効果の影響を受ける。まず，制度体制に含まれる法的ルールが年齢を重ねていく行路上で就労と非就労状態の仕切りが変わり，一つの年代から次の年代への移行点が変更される。その結果，それらの配置構造はライフコースの制度を再形成することになる。その時系列は再編成されると同時に，年齢と加齢の意味の再定義が行なわれる。こうした変化は，その反動で，労働市場でのアクターたちの行動や表象に影響を及ぼす。このようにして，フランスでは，年配勤労者向けの労働市場からの早期退職手段の多様化は，より若い人々に向けた再就職の斡旋ではなく，年配層への補償を優先させることを意味したのである。やがて，真の早期退職の社会権が年配労働者カテゴリーのためにつくられ，それが企業内での彼らの地位を脆弱にした。実際，年配労働者はそれ以来，再就職不能と定義された。ここで問題にしているのは，公共政策の認識の次元の分析である。この分析は行動規則の観点からのアプローチと切り離せない。後者については本書第Ⅱ部においてより詳細に述べる。

　さて，関連するアクターたちのシステムもまた影響を受ける。公共政策の配置構造の遡及効果は，アクターたちのダイナミックスの中枢に触れる。制度的装置は絶え間なく，時間的な展望，動機と正当化の網の目を提供し，それらがアクターたちの行動の流れを変えていく。こうして，スウェーデンや日本の場合，それぞれ別個に区別されるとはいえ，どちらも継続して，年をとるまで就労し続けるように働きかける動機と行動規則の網の目を提供する，公共政策の配置構造を見出せる。

　本書において，公共政策の制度上の配置構造は，年配勤労者の労働市場における軌道に影響を与えるとみられるが，それらを計画するわけではないことを指摘しておこう。アクターたちの配置全体は，こうした制度上の整合性と結びついて，それらを利用したり転用したりすることによって，絶えず，労働市場での軌道を変化させている。たとえば，スウェーデンの公共政策の配置構造は，あらゆる年齢層の労働権の推進を目指す法的規則と網目状の動機があるにも係らず，ある状況においては，年配勤労者の早期退出を助長するように変質するのが見受けられた。確かに，アクターたちの間での地域的な取り決めが，いくつかの社会保護措置の転用を可能とし，制度の整合性

に穴をあけることとなったのである。

年齢の分類化と年齢文化を構築するものとしての公共政策

　新制度主義的アプローチの限界の一つは，制度的装置に含まれた諸規則の分析だけを専門に行なって，それをもとに人々の行動へのその影響を推論することである。このアプローチは，制度的装置を支配する諸規則と，現場でその恩恵に浴する人々に向けて担当職員がそれらを適用するやり方の間に存在し得るずれを過小評価している。この限界を少しでも回避して，アクターたちの表象や行動に対する制度的装置に含まれた諸規則の厳密な影響を量るために，またそれらの影響について判断を示すために，本書では公共政策の認知分析の原則を擁護する。

　社会的国家は，年齢，労働，社会保護間の関係を規定することによって，年齢規範をつくり出す。この行為はまさに年齢統治を生み出す。それを本書では，アンシャン・レジーム下で「統治」が帯びていたかつての意味を引き取って，「年齢統治」として示したい。(17)

　年齢の規範と区切りを伴う人生が歩む行路の制度は，以下の二つの機能をもっている。一つは個人の経路を調整し規制する機能であり，もう一つは個人を社会化する機能である。個人は公共政策に含まれた年齢規範を通して，地位の序列と時間的展望を内面化し，それらに応じて自分の活動を展開できるのである。ライフコースは，社会の諸制度と個人の人生の橋渡しをするという利点を示している。それが公共政策，ライフコースの編成，人生行路の履歴をつなぐことを可能にしている。

　公共施策は，本書では，それらが生み出す「年齢統治」の関係の下で検証されることになる。法規則とそれらが含んでいる法的資格を基にして，年齢統治はライフコースの規範軸に規則的な区切りと年齢区分を刻み込む。そのリズムと区分は，職業行程後半の規範的枠組みの再編成に，またその結果として人生の軌跡に的確な効果を及ぼす。

　所定の国の文脈において，一方で社会保護と雇用対策に含まれるさまざまな「年齢統治」の配置，また他方で労働市場のアクターたちによるそれらの捉え方や用い方との相互作用は，特有の力学を生み出す。このような力学から，本書が固有の「年齢文化」と称するものが生まれる。この文化は，加齢を問題化するやり方やそれへの答えについての共有された価値観と規範からなる一つの全体を示している。それは諸年齢と諸世代間の公平・公正の原則，また年齢のカテゴリー化および行動規則の上に成立している。

　したがって公共政策の固有の配置の各々は，それが推進しようとする固有の年齢文化との関係の下で検討され得る。このように本書において，スカンジナビア諸国が体現する，社会保護と雇用政策の配置とアクターたちの制度によって重要視された「あらゆる年齢で働く権利の文化」を見分けることができるとわかるだろう。この文化に，

大陸欧州諸国に固有の公共政策の配置とアクターたちの力学によって形成されようとする「労働市場からの早期退出の文化」を対比させることができる。制度に含まれたそれぞれ個別の規範体系のため、各文化は向老期労働者の問題に関し異なった問題設定に対応しており、それが公正・公平処遇の原則について固有の同意を生むのである。スカンジナビア諸国の年配労働者は、脆弱ではあるが再雇用可能と見なされ、それが高齢者に向けた積極的雇用政策を正当化している一方、大陸欧州の高齢労働者は同年代でも、再雇用不能と思われている。その場合、彼らに新たな資格を与える代わりに、手厚く補償することが公正な処遇、ということになる。

以上の例から、本書の研究対象に公共政策の認知的アプローチを適用する利点が予想される。このアプローチにより、公共政策の内容を、それらが優先している年齢の社会的定義と、それらが推進しようとする「年齢文化」の関係の下で問うことが可能となる。年齢文化は、アクターたちの力学の産物であると同時に、逆に労働市場のすべてのアクターたちの行動に影響を及ぼしもするのである。

本書の構成

本書は3部からなる。第Ⅰ部は2章から構成され（第1章、第2章）、問題の導入を試みる。分析の概念的枠組みを扱った最初の章に続き、次の章は先進国におけるキャリア後半期の労働市場参加の変化を比較し総括する。この章は年配勤労者に関して観察できる職業経歴が、国によって多岐に富むことを明らかにする。そこでは、いくつかの国々の労働市場におけるシニアの脆弱化の高まりを確認し、それについての最初の解釈の提案を試みる。

第Ⅱ部は4章の構成で、労働人口の高齢化問題を扱い、さまざまな国におけるこの課題への取り組みについての国際比較を試みる。国際比較分析の枠組みに立ち戻った（第3章）後、第4章は4ヵ国（フランス、日本、スウェーデン、英国）間の体系的比較を提示する。公共政策の配置構造、それらがつくり出す年齢文化、またキャリア後半期の労働市場における典型的な諸経歴の間の関連性を明らかにすることがねらいである。第5章は焦点を変える。企業に注目し、いくつかの国々をとりあげ、企業による就労年齢の管理方法および企業が実践しているキャリア後半の異なる処遇を比較する。第Ⅱ部最終章の第6章は、現在行なわれている改革の解釈を試みる。欧州諸国がいかにして労働市場からの早期追放傾向を反転させ、55-64歳の年齢層の就業率の引き上げに至るかを論じる。ここではとりわけ、この分野における欧州の優等生、フィンランドとオランダの例を検証する。特にEU加盟諸国にとって、それが最重要課題であることは知られている。

最後の第Ⅲ部は、2つの章を通して、社会・経済的変化と結びついた寿命の伸びが引き起こす、より広範な問いに答えようとするものである。ここでは、我々が直面す

る社会生活時間革命とライフコースの再形成が扱われる。社会生活時間革命が，教育や雇用，退職のための世代間の社会契約を再構築する方法に，どのような影響を及ぼしているのかを問う。第7章では，ライフコースの新たな時間的柔軟性が出現し，それにより個人の安全と社会保護を保障する方法の再考に向かうのを確認する。後に見るように，これらの新たな社会保障戦略は，すでに一部の国で実施されている。最後に第8章は，本書で実施された国際比較分析の成果を踏まえ，フランスの遅れについての診断を下し，公共政策の方向およびパラダイムの必然的な転換を考察する。一方では，年代間，世代間の雇用と退職のための持続する新たな連帯を築き上げるため，また他方では，高齢化と長寿を，より結束に連帯し，より年齢の多様性に配慮した，あらゆる年齢層のための社会を築く好機とするためである。

注
(1) デュモン（Dumont）他著の『しわだらけのフランス』（1979年）のようないくつかの本のタイトルが集団の高齢化問題を扱うために個人の高齢化の隠喩を使用していることに，そのことがうかがわれる。
(2) 例えば，1980年代の終わりにアメリカでAGE運動（Americans for Generational Equity）が起こした世代間の公平をめぐる議論。ギルマール（Guillemard 1993a）参照。こうした説のフランスの例としては，スピッツ（Spitz 2006）が挙げられる。ルイ・ショヴェル（Louis Chauvel）の連続する世代の運命における不平等に関する研究（1998）は，論理構成のしっかりしたもので，老若世代間の対立をめぐる議論に一石を投じないではいない（特に2007参照）。
(3) この点については，欧州委員会の緑書『人口変動に直面した世代間の新たな連帯（*Face aux changements démographiques, une nouvelle solidarité entre générations*）』（2005, p. 94）参照。
(4) 「レクスプレス」誌増刊号，2010年5月-6月。
(5) EU加盟諸国の平均年齢は1995年に38.8歳だったが，2015年には42.3歳にまで上ると予想される。1960年のフランスの人口の年齢中央値は30歳だったが，2020年には44歳になると思われる。
(6) フランスを例にとれば，人口全体に占める60歳以上の割合は1995年の20％から2015年には25％へ増加する。
(7) 欧州におけるこの比率は次のように変化すると予想されている。20歳から59歳までの労働力人口に対する60歳以上の比率は2000年に39％だったが，2020年には54％になる。
(8) フランスについては，80歳代の割合は2025年から2050年にかけて倍増し，総人口の5％から10％に増加すると見込まれている。
(9) 文化主義的企業分析の主唱者フィリップ・ディリバルヌ（Philippe d'Iribarne）（1989, 1991）と社会分析の擁護者のモーリス（Maurice），セリエ（Sellier），シルヴェストル（Silvestre 1982, 1992）間の論争参照。
(10) この批判はこの学派の始祖，独仏の企業の機能の比較について，表明された。確かにこの研究はドイツ企業に固有の「専門的（professionnel）」タイプの労働市場の機能の特徴を指摘することを可能にした。それがドイツ特有の制度上の配置に負うていること

を示したのである。この配置は実習を基礎とした職業教育制度を，等級および移動の制度を含む企業の組織モデルに結びつけている。しかし，この研究はドイツのモデルもフランスのモデルも，現在進行中の変化の分析にはほとんど適さないことが判明した。この研究およびそれによる説明についての議論は，セグレスタン（Segrestin, 1992）参照。

(11) ハインツは「偶発的・予測不可能なライフコース」と述べている（Heinz, 2001, p. 6-7）。

(12) ギリシャ語で「機会，好機」の意。

(13) とりわけメイヤー，シェプリン（Mayer, Schoepflin, 1989）におけるこの文献の批判的紹介を参照。

(14) 筆者による翻訳。

(15) 比較的異質な研究集団を集めるこの学派内における明確化の努力については，ホール，テイラー（Hall, Taylor, 1997）参照。

(16) すべての最近の研究が，最終的にはあまり変化させることなしに，エスピン-アンデルセンが編み出した手段を若干手直しして用いて，この類型学的手段を用いている。シャルプフ，シュミット（Scharpf, Schmidt, 2000），エビングハウス，マノウ（Ebbinghaus, Manow, 2001），ピアソン（Pierson, 2001a），フェレーラ，ヘメリック，ローズ（Ferrera, Hemerijck, Rhodes, 2000）が挙げられる。

(17) この用語はペルシュロン（Percheron, 1991）から借用。「年齢統治は福祉国家がつくり出したものであり，その手段である（中略）そしてすべて政策的行動の本質的側面を形成している」。

(18) このアプローチの概要については，ミュレール（Muller 2000）を参照できる。しかしジョベール，ミュレール（Jobert, Muller, 1987）とミュレール，シュレル（Muller, Surel, 1998）により用いられた，フレームワークやグローバル，セクター（référentiel, global ou sectoriel）といった概念の使用については，本書は極めて慎重な立場に留まりたい。この議論にあまり立ち入るつもりはないが，この概念は筆者から見れば，意味と規範の構築に付随するプロセスの「実体論的」すぎる解釈に行き着くとだけ言っておく。上記著者らによる，グローバルなフレームワークから別のものへの移行と，「グローバル-セクターの関係における認知的不協和」の観点からの分析は，二つの機能的な部分集合の誤整列や食い違いに印をつける機能的アプローチに行き着く。したがってこの概念は，筆者の意見では，高齢者社会政策に関する筆者の研究において優先されたもの（Guillemard, 1986）のような，相互作用により照準をあてたアプローチから離れ過ぎている。シュトラウス（Strauss, 1978）をもじって，公的行動は交渉された定義上のプロセスである，と指摘できる。意味と規則の構築は継続的な交渉プロセスの成果である。その結果，レイノー（Reynaud, 1989）が明らかにしたように，存在するのは変化しない規則や規範機構などではなく，複雑な調整プロセスであり，規則の再定義であると同時に公的行動におけるその実践の再交渉でもある。

［訳者注］

(i) ここでの「大陸欧州」とは，後述する福祉国家類型論における大陸型モデルの国々を指し，南欧諸国は含まない。

第2章

労働市場におけるシニアたち：
キャリア後半期の不確実性

　この30年間に，キャリア末期，さらに範囲を広げれば，キャリア後半期の職業行程はいかなる変化を受けたのだろうか。

　勤労者は雇用においてさらに脆弱で不確実になった職業経歴の軌道を甘んじて受け入れているように見える。それでも，50歳代の人々が，仕事に将来性を見い出せる国がいくらかは存在しているのだろうか。労働市場におけるさまざまなアクターたちは，向老期勤労者に対しどんな行動をとっているのか，また彼らについてどんなイメージを抱いているのか。以上の問いに沿って本章の検証を進める。

　国際比較は，キャリア後半期を襲う激変がどこでも同じ規模で起きたわけではなかったことを明らかにする。確かに90年代半ばまで，55歳以上の労働市場への参加率の低下が，ほとんどの先進国における主な趨勢となっていた。しかしこの包括的な類似性とは別に，さまざまな年齢階層の管理モデルが観察できる。

　フランスを含むいくつかの国々では，若者と高齢者は労働市場の周辺に置かれて，雇用は中央年齢世代（25-49歳）に集中する傾向があった。このプロセスは「フランス式年齢管理」として示された（Marchand, Salzberg, 1996）。それは労働生活人生の両端における大きな変化として現れる。若者の場合，就学期間が延び，不安定な非正規の雇用が就労生活の開始期間を特徴づけており，安定雇用の地位を得るまでにますます時間がかかるようになった。年配就労者の場合についても，就労から退職への移行があいまいで不確かになった。この移行期は多くの場合，長期間の失業と（あるいは）早期就労停止の道をたどる。後述するように，別のいくつかの国々は，それらの国に特有の社会保護レジームと雇用制度によって，このような労働市場からの早期退出の傾向に，より抵抗することができた。

　今日，さまざまな理由から，50歳以上の職業活動は先進諸国の将来にとって重要な課題となっている。それは実際，人口の高齢化がつきつける試練への主な答えの一つである。第1に，労働市場に向老期就労者がより多く参加することは，単に退職年齢を上げるのみでなくむしろ確実に，保険料を納付する就労者と引退者の関係性の悪化を直しつつ，なにより社会保護諸制度と年金諸制度の財政負担を緩和する。というのも，それが，保険料の増加と同時に，支払い給付額の減少といういわば二重の利益配

当を社会にもたらすからである。第2に，キャリア末期の就労維持，およびそれが蝕まれていく状況に対する闘いが，今後の労働力全体の中でますます大きな存在になる年齢層を雇用へ呼び戻すことを可能にするのである。移民労働者に大々的に頼ることを除けば，先進国の大半では50歳代の労働者が，今後数十年において，活用できる労働力の供給源の重要部分を構成することになる。とりわけ人口高齢化に伴い医療支出や諸年金といった増大する社会移転給付に必要な富を生産するには，この年齢階層を頼りにしなければならない。女性，および女性ほどではないが若年層は，多くの国々ですでに労働市場に呼び入れられている。そのため，これらのカテゴリーの層に対しては期待できる就業率の上昇効果は，シニアほどのインパクトはないだろう。

EUはこの向老期勤労者問題を政治日程の重要な要素と位置づけた。EUの報告書「人口の変化を通して見た欧州の労働市場」(1999年) では，50-64歳年齢層が今後の労働力の主な予備軍とされている。そのため，この年齢層の被雇用者能力を維持することも，労働市場からのこの年齢層の排除を未然に防ぐことも重要になった (Commission Européenne, 1999c, p. 11)。1999年以来，欧州委員会は，「高齢化社会における繁栄の維持 (Maintaining Prosperity in an ageing society)」と題する1998年のOECD報告書で示された奨励事項に沿って，「活力ある高齢化」の重要性を訴えている。その報告書によれば，人々の活力ある高齢化の維持に備えて早めに行動することは，高齢化を単に問題としてとらえるだけでなくむしろ好機とするために，優先させるべき革新的な行動戦略であるとされた。しかしながら，OECDが考案した「活力ある高齢化」の概念は，財産とサービスの厳密な生産に関与する活動よりも幅広い諸活動を含むものであることに注意しなければならない。ボランティア活動のような，社会やコミュニティへのより広範な参加に結びついた活動は，人々の生活の質や市民社会への帰属意識の向上に有益であり，またそれは集団や集団の結束のための重要な貢献となる。この観点から，OECDが用いる意味での活力ある高齢化は，治療的な処置，つまり依存をもたらすリスク補償に集中しすぎているとされる先進国の社会保護制度を現代化するために推奨された，社会的投資の包括的新戦略に呼応するものである (Evers, Guillemard, 2012, p. 359-388)。

人生行路全体にわたって人的資源の維持に投資することは，社会保護が単に集団にとっての消極的な社会的支出やコストではもはやなく，それが活性化されることを可能にする投資への回帰を意味している。「活力ある高齢化」のパラダイムは，新しい世代の高齢者がもつポテンシャルをより活用しようとの目的をもっている。こうした新しい世代の高齢者は健康やさまざまな能力や適性に恵まれており，それらを経済や社会のために役立てることができる。

しかしながら，EUはその行動を就労生活の延長に集中させることによって，この概念の意義を限定的に取り入れる方向に向かっている。こうした状況において，個人は，生涯教育の権利と自分の能力維持に対する行き届いた保護が受けられ，それと引

き換えに，集団のためにも個人の幸福のためにも，社会的に，活動的で自律した存在である義務を負うのである．しかし，このような活性化と自律の要請がより執拗となる一方で，権利の拡大や効果的な支援政策が伴わずにバランスが取れないのであれば，活性化とは「個人の人生に対する上からの押しつけ」になってしまう．

リスボンの欧州理事会（2000年）が示した方向性の枠内で，欧州経済社会委員会は「年配労働者」に関する以下の意見書を採択した．

> 「今後EUに提起されることになる人口に関する諸問題，55-64歳年齢層全体の現在の全体的就業率とその恒常的かつ全体的な低下，この年齢層がそれ以外の年齢層と比較して数も割合も恒常的に増加していること，企業と勤労者の今日の慣行，また加盟諸国内の法規定ならびに協約規定など，上記のことを鑑みれば，委員会は，年配労働者の就業率をなによりも上げるためには，EU，加盟諸国，労使代表のてこ入れの下で行動がとられない限り，理事会の決定は実現され得ないであろう，と考える」（Conseil économique et social européen, 2001, p.50）．

年配勤労者の問題はEUにとってこのような課題となったために，2001年にストックホルムで開催された欧州理事会は，はじめて55-64歳年齢層の就業率引き上げに関する数値目標を定めた．2010年を目処に，この年齢層の平均就業率を50％にするという目標である．翌年のバルセロナの欧州理事会（2002年）は，2010年に向けて二つ目の目標を定めた．退職の中央年齢を徐々に5歳ほど引き上げるというものである．フランスはその他いくつかの大陸欧州・南欧諸国と同様に，これらの目標にはるかに届かなかったことを，本書の中で確認する．一方，これらの国々よりも目標からかけ離れていたオランダ，フィンランドなどその他のいくつかの加盟国は，1990年代後半には目標を越えるに至った．

長期（1971-2001年）にわたり年配勤労者の就労低下が長引いているだけでなく，国によってこの低下の幅に大きな開きがあることを認識したうえで，シニアの就労の最近の変化（2001-2013）を検討することにする．EUの目標に到達するために労働市場からの早期退出傾向を反転させることのできた国々を探り出し，欧州以外の国々と比較することがねらいである（Ⅰ）．

年齢別雇用データの検討は，諸国の属する類型群によって変化が対照的であるため，社会全般の状況の重要性を明らかにしてくれる．同じ50歳でも，就労継続の見通しは国によって非常に異なっている．50歳代の日本人，スウェーデン人，フランス人では，状況には大幅な違いがある．日本人とスウェーデン人の場合，実質的な労働市場からの退出年齢は64歳かそれ以上であり，かなりの年齢まで労働市場へ編入されているが，フランス人の場合は，実質的な労働市場からの退出年齢は59歳であるため，脆弱化と補償つき早期退職がみられる．このように，労働年齢と退職年齢の社会的定義と，各々の社会的状況に固有の年齢間の就労と非就労期間の配分の仕方が浮かび上がってくる．大陸欧州諸国におけるキャリア後半期の脆弱化プロセスを示す指標をつきとめ

ること（Ⅱ），およびこの脆弱化の悪循環を通して，高齢とされて雇用における未来はないとされる50歳代の労働者の定義が構築されるのだが，この悪循環をつきとめること（Ⅲ）を，本書では試みたい。結論として，シニア雇用の現状について国際比較をまとめ，シニアが労働市場に留まることの困難さへの理解を深めるいくつかのヒントを抽出できるだろう。

シニアの労働市場への参加の低下

　就労からの規定年齢前退職を促す措置の頻発は，就業から退職への移行期の根本的な再編へと向かわせ，また退職への移行の意味も，人生のこの年齢に固有のイメージや慣行も変質させた。

　しかしながら，早期退出の動向は退職への諸々の移行形態に影響を及ぼし，そのスケジュールを早めただけではなかった。それはまたキャリア後半期全体の展開を根本から変貌させたのである。いくつかの国々では，向老期勤労者は徐々に労働市場の周辺に追いやられた。この現象は，欧州の状況において，また大陸型社会保護レジームに属する国々については特に明白である。それはまさに悪循環として描くことができる。そのメカニズムは本章で分析するが，この悪循環は年配勤労者全体の評価の低下をもたらす。多くの勤労者にとって，キャリア後半期に不確実性の刻印が押されるという，新たなリスクが観察できる。

労働市場への参加指標としての就業率
　以下では，年配労働者の労働市場参加の低下と失業の上昇をOECDおよび欧州連合統計局が作成した比較データに基づいて分析する。

　本書では就業率を労働市場参加指標として採用する。就業率とは，所定の年齢層における実際の就業人口がこの層の人口全体に占める割合である。それは，労働力率とは違い，労働市場参加の計測に失業人口を含めないという利点をもつ。したがってこの指標は，所定の年齢人口の実際の就業を計測するのに，より適している。

　確かに，多くの国々で，失業が労働市場からの最終的かつ早期の退出の主な手段の一つとしてひんぱんに用いられてきた（Guillemard, Van Gusteren, 1991）。それに，後で見るように，年配失業者は長期失業者であり，彼らの労働市場への復帰の望みは最小である。

　最後に，国ごとの性別の就業率の変遷を検討する。確かに，就労データが男女によって極めて異なることは知られている。とりわけ，女性の就労の水準は今日，国によって大きな違いを示している。そのうえ，最近数十年を通しての女性の就労の増加は国によって異なり，またその伸展速度も異なっている。このような状況により，こうしたデータに基づいた女性の就労の国際比較はますます複雑となっている。さらに，

OECDや欧州連合統計局のデータでたどれるような，50歳以上の女性の就労の横断的な測定では，この年代の女性たちに同時に起きた二つの出来事から生じた逆方向の諸効果を分けて分析することはできない。一つは労働市場へのより大量の参入であり，もう一つはそれと関連したキャリア末期の早期退出である。

　女性に関しては，世代グループ単位での縦断的分析だけが，次の二つの効果を区別することができるであろう。すなわち，全体的により就業率の高い世代に属しているという結果と，労働市場から早期に退出させられた年齢層に属しているという結果の二つである。これらの年齢と世代の二つの結果は，年配女性の就労に対し逆方向に働いている。ここで述べた指摘は，本章で用いられる横断的データが女性の場合，解釈するのがはるかに難しいであろうことを説明するものである。就業率が安定しているように見えたり，わずかな変化しかないように見えたりしても，そこにはとても重大な二つの正反対の結果が潜んでいるのである。

55歳以上の年齢層の30年間（1971-2001年）における就労の低下と，国によって異なるその不均質な拡がり

　全体として，55歳以上の就労は欧州および北米で著しく低下した（表2-1）。数ヵ国のみがこの大規模な低下傾向を食い止めた。日本と北欧のいくつかの国々，とりわけスウェーデンが挙げられる。55歳以上の30年間にわたる就労状況の変遷についての国際比較データを詳細に提示することによって，男性の場合55歳以上になると雇用が減り，就労者の方が少なくなることさえもが明らかになる。フランス，ベルギー，オランダ，フィンランドはとくに，この年齢層における就労人口の割合は，1993-1995年ごろでは40％かそれ以下だが，1971年にはその倍以上だったのである。しかしドイツ，スペイン，イタリアもまた同じ時期に，55-64歳では就労人口は50％を切っている。55歳以降の就労の低下は特筆すべき現象であり，多くの国々で，この期間を通じていやおうなく低下が続くか，せいぜいそのままの状態を維持しているように見える。しかしながら，多くの政府が，就労生活を延ばし早期退職の動きを反転させるため，1990年から退職年齢や年金保険料納付期間に関してさまざまな改革を試みてきた（フィンランド，ドイツ，フランス，イタリア，スペインなど）。30年近くにわたる年配者の就労の変遷についての調査は総体的な低下の動きを明らかにしているものの，国によってその振幅は非常に異なることを示した。他国よりも55歳以上の就労の後退に抵抗できた国々もある。その点で，男性の就労に関しては，調査の対象となった国々を4グループに分けることができる。

　第1グループ　調査期間中，55-64歳の年齢層の就業率の低下がごく限られていた日本（－9％）のほかに，スウェーデン（－16％）のような北欧のいくつかの国々やアメリカ（－11％）でも，この年齢層の労働市場参加の低下は限定的だった。ポルトガルとアイルランドも，以上の国々とはおそらく異なる理由で，55-64歳は60％以上

表2-1 55-64歳年齢層の就業率の推移（1971-2001）

男 性

国 名	1971	1975	1985	1989	1993	1995	1997	1998	1999	2000	2001	変動ポイント%
ドイツ*	77.1	66.7	53.6	51.7	47.9	48.2	47.8	47.6	48.0	46.4	45.4	−41.1
ベルギー	—	—	43.1	36.3	32.9	34.5	32.2	32.1	35.1	35.1	35.1	−18.6
デンマーク	—	—	61.9	65.0	60.6	63.2	61.0	58.5	59.9	63.2	63.1	1.9
スペイン	°82.7	76.7	59.1	56.7	51.6	48.0	50.5	52.1	52.4	55.2	57.9	−30.0
フィンランド	71.8	64.6	48.7	44.2	36.1	34.9	37.8	38.3	40.1	43.7	46.7	−35.0
フランス	73.0	67.2	46.8	43.7	40.3	38.4	38.4	37.9	38.9	38.5	41.4	−43.3
イタリア	—	—	37.5	49.6	47.0	42.3	41.5	41.5	40.8	40.3	38.5	0.4
オランダ	79.3	69.9	44.5	41.2	39.9	43.3	46.0	48.8	49.7	50.5	—	−36.3
ポルトガル	82.1	77.3	64.7	63.6	59.8	57.7	58.1	63.4	62.1	62.5	61.6	−25.0
英 国	82.9	—	62.3	61.8	55.9	56.1	58.6	58.3	59.4	59.7	61.6	−25.7
スウェーデン	82.8	80.7	73.2	73.6	65.9	64.4	64.7	65.8	67.1	67.8	69.6	−15.9
EU 15						46.8	47.0	47.2	47.3	47.6	47.8	
日 本	85.3	83.3	78.8	79.2	82.1	80.8	80.9	79.8	79.5	78.4	77.5	−9.1
カナダ	78.7	76.2	64.3	61.2	54.3	53.7	55.1	54.7	56.8	57.4	57.6	−26.8
米 国	79.4	72.4	65.0	64.9	63.1	63.6	65.5	66.2	66.1	65.6	65.8	−10.8

女 性

国 名	1971	1975	1985	1989	1993	1995	1997	1998	1999	2000	2001	変動ポイント%
ドイツ*	27.1	24.4	21.3	21.6	24.2	26.9	28.8	28.7	28.9	29.0	28.4	4.8
ベルギー	—	—	10.3	9.7	11.6	12.7	12.4	13.4	14.8	15.6	15.6	51.5
デンマーク	—	—	39.8	38.8	42.5	36.1	41.2	41.5	47.8	46.2	49.8	25.1
スペイン	°21.8	22.8	18.8	18.4	18.4	17.6	18.0	18.8	19.1	20.1	21.8	0.0
フィンランド	45.6	41.9	42.7	39.3	33.7	34.0	33.7	34.2	38.4	40.9	45.1	−1.1
フランス	37.3	35.2	28.5	28.8	27.9	28.9	28.9	28.3	29.6	30.3	31.8	−14.7
イタリア	—	—	14.9	14.4	13.6	13.1	14.4	14.8	15.0	15.2	15.3	2.7
オランダ	14.6	13.8	11.8	11.3	12.3	14.0	20.2	19.8	21.9	25.8	28.0	91.8
ポルトガル	—	31.5	31.5	31.0	32.0	33.3	37.4	38.4	41.1	41.1	40.6	28.9
英 国	—	—	32.7	36.1	37.6	39.3	38.8	38.5	39.8	41.4	43.2	32.1
スウェーデン	43.7	48.9	57.1	62.9	60.7	59.5	60.7	60.3	61.0	62.4	64.3	47.1
EU 15						25.2	26.1	26.0	27.0	27.7	28.6	
日 本	44.6	43.1	44.4	45.3	47.8	47.5	48.4	48.5	48.2	47.9	47.3	6.1
カナダ	30.3	29.3	30.6	31.7	32.4	33.4	34.3	36.1	37.3	39.3	39.4	20.4
米 国	41.5	38.9	40.2	43.8	45.3	47.5	49.5	50.0	50.1	50.5	51.6	24.3

注：＊ドイツは1989年から統一（以前，西ドイツRFA）。°1972；°°1990。
出典：OECD資料に基づく再編集シリーズ。労働力統計（イタリア，EUを除く）。欧州連合統計局。資料，労働力調査（EFT）および筆者自身による算出。

の就業率を維持した。

　第2グループ　この国々は雇用状況においては中間に位置している。この年齢層の就業率は50％以上を維持している。調査期間における低下は約25％である。カナダ（−27％），英国（−27％），デンマーク（−27％）などがこのグループに入る。

　第3グループ　この年齢層の男性労働者の就業率が50％前後の国々で，調査期間に著しい低下が記録された。ドイツ（−41％），スペイン（−30％）が挙げられる。またEU加盟諸国の平均も50％前後である。

　第4グループ　最後のグループはこの年齢層における実際の男性就業率がかつて40％以下であったか，現在もそうであり，就労の大幅な低下のあった国々である。フラ

ンスは55-64歳の男性の就業率が最も低い国々の一つで，低下の幅が最大の国（43％）である。低下の幅で言えば，ベルギーがフランスと並ぶ。フィンランドとオランダでは1995年まではフランスと同程度の就業率の低下が見られたが，本章で後ほど指摘するように，1990年代半ば以降，この年齢層の就労は著しく上昇した。(4)

　55-64歳の女性（表2-1）については，この間の就業率の低下は，すでに述べた理由により，欧州においては男性ほど大きくはない。この期間を通じて就業率は変わらないか，あるいは若干の上昇さえ観察できる（ドイツ参照）。しかしながら，5年ずつに分けた年齢層ごとの分析によれば，55-59歳の女性の就業率が1971年から2000年の間に上昇はしないまでもほとんど変化がなかった(5)のに対して，60-64歳の女性の就業率は欧州ではこの間に，とりわけ第3，第4グループで，明らかに低下した（表2-2）。この年齢の女性たちの労働市場への参加は第3，第4グループでは非常に少なくなった。だが，デンマークやスウェーデンのような第1，第2グループに属する国々は就業率を維持している。ポルトガルも同様である。(6)欧州以外では，日本とアメリカが同様にこの期間を通じてこの年代の女性の比較的安定した就業率を保った。

　5歳ごとに分類したより詳細な分析は，60-64歳の男性（表2-2）の場合に，就労が同様に非常に例外的な状況になったことを示している。2000年には，この年齢層で労働市場に残っていたのは，ベルギーおよびルクセンブルグ（18％）とフランス（15％）で5人に1人弱，ドイツ（28％），イタリア（30％），フィンランド（27％），オランダ（27％）では約4人に1人である。それとは逆に，この年代の男性のおよそ半数が，スウェーデン（52％），ポルトガル（53％）では現役である。欧州以外では，日本（65％）とアメリカ（51％）が60歳を越えても現役を続けることが普通のこととなっている。

　大陸欧州と南欧においては，まさに60歳以上の就労崩壊が観察できる。30年間で，男性の就労はフランスで77％，オランダで63％，フィンランドとドイツで58％も後退した。労働市場からの撤退の時期は性別に関係なく早まった。60歳以上の非就労は，スカンジナビア諸国と英国を除き，欧州のほとんどの国で通例となった。

　65歳以上の人々の労働市場における維持について言えば，それはさらに例外的状況となり，ほとんどの国で，2000年にはこの年齢層の男性の5％を越えることはほとんどない。スウェーデンとアメリカでは，この年齢の就労は少し高いが，15％を越えることはない。日本だけが65歳以上の男性の3分の1近くがまだ仕事についているが，ポルトガルは同じ年代の4分の1が労働市場に残っており，欧州でもきわめて特異な例を示している（表2-3）。フランスは，1982年に65歳から60歳に年金受給開始法定年齢を下げた唯一の国で，65歳以上の現役は2％にも満たず，その割合が最も低い国である。

　55-59歳の男性（表2-4）では，労働市場への参加の後退は1975年から1995年までの期間では，日本を除けば一般的だった。どこでも1995年の就業率は1975年のそれよ

表2-2 60-64歳層の就業率の変遷 (1971-2000)

男 性

国名	1971	1975	1985	1989	1993	1995	1997	1998	1999	2000	変動ポイント%
ドイツ	68.6	55.2	31.7	31.8	26.8	26.3	27.0	27.4	27.8	28.2	−58.9
ベルギー	—	—	25.9	20.7	18.7	18.3	17.6	16.0	20.0	18.1	−30.1
デンマーク	—	—	45.5	48.2	45.7	47.5	41.5	39.7	41.2	37.8	−16.9
スペイン	°76.4	68.6	48.0	44.3	40.6	36.6	38.5	38.1	37.0	39.6	−48.2
フィンランド	64.4	55.1	35.6	28.7	22.0	21.7	22.6	22.9	23.3	26.8	−58.4
フランス	65.7	55.1	29.4	23.3	18.4	16.3	15.4	14.4	16.0	14.8	−77.5
イタリア	46.5	42.1	38.2	34.7	31.9	30.3	30.3	30.5	30.0	30.0	−35.5
オランダ	72.3	62.3	26.7	22.0	21.0	—	21.2	23.2	24.2	27.0	−62.7
ポルトガル	—	73.3	57.2	53.7	50.9	49.4	50.2	53.7	52.7	53.7	−26.7
英国	80.2	74.6	49.8	49.8	44.8	45.1	47.6	46.1	47.2	47.3	−41.0
スウェーデン	76.0	72.3	°°°62.5	61.6	53.3	51.0	50.4	50.1	50.8	51.8	−31.8
EU 15	—	—	—	—	33.0	30.0	30.7	30.5	30.8	30.9	—
日本	79.8	76.8	67.4	67.2	71.0	69.3	68.3	67.3	66.5	65.1	−18.4
カナダ	—	°°63.6	50.7	48.0	42.5	40.4	42.0	41.5	43.9	43.6	−31.4
米国	71.5	62.6	53.2	53.0	51.3	51.3	52.7	53.8	53.3	53.4	−25.3

女 性

国名	1971	1975	1985	1989	1993	1995	1997	1998	1999	2000	変動ポイント%
ドイツ	19.1	15.2	9.8	9.5	8.8	9.7	10.9	11.4	11.8	12.0	−37.2
ベルギー	—	—	5.3	3.7	4.9	5.4	4.5	4.7	6.3	7.0	32.1
デンマーク	—	—	25.3	23.7	28.0	20.0	24.1	21.1	24.8	23.4	−7.5
スペイン	°19.0	19.5	15.6	14.5	15.3	14.0	14.5	14.5	14.1	15.0	−21.1
フィンランド	34.3	27.8	29.7	22.6	15.9	15.9	15.9	16.3	20.0	20.1	−41.4
フランス	31.8	29.2	17.6	16.6	14.2	13.9	14.0	13.2	13.9	12.8	−59.7
イタリア	10.3	8.5	10.0	9.6	8.5	7.6	8.4	7.8	7.5	7.8	−24.3
オランダ	11.6	10.4	6.2	7.5	7.1	—	8.3	8.6	9.5	11.2	−3.4
ポルトガル	—	27.8	25.9	24.0	25.1	25.9	30.9	31.8	35.1	36.1	29.9
英国	—	—	17.6	21.5	23.8	24.6	26.3	23.3	24.4	25.4	44.3
スウェーデン	33.5	37.6	°°°48.2	48.9	46.6	44.7	44.4	42.5	42.8	45.0	34.3
EU 15	—	—	—	—	13.0	13.5	14.4	13.9	14.4	14.7	—
日本	38.5	37.6	37.9	38.6	39.3	38.7	38.8	38.8	38.2	37.8	−1.8
カナダ	—	°°23.5	22.3	21.2	22.2	22.0	22.7	23.7	24.7	25.7	9.4
米国	35.2	31.5	32.2	34.6	35.5	36.6	38.5	38.2	37.8	39.1	11.1

注:°1972;°°1976;°°°1987.
出典:OECD 資料に基づく再編集シリーズ。労働力統計(イタリア,EU を除く)。欧州連合統計局資料,労働力調査(EFT)および筆者自身による算出。欧州連合:EU-12ヵ国1992年(1993年の替わり)。1995年から EU-15ヵ国。

りも低く,25%ほど低下した。しかし,すでに示した国のグループ分けに沿って,それぞれの国の間での違いが観察できる。

第4グループに属するいくつかの欧州諸国にとっては,55-59歳の就労はもはや常態ではない。この年齢層の半数近くが労働市場から退出しており,そしておそらく戻

表2-3　65歳以上の男性の就業率の推移

65歳以上

国　名	1971	1975	1985	1989	1993	1995	1997	1998	1999	2000	変動%
ドイツ	16.0	10.6	5.1	4.4	4.3	4.2	4.3	4.3	4.5	4.6	−71.3
ベルギー	—	—	2.5	1.9	2.0	2.3	2.0	1.5	3.4	2.2	−12.0
デンマーク	—	—	13.1	10.9	10.5	4.7	5.2	5.9	2.9	3.7	−71.8
スペイン	25.7	18.6	5.8	4.2	3.1	2.9	2.3	2.3	2.5	2.5	−90.3
フィンランド	—	—	10.6	10.1	6.6	5.6	5.9	5.9	5.8	6.3	−40.6
フランス	18.2	13.6	5.2	4.3	3.2	2.5	2.2	2.2	1.8	1.9	−89.6
イタリア	8.6	7.3	5.2	5.4	4.8	5.7	6.1	5.4		5.8	−37.2
オランダ	—	—	—	—	—	—	5.3	5.9	5.4	9.7	—
ポルトガル	41.0	36.0	19.5	20.3	19.9	21.2	23.3	(2)24.5	24.1	25.4	−38.0
英国	19.2	15.6	8.3	9.0	7.1	7.8	7.3	7.4	7.7	7.7	−59.9
スウェーデン	26.4	19.1	10.9	13.4	13.1	13.9	12.3	14.3	12.8	14.9	−43.6
日本	47.4	43.6	36.2	35.3	37.1	36.5	35.9	35.0	34.4	33.1	−30.2
カナダ	18.9	17.5	12.1	10.8	9.6	9.8	9.9	10.3		9.3	−45.5
米国	24.6	20.4	15.3	16.2	15.1	16.1	16.5	15.9	16.4	16.9	−31.3

出典：OECD資料。労働力統計。

ることもないだろうからである。1995年から97年の間，55-59歳の男性の実質的な就業率が50%かそれより僅かに下回る国々としては，ベルギー（47%）とフィンランド（50%）が挙げられる。いくつかの国々では，この年齢層の労働市場への実際の参加が50%を越える状況を維持してはいるが，50%を僅かに越えるに過ぎない。1995年のイタリア（55%），ルクセンブルク（55%），オランダ（59%），フランス（60%）がそうである。この年齢層のEUの平均就労水準よりも下に位置していることを指摘しておかなければならない。しかしながら，スウェーデン（76%），デンマーク（77%），ポルトガル（66%），英国（66%）など，この年齢層の就労が高いレベル（3分の2以上）に留まっているEU加盟国も存在するという点に注目しよう。またアメリカ，そして特に日本では，55-59歳の就労は常態となっており，75%から90%にまで及んでいる。1995-1997年以降，いくつかの国々（オランダ，フィンランド，英国，スペイン）では，この年齢層の就業率の上昇傾向が観察されるのに対し，別の国々（フランス，イタリア）では，就業率は停滞したままである。

① 50-54歳への波及効果

公的措置により開設された制度上の早期退出手段のほとんどは，直接的にはすぐ下の50-54歳の年齢層を対象としてはいなかった。ところが，部門や企業によっては，この年齢層は，企業が独自に組織した早期退職方式やキャリア末期休暇方式を有利に用いることができた。

たとえばいくつかの国々では，鉄鋼業の勤労者が，ある一定期間この種の措置を利用できた。多くの企業が，こうしてこの年齢層に対する企業独自の措置を実施する企業が数多くなった。[7]

第Ⅰ部　高齢化とその課題への考察

表2-4　55-59歳年齢層の就業率の推移（1971-2000）

男性

国名	1971	1975	1985	1989	1993	1995	1997	1998	1999	2000	期間における変動ポイント%
ドイツ	86.3	82.7	70.7	69.2	63.9	64.0	63.5	65.0	65.8	66.8	-22.6
ベルギー	—	—	59.2	50.6	47.0	50.7	46.9	48.4	50.4	52.0	-12.2
デンマーク	—	—	77.7	80.9	73.4	77.2	77.5	75.6	77.3	79.7	2.6
スペイン	°88.8	84.4	68.9	67.8	63.0	61.0	64.5	67.3	66.9	68.5	-22.9
フィンランド	78.7	74.2	59.4	58.4	49.2	46.3	50.4	51.4	54.2	58.9	-25.2
フランス	80.8	81.3	62.6	62.6	62.0	60.5	61.7	61.1	61.2	60.4	-25.2
イタリア	—	—	68.4	64.4	62.0	54.9	52.0	51.4	51.5	50.8	-25.7
オランダ	85.5	76.8	60.3	62.7	59.0	59.3	62.1	65.0	66.7	68.7	-19.6
ポルトガル	—	—	80.6	71.1	72.4	68.3	65.7	66.1	72.9	71.2	71.8	-11.8
英国	92.5	°°89.7	74.8	73.3	66.4	66.2	68.6	69.5	70.4	70.8	-23.5
スウェーデン	89.1	88.9	°°°84.3	85.7	77.8	76.2	76.2	78.1	79.4	79.7	-10.5
EU 15	—	—	—	—	65.1	61.6	61.5	62.3	62.6	63.4	
日本	90.2	89.3	86.8	89.2	92.1	91.5	92.4	91.1	90.5	90.0	-0.2
カナダ	—	°°80.9	74.0	73.1	65.6	66.0	66.4	65.8	67.4	69.0	-14.7
米国	85.9	80.8	76.1	76.7	74.2	74.6	76.3	76.3	76.3	75.3	-12.3

女性

国名	1971	1975	1985	1989	1993	1995	1997	1998	1999	2000	期間における変動ポイント%
ドイツ	35.6	37.2	33.7	34.3	36.6	39.9	43.1	44.2	45.2	45.8	28.7
ベルギー	—	—	15.3	15.5	18.7	20.3	20.7	22.6	23.7	24.1	57.5
デンマーク	—	—	54.4	53.6	56.3	51.5	57.0	59.6	64.5	64.3	18.2
スペイン	°24.7	26.0	21.6	21.9	21.7	21.6	22.3	23.7	24.0	24.9	0.8
フィンランド	56.6	56.7	55.3	56.4	51.5	50.4	49.3	50.3	56.0	59.9	5.8
フランス	43.6	42.7	39.2	40.8	42.4	44.8	44.9	44.1	45.7	47.1	8.0
イタリア	—	—	19.1	19.3	19.1	18.8	20.6	21.7	22.3	22.9	19.9
オランダ	17.5	17.1	17.4	22.6	24.3	27.0	31.0	31.5	34.6	38.2	118.0
ポルトガル	—	34.8	36.4	37.3	38.8	40.8	44.1	45.2	47.2	46.2	32.8
英国	49.6	51.7	48.6	50.8	51.3	53.1	50.4	52.7	53.9	55.9	12.7
スウェーデン	53.5	60.1	°°°77.4	77.5	74.7	73.0	74.8	75.2	75.8	76.2	42.4
欧州連合	—	—	—	—	33.0	36.1	37.2	37.5	39.1	40.6	—
日本	49.8	48.1	49.9	51.2	55.7	56.0	57.5	57.4	56.9	56.7	13.9
カナダ	—	°°36.6	38.7	42.0	42.5	44.0	44.5	46.6	47.9	50.4	37.7
米国	46.9	45.5	47.9	53.1	54.8	57.4	59.1	59.9	60.2	59.7	27.3

出典：OECD資料に基づく再編集シリーズ。労働力統計（イタリア，EU を除く）。欧州連合統計局資料，労働力調査（EFT）および筆者自身による算出。欧州連合：EU-12ヵ国1992年（1993年の替わり）。1995年からEU-15ヵ国。

2000年には，この年齢層の男性の大半が，国によって76％から93％の間を上下する就業率で就労してはいるが，労働市場への参加に一定の後退が見られることも確かである（表2-5）。

第3，第4グループに属するいくつかの国々では，この年齢層の男性の就業率は1975年から2000年にかけて約10％も低下した。欧州連合15ヵ国中で，イタリア，ドイツ，フランス，フィンランド，スペインは，50-54歳の男性就労がかなり後退した国々である。ただしフランスの場合，この年齢層の就業率はEU平均を上回っていることが確認できる（男性については3％高い）。

第2章 労働市場におけるシニアたち：キャリア後半期の不確実性

表2-5 50-54歳年齢層の就業率の推移

男 性

国 名	1971	1975	1985	1989	1993	1995	1997	1998	1999	2000	変動%
ドイツ	93.5	90.2	87.9	85.8	86.6	85.1	82.5	83.3	84.3	85.6	-8.4
ベルギー	—	—	80.1	76.0	74.1	78.1	77.4	77.5	75.7	76.3	-4.7
デンマーク	—	—	84.6	85.6	82.4	84.5	85.8	86.0	86.5	83.9	-0.8
スペイン	°93.1	90.8	78.3	81.5	77.9	77.6	79.2	80.8	81.9	82.5	-11.4
フィンランド	—	—	—	—	71.3	70.3	76.1	77.8	80.7	—	-13.2
フランス	92.7	92.0	86.0	85.0	84.6	84.0	84.5	84.3	84.1	85.0	-8.3
イタリア	—	—	87.7	84.8	80.1	75.8	75.1	76.4	78.0	78.9	-10.0
オランダ	90.4	87.3	74.5	79.5	80.5	82.7	84.9	86.5	87.9	86.5	-4.3
ポルトガル	—	89.4	83.4	85.6	83.9	82.4	83.7	85.0	85.4	85.5	-4.3
英 国	—	—	83.8	84.3	78.9	80.1	80.6	81.8	81.9	81.8	-2.4
スウェーデン	92.6	92.4	°°°91.7	91.6	86.6	85.5	84.8	84.8	85.3	86.0	-7.1
欧州連合	—	—	84.2	—	83.4	81.4	80.8	81.2	81.8	82.5	-2.0
日 本	95.4	94.6	93.6	94.7	95.8	95.5	95.4	94.4	93.8	93.2	-2.3
カナダ	—	°°87.4	82.3	84.8	79.9	80.8	80.7	79.9	81.1	82.1	-6.1
米 国	89.8	85.7	84.6	86.5	83.5	83.4	85.0	84.8	84.8	84.6	-5.8

女 性

国 名	1971	1975	1985	1989	1993	1995	1997	1998	1999	2000	変動%
ドイツ	44.6	47.3	46.2	49.3	59.0	60.2	60.7	62.0	63.1	64.0	43.5
ベルギー	—	—	26.8	26.8	32.4	38.0	40.9	42.3	44.8	45.6	70.1
デンマーク	—	—	65.9	71.6	72.5	67.9	68.7	71.6	74.2	77.9	18.2
スペイン	°25.5	26.6	23.0	25.2	26.5	28.6	31.6	32.6	33.4	35.5	39.2
フィンランド	—	—	—	—	73.5	72.1	76.9	80.0	79.5	—	8.2
フランス	48.1	50.7	53.6	56.6	59.9	62.8	64.9	66.4	67.4	67.4	40.1
イタリア	—	—	31.4	31.1	33.7	34.0	35.6	35.5	36.7	37.3	18.8
オランダ	20.4	22.1	27.3	34.8	40.1	46.0	48.8	52.4	52.9	55.8	35.4
ポルトガル	—	37.6	46.0	46.6	53.6	57.1	58.1	56.9	58.2	59.5	58.2
英 国	—	—	61.2	64.1	66.2	67.2	69.1	69.6	69.9	70.4	15.0
スウェーデン	63.8	71.2	°°°86.4	86.5	84.0	84.6	83.3	82.2	83.3	83.5	30.9
欧州連合	—	—	44.4	—	49.8	52.6	54.0	55.2	56.6	57.7	30.0
日 本	57.5	57.1	60.0	63.2	66.0	65.2	66.5	66.3	65.8	66.1	15.0
カナダ	—	°°43.1	51.1	58.6	60.9	61.4	63.0	64.9	66.7	67.2	55.9
米 国	51.6	50.2	58.1	63.9	66.7	68.6	71.3	71.2	72.2	72.4	40.3

注：°1972；°°1976；°°°1987。
出典：OECD (2000)（フィンランド，イタリアを除く）。EU（欧州連合統計局．EFT）。欧州連合：EU-12ヵ国 1986年（1985年の替わり）。1992年（1993年の替わり）。1995年からEU-15ヵ国。

このようにして，職業的な次元で「半ば老人」と呼べるような現象が出現する。早期退職措置の拡大を伴った，就労からの最終的な退出年齢の急速な引き下げは，そのすぐ下の年齢層に波及効果を及ぼした。企業においては多くの場合「退職間近」と見なされ，昇進や研修をさせるには年をとりすぎていると判断された。このような向老期就労者たちにとって，キャリア末期の脆弱化が始まるのである。

その下の年齢の評価の下落を生むこのような早期退職の波及効果は，フランスの企業の年齢管理に関する筆者の事例研究においても確かに観察された。自社の従業員に関して，経営者が昇級させたり研修させたりするのに迷う年齢は，筆者の聞いたところでは，もっとも多くの場合，45歳だった（Gautié, Guillemard, 2004）。

男性と違い，50-54歳の女性の就労（表2-5）は最近30年間で増加した。この世代

については，この期間における女性の労働市場参加は増加しているため，男性の場合のように，この年齢カテゴリーのキャリア末期の脆弱化が，就労に関する横断的措置に端を発して出現したと理解することはできない。いずれにしても，フランスは女性の就労については総体的にEU加盟国平均よりも上位にある。それは，50歳以上の世代について，女性就労率の高い北欧諸国よりもわずかに低いが，比較的高い就業率となって現れている。

一方南欧の国々やベルギーでは，同じ期間にかなり上昇したとはいえ，女性の就業率は低い。

最近10年間のEU諸国において就業率が再上昇，だが国によって異なるその不均衡の拡がり

2000年から2013年の期間で，キャリア末期の就労が最も不安定だった国のうち，いくつかは55-64歳の年齢層の就業率を改善し，2010年には50％というEUの目標のレベルまで引き上げることに成功した。このような就業率改善の中で，もっとも目覚ましいのはフィンランドとオランダが達成したもので，1995-2010年の間に，この年齢層の就業率を20％以上も上げた。その意味で，両国は欧州の優等生である。1996年から2010年までの期間に，フィンランドは63％，オランダは86％上昇させ，2010年には，両国ともEUの目標を超えた（表2-6，図2-1）。このデータによれば，ドイツも2008年にEUの目標を超えた。それに対し，フランスとベルギーの2010年の就業率はそれぞれ39.8％と37.3％にとどまる。イタリアやイタリアほどではないが，スペインも2009年の時点では，2010年に50％にまで上げるというEUの目標からはほど遠いところにいる。両国の数値はEU加盟15ヵ国の平均（55-64歳の就業率48％）と比べてかなり低い。

フランスでは，1995-2013年の間に，シニアの雇用状況の改善があったとはいえ，EUが定めた目標には届かず，この領域における遅れを取り戻せないままである。それに対し，フィンランドとオランダは2010年になるやすでに目標に達している。表2-6は，フランスがこの期間に55歳から64歳までの就業率を55％上げたことを示している。同じ時期にオランダが109％，フィンランドが70％，ドイツでも68％に就業率を上げているので，こうした数値と比較するとフランスの上昇は小幅に留まっている。

EUが定めた，実質的な労働市場からの退出年齢を5年上げるというバルセロナ目標についても同様である。図2-2は，フランスとEU加盟15ヵ国間の差が開いていることを示している。2001年から2008年までの間，フランスでは労働市場からの退出年齢は横ばいであるが，EU 15ヵ国では迅速に上がっている。このことから，フランスの特殊性が明らかになる。すなわち，労働市場から退出する平均年齢は依然として60歳未満のままであるのに，年金受給開始の平均年齢は相次ぐ年金改革の結果として引き上げられ，社会保障一般制度に属する勤労者にとって2013年にはそれが62歳とな

第2章 労働市場におけるシニアたち：キャリア後半期の不確実性

表2-6 1995-2013年における55-64歳年齢層の就業率の推移

国名	1995	1996	1997	1998	1999	2000	2002	2004	2006	2008	2010	2011	2012	2013	変動 1995/2010%	期間における変動%
ドイツ	37.8	37.9	38.2	37.7	37.8	37.4	38.9	41.8	48.1	53.7	57.7	60.0	61.6	63.6	53.0	68.2
ベルギー	23.3	21.8	22.0	22.5	24.7	25.0	25.8	30.1	32.0	34.5	37.3	38.7	39.5	41.7	60.0	78.9
デンマーク	49.3	47.5	51.4	50.4	54.2	54.6	57.3	61.8	60.7	58.4	58.4	59.5	60.8	61.7	18.0	25.2
スペイン	32.1	33.2	34.0	35.3	34.9	36.8	39.7	41.0	44.1	45.6	43.6	44.5	43.9	43.2	36.0	34.6
フィンランド	34.4	34.3	35.7	35.7	39.2	41.2	47.8	51.1	54.5	56.5	56.2	57.0	58.2	58.5	63.0	70.1
フランス	29.4	29.1	28.9	28.3	28.4	29.4	33.8	37.5	38.1	38.2	39.8	41.5	44.5	45.6	35.0	55.1
イタリア	27.8	28.1	27.8	27.7	27.5	27.3	28.6	30.2	32.5	34.4	36.6	37.9	40.4	42.7	32.0	53.6
オランダ	28.8	30.0	31.4	33.0	35.3	37.9	42.0	44.6	47.7	53.0	53.7	56.1	58.6	60.1	86.0	108.7
ポルトガル	45.5	46.3	46.8	50.2	50.7	51.3	51.9	50.1	50.1	50.8	49.2	47.9	46.5	46.9	8.0	3.1
英国	47.5	47.8	48.5	48.3	49.4	50.4	53.2	56.1	57.3	58.0	57.1	56.7	58.1	59.8	24.0	25.9
スウェーデン	62.0	64.1	61.6	62.7	64.6	64.3	68.3	69.0	69.6	70.1	70.4	72.0	73.0	73.6	14.0	18.7
欧州連合15ヵ国	35.8	36.1	36.4	36.4	37.0	37.5	39.8	42.3	45.3	47.4	48.4				35.1	32.4
欧州連合27ヵ国					36.2	36.2	36.5	36.9	38.5	40.7	43.5	45.6	46.3	47.4	48.9	50.3	38.9
日本				64.2	63.8	63.4	62.8	61.6	63.0	64.7	66.3	65.2	65.1	65.4	66.8	4.0
米国				57.2	57.7	57.7	57.8	59.5	59.9	61.8	62.1	60.3	60.0	60.7	60.9	6.5

出典：欧州連合統計局 ―EFT。

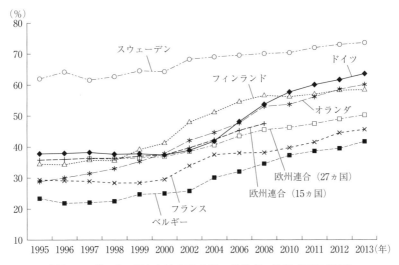

図2-1 幾つかの国における55-64歳の就業率の推移（1995-2013）

り，その2つの平均年齢間の相関関係は剥奪されたのである。

そのうえ，フランスで2001年から観察できる55-64歳の就業率の上昇は，機械的にこの年齢層の雇用を増やす，好都合な人口構成効果に大幅に起因している。実際，2001年（第一次ベビーブーム集団が55歳になった年）以来，55-64歳の年齢層における55-59歳の割合が増した。ところで，55-64歳層は，すでに指摘したように，構造的

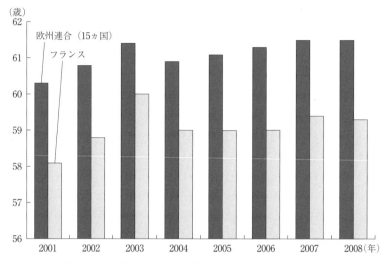

図 2-2　労働市場から退出する平均年齢—年度資料—フランスと EU（15ヵ国）

に彼らより上の世代に比べて就業率が高い。2006年以降は，60-64歳の比重が増加し始め，就業率の上昇にブレーキがかかる。したがって，その就業率は2006-2008年には停滞が見られた。欧州連合統計局によれば，2000-2005年のフランスの55-64歳の就業率上昇のかなりの部分（9％中4％）が，この年齢層の内部の人口構成によるものである。それに対し，EU 加盟25ヵ国では，内部の人口構成の効果は平均で就業率上昇の5分の1にすぎない。フランスのこのような特徴は，戦後のベビーブームの規模がこの国ではとりわけ大きかったことによる。

DARES（調査研究統計推進局）は，人口構成の影響を取り除くために，各年代に同一の比重を与える「基礎」就業率を計算した。55-64歳では，2008年の就業率は38.2％だったが，基礎就業率は36％でしかなかった（DARES, 2009）。

2011年に最初のベビーブーム世代が65歳になり，55-64歳集団から退出すると，それに続く諸世代はほとんど同じ規模であるため，人口構成の影響はこの時点で弱まることとなる。2008年から2013年まで，フランスでは，経済危機にもかかわらず，55-64歳の雇用に明らかな上昇があった。国際平均の2倍近く上昇したのである（2007-2012年でフランスは6％上昇，その他の OECD 加盟国の平均は3％上昇であった）（OECD, 2014, p. 36-39）。こうしたシニアの雇用改善は主に，2008年以降の55-59歳の雇用の著しい上昇によるものである。

2000-2013年の55-59歳の男性の就業率の変化についての比較データ（表2-7）は，フランスにおけるこの年齢層の就業率が2008年から2013年の間で大幅に増えたこと（11％）を明らかにしている。この年齢層の雇用は，その他の EU 加盟国と比較しう

第 2 章　労働市場におけるシニアたち：キャリア後半期の不確実性

表 2 - 7　男性55-59歳層における就業率の推移（2000-2013）

国　名	2000	2005	2008	2010	2012	2013	変動ポイント
ドイツ	66.3	71.6	76.7	78.1	80.7	80.7	14.4
ベルギー	52.0	55.4	60.2	63.3	63.9	65.4	13.4
デンマーク	79.7	81.6	85.2	78.7	81.1	80.9	1.2
スペイン	68.8	71.0	73.0	67.4	64.5	62.7	－6.1
フィンランド	58.9	63.3	69.2	69.8	70.4	70.3	11.4
フランス	53.8	59.1	59.0	64.2	71.0	71.4	17.6
イタリア	51.5	55.5	60.3	65.6	69.7	70.4	18.9
オランダ	68.6	73.9	81.2	81.5	82.2	80.8	12.2
ポルトガル	70.5	66.9	66.6	65.2	61.6	64.3	－6.2
英　国	70.8	75.0	76.9	76.1	75.4	77.0	6.2
スウェーデン	79.7	82.0	83.4	82.4	84.3	84.4	4.7
欧州連合15ヵ国	64.5	67.1	70.2				5.7
欧州連合28ヵ国						71.8	
日　本	90.0	89.6	89.2	88.0	88.4	89.1	－0.9
カナダ	68.6	72.4	73.1	72.0	73.9	73.1	4.5
米　国	75.3	75.0	75.8	72.3	73.0	73.6	－1.7

出典：OECD。労働力統計。

るレベルにまで達している。2013年にこの層の就業率は71.4％となり，EU 28ヵ国の就業率（71.8％）に等しい。この上昇は，2003年の年金制度改革以来実施されてきた公共政策にその多くを負うものである。年金制度改革は2009年以降，満額年金取得に必要な保険料納付期間を伸ばした。この改革によってさらに労働市場からの早期退出のすべての可能性に制限を設け，その条件を強化することが押し進められ，それ以来，別の公共政策がさらにこの方向へ拍車をかけた。ところが，フランスにおける60-64歳の就業率は EU 中で最も低いままである（表 2 - 8）[8]。2000年から倍増したとはいえ，2013年の就業率は24.8％で，EU 平均（28ヵ国）の41％に比べると遥かに低いレベルである。さらに65歳以上の就労はフランスでは例外にとどまっている。65-69歳の就業率が2007年以来，2倍近く増加したとはいえ，2012年で EU 28ヵ国平均が14.6％，OECD 加盟国平均が19％であるのに対して，フランスでは 3 ％にとどまる（65歳以上の男性については表 2 - 9，65-69歳については OCDE, 2014, p.36）。したがって，最近では55-59歳の就業率に有意義な上昇が記録されうるとしても，シニアの雇用問題および就労生活延長の問題において芳しい成果が得られていない点で，フランスが依然として特異であることも確かである。55-59歳の就業率の上昇は，同じ時期に50歳以上の失業の継続的な上昇がそれに伴い，しかもこの失業はフランスにおいてこれまでになかったレベルに達したことからすれば，みせかけにすぎないこともあり得る。2008年から2013年までの間に，50歳以上の失業率は労働力人口全体よりも早く上昇し，2013年にはこの年齢層の 7 ％が失業者となっている。この期間，この年齢層の失業者数は1.6倍に増え，失業者全体と比べて 2 倍の早さで増えている。労働市場における

表2-8 男性60-64歳層における就業率の推移 (2000-2013)

国 名	2000	2005	2008	2010	2012	2013	変動ポイント
ドイツ	27.7	35.9	43.2	49.3	54.8	57.6	29.9
ベルギー	18.1	23.1	23.0	26.2	25.9	27.8	9.7
デンマーク	37.8	46.3	46.6	48.5	50.0	51.4	13.6
スペイン	40.0	46.2	47.3	40.4	38.1	36.4	-3.6
フィンランド	26.8	35.6	43.2	41.9	43.6	44.0	17.2
フランス	10.6	14.8	18.3	19.2	23.7	24.8	14.2
イタリア	30.0	27.6	29.1	29.6	30.7	34.2	4.2
オランダ	26.7	31.6	44.4	48.1	53.3	58.8	32.1
ポルトガル	53.7	47.7	48.8	45.4	41.0	41.9	-11.8
英 国	47.3	53.6	58.4	54.4	55.3	55.5	8.2
スウェーデン	51.6	61.0	64.4	66.5	68.6	69.6	18.0
欧州連合15ヵ国	30.7	35.1	38.7				8.0
欧州連合28ヵ国						41.0	10.3
日 本	65.1	65.9	72.5	70.6	71.3	72.2	7.1
カナダ	43.3	50.9	51.7	53.1	53.9	55.6	12.3
米 国	53.5	56.2	57.7	55.1	56.8	57.1	3.6

出典：OECD。労働力統計。

表2-9 男性65歳以上層における就業率の推移 (2000-2013)

国 名	2000	2005	2008	2010	2012	2013
ドイツ	4.4	5.0	5.7	5.7	7.1	7.7
ベルギー	2.2	3.4	2.9	3.2	3.9	3.6
デンマーク	3.7	9.2	8.7	8.9	10.1	9.7
スペイン	2.5	3.1	3.1	2.6	2.6	2.3
フィンランド	6.3	7.3	10.7	11.0	12.4	12.5
フランス	1.7	1.6	1.9	2.2	3.1	3.0
イタリア	5.8	5.9	6.2	5.6	6.1	6.1
オランダ	5.5	7.0	7.8	9.0	10.3	10.6
ポルトガル	24.9	24.5	23.3	22.2	21.6	20.2
英 国	7.7	8.8	10.7	11.0	12.3	12.9
スウェーデン	14.7	14.5	16.3	18.4	18.9	18.6
欧州連合15ヵ国	5.5	5.9	6.6			
欧州連合28ヵ国					14.6	11.2
日 本	33.0	28.7	29.0	27.9	27.9	28.6
カナダ	9.3	11.7	13.8	15.4	16.3	16.9
米 国	17.1	19.1	20.5	20.5	22.1	22.2

出典：OECD。労働力統計。

シニアのあらたな脆弱性をはっきりと示すこうした指標については，後ほど検討する。

シニアの雇用を扱った本章の結論として，55-59歳の就業率の上昇は見られるものの，フランスの特徴としては相変わらず，相対的に55歳からの労働市場への参加の後退が見られる。OECDの報告書 (2014, p. 36) にあるように，「2005年から2011年までの年齢ごとの就業率の構成を見ると，フランスは，OECD内の好成績を上げた

表2-10　欧州諸国における15-24歳の2000年以降の非労働力率の推移

国　名	2000	2005	2006	2007	2008	2009	2010	2011	2012	2013
フランス	28.3	30.2	29.8	31.0	31.3	30.3	30.0	29.5	28.4	28.6
ドイツ	47.2	42.6	44.0	45.9	47.2	46.6	46.8	48.2	46.6	46.8
スウェーデン	46.7	43.3	44.8	42.1	42.0	38.1	38.6	40.8	40.0	41.5
スペイン	36.3	42.1	43.3	43.0	39.6	30.8	27.4	24.2	20.3	18.6
デンマーク	67.1	62.3	64.6	65.3	66.4	62.5	58.1	57.5	55.0	53.7
フィンランド	42.9	42.1	44.1	46.4	46.4	38.5	40.5	42.3	43.3	40.2

出典：OECD労働力統計（LFS）。

国々——これらの国々は目立った特徴はそれほど示していない——には属さない。フランスの30-54歳の就業率は、最も好成績を出した国々で記録された就業率に近いとはいえ、年齢別の就業率は、若者と高齢者という年齢の両端で低い」。このように、フランスは若者とシニアの就業率の低さで他の国々との違いを見せている。

シニアと若者の非就業が目立つフランス

　長期間にわたるフランスのシニアの雇用の変化の比較検討から、1980年以降に就業率が激減したことを明らかにすることができた。就業率は、2000年から、とりわけ2008年からは、少なくとも55-59歳については上昇に転じたが、この上昇も山積みした遅れを取り戻すことはできなかった。フランスは依然としてシニアの雇用ではわずかな実績しかあげていない国であり、労働市場への参加の失速が60歳前に起きている。引き続いて実施された年金制度改革によって生じた、年金受給開始年齢の繰り上げは、フランスにおいては就労生活の延長につながることはなかった。その上、民間商工業の一般制度の年金受給開始者の40％は、すでに労働市場から退出していた。25歳未満の就業率についても同様で、フランスは欧州において最も低い国の一つで、2000年以来、30％前後にとどまっているが、スウェーデン、ドイツ、フィンランドでは40％を越え、デンマークでは50％を超えている（表2-10）。

　就業率ではなく非労働力率指標を用いることで、長期（1970-2008年）の年齢別の労働市場参加とその変化の総合的な把握が可能である。それによって、フランスがベルギーと並び、キャリアの終わりと始まりにおける非就労が最も目立つ国であることが明らかとなる。15-24歳の若者も55-64歳のシニアも、非就労が優勢である（表2-11）。このようにフランスは、生産年齢の両端の雇用における実績の悪さが目立つ。

　25歳以下の60％近くが労働市場からはじき出され、しかもこの状況は1990年からほとんど変化していない。たしかに、就学期間の延長がこの現象を部分的には説明している。しかし、そこには、若者にとって困難な労働市場への参入や、高い失業の可能性の影響も見る必要がある。たとえば、2000-2013年では15-24歳のフランスの若者の失業率は20％を超えている（EU 15ヵ国中、ベルギーとともに最も高い）のに対し、35-44歳では6％である。若者にとって、このように労働市場への統合が極めて困難

表2-11 男性の年齢層別による

男性15-24歳

国 名	1970	1980	1985	1990	1995	2000	2005	2008	2010	2012	2013
ドイツ	24.5	32.2	37.0	38.8	43.2	45.3	46.5	44.4	45.3	46.8	47.1
ベルギー			56.8	63.0	64.0	61.3	62.4	64.0	64.8	65.0	66.3
デンマーク			21.3	23.5	23.0	24.8	30.0	27.2	32.4	35.9	38.9
スペイン		29.5	34.8	30.2	47.2	46.4	42.8	43.4	50.3	55.6	56.3
フィンランド	36.0	43.1	44.8	35.8	48.3	43.6	46.4	43.6	47.9	46.4	52.2
フランス	39.7	48.0	52.0	60.4	67.6	61.3	58.2	57.9	57.2	58.9	59.0
イタリア	48.0	50.6	52.7	53.9	54.0	55.4	61.9	64.1	63.4	63.5	66.0
オランダ		50.6	49.5	38.2	34.5	28.4	31.1	27.7	31.5	31.5	30.7
ポルトガル			21.5	27.2	33.5	50.7	49.5	53.1	55.6	61.4	59.9	63.8
英 国				17.2	16.5	25.6	26.4	29.8	31.5	34.8	33.8	36.2
スウェーデン	38.0	27.5	33.1	30.5	47.1	46.6	44.6	47.6	48.4	48.4	46.3
欧州連合15ヵ国						47.8	48.0	48.1	47.6			
日 本	42.3	57.1	57.4	56.6	52.0	52.6	55.5	55.5	57.7	58.5	58.2
米 国	30.6	25.6	27.0	28.2	29.8	31.4	37.1	39.0	43.3	43.5	43.4

男性35-44歳

国 名	1970	1980	1985	1990	1995	2000	2005	2008	2010	2012	2013
ドイツ	1.1	2.1	2.6	6.6	4.1	4.3	3.9	4.0	4.4	4.7	5.0
ベルギー			3.6	5.2	5.7	5.7	5.8	5.8	6.3	7.3	7.3
デンマーク			5.1	4.1	7.7	7.0	6.7	5.2	5.7	7.5	7.5
スペイン		3.1	3.7	3.8	4.7	4.7	5.7	5.8	5.4	5.6	5.6
フィンランド	4.5	5.2	4.1	5.3	7.2	7.2	7.3	6.8	7.4	7.1	7.8
フランス	2.2	2.1	2.4	3.0	3.6	4.1	4.7	3.9	4.7	4.8	5.3
イタリア	3.8	2.9	2.3	2.7	4.0	4.1	5.1	6.2	7.5	7.7	8.6
オランダ		16.7	25.8	4.7	5.2	5.5	4.8	5.8	6.2	7.2	
ポルトガル		3.9	4.0	3.5	4.1	6.2	5.7	5.2	5.9	6.6	7.8
英 国			3.4	4.3	6.2	6.6	8.2	7.4	8.1	6.3	7.2
スウェーデン	3.6	3.4	3.3	3.9	6.8	7.6	5.6	4.9	4.9	4.3	4.0
欧州連合15ヵ国					4.6	4.9	5.4	5.3			
日 本	2.3	2.4	2.6	2.3	2.1	2.3	3.0	3.2	3.2	3.7	3.6
米 国	3.1	4.5	5.0	5.6	7.7	7.3	7.9	7.8	8.5	9.3	9.3

なために，彼らは職業生活に入る時期を遅らせる戦略が進むのだが，こうした戦略は若い世代のもともとの教育レベルの上昇や彼らが取得する卒業証書および免状の増加とはそれほど関係のないものである。とはいえこのような教育レベルの上昇は，グローバル化した知識経済の発展によって必要とされている。カムドシュ（Camdessus）報告（2004）によれば，フランスでは卒業免状を取得せずに教育制度を退出した若者が非常に多いという事実が，若者全体の就労生活開始時期の遅れと教育レベルの上昇との間に機械的な相関関係のないことを証明している。CEREQ（資格調査研究センター）の調査「ジェネレーション2004」によれば，若者の17％以上が毎年，卒業免状を取得せずに学校制度から退出しており，うち3分の1近くが3年後も失業状態であるという。

非労働力率の推移 (1970-2013)

男性45-54歳

国　名	1970	1980	1985	1990	1995	2000	2005	2008	2010	2012	2013
ドイツ	4.0	5.7	4.6	9.3	7.5	7.7	6.9	7.1	7.4	7.2	7.3
ベルギー			11.3	15.7	12.7	14.1	12.1	11.3	9.9	11.3	11.2
デンマーク			9.7	6.6	10.2	10.8	9.4	8.9	8.7	9.4	10.6
スペイン		7.1	8.8	8.2	9.3	9.2	9.8	9.5	9.6	9.5	9.6
フィンランド	9.4	12.9	11.4	11.0	12.6	12.1	12.6	11.5	11.1	10.4	11.2
フランス	4.8	5.3	6.5	6.9	6.6	7.1	7.8	7.6	7.0	7.4	8.2
イタリア	14.8	16.9	7.0	8.5	13.2	11.6	9.0	8.2	9.4	9.4	9.8
オランダ		58.8	60.7	11.7	10.3	9.9	8.5	8.5	7.7	7.7	8.1
ポルトガル		9.2	10.4	9.6	9.2	9.2	9.8	8.4	8.7	9.4	9.5
英　国			7.1	8.0	10.2	11.9	11.0	10.7	10.6	10.6	9.8
スウェーデン	5.2	5.4	5.0	5.4	7.6	9.0	9.1	8.5	7.9	6.8	6.8
欧州連合15ヵ国					9.4	9.6	8.9	8.6			
日　本	3.5	3.7	3.9	3.2	2.5	3.0	4.0	3.6	3.6	4.4	4.2
米　国	5.8	8.8	9.0	9.3	11.2	11.4	12.3	12.0	13.2	14.0	14.5

男性55-64歳

国　名	1970	1980	1985	1990	1995	2000	2005	2008	2010	2012	2013
ドイツ	19.8	32.7	42.1	44.1	46.1	47.6	38.7	32.8	29.3	27.0	25.6
ベルギー			54.9	64.6	64.1	63.7	56.8	57.2	52.4	52.1	49.5
デンマーク			34.2	30.9	32.1	35.5	29.8	34.2	32.2	30.1	29.8
スペイン		24.1	32.6	37.5	44.6	39.5	37.3	34.4	36.1	36.2	36.7
フィンランド	26.1	43.1	48.3	52.9	55.4	51.9	43.5	39.5	40.0	38.3	38.4
フランス	24.6	31.4	49.9	54.2	58.5	58.3	56.1	57.4	54.7	48.8	47.7
イタリア	51.8	60.4	45.2	47.0	53.5	57.3	55.7	53.0	50.4	46.4	43.3
オランダ		36.8	53.0	54.3	57.7	49.1	42.3	37.3	32.4	28.4	24.7
ポルトガル		25.4	33.7	33.5	39.3	35.5	37.6	37.0	38.2	39.7	37.3
英　国			31.0	31.9	37.5	36.8	32.1	29.9	30.7	30.6	29.6
スウェーデン	14.6	21.2	24.0	24.5	29.1	27.4	23.6	23.3	20.6	19.0	18.2
欧州連合15ヵ国					47.8	47.7	43.2	40.9			
日　本	13.4	14.6	17.0	16.7	15.2	15.9	16.9	14.9	16.1	17.1	16.5
米　国	17.0	27.9	32.1	32.2	34.0	32.7	30.7	29.6	30.0	30.1	30.0

　生産年齢のもう一方の端では，55-64歳の男性もまた半数以上が非就労である。2008年では非就労者が57％を占めており，この状況は1990年から若干の変化はあるが続いている。フランスとベルギーだけが，この年齢層で20年近くも継続して高い非労働力率を示している。55-59歳の雇用の再上昇と，またすでに言及したように，この年齢層の失業の上昇も，2008年から2013年までに記録された10％の低下の説明となっている（表２-11）。しかし，50歳以上の失業は非常に長期にわたる失業であり，失業を脱して雇用へ向かうことは希である。したがって，この年齢層の非就労の低下は見かけに過ぎず，労働力人口に組み入れられるこの年齢層の失業上昇の要因に一部はなるだろう。それに反して，中間年齢層である33-44歳，および比較的程度は低いながらも45-54歳は，職業生活で非就労のリスクのあるこれらの国々では，継続的に保護

されてきた。しかしながら45-54歳については，2013年にはリスク上昇が観察され，フランスでは45歳から一部の労働者が蒙る雇用の後退となって現れている。彼らは最終的には「仕事への意欲をなくした労働者」となり，もはや求職者としてカウントされなくなる。フランスでは，雇用および労働力にとどめ置かれた中間年齢層の就労世代のために，両端の年齢層が雇用問題での重いつけを払ったのである。

シニアの早期退職が若者の雇用をつくるという誤った考え方

　世代間で仕事を分かち合うための措置がとられた背景には，いくつかの先入観や寛容な考え方があったが，こうした先入観や考え方とは逆に，このような政策が若者にほとんど恩恵を与えなかったことを，これらのデータは明らかにしている。年配労働者の大量の早期退職は，若者を職業的に参入させる困難さを改善しなかったように見える。労働市場における若者と年配者の入れ替えという，寛容ではあるが，おそらくあまりに単純な考え方は，期待された結果を生まなかった。この論理を取り入れなかった他の欧州の国々とフランスとを比較すると，フランスのマルサス主義的な観点は，期待されたものとは逆の効果をもたらしたようにさえ見える。経済分析評議会の報告書（CAE 2005, p. 191と続く頁）は，シニアの雇用を減らしても若者の雇用は増えないことを明らかにした。というのは，企業の収益性と企業による市場認識に起因する重大なパラメータ（たとえばシニアの早期退職措置の多様化により誘発された労働コストの上昇）が，いくつかの年齢層間の単純な入れ替えを問題視していたからである。エスピン‐アンデルセン（Esping-Anderen, 2000）もまた，シニアの繰り上げ退職措置は，若者の失業も含めて失業全体を減らしたどころか，それが実施されたところではむしろ雇用状況を悪化させたことを，比較の面から明解に証明した。

　すべての年齢における失業からの脱出は，若者の失業脱出レベルと同様に，年配勤労者の早期退職率と負の相関関係にあることが明らかにされている。55-64歳の男性の早期退職が10％増えるごとに，全体の失業からの脱出の割合が2‐3ポイント，若者のみに限ると4‐6ポイント減少する。したがって，以上の結果に照らすと，早期退職制度は，企業にとって雇用の追加が可能になる措置としてよりも，むしろ自分のところで必要としない勤労者を厄介払いするために都合のよい手段であるように見える。

　その結果，早期退職措置は雇用救済には効果的ではなかった。失業をしばしば隠蔽することはできたが，それには法外なコストがかかっていた。こうした措置は若年層と年配層の間の効果的な入れ替えの手段ではなかった。それどころか，キャリア末期の連鎖的な非就労を助長し，後に見るように，労働市場のすべてのアクターたちの意識に長期にわたり影響を及ぼしたのである。

　同じ観点から，最近のOECDの報告書（2013）は，1997年から2011年までのシニアの雇用の改善が，若者の雇用の悪化という代償で実現したわけではなかった点を強

調している。OECD加盟25ヵ国について実施された経済統計分析は，シニアの就業率の上昇は若者の就業率と肩を並べるか，あるいは後者にまったく影響を与えないことを示している。

フランス：年齢で強固に区分された労働市場と，3つの年齢層で厳密に編成されたライフコース

　表2-11は，フランスが，ベルギーやいくつかの南欧の国々とともに，いまだにそれぞれが1つの活動に特化された3つの区別された年代によって構成されたライフコースを維持していることを明らかにしている。青少年期は学業に専念し，成人期は仕事に身を捧げ，ますます早まる老年期（55歳から）は補償された非就労の恩恵に浴する。人生の各年齢層は，唯一の社会生活時間に特化されたままである。フランスにおける若者の高い非労働力率は，デンマークなどとは違い，仕事と学業の兼務が希であることを示している。セシル・ヴァンドヴェルド（Cécile van de Velde）（2008）は，成人期への移行に関する比較研究において，デンマークの18-30歳の年齢層を例にとれば，勤労学生が23％（フランスは6.7％），常勤職が46％（フランスは35％）を占め，しかも多くがこの2つの身分の間を移動していること（35％）を示している。

　同様に，シニアの過半数の非就労状態は，フランスにおいて年金受給と就労を組み合わせることがほんのわずかしか進展していないことを示している。長年にわたり，すべての早期退職制度に，就労を再開しない条件が含まれていたからである。このように，フランスでは，早期退職の動きが広まるにつれ，キャリア末期の年齢がますます低くなり，その年齢層の非就労化が進んだ。それは欧州ではほとんど比類のない現象で，しかも今日まで続いたのである。(11) 2009年にフランスでも年金受給者の就労が解禁されたが，通常の年金受給者に限られているために，年金を受給しつつ就労する人々の大部分が65歳以上となっている。

中央年齢世代だけが就労するフランス

　フランスでは中央年齢の人々はほとんどが就労しており，欧州において非労働力率が最も低いが，この年代をはさんだ両端の若者とシニアは極めて長期間にわたる非就労状態に置かれている。このことから，国の活動，したがって国の生産性はほぼ完全に30-50歳の中央年齢世代だけに頼っていることが明らかになる。したがってこの年代は生産性への非常に強いプレッシャーを受けている。国の競争力も，非就労者へのあらゆる社会的移転も，この年代だけに頼っているからである。25-54歳層は，彼らだけで国の就労全体の80％を担っているが，フランスの全人口から見れば，この年齢層は41％に過ぎない。彼らにかかる負担がどれほどであるかがわかるだろう。フランスにおける雇用分配を英国，スウェーデンの雇用分配とOECD加盟諸国のその平均値とを比較した図2-3が示すように，これはフランスに特有の状況である。

　フランスの時間単位の労働生産性は世界で最も高いレベルにあることは知られてい

第Ⅰ部　高齢化とその課題への考察

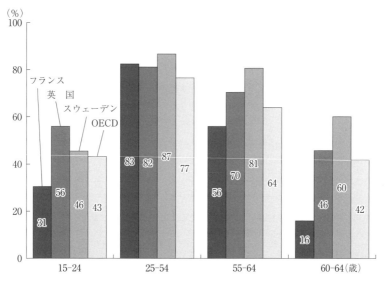

図2-3　フランスの雇用。まず第1に25-54歳の就業率（雇用の80％）
出典：OECD（2008）。

(12)
る。このことがフランスにおける労働条件の変化に影響しないはずはない。フランスでは，勤労者にのしかかる時間上の制約は明らかに深刻化したのであり，それはその他の欧州諸国におけるよりも著しい。この傾向が就労生活の延長を思いとどまらせることになる。労働の条件と「持続可能性」の改善が，シニアの就労延長にとって，それがどのような形の延長であろうとも，必要な要素であることは証明されている。後で見るように，フィンランドの経験が，シニアの就業率の上昇におけるこの要素の重要さを完璧なまでに示している。労働条件と職場の保健衛生への配慮は，ベビーブーム世代の大勢の年齢集団が次々と50歳代に突入し，中央年齢人口が急速に高齢化しているだけに，なおさら必要である。この人口動向は，すでに見たように，2000年代初頭に始まっている。

フランスにおける就労年齢の幅を広げることは，今日，雇用を「担っている」年齢層が今後高齢化していくだけでなく，ベビーブーム以後のより小規模な年齢集団がこうした年齢に達するのであればなおのこと，必然的に避けられない。したがって，すでに見たように，2005年の全フランス人口の41％を占める25～54歳の年齢層は，2025年には37％に満たなくなる。一方，55-75歳の人口は，同じ期間で19％から24％に増加する（図2-4）。労働市場から最終的に退出する実際の年齢を延長する目標は，フランスの状況においては避けられない責務である。実際，年金受給年齢は2年引き上げられたが（平均で60歳から62歳へ），労働市場からの退出年齢はほとんど上がらなかった。最終的に市場から退出する平均年齢の変化の推算によれば，わずかしか上が

46

第 2 章　労働市場におけるシニアたち：キャリア後半期の不確実性

a．フランスでは25-54歳が今後長く雇用を「支える」ことが，まもなく出来なくなるだろう

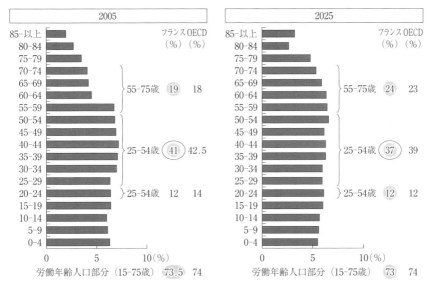

b．さらに2025年以降は，労働人口が非常に減少していく

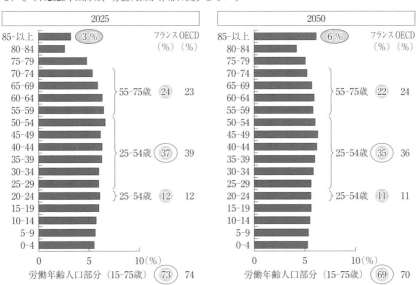

図 2-4　フランスにおける就労年齢の推移

らなかったことがわかる。2002年には58.5歳だったが，2012年でも60歳に届く前に退出していたのである（男性の場合，59.7歳）。OECDの世代別推算によれば，1951年生まれの世代では，男性の雇用終了平均年齢は59.1歳になるとみられる。

こうした状況と今後の見通しに関する要因からすれば，年金制度の改革だけでは，就労年齢幅を広げ，就労機会を年代間に再分配するには不十分であろう。なんらかの労働および雇用政策が，55歳以上の人々の就労維持を実現し，若者の雇用を促進するために不可欠であるように思われる。このような重大な状況については，第8章で再度言及する。

キャリア後半期の脆弱化

キャリア後半期の脆弱化と，ある程度の不安定化の高まりは，さまざまな指標から判読できる。本書はまず，50-59歳層の失業データを用いる。ついで，年齢層ごとの縦断的データを検討することによって，キャリア末期の経路の増大する不確実性を測定することが可能になる。この年齢層の就労が後退しただけではなく，失業への脆弱性も増した。早期退職制度が大規模に展開された国々では，50歳以上の長期失業の進展が観察される。シニアの失業からの脱出のほとんどが，非就労もしくは退職へと身分が移行する方向で実現していることから確認できるように，年配失業者の労働市場への復帰の確率は低い。

抑えられてはいるが，長期になる失業

50歳以上の労働者の失業は，調査が行われたすべての国々で若者（15-24歳）の失業率より低い状態にあるという点では，抑えられてはいる（表2-12）。しかし，若者や中央年齢世代の人々と比較して，シニアのキャリア末期の不安定化について考えるためには，失業率の指標がもつ限界を見誤らないことが重要である。周知のごとく，失業率は，その年齢の労働力人口（就労者＋失業者）の人数に対する求職中の失業者数の割合である。「非就労者」はそもそも失業率の計算の定義からは除外されている。ところが，すでに見たように，国によっては多少なりとも50歳以上の非就労者がかなり存在している。若者については，学業／就労の兼務は国によって大きく異なり，フランスでは僅かだが，アングロサクソン諸国ではよく見られる。後者では，義務教育の年齢の子どもでさえもアルバイトをしている。結果として，フランスにおいてはこの年齢層の就労が限られているために，失業率は過大評価されている。フランスの若者の失業は5人に1人弱（2008年で18％）だが，15歳から24歳までの失業者に限って言えば12人に1人にすぎない。このデータは，失業リスクという面で若者とシニアの立場をかなり近づけている。実際，シニアの場合，労働市場から規定年齢前に退出させる措置の存在理由は，2003年以来フランスでは制限されているが，55歳を境にシニ

表2-12 年齢別の失業率の推移（全人口）

15-24歳

国名	1985	1990	1995	2000	2005	2006	2008	2010	2011	2012	2013
ドイツ	9.9	4.5	8.2	8.4	15.2	13.6	10.4	9.7	8.5	8.1	7.9
ベルギー	23.5	14.5	21.5	15.2	21.5	20.5	28.0	22.4	18.7	19.8	23.7
デンマーク	11.5	11.5	9.9	6.7	8.6	7.7	8.0	14.0	14.2	14.1	13.1
スペイン	43.8	30.2	40.4	25.3	19.7	17.9	24.5	41.5	46.2	52.9	55.5
フィンランド	9.7	8.9	27.0	20.3	18.9	17.6	15.7	20.3	18.9	17.8	20.0
フランス	25.6	19.1	25.9	20.6	20.6	21.6	18.6	22.9	22.1	23.9	23.9
イタリア	33.9	31.5	31.9	29.7	24.0	21.6	21.3	27.9	29.1	35.3	40.0
オランダ	22.9	11.1	12.8	6.1	9.4	7.5	6.4	8.7	7.7	9.5	11.0
ポルトガル	19.0	9.6	15.7	8.6	16.1	16.2	16.7	22.8	30.3	37.9	38.1
英国	17.8	10.1	15.3	11.7	12.2	13.9	14.1	19.3	20.0	21.0	20.9
スウェーデン	7.2	4.6	19.5	11.7	22.0	21.1	20.2	24.8	22.8	23.7	23.6
欧州連合15ヵ国				20.4	15.7	16.4	15.8	15.0			
日本	4.8	4.3	6.1	9.2	8.6	8.0	7.2	9.2	8.0	7.9	6.9
カナダ	16.1	12.3	14.8	12.7	12.4	11.6	11.6	14.8	14.2	14.3	13.7
米国	13.6	11.2	12.1	9.3	11.3	10.5	12.8	18.4	17.3	16.2	15.5

35-44歳

国名	1985	1990	1995	2000	2005	2006	2008	2010	2011	2012	2013
ドイツ	5.5	4.2	7.4	6.8	9.6	8.7	6.4	6.2	5.1	4.8	4.5
ベルギー	7.7	5.7	8.0	5.4	6.5	6.8	5.5	6.6	5.8	6.1	7.1
デンマーク	5.4	6.7	5.0	3.7	3.9	3.0	2.5	6.0	5.5	6.0	5.5
スペイン	11.8	10.2	16.9	11.1	7.4	7.0	9.6	17.6	18.9	21.8	22.6
フィンランド	3.1	1.9	12.4	7.4	6.7	5.4	4.5	6.5	5.5	5.4	6.2
フランス	6.5	7.0	9.4	8.8	7.7	7.2	6.0	7.6	7.5	7.8	7.8
イタリア	3.6	4.7	6.5	6.7	5.6	5.0	5.4	6.6	6.7	8.6	9.9
オランダ	8.9	6.9	6.1	2.5	4.6	3.6	2.1	3.4	3.4	4.3	5.7
ポルトガル	5.1	3.2	5.2	3.2	6.5	6.3	6.7	9.8	11.0	13.3	14.4
英国	8.3	5.0	6.8	4.2	3.2	4.1	3.7	5.8	5.5	5.5	5.3
スウェーデン	1.6	1.0	7.5	4.9	5.7	4.8	3.8	5.8	5.1	5.0	5.4
欧州連合15ヵ国				8.2	6.6	6.7	6.3	5.7			
日本	1.9	1.5	2.2	3.2	3.8	3.4	3.5	4.5	4.2	4.1	3.8
カナダ	8.1	6.7	8.1	5.7	5.7	5.4	5.1	6.8	6.0	5.6	5.3
米国	5.1	4.1	4.3	3.0	3.9	3.6	4.6	8.1	7.3	6.6	5.9

50-54歳

国名	1985	1990	1995	2000	2005	2006	2008	2010	2011	2012	2013
ドイツ	5.4	4.6	8.1	8.5	11.1	10.5	7.2	6.4	5.3	4.8	4.6
ベルギー	6.3	4.8	6.5	5.3	6.0	6.2	4.9	6.0	5.0	4.6	5.1
デンマーク	6.7	8.1	5.7	3.5	3.2	3.0	2.1	5.9	5.7	5.3	5.0
スペイン	10.8	8.7	13.2	8.2	6.0	6.1	8.2	14.7	16.2	19.7	21.3
フィンランド		2.5	11.6	7.3	6.5	5.9	4.8	6.7	6.1	5.9	6.1
フランス	6.3	6.8	8.6	7.4	6.4	6.3	5.3	6.1	6.4	6.9	6.3
イタリア	2.8	3.3	4.3	4.0	3.5	3.1	3.2	4.4	4.6	6.2	7.3
オランダ	8.8	5.8	5.0	2.5	4.2	3.9	2.3	3.5	3.9	4.0	5.5
ポルトガル	3.0	2.2	5.0	3.5	6.2	6.6	6.5	8.3	11.2	12.7	13.7
英国	7.3	5.0	6.6	4.2	2.9	3.1	3.2	4.9	4.7	4.7	5.1
スウェーデン	1.7	0.9	5.1	4.2	3.9	4.2	3.4	5.3	4.7	4.8	4.8
欧州連合15ヵ国				7.4	6.0	6.2	6.1	5.1			
日本	1.8	1.2	1.9	3.5	3.2	3.0	2.9	3.9	3.3	3.4	3.2
カナダ	7.8	6.5	7.2	5.2	4.5	4.6	4.7	6.0	5.6	5.6	5.6
米国	4.5	3.2	3.2	2.4	3.3	2.9	4.1	7.6	6.8	5.2	5.6

55-64歳

国名	1985	1990	1995	2000	2005	2006	2008	2010	2011	2012	2013
ドイツ	7.9	8.5	12.9	14.0	13.5	13.0	8.8	7.7	6.4	5.6	5.4
ベルギー	5.6	4.2	4.9	3.4	4.6	5.0	4.7	4.9	4.4	4.6	5.9
デンマーク	6.9	6.8	8.6	4.4	5.6	4.2	3.2	6.8	6.7	6.4	5.7
スペイン	11.1	9.0	14.3	10.1	6.3	6.2	7.6	15.1	16.0	18.9	20.6
フィンランド	7.2	3.2	23.3	10.5	7.7	7.6	6.3	7.0	7.0	6.6	7.0
フランス	7.8	7.6	8.2	8.6	5.3	6.0	4.8	7.0	7.1	7.5	7.4
イタリア	2.0	2.6	4.2	4.6	3.3	2.7	3.2	3.7	3.8	5.3	5.9
オランダ	6.5	4.8	3.8	2.3	4.7	4.3	3.2	4.1	4.0	4.8	6.3
ポルトガル	2.5	2.5	5.1	3.5	7.3	7.3	7.6	10.3	11.7	13.5	14.2
英国	8.2	6.9	7.9	4.3	2.8	3.0	3.2	5.0	5.1	5.0	4.8
スウェーデン	2.3	1.2	7.1	5.1	3.8	4.1	3.5	5.6	5.2	4.9	4.9
欧州連合15ヵ国			9.4	8.3	6.6	6.6	5.5				
欧州連合28ヵ国											7.9
日本	3.3	2.0	2.4	3.9	3.6	3.5	3.3	4.4	3.7	3.5	3.4
カナダ	8.3	6.2	8.8	5.5	5.2	5.1	5.2	6.7	6.3	6.0	6.1
米国	4.5	3.5	3.6	2.4	3.4	3.1	3.8	7.0	6.5	6.0	5.3

出典：OECD 労働力統計（LFS）。

アを労働市場から退去させることであった。彼らは早期退職，失業している場合には職探しの免除（一定の条件下で55歳から，すべての人にとっては57.5歳からそれを利用できた），規定年齢前退職といったなんらかの就労免除を伴って，もはや仕事には就かない非就労状態に置かれた。こうした措置のすべてが年配者の失業を隠蔽することを可能にした。フランスで職探しを免除された失業者を失業率の計算に戻して計算し直すと，50歳以上の失業率はほとんど2倍にふくれあがることがわかる。2002年ではこの数字は6.4％から10.9％へと上昇する（Delarue, 2003）。したがって失業率よりも高齢者の失業の特殊性によって，失業に対するシニアの脆弱さを測ることができ

る。

　フランスの2003年から2013年までに観察できるシニアの失業率の上昇に，この分析の完璧な立証を見いだすことができる。シニアはかつて労働力人口全体よりも失業する可能性が少なく，失業の危険にそれほどさらされていなかったが，この状況は2009年に逆転した。55-64歳の失業率は2008年から2013年の間に著しく上昇したのである。2008年に5％未満だったのが，2013年には7.4％に上がった（表2-12）。その上，この年齢層の失業率上昇は今では，労働力人口全体の失業率上昇に等しいかそれを越えている。2013年にシニアの失業は12％増加したが，それ以外のすべての年齢層ではその半分しか増加しなかった。こうした数字は労働市場におけるシニアが置かれた状況の悪化を示している。フランスにおけるシニアの失業増大は，2008年から2013年に実施された制度的枠組みの変化にまさに対応するものである。とりわけ，規定年齢前就労停止の措置の廃止と，2012年に最終的に廃止された年配失業者向けの求職活動免除に次々と加えられていった限定措置が，この失業増大を説明している。シニア集団（若者と同様，退職者を始めとする多くの非就労者を含め）にとって，失業率よりも適切な失業指標，例えば55-64歳の年齢層全体に占める失業者の率に注目すれば，この率が労働力人口全体よりも2倍速く増加しており，1990-2008年の期間に約2％だったものが，2013年には4％近くになったことがわかる。

　結論としては，2008-2013年の期間，就労状態であるより失業状態である確率は，労働力人口全体に比べて55-64歳年齢層で明らかに上昇した。この確率は後者では90％増加したのに対して，前者ではその半分だったのである（Minni, 2015）。このようなシニアの失業に対する脆弱性は，彼らが失業から抜け出すことにとりわけ苦労しているだけに，憂慮すべきものである。このように，50歳以上の失業は何よりもまず長期失業で，単なる長期を越えて超長期にわたる失業でさえある。このことは，北欧諸国を除いて，ほとんどの欧州諸国に当てはまる（表2-13）。スウェーデンやフィンランドでは，50歳以上の失業者の間で長期失業（12ヵ月以上）の割合は少数である。2011年におけるこの年齢層の長期失業者はフィンランドでは41％，スウェーデンでは35％である。2012年では，両国とも40％以下にとどまっていた。しかしこの2ヵ国においてでさえ，シニアは長期失業の危険に最もさらされている年齢層であることは指摘しておかなくてはならない。その他の国々では，シニアが失業中の場合，そのうちの非常に多くが長期失業者である（60％から70％の年配失業者は2005年から2013年の間に12ヵ月以上の失業を経験している）。フランスでは，長期どころか超長期失業である。というのも，この年代の失業者の40％以上は少なくとも2年前から失業しているからである（DARES, 2007b）。

　フランスでは2012年に，55歳以上の失業者の61％が長期失業だったのに対し，EU27ヵ国では57％，OECD加盟国全体では47％だった。この年齢階層にとっての長期失業リスクはOECD域内よりもフランスにおいてより顕著であることをOECDは指

摘している。この年齢層のリスクの頻度は25-54歳の失業者よりも19ポイント高いが，国際平均ではこの差は11から12ポイントである（OCDE, 2014, p. 41）。フィンランドやスウェーデンでは，50歳以上の失業者はその他EU加盟諸国と同じほどには長期失業に陥ることはなく，すでに見たように，2011年には，この年代の失業者の3分の1を若干越える程度だった。対極的に，欧州の若い失業者が長期失業となるケースはEU域内においては30％足らずであり，加盟国のほとんどで，この年代における長期失業の割合は30％未満にとどまっている（表2-13）。

年配失業者については，こうした数字は，多くの国々で，経済状況が悪化していない時でさえも，仕事を見つけるためにこの年齢層が遭遇する多大な困難を示している。こうした数字は，労働市場には彼らに不利な選別があり，彼らが過小評価されていることを示すものであり，特にシニアの規定年齢前退職を広範に実施した国々では，雇用と失業の問題を軽減するために，彼らはそのような扱いを受けている。

このように，シニアの失業者が就労復帰できる望みはきわめて小さい。失業からの退出は主に非就労へ向かう退出である。2009年に50歳以上の失業者で失業から退出したすべての人の中で，仕事を見つけたのは5人に1人にも満たなかった（DARES, 2009）。55歳以上になると，非就労へ向けた退出はより明白なかたちで増加する。逆の見方をすれば，50歳以上は従業員10人以上の企業の雇用のうちでごくわずかな割合を占めるに過ぎない。2005年に，労働力全体の24％にもおよぶこの年齢層は，労働移動における雇用の7％を占めるに過ぎなかった（DARES, 2005）。

シニアの失業理由では，解雇が50％を占め，群を抜いて1位である。次いで有期雇用や派遣，臨時任務などの契約終了によるもので25％弱，3位が辞職と病気による失業で10％である（DARES, 2007, p. 34）。このように，シニアの失業は強制されたもので，多くの場合集団解雇と結びついている（とくに国の早期退職制度の廃止と企業の早期退職制度のコスト高騰以来）。集団解雇は，退職の前に非就労の身分となれるようなそれ以外のいかなる解決法も交渉のテーブルに上り得なかった場合に実施される。シニアの失業に雇用復帰の道が開かれることはほとんどない。2008年末以来，フランスでは年配勤労者が失業するもう一つ別の方法が出現した。協議による労働契約法定合意解約制度である。この制度は職業上の流動性を促進するために設けられたもので，すべての無期労働契約の勤労者を対象にしていた。「合意解約」は雇用主と勤労者の協議による合意を必要とし，失業手当受給の道を開く低税率の合意解約補償金を含んでいた。しかし企業が実施する合意解約は58歳から59歳の間でピークとなり，60歳では減少する。OECDの分析者たち（2014, p. 104）は，2011年から雇用主側が失業保険を利用して安上がりに年配労働者と手を切るために合意解約制度を利用していたことを示唆していた。そうした合意解約に関係した年配労働者に対して行われた聞き取り調査は，この解釈を裏付けている。合意解約に署名した第1の理由は，こうした勤労者にとって「選択の余地がなかった」からで，失業手当の利点を挙げる人は

表2-13 年齢別失業における長期失業（1年以上）部分の推移（2005-2011年）

15-24歳全体

国　名	2005	2006	2007	2008	2011
ドイツ	31.8	33.2	32.1	29.4	23.4
ベルギー	27.2	28.3	29.7	27.4	32.1
フィンランド	7.0	5.8	5.4	3.0	
フランス	24.2	25.6	24.4	24.6	28.2
オランダ	17.7	19.2	12.6	11.0	13.8
スウェーデン			4.0	3.5	6.7
欧州連合15ヵ国	25.2	25.0	22.7	21.0	29.9*

25-49歳全体

国　名	2005	2006	2007	2008	2011
ドイツ	52.0	55.5	55.2	51.3	47.1
ベルギー	56.8	53.8	51.9	49.5	49.2
フィンランド	28.3	26.7	23.5	18.9	22.6
フランス	42.7	43.9	41.1	38.3	41.9
オランダ	44.8	44.8	40.7	34.7	33.7
スウェーデン			15.8	15.0	22.5
欧州連合15ヵ国	43.2	43.7	41.4	36.9	43.9*

50-64歳全体

国　名	2005	2006	2007	2008	2011
ドイツ	68.6	71.0	73.6	69.2	62.6
ベルギー	73.5	79.2	78.1	72.1	70.0
フィンランド	44.6	46.4	42.9	38.1	41.0
フランス	61.0	61.1	60.9	55.4	57.5
オランダ	60.3	67.4	69.3	63.2	54.4
スウェーデン			31.4	29.2	35.0
欧州連合15ヵ国	60.5	61.6	60.2	54.9	55.3*

注：＊欧州連合27ヵ国。
出典：欧州連合統計局（EFT）。

それより少ない。署名した勤労者の半数は，合意解約の制度がなければ，職場に残っていただろうし，辞職してはいなかっただろうと考えている。シニア勤労者を辞めさせるための企業による合意解約制度の利用は，フランスには失業保険制度に50歳以上の受給者に有利な特別規定があることから，理解できる。特にこの年代の受給者は，補償をより長期間受給でき（36ヵ月間，通常は24ヵ月），さらにこの制度は年金満額支給の年齢まで補償期間を延長する可能性も示している（誕生年により異なるが65歳から67歳）。2012年には61歳以上の失業者の56％がこの規定の恩恵を受けた。こうした状況においては，キャリア末期の失業は「偽装された早期退職」の役割を演じている（OCDE, 2014, p. 84）。フランスの雇用主側による，58歳あるいは59歳での合意解約の利用は，人々の意識に一種の「早期退職文化」が浸透し続けていることを示すも

のである。OECDは，失業保険制度内における「シニアコース」の存在はいくつかの国に限られ，とりわけフランスとベルギーで優遇されているようである，と強調する。このコースの存在は就労生活の延長に対するブレーキとなっている。OECDは，シニアの就労復帰への支援を強化するなどして，シニア失業者への失業保険の支出をよりよく活用するように勧告している。

シニアの長期失業についてのこうしたデータを通して，シニアが労働市場の変動に対する主な調整変数の一つになったことが明らかになる。複数の要素から，このような解釈が正しいことを確認できる。一方オベール（Aubert, 2004）は，シニアの退出が従業員の減少している企業や斜陽部門において大量に起きていることを示した。それはシニアをターゲットにした雇用破壊のプロセスを暗示している。他方で，シニアの就業率が景気に敏感に反応することもまた，この年齢層の雇用が優先的な調整変数の役割を演じていることを示している。就業退出率は1990年代末の高度成長期には低下した（ベハーゲル Behagel, 2004, CAE における引用，2005, p.73）が，金融経済危機の2010年1月以来は逆に，公的な早期退職制度がない状態で企業の制度が激増し，50歳以上の失業の大幅な再上昇が見られた。

キャリア末期のリスクは高まり，あまりにも早く職を失う不運に遭遇し，年金受給までのさまざまな暫定的な非就労身分の恩恵を受けることのできなかった人々すべてを特に脅かしている。こうした人々は，キャリア末期において労働市場で辛い新たな不安定な境遇を経験することになり，この不安定な期間は年金受給開始年齢の繰り延べにつれて長引くことになる。そのうえ彼らは，保険料納付期間が不充分であれば例外なく，その分，年金受給額が減額されることになる。

ますます不安定になるキャリア末期の軌道

キャリア末期のこの不安定化は，人々の個別の軌道の点から見ると，こうした軌道が連続する諸世代を比較することを可能にしてくれるので，さらにより直接的に理解しうるものになる。このような分析は，50歳以上の就労と失業の時代による変化——この変化についてはその概要をすでに述べたが——を，連続した横断的な区分に基づいて再構築するのではなく，世代ごとに個別の軌道に生じる諸変化を把握することができ，それゆえに連続する年齢集団に共通する変化の経験にのっとった潜在的なインパクトを直接的に捉えることができる。

フランスに関しては，ニコル・ロス（Nicole Roth）が，1996年の雇用調査を補足する，過去に遡る調査を利用して，このような分析を実施した（Caussat, Roth, 1997; Roth, 2000）。それによって，1926年から1941年までに生まれた，いくつかの異なる世代の人々の50歳の誕生日から60歳の誕生日までの間の，キャリア末期の典型的軌道の再構成が可能になる。この分析は民間企業の元勤労者に限定されている。[13] この研究を補う分析が最近，全国老齢保険金庫によって実施された。制度間年金受給者

表2-14 1926-1941年の間に生誕した世代に関するキャリア末期の軌道の傾向（両性）

(%)

	男 性	女 性	合 計
常に仕事に従事	38.3	28.7	34.1
仕事＋非就労	7.2	13.6	10.0
仕事＋失業	17.5	13.9	15.9
仕事＋早期退職	29.0	14.3	22.5
非就労	3.3	25.9	13.2
その他または無回答	4.7	3.6	4.3
総 計	100	100	100

注：分野：年金受給者（本人自身の年金）。民間部門の元勤労者。70歳未満。
出典：1996年の「雇用」調査の補足調査。INSEE（Roth, 2000, p.151）。

と保険料納付者の標本をもとにした1941年世代（CNAV, 2008; DREES, 2009），および1944年世代（Mette, 2013）の保険契約者のキャリア末期に関する分析である。

　ニコル・ロスの研究結果は，民間企業の元勤労者であった比較的若い年金受給者（1996年に70歳未満）のうち，直接に雇用から退職へ移行したのは少数（34％）の人々に限られていたことを明らかにした。それに対し，こうした退職者のかなりの割合が，50歳以後になんらかの職務に就いた後，失業（16％）か早期退職（23％）の経験をしていた。キャリア末期に労働市場から追いやられたこの年齢層に，50歳以前にすでに失業か早期退職を経た，調査の中では「その他」に分類された人々の一部も加えるべきであろう。全体では，50歳代に入った時点ではほとんどが就労中とされてはいたが，この世代の男女の過半数が，年金受給開始前に，失業，非就労，あるいは早期退職を経験していた（表2-14）。

　対照的に，上記の研究は，1921年以前に生まれた世代については過半数（54％）が年金受給開始まで継続的に仕事に従事したことを示している。したがって，連続する世代間のキャリア末期の漸進的悪化を計ることができる。1980年代以前に現役退職をした世代はほとんどの場合，その後の世代が経験したキャリア末期の極度に不安定な境遇を経験せずにすんでいた。

　確かに，この世代間の運不運は[14]，どの社会職業階層に属するかによって著しく違う。年金受給開始まで職場に残れたのは，工場労働者では29％にすぎないが，管理職では53％である（Roth, 2000, p.152）。とはいえ，失業の経験はほとんど同様にすべての職業カテゴリーに及んだ。個々人の経路の15％から18％が，職業カテゴリーによっては，年金の受給が始まる前に失業の期間がある。しかも，失業期間が平均で極めて長かったため，この経験は非常に特筆すべきものだったことも指摘しておかねばならないだろう。37.5％が年金受給者となる前に1年から2年の失業期間を経験し，36.6％が3年から5年の失業を，4分の1以上（26％）が5年を越える失業を経験している（Caussat, Roth, 1997, p.185）。

比較的若い年金受給者の間で，キャリア末期の長期失業という典型的な経路をたどるケースが比較的多いことは，この世代のキャリア末期においてリスクが拡大していることをよく示しているように見える。より若い世代（1941年生まれ）が退職期を迎えるにしたがって，失業経験者の割合が増加していることから，それはさらによくわかる。

失業を伴うこの典型的な軌道をたどった人々の4分の1近く（23％）が，報酬や地位の面で，キャリア末期が下降ぎみだったと考えていることは象徴的である。彼らにとって，労働市場での周縁化は職を失うずっと前から始まっていた。これとの比較で，キャリア末期は報酬や地位の面で下り坂だったと述べる人の割合は，現役を引退するまで仕事についていた人では14％，早期退職した人では12％にとどまる。

比較的若い年金受給者が就労生活の末期に経験する不安定化は，職業的活動を早期に中断せざるを得なかったことについて彼らが示す無念な思いからも，再び確認できる。年金受給前に失業や非就労を経験した人々の多く（前者が61％，後者が51％）が，仕事をやめなければならなかったことへの無念な思いを表している。彼らは仕事を続けていけることを望んでいた。それに対し，雇用から早期退職へ移行した人々は，同じほどには追放されたようには感じていない。仕事を中断せねばならなかったことへの後悔を示す人は25％にとどまる（Roth, 2000, p. 152）。早期退職を経た人々の間での，こうしたより肯定的な評価は，この制度の特殊性と関連づけて見る必要がある。この制度は，就労から年金受給に至るまでのまさに調整の行き届いた移行期を準備し，失業給付の制度とは逆に，長期にわたる有利な比較的安定した補償条件が提供されている。

1968年から1990年にかけての期間の，工場労働者と事務系労働者の職業コースに関する別の研究は，キャリア後半期の不安定化の動きと，それより若い世代への早期退職の波及効果を証明している（Chenu, 1999, p. 207）。この著者は，連続する期間ごとに失業リスクに対する年齢による明白な影響を分析し，男性については各期間において，最年長者が失業の危険に最もさらされていることを明らかにした。しかしまた，年齢上昇による失業の危険が職業行程のますます早い時期に起きることも示している。すなわち，1968年から1975年の期間では，失業のリスクは51歳を過ぎると増した。しかし調査期間末期の1982年から1990年までの期間は，労働市場からの早期退出の公的制度が広範に実施された時期にあたり，年金受給年齢が60歳に引き下げられたばかりだったが，44歳以降，失業のリスクは急激に高まる。40歳代は雇用の側面から見ると，リスクを抱える人口集団になった。これは，年金受給開始年齢の引き下げが，まだ就労中の連続する世代の社会的年齢を上げたことを示す好例である。

2008年より前に年金受給資格を得て，かつ50歳でまだ就労していた1941年世代についての老齢保険全国金庫による分析（2008年）は，キャリア末期の不安定化に関する前述の研究の結論を確認し，更新するものである。この分析は，50歳以降で，56歳

（55歳になると，いくつもの早期就労停止措置を利用できる）や，2003年以来フランスにおいて労働市場から退出する中央年齢（すなわち総人員の半数が仕事を辞めている年齢）となっている58歳といった転換年齢のところで，就労者の数が規則的に減少することを示している。1941年世代にとって，それはまた50歳の時点で就労していた男性が仕事を停止する中央年齢でもある。1951年生まれの年代を対象に最近実施された，就労を終える平均年齢の最近の計算によれば，10年間で退職年齢は1年しか上がらなかった（男性の場合，59.1歳）が，この間に法定年金受給開始年齢は60歳から62歳に引き上げられている。

キャリア末期のこうした特徴は，年配勤労者が仕事を続けることが，依然として困難であることを明らかにしている。彼らはキャリア末期から年金受給開始まで，予測不可能な長い過渡的期間を経験する。1941年生まれの世代へ近づけば近づくほど，就労から退職へ直接向かうキャリア末期の経路が見られなくなり，50歳以上の人々の失業状況からの脱出が難しくなるようにみえる（DREES, 2009）。この現象は，より若い世代ではさらに決定的なものとなる恐れがある。2003年の年金制度改革は，1952年生まれの世代以降について，年金満額支給を得るのに必要な保険料納付期間を164四半期とした。この世代とそれに続く世代にとって，就労からの退出と年金受給開始までの過渡的期間が長引く危険がある。同時にその移行期間は，より不確実なものとなるであろう。すべての早期退職制度が制限されるとともに，必要な保険料納付期間を満たさない限り，2003年から年金計算の切り下げが導入されたからである。

1944年世代の一般制度の年金受給者のキャリア末期の軌跡に関する新しい研究（Mette, 2013）は，この解釈が有効であることを確認している。1944年生まれで，50歳の時点で就労していた年金受給者世代は，平均して一般制度の年金受給開始の2年9ヵ月前に仕事を辞めており，うち男性の48％と女性の36％は雇用から退職へ直接移行はしていない。彼らの大半が，年金受給を開始する前に，時にはすでに55歳から失業や非就労を経験していた。病気や障害による移行は，はるかに少ないことが実証されている。

脆弱化の連鎖

一連の指標をもとに観察してきたキャリア末期の脆弱化と不安定化は，職場における年齢の価値下落のより広範なプロセスを反映している。本章では，まさにこのプロセスに潜む社会的力学を捉えることに専心したい。

調査の対象となった国々を，50歳以上の就業率の長期的変遷に応じて，4グループに区別できる。筆者は，グループ1と4においてのみ，キャリア末期における労働市場からの周縁化と排除の強力なメカニズムが機能していることを観察できた。この2つのグループを構成する国がまさに，雇用からの早期退職文化を発展させてきたので

ある。その諸動機を詳細に検討しよう。それらは主に大陸型社会保護に属しており，リスク予防よりむしろリスクの手厚い補償をとりわけ拡充させてきた。

ここで筆者が擁護しようとする命題は，このキャリア末期の不安定化プロセスが，次に述べる2つの別個の現象が結合して，スパイラルのように進展したというものである；

- 一方で，1980年代以降，企業の内外での労働力のフレキシビリティに対する企業による追求と関連し，労働の内部市場が不安定化した。この現象はすべての先進国経済に共通するものである。
- 他方では，労働年齢と労働停止年齢についての新たな暗黙の「統治」と文字通りの「早期退職文化」が推進された。就労からの早期退職制度が，1970年代末から1980年代を通じ，失業対策として大々的に実施された。つまり，主に大陸型社会保護制度の中で実施されたのである。

この2つのファクターが結びついた結果，年齢管理において，また高齢と就労の間の関係において，労働市場のアクターたちの期待や行動のすべてが根本から変容したのである。

労働市場における年配勤労者の価値の下落の文字通りの悪の連鎖が，こうして始動したのである。本章はそのメカニズムとアクターたちのダイナミックスの再構成を試みる。

内部市場の不安定化と，年配勤労者の価値の過小評価[15]

内部市場とは「職務，配置，報酬の全体を決定し，この全体の中で労働者の動きを調整する，企業内労働力の配分の諸メカニズム」(Gazier, 1991, p. 222) である。

内部市場はある一定のタイプの勤労者のキャリアを組織化していた。そこでは年功序列が，企業が承認する特有な人的資本蓄積を可能にし，年配勤労者に総体的に有利な制度内での昇進を保証していたという意味で，重要な役割を演じていた。この制度の論理は，中間の年齢の勤労者による，若い勤労者および特に年配勤労者のための「暗黙の助成金」の原則によって説明することができる。年配勤労者はこうして，即座に，彼らの生産性を越えた報酬を受け取ることになる (Lazear, 1979)。

1980年代の経済成長の鈍化や大変動がこうしたルールを変え，大企業の雇用政策の再検討へと向かわせた。企業は労働力の内外のフレキシビリティを促進することに配慮し，年齢に応じて勤労者を活用し，昇進させるこのような安定したコースの見直しに向かった。現在あるいは将来の生産性が低すぎると判断された人々はすべて排斥された。年齢措置の大々的な実施は，最高齢勤労者をターゲットに行うように促した。その結果，最高齢者のすぐ下の年齢層はこうした労働力再編から逃れられず，彼らの潜在能力の選抜および評価という，次第に強まっていくプロセスに従わざるをえなかった。このようにして，シニアに対し行使された年齢障壁と年齢差別が若者にも跳ね

返った。彼らもまた，厳しさの増す選抜や未経験ゆえの評価の下落に甘んじたのだった。雇用破壊がシニアを襲っていたのに対し，若者には労働や報酬の融通性が押しつけられ，有期雇用契約が増加した。

① 40歳以降の教育不足

高齢世代は，総体的に若い世代に比べて研修の不足で不利を被る。若い世代は，実際，初めからより高い学歴があり，職場での教育をより広範に受ける機会に恵まれている。EU全体で，勤労者が受ける生涯教育の機会は年齢が上がるにしたがって減少する。全体的に25-34歳で14%なのが，45-54歳では6%に下がり，55-64歳では3%でしかない（図2-5，EU15ヵ国の列を参照）。1999年と2002年において，EU15ヵ国で，研修に参加する労働力の割合は25-34歳で14%，45-54歳で6%であるが，55-64歳では4%に落ちた（図2-6）。

2007年と2012年のEU21ヵ国に関する数字は，2002年（5%）から2012年（8%）の間に55-64歳の職業教育への参加がかなり増加したことを明らかにしている。しかしながら，この期間の55-64歳と25-54歳との研修への参加の格差は，ほぼ変化がないままである。それは，職業教育への参加がすべての年代で増加したこと，またその他の年代とシニアの職業教育への参加の差は縮まらなかったことを示している。

しかしながら，同じ図2-5は，さまざまな年齢層の教育機会の取得が国によってかなり違いのあることを示している。北欧や英国では，45-54歳のうちの15%から23%が職業教育の恩恵を受けており，若者と年配者の職業教育機会の取得の差は限定的である。この割合は，フランスをはじめとする別のいくつかの国々では2，3%に落ち込む。

OECDのデータをもとに数値を更新すると，2002年から2012年までこの割合はフランスではほとんど変化せず，2012年に55-64歳で3.9%とわずかに上昇した。OECDは，職業教育制度において，シニアをターゲットにしている制度においてさえも，彼らが参加する率は少ないことを指摘している。「フランスにおける職業訓練の機能不全はフランスのシニアの弱い被雇用者能力に重大な影響を与えているようである」とOECDは結論づけている（OCDE, 2014, p. 139）。OECDはまた，フランスで職業訓練が年配勤労者の被雇用者能力の老巧化を防ぎ，彼らの流動性を促進するためにほとんど用いられていないことに遺憾の意を示し，フランス企業が勤労者，とりわけキャリア後半期で最も技能の低い者の能力低下を予防するために，職業教育に投資するように呼びかけている。

比較すると，フランスは総体的に就労中の職業教育に限りがあり，年齢による格差が大きいという二つの特徴をあわせ持っている。こうした現況のために，45歳以上になると研修を受ける機会がほとんどなくなる。すでに1994年に，フランソワ・アヴァンチュール（François Aventur）は「教育，資格，職業」調査の分析を通して，フランスでは生涯教育は優先的に25-34歳の若い勤労者に与えられていることを確認し

第Ⅰ部　高齢化とその課題への考察

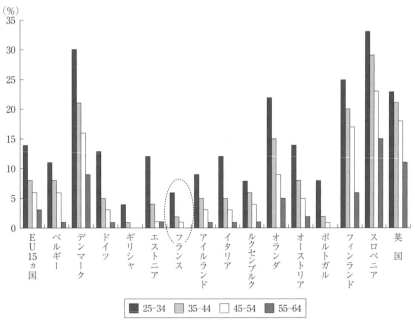

図2-5　直近の4週間以内に研修をうけた就業者の年齢別比率（1999）

出典：欧州連合統計局（1999）。

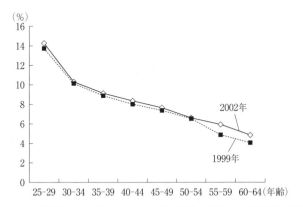

図2-6　欧州連合15ヵ国における教育や研修に参加する労働者の割合

ていた。40歳を過ぎると，教育を受ける機会はかなり少なくなり，45歳を過ぎると著しく減少する。この状況は雇用主側の一つの戦略を映し出しているように，彼には見えていた。雇用主側は，年配勤労者を技術革新に効果的についていけないと判断し，彼らを犠牲にして若い労働者の適応を優先したのではないかというのである（Aventur, 1994, p. 89）。

経済分析評議会へ提出された報告書の著者たちによる補足的な説明（2005, p. 101）では，30年近く続いた早期退職の大規模な慣行を考慮して，フランスの45-54歳の年配勤労者にとって雇用展望があまりにも短いことが強調されていた。そのために，年配勤労者向けの職業教育の投資は企業にとって採算性に乏しいと判断される。より若い世代に比べて学歴も低く，生涯教育も不足しており，新しい技術に精通していないために教育をより困難にしているのであればなおのことである。シニアの職業教育からの早すぎる排除のプロセスは，企業が技術革新や組織改革を迅速に進めなければならなかっただけにいっそう影響力を増し，彼らの雇用に重大な結果をもたらしたのである。組織や技術革新はそれに適した新しい能力を必要とするので，年配勤労者が企業内の長い職業行程を通じて蓄積した経験資本はぞんざいに扱われるか，あるいは無効にされてしまう。

そうなると，急速に進む技術革新に直面し，シニアに向けた企業側の教育努力もないなかでは，彼らの勤続年数はほとんどの場合ハンディキャップになる。例外を除けば，彼らには職場における将来性はほとんどない。実際，高齢者の労働市場で生き残れる能力と，獲得した教育レベルの間には強い相関関係がある。50-64歳の就業率は教育レベルとともに上昇する。EU 15ヵ国では，高度の教育を受けた人々の場合には，就業率は70％から75％であるが，最低限の教育レベルしかない人々では45％に落ちる（図2-7）。フランスの場合には，高度の教育を受けていても，EUの平均よりも雇用維持を保証するための力は弱い。この結果は，おそらく職場で教育を受ける機会が不十分であることの影響を受けているためであろう。フランスでは生涯にわたる職業訓練が保証されているとは言いがたく，すでに見たように，年齢による教育機会の差が最も大きい（図2-5）。

45歳以上の職業教育参加についてのフランスの低い位置は最近まで変わらないだけでなく，近隣の欧州諸国が若者とシニアの間の教育レベルの差を縮めるための積極的な政策を実施して前進しているだけに，フランスの状況は相対的に後退している[16]。例えば，図2-8は，公式，非公式，公式外というあらゆるタイプの職業教育への参加率を見ても，最新データによれば，フランスが今なお，年齢別の職業訓練参加率の差がEUにおいて最も大きい国の一つであることを明らかにしている。

以上の結果やそれらがなぜ執拗に持続するのかについての説明は，シニア労働の制限により雇用を減らすことを選択したこと，またこの選択の結果としての多種多様な早期退職制度により生じた循環的因果関係の中に見いだせる。そうなると，企業側に

第Ⅰ部　高齢化とその課題への考察

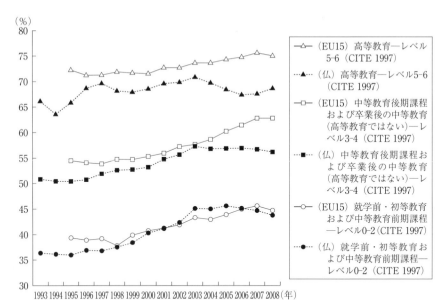

図2-7　50-64歳世代に見る就業率と教育・研修の履修レベルの比率――フランスとEU 15ヵ国
出典：欧州連合統計局（EFT）。

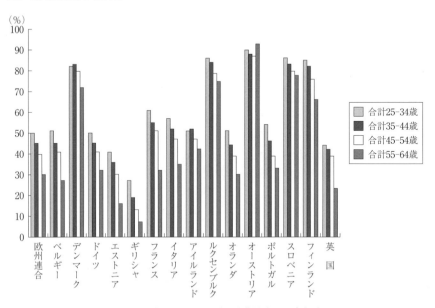

図2-8　あらゆるタイプの職業教育への参加率

注：あらゆるタイプの学習方法（公式，非公式，公式外）を含む。
出典：欧州連合統計局（EFT）。アドホックに調整（2003）。

とっては，年配労働者は退職間近の労働者であり，彼ら向けの能力再適応化のための投資はもはや採算に合わないことになる。退職間近であり，彼らの教育に固有な問題も伴うことによって，投資の見返りとして期待できるものがあまりに限られているからである。対称的に，勤労者側でも，発展的展望なしといった，企業が送りつけるいくつものサインから，もはや職場に将来性のないことを理解する。やる気を出すよりむしろ諦めの時がやってきたのである。というのも，彼らにとっても，教育投資の努力をしても，見返りを得られない危険があるからである（Lainé, 2003）。彼らは，企業からほとんど認められないがために，自分自身の学習能力も，技術や組織変化を統治する自分自身の適性も疑うことになる。

② 無効化された経験という資本

人間工学研究は，職業経験が，若者と比較して，年配勤労者の遂行能力の根本的要素であることを示した（Volkoff et alii, 2000）。年配労働者は若者とは異なるやり方をするが，だからといって若者よりも劣っているわけではない。年配労働者は自らの経験を用いて特有の戦略を立てる。彼自身のやり方は規定された仕事の仕方からはかけ離れているが，それを進めるための自由裁量の余地があれば，自ら立てた戦略で，企業が定めた目標に到達することができる（Gaudart, Weill-Fassina, 1999）。ところが，年配労働者の効率を担保する重要な要因である彼らの経験は，労働再編によってしばしば無効にされてしまう。

年配労働者の職場における効率に根本的な役割を演じる第2の要因は，就労における自由裁量の余地と関係している。このような余地もまた，最近の一連の変化で危うくされている。実際，労働条件は時間的な拘束や仕事のテンポが強化される方向で変化しており，今日では，こうした強制力が最年配労働者にも，それより若い労働者へと同様に，働く。時間的強制の拡大と集積を特徴とする労働の強化が観察できる。時間的強制は，効率的であり続けるために向老期労働者が必要としている自由裁量の余地を消す。企業は，再編と柔軟性の追求から，企業内外の人の移動を増やそうとしているのだが，失業の危険によりさらされている45-54歳の勤労者は，リスクを減らすために移動を限定せざるを得ない。

③ 年齢と生産性：直接的な因果関係はない

以上見てきたように，労働の場で起こった諸変化は年長者の経験を無効にし，彼らの適応戦略に反して機能する労働条件をつくり出していく。たとえば時間的強制がそうである。このような展望において，人間工学研究，そしてまた経済研究が断固として明らかにするのは，職場における年齢と効率の関係はより慎重に分析されなければならないということである。この二つの間には直接的な因果関係は存在しない。これらの関係は労働の編成と整備の方法によって決まる。人材の管理形態の進化が，労働条件と同じように，総体的に年配勤労者の労働効率の維持とは反対方向に機能したように見える。しかも年上の世代は労働市場に若いうちに参入し，無理な姿勢や重荷運

搬や長時間労働を伴う，肉体の酷使が求められる労働行路を経験した世代であればなおさらである。こうした労働遍歴はいくつかの痕跡や不能性をもたらした可能性がある。

経済学的研究もまた生産性と年齢との直接的な相関関係を結論づけてはいない。むしろ年齢の否定的ではあるが非常に限定的な，しかも部門によってかなり変化する影響をそこに見ている。これらの研究はその意味で，アメリカで行われた研究の結論と一致する。いずれにしてもこれらの研究は実施がきわめて困難であり，推定の質についての不確実性は大きい。それに対し，新テクノロジー部門では高齢者を嫌い若者を好む傾向が明らかに存在し，それが例えば，情報処理部門における継続雇用能力を著しく限定している（Poussou-Plesse, 2008）。

結論として，内部市場の編成の見直しは，向老期勤労者を総体的に有利な地位から，不利な条件をいくつも重ねもつ状況へと移行させる。この状況は企業内では就労者全体における最高齢者層についての必然的な評価の低下になって表れ，相関的にこの層の人々の仕事へのモチベーションの低下となって表れる。そうなると，キャリア後半期の経路は不確実でしばしば混沌としたものになる。年齢障壁が広がり，雇用における年齢差別がますます明白になり定着する一方で，不測の事態が増加する。若者とシニアが被る職業経路の不確実さは，一定の対称関係を示していることが明らかになる。両者は往々にして，キャリアの始めと終わりで混沌とした経験をするのである。

早期退職制度およびキャリア末期とその展望の新たな規範的枠組み

当局による手厚い財政支援を受けた早期退職制度と高齢者向け措置が施行された国々は，次第に一種の「早期退職文化」を発展させていったように思われる。筆者はこの表現を，人々によって共有された，年配勤労者の失職補償の権利を優先させる一連の価値観と規範が確立した，という意味で用いる。この文化は，この年齢層の雇用における就労や復職，適性再確認の権利を犠牲にして発展してきた。ここで本書の関心の対象となるのは，早期退職文化が構築されるプロセスである。

筆者は，大陸欧州諸国におけるさまざまな早期退職制度の増殖が，職業行程末期を組織し規制する新たな年齢統制を生んだという考え方を擁護する。次第に形成されてきている年配勤労者に対する規範は，もはや雇用ではなくむしろ社会的移転の取得の面で定義づけられる。仕事を辞める年齢が下がる。その代わりに，早期退職権が形成される。相関的に，雇用において脆弱と見られる勤労者の年代がますます若くなっていく。こうした状況では，雇用の年齢障壁はさらに増大し，年配勤労者に対する雇用差別が強まることになる。

労働市場における年配勤労者の価値の下落のまさに悪循環がこうして作動する。筆者が早期退職「文化」と呼ぶものを詳細に説明しておこう。ここでは，文化主義的視座から，いくつかの国の文化が，本質的に，早期退職文化を生み出しやすいと見なし

ているのではない。ここではまったくのところ，文化主義的アプローチとは根本から区別された「ソシエタル（社会生活・制度に関する）」視座から着想を得ているのである。この学派の創始者と同じく，筆者もこの早期退職文化の構築のされ方に関心をもつ。したがって，分析においての優先順位は，この文化をつくるアクターたちや諸制度に与えられる。早期退職文化は，いくつかの複雑なプロセスが作り出した結果である。それは次の二つが交差したところでつくられるのである。一つは諸制度であり，集団的行動から生まれたそれらの規範や規則を伴っている。もう一つは労働市場におけるアクターたちの力関係であり，彼らの行動自体も制度の規則によって規制されている。そのようにして，労働市場におけるアクターたちの間の相互作用が，年配勤労者向けの早期就労停止プログラムの実施を通して，就労生活の終了を規制するいくつかの規範や規則の合意へとつながった。この新たな年齢統治は，早期退職文化の構築を通して，労働市場のアクター間のその後の了解や交渉や妥協のための資源のひとまとまりをつくりあげた。この年齢統治が，したがって，彼らの集合的行動の流れに枠組みを与えたのである。

　行動に先立ち超越する早期退職文化の原理を提示するのではなく，本書ではこの文化を社会的に構築されたものであるとする。この構築物を通して，集合的行動の流れが諸制度やそれらの運用規則の中に組み込まれ，また同時に前者が後者を作り出す。

　そのことは，いくつかの国における職場の高齢化および就労生活終了の問題の構築を取り仕切った相互依存のネットワークとアクターたちの力学を，「早期退職文化」の観点で理解することに等しい。

　筆者が提案する読解が，早期退職文化の成立に対するより「経済学的」かつ機会論的な解釈に反するものであることは十分承知している。ある人々にとっては，失業の影響と労働力の需要の減少は，労働市場のアクターたちの間での新しい妥協のかたちを理解するための主要な決定要因なのかもしれない。それだけで，向老期勤労者の周縁化を理解するに十分なのかもしれない。

　失業増大と年配勤労者排除の間の強い関係性を指摘する研究は数多く存在する。英国では，ラツコ（Laczko）とフィリップソン（Phillipson）が，労働市場の現状と年配労働者の就労レベルには長期にわたる相関関係が存在すると考えている。彼らは，第二次世界大戦後1950-1960年代，労働力がむしろ不足していた時代には，勤労者は高齢になるまで労働市場にとどまっており，雇用関係の公共政策にそのように強く促されていたことを示した。反対に1970年代半ば以降，失業の増加は向老期勤労者の就労からの早期退職の奨励につながり，その結果，高齢者の就労の迅速な減少が観察できる。高齢層はこのように，労働市場の必要に応じて働くことを求められたり排除されたりする「予備軍」として機能していると考えられる。同一の観点から，ケイシー（Casey）とウッド（Wood）（1994年）は英国について，失業の増加と年配労働者の就労からの早期退出の増加との間に強力な相関関係があることを明らかにしている。

彼らは，1979-1986年の期間において，失業率が1％増えると60-64歳層の労働力率が9％，55-59歳層では4％下がることを示している。

しかしながら，こうした結果では，例えば景気が上向く局面（1989-1990年のフランス，あるいは比較的最近の2008年の経済危機前の欧州で観察された失業の低下）が，なぜ年配勤労者の労働市場からの排斥のプロセスを後退させなかったのかを説明することはできない。逆に，多くの国々で，年配勤労者の就業率は減少し続けたか，せいぜい横ばいであり続けただけで，労働市場における彼らの脆弱性が続いていたことが確認できる。

以上の事実は，労働市場の現況と年配勤労者の雇用との単なる機会論的関係による説明よりも，はるかに複雑な結びつきが存在することを暗示している。まさにこの意味で，解釈モデルに年齢行程の構築状況を組み入れることが適切であるように思える。それによって年配勤労者の職業軌道の不安定化がわかりやすく示せるようになる。確かに失業の水準は，アクターたちの間で他のことよりも多くの妥協を優先させる状況として，場合によっては始動装置として機能するだろう。しかし，年齢行程の規範的な軸，行程の区切り，レベル，さらにはアクターたちの社会的影響を与える表現に刻まれた，長く続く変容がある。それらは翻って，労働市場のアクターたちの行動や，年齢と仕事との関係を再構築するアクターたちのやり方に影響をおよぼしていく。その結果，労働市場における年配勤労者の位置をこの市場の現況から機械的に推論することはできないという考えを，本書では擁護する。年配勤労者の位置は，暗黙の妥協から生まれた特定の公共施策の実施を経たものであり，こうした施策はそれぞれの国において，年配労働者に関して雇用維持か補償つき排除かの二者択一が造り上げられ，そうすることで，職業行程の後半期の規範的枠組みが再形成されるのである。

したがって，早期退職措置を増強した国々は新しい年齢統治を作動させ，それが職業行程末期のこれまでの社会編成に動揺を引き起こしたのであると考えられる。この結果は，年齢行程の決まりが個人の社会化の重要な審判であることに由来している。それが人生の各時代を通して個人の動きに秩序を与えているからでもあり，またそれが人々の将来の展望を支配しているからでもある。そうなると，キャリア後半期の脱組織化は2つの次元に現れる。

まず，キャリア末期の規範的枠組みは，経済状況に合わせて実施された措置に応じて変化する。職業経歴の軌道の新たな不確かさが個人の前に姿を現し，社会保障制度の枠組みでは福祉給付の対象とはならない新たなリスクが人々を脅かす。

ついで，それに沿って個人が自分の行動計画を定める時間的展望は，キャリアと退職の見通しで調整されていたが，それが漠とした不確実なものへと変わったのである。そうなると，年配勤労者の予測だけでなく労働市場のアクターたちすべての予測が，キャリア末期の大変動によって大きな影響を受ける。

キャリア後半期は今や不確実さで特徴づけられ，それはナイト（Knight, 1921）に

よれば，確率の算定が存在しないリスクとして定義されうるものである。

早期退職文化の構築における労働市場のアクターたち

　本節では，いくつかの国々で，早期退職文化を生んだアクターたちの力学を再構成することを試みる。しかしながら，大陸型福祉国家モデルに属する国々の間でプロセスに類似性を指摘するだけでなく，いくつかの違いを区別することも必要である。こうした相違は，一方ではそれぞれの国で雇用と退職の問題をめぐって関与するきら星のようなアクターたちに，他方ではとりわけ，コーポラティズム（協調組合主義）と，競争や争議を経る折衝の間で揺れ動く，アクターたちの相互作用の様相に起因する。
　たとえば，強固な早期退職文化をもつ国々の中でも，キャリア末期の軌道モデルにはいくつかの変形のあることが見分けられる。こうしたモデルは，アクターたちの間の相互作用の様相から生まれた調停や労使間の妥協に左右され，採用された年齢対策や制度の性質に反映されている。

シニアを「非働化する」ための，すべてのアクター間で持続的な暗黙のコンセンサス

　失業を抑えつつ雇用を軽減するために，雇用主，勤労者，労働組合，国の間では，シニア労働者を労働市場の変動の主要な調整変数にしようとする広範なコンセンサスが，数十年にわたり支配した。この目的に沿って，雇用からの最終的な退職から年金受給が開始されるまで，労働市場には戻らない条件で，シニアが有利な補償を得られる早期退職または早期就労停止措置が実施されたのだった。
　労働強化や労働の急速な変化が彼らのキャリア末期をリスクにさらし，魅力ある職業的展望がほとんど提供されていなかった中で，魅力的な補償条件がシニア勤労者は自分に与えられることを知った。「若者に職場を譲ることによって」，このように彼らとの連帯を示すことができたのだからなおのこと，シニアには魅力的だった。当局側も，シニアに雇用を免除することで，統計的に失業を隠蔽しつついずれは若者に雇用を開放する手段，すなわち即席ながら，社会予算全体には高くつく，手段を見つけたのである。さらに企業は，労使間の争いなしに，シニアの雇用破壊によって自社の社員総数の調整ができた。早期就労停止の制度化は，そう指摘されたように（Gautié, 2004），内部市場と終身雇用モデルに根ざした雇用制度を救う手段と見られたからである。
　きわめて興味深いことに，経済分析評議会（CAE）の報告書（2005）の著者たちは，シニアの早期退出についてのこのコンセンサスが，とりわけフランスで，またイタリアやベルギーで長く続いたのは，それが「従業員総数の削減が必要な場合，中央年齢世代の雇用の保護制度の安全弁」（p. 66）になっていたからであることを示した。また，同報告書のある図表（p. 67）によれば，雇用保護指数（OECDの複合指数）

の高い国では，平均して55-64歳の就業率が低いことが明らかになっている。著者たちは，シニアの早期就労停止が，それによって得られた雇用面の効果が限られているにもかかわらずフランスで長続きしたのは，労働者の世代間でも労使間でも，暗黙の世代間契約があったからである，と結論づけている。重要なのは，シニアが就労を維持しないですむようにして，中央年齢世代のインサイダーたちの雇用を守ることだった。25歳未満の若い世代も含め，各世代がそこにそれぞれの利益を見い出した。ただし，アウトサイダーたる若い世代に有期雇用やそれ以外のさまざまな非正規雇用が拡大し，彼らに労働のフレキシビリティの負担のすべてがのしかかったのである。このような若い人々について，著者たちは次のように主張する。つまり，彼らがシニアの早期退出によって仕事につけるという意味で，この暗黙の契約に直接の利点を見い出し，また他方で，彼らは将来，内部市場の論理に立った安定雇用制度の恩恵を期待することができた，というのである。

このようにして，賦課方式による年金制度を典型とする世代間契約は世代間の労働分配にまで拡大され，就労年齢の両端を25歳から55歳までにさらに狭めて，その結果，早期退職措置を広範に展開した国々において，労働年齢の新たな統治が始まったのではないだろうか。この新たな年齢統治は人々の意識に深く影響を与え，労働市場のすべてのアクターたちの予測を形成していく。この統治がまさしくシニアの早期退職の文化の形成を促し，一連の逆効果を生み出すのであるが，その中で最も重要なものはおそらく，年齢および年齢による分割を，雇用問題の管理のための唯一の原理に仕立てあげたことである。そうなると，年齢障壁が増殖し，この増殖が年齢に関する先入観，雇用における年齢をめぐる公然たる非難，評価の下落，ついには差別を生み出すという悪循環にはまり込む。この差別の動きはシニアにとどまらない。やがて若者たちも，彼らの未経験や職場への同化の難しさのために軽んじられ差別されて，この動きに巻き込まれるようになる。こうして，とりわけフランスの現況を特徴づけている，年齢の目盛りの両端におけるこの特異な雇用の不足が形成される。

以下では，識別されたアクターのそれぞれについて，この暗黙の契約から生じた主な逆効果を詳細に見る。

企業の経営陣

早期退職制度と年齢措置のますます拡大する慣行は，年齢に対するステレオタイプを強化し，往々にして労働者の評価の下落を誘発するに至り，それは40歳代の労働者にまで及んだ。

多くの国で早期退出の直接のターゲットとなった55歳以上については，経営陣や管理職は，彼らを企業内にとどめておくに適さない余分な労働者とみるようになった。生産性の向上，従業員の削減，能力管理など，企業が実施した経営選択が何であれ，年配勤労者の排除はこうしたすべての目標に応えるものであった。結局，年齢が徐々

に従業員管理のほとんど自然な基準として重きをなすこととなったのである。月並みのレッテル効果により，55歳以上の人々はやがて雇用に適さない者とされ，その結果，労働市場から遠ざけるべき者と見なされるようになった。こうして55歳以上の勤労者の排除は，徐々に普遍的な解決法として重きをなすこととなった。この問題を支配していたコンセンサスが，こうした年齢措置に，労使対決のない一見無難な特徴を与えていただけに，それはやすやすと進んだ。このような措置は，労働者の最年長の部分を取り除くことによって，年齢ピラミッドを若返らせる手段として，もっともらしくさえ見られていた。それはまさに，多くの企業が従業員の急速な高齢化を経験し，困難な経済状況においてわずかな新規採用または採用なしとした時であった。

　早期退出の実施が一定期間，従業員の高齢化を減速させたとしても，それは企業にとって安易な解決法でしかなかった。[24] 企業は，職場の高齢化や諸年代について備えるための真の管理から目をそらして，かわりに逆効果のある年齢管理を選ぶことになったからである。実際，労働市場にはもはや戻らない大量の早期退職によって，55歳以上の労働者は事務所や工場から消え，ある年齢を越えた人々に対して「さっさと職場を去ればいい」という公然の非難が強まった。やがて企業経営陣，直接の上司，従業員自身もまた，年配労働者に烙印を押すような同じ意見を持つようになる。彼らは集団としては生産性も高くなく，働く意欲に欠け，変化にも適応できず，職業研修にも新技術の使用にも不適だというのである。いくつかの職業ポストに就いていながら，例えば明らかに職業教育不足に苦しむ特定の世代に限って真実であり得たものが，一つの年齢階層全体の取り消し不能な特性となり，職業的には年を取り過ぎていると宣言され，労働市場における彼らの価値は完全に下落する。

　雇用主が進める55歳以上の年齢層の早期退職は，その波及で，すぐ下の年齢層の労働市場における価値の下落をまねく。

　55歳以上の人々が労働市場にとどまるには年を取り過ぎていると判断され，どんな仕事からも身を引かなければならないとすれば，そのすぐ下の年齢層は，退職間近の将来性のない「半ば老人」の群れとなる。筆者は50代の年齢層を襲う長期失業を通して，労働市場におけるこの年齢層の価値の下落の明白な兆候を観察した。この年代で雇用を失うと，それは往々にして最終的なものとなり，職場復帰への希望はない。

　① 年齢に関する否定的なステレオタイプの台頭

　早期退職の慣行の広がりは，職業的に年を取り過ぎていると見なされる年齢に関する雇用主側の意識を変えた。今では，50歳以上の人々には十把一絡げに，職業的高齢化のあらゆる特性が判で押したようにつきまとうことになる。その結果，企業の見通しや労働需要が変化する。例えば，フランスの雇用主は，彼らの会社で50歳以上の勤労者の割合の増加が最終的にもたらしうる否定的結果は何かと質問されると，多くが順に変革への抵抗の高まり（75％），賃金コストの上昇（72％），新技術導入へのブレーキ（70％）を挙げる。それほど多くはないが，生産性の低下（42％）や若い労働者

表2-15 50歳以上の勤労者の増加は，企業にどのような結果をもたらすのだろうか？
（英国とフランスでの調査結果）

	英 国	フランス
	はい，確かに＋ はい，おそらく	はい，確かに＋ はい，おそらく
労働条件の改善の必要性	13.2 ⎫	29.0
労働組織の変化	12.5 ⎬ 25.7	
生産性の低下	11.6	42.0
新しいテクノロジーに対する弱い受容	51.3	70.0
変化への抵抗	56.3	75.0
顧客が抱く悪いブランドイメージ	9.2	6.0
人件費の増加	28.0	72.0
最若年層にとって，キャリアの見通しの妨げ	—	57.0

の昇進の妨げをあげる人もいる。

1992年の調査の10年後，従業員10人以上の3000企業を対象に，企業経営陣向けに実施された年齢別勤労者の雇用に関する調査（ESSA）は，年配勤労者に対する経営者側の先入観が，その規模においても順位においても変わっていないことを示している，という点に留意すべきだ。新技術や変化への適応力の弱さが，依然として50歳以上の勤労者を雇わないために雇用主側が挙げた主な動機である。ついで技能の多様性の欠如と高すぎる賃金コストが，非難の理由として挙げられている（Brunet, 2002）。

同じ年の1992年に同様の調査が実施された英国と比較すると，雇用主側の年齢や労働力の高齢化への先入観が，両国において部分的に重なることがわかる。企業内で50歳以上の従業員の割合が増えた場合，確実に，あるいは高い確率で起きそうな否定的な結果として，両国の雇用主が最も多く挙げたのは，変革への抵抗と新技術への適応の弱さであった（表2-15）。同様に，賃金コストの上昇との関連で，高齢化の財政的影響もたびたび言及されている。これについて否定的影響を指摘するのはフランスの雇用主の72％に対して，英国の経営者では28％にとどまるが，それでも後者が挙げる否定的結果の3位をしめている。それに対し，英国でもフランスでも，労働力の高齢化によって急務となり得る労働の再編を指摘する企業経営者はわずかしかいない。最後に強調しておきたいのは，フランスでは，労働力の高齢化が若者のキャリアに，そしておそらく彼らの雇用に否定的な影響をもたらすと思われていることである。「シニアは若者に席をゆずるべきだ」という原則がフランスでは人々の意識に深く根ざしているが，これに相当するものは英国にはない。しかしながら，ステレオタイプでは類似性があるにしても，年配勤労者の価値の低下は英国に比べてフランスの方が甚大である（55％対70％）ことを，表2-15が明らかにしている点を指摘しておこう。そこでは，英国では早期退職政策があまり実施されなかったこと，またその枠内で実施された公的措置はわずかであったことの2点の結果を見て取れる（第4章）。このよ

うな状況では，フランスとは違い，英国には早期退職文化は明白な形では定着しなかった。したがって，年齢障壁や年齢に関する多くのステレオタイプの形成，そしてそこから当然帰結される労働力の高齢化の見通しの甘さといった，一連の結果が誘発されることもなかったのである。

　以上の諸観察から，早期退職措置の増加により，高齢化に対する企業幹部の否定的な見方が強化されたことが推論できる。とりわけ，高齢化は変革への適応に重大なブレーキになると多くが見なしている。極端に労働力が不足している状況でも，フランスの大企業の人材管理職の多くは，年配労働者に新たな資格を与えるための措置を導入したり（部門によるが52〜63％），退職を遅らせたりすること（64〜67％）を嫌うようで，部門がどこであってもそれは変わらず，ましてや採用することなど問題にもならない（71〜78％）（表2-16）。

　この点では，フランスと英国の企業幹部の間に著しい姿勢の違いが観察できる。労働力が不足しているときには，後者は前者に比べ年配勤労者を採用したり，彼らに新たな資格を与えたり退職を遅らせたりすることへのためらいがはるかに少ないように見える（表2-16）。英国の企業の過半数は，労働力が不足している場合，このような年配勤労者に対する待遇がまだ実行されていない時には検討の対象としている。

　フランス企業の姿勢や行動はほとんど変化していないように見える。実際，10年後の2001年のESSAの調査は，一方で，質問を受けた企業担当者の80％近くが退職年齢の引き上げに賛成でないことを強調し，他方で，「シニアをより長く雇用し続けるための措置は少数の企業のみが実施したにとどまっていた」ことを示していた。こうした措置としては，次のイニシアティブが挙げられる。知識・経験を伝えるためにシニア1人と若者1人を組み合わせたチューター（個別指導）任務制度の展開，能力診断制の導入，最高齢者の資格・技能レベル維持のための職業教育の実施，あるいは労働時間やポストの特定の調整である。以上の措置は15％から34％の企業で実施されていた。後者の数字は大企業（従業員200人以上）のものである（Minni, Topiol, 2003, p.60-61）。

　ましてや，フランスの雇用主にとって，50歳代に達した勤労者を採用することなど問題にもならない。すべての調査が，50歳以上の賃金労働者の採用に雇用主は強いとまどいを感じることを明らかにしている。ESSAの調査は，募集で人が集まらないときでさえ，2企業に1企業は年配勤労者の採用を増やすことは検討していなかったと指摘していた。2000年に社員を採用した企業（10企業のうち9企業）のうち，89％が30歳以下の社員を1人採用していたが，50歳以上の社員を1人かそれ以上採用したのは25％にすぎなかった（Brunet, Richet-Mastain, 2002）。欧州連合統計局のフランスに関するデータはさらに憂慮すべきもので，従業員10人以上の企業における採用の3％だけが50歳以上だった。表2-16からは，このような採用における年齢差別が英国ではこれほど激しくないことが確認できる。英国では，労働力が不足する場合には，

第I部 高齢化とその課題への考察

表2-16 労働力不足に直面して，あなたの会社ですでに実行している，または今後実行予定しているのは，どんな対策ですか？（就労分野別）

	英国						フランス								
	建設		工業		サービス		建設			工業			サービス		
	済	未	済	未	済	未	済	未	無	済	未	無	済	未	無
外国人労働力を求める	19	45	8	44	25	38	26	12	53	15	8	61	12	8	61
移転する	8	27	8	31	7	22	1	7	76	1	9	75	1	3	74
女性労働力をさらに求める	40	46	41	45	55	23	1	8	78	23	14	47	33	11	37
他社の勤労者の関心を引き付ける	36	47	35	49	34	39	5	30	51	5	22	56	5	20	54
労働に替わる資本を強める	62	25	63	29	40	33	15	33	41	26	46	16	17	27	37
研修プログラムを発展させる	77	19	77	21	64	29	22	52	16	34	46	9	38	38	8

	英国						フランス								
	建設		工業		サービス		建設			工業			サービス		
	済	未	済	未	済	未	済	未	無	済	未	無	済	未	無
退職を遅くする	7	48	6	50	8	48	1	16	67	2	18	64	1	11	67
年配労働者の新たな資格取得化をする							2	21	63	5	26	52	6	21	52
年配労働者の求人をする	11	67	10	67	25	57		5	78	1	9	72	1	6	71
フレックスタイムを導入する	22	45	25	47	37	39	5	21	58	17	33	34	19	31	31
退職について段階的退出制度を導入する	6	44	7	45	7	58	2	43	40	5	36	43	7	36	36
パートタイムを発達させる	18	36	21	36	25	45	1	23	60	9	34	42	25	32	25
段階的早期退職をする	—	—	—	—	—	—	2	43	40	5	36	43	7	36	36

注：済＝すでに実施，無＝無し，未＝今後。
出典：Walker, Taylor による英国調査。および DARES の特別調査（1992）。Guillemard（1994）。Guillemard, Taylor, Walker（1996. p. 493-494）に基づいて再作成した表。

大半の企業が年配勤労者採用を検討するのに対し，フランスの企業はそれを拒む。年配勤労者を対象としたこのあからさまな差別の動機を明らかにできるように，フランスの企業において若者かシニアかの採用の選択肢を支配する理由を考えてみるのも興味深い。雇用主は，若者の採用を選択するのは主に，新技術や変化に対するより大きな適応力と多技能性のため，と説明する。労働力の長期管理や年齢ピラミッドの均衡回復，あるいはよりすぐれた肉体的な適正といった別の要因も関係してくる。逆に，シニアが採用されるときは，彼らの特別な能力や労働の現場をよく知っていることや，よりすぐれた職業上の良心のためである（Minni, Topiol, 2003, p. 16）。こうした回答の中に，それぞれの年齢の被雇用者能力に結びついたステレオタイプを見出すことはたやすい。フランスのケースは次の点を明らかにしている。すなわち，大規模に展開された年齢措置が年配勤労者の早期退出を促進し，年齢障壁を構築した。その結果，そしてまたよく知るプロセスにしたがって，その年齢障壁が，年齢に関するステレオタイプと年齢に根ざした差別の実践を強化したのである。

② フランス：年齢に根ざした強い雇用差別

差別監視委員会が作成したバロメーターの2006年11月の結果は，年齢がフランスにおける雇用差別の第1要因であることを示している。このバロメーターは，基準志願者（生粋のフランス人と思われる姓名をもつ28歳から30歳の男性）の採用面接試験と，年齢，性別，出自，ハンディキャップ，体型，容貌によって差別されそうな偽造志願者たちの採用面接試験とを比較するものだった。そこから得られた結果は，48歳から50歳の志願者は基準志願者と比べて3分の1しか面接試験を受ける機会がなかったことを明らかにしている。45歳になると，拒否されるリスクが著しく増えた。差別の原因として，年齢は，外国出身や障害や性別も含めたその他すべての要因よりも，雇用機会に重要な影響をおよぼす。テストでは，48歳から50歳が，職種，業務部門，企業の規模，雇用地域がどうであれ，最も退けられることが多かった。その上，監視委員会によれば，年齢差別は2004年以降増加したのに対し，同時期に障害に対する差別は後退した。

フランスでは，年齢に対する差別行為は違法であるにもかかわらず，近隣の欧州諸国よりも比較的大目に見られ，罰せられることが少ない。たとえば，差別監視委員会は最近の調査で，営業職の求人の8％が，依然としてまったく違法に年齢基準を設けていたことを確認した。反差別と平等のために闘うHALDE（高等機関）は，こうした放置に終止符を打とうとして，最近，求人に年齢基準を用いるいくつかの企業を訴追した。残念ながら，1社を除いたその他すべての違反企業については，裁判所はいかなる刑も言い渡さなかった。刑に問われたケースでも，非常に軽い，結局のところ象徴的なものでしかなかった。雇用における年齢差別禁止に関するEU指令が最近実施された英国と比べると，驚くほどの違いである。英国では，雇用における年齢差別禁止規則を守らない企業は，非常に重い罰金を課される危険がある。その結果，英国

の企業はこのEU指令の実施以来，履歴書の年齢記載の削除，職歴情報の限定といった，採用手続きに関するきわめて厳格な新ルールを採用した。これまでに就いたポストの詳細は，最近数年の職務に限定された。これらはすべて，たとえばキャリアの長さを示すデータの中に巧妙に年齢要素が入らないようにするためである。

雇用における年齢差別がとくに採用時に行われるとしても，フランスの企業の年齢管理の実践全体にわたって年齢差別の痕跡が刻まれていることもたしかである。フランスの企業は，すでに観察したように，年齢によって厳密に分割されているからであり，しかも欧州のほとんどの隣国よりも際立ったやり方でそれが行われているのである。年齢に結びついた雇用における差別の認識は，最近10年間で高まったように見える。フランス世論研究所の世論調査によれば，2012年に10人の勤労者のうち少なくとも8人が，50歳以上の人々に対して，採用，職業教育への参加，昇進，排除の場面でさまざまなかたちの差別が行われるのを目撃したと述べていたことが明らかになったという（Défenseur des droits, 2013）。

③ 労働力高齢化への見通しの欠如

企業の慣行に関する聞き取り調査は，企業が従業員の高齢化をほとんど気にかけてはおらず，前もってその影響を管理するための手段をほとんど配備していないことを示している。ESSAの聞き取り調査（2001年）は，調査を受けたフランスの4企業に1企業近くが，従業員全体のうち50歳以上が占める割合が25％を越えることを教えてくれる。しかしながら2企業につき1企業近くで，調査を受けた責任者は高齢化問題について考えたこともなく，5企業に1企業をわずかに越えるくらいでしか，来るべき状況についての明確な考えをもっていない。わずか13％のケースにおいて，高齢化問題が総合的な考察の対象となっていた。それに反し，70％のケースで，企業は今後10年間で退職者に関連した問題はないだろうと考えている（Minni, Topiol, 2003, p. 59）。シニアの早期退職は企業にとって，年齢ピラミッドを若返らせるため，労働力の高齢化に対する可能な限りの最良の回答に見える。30歳未満の採用は，実際に採用すれば，年齢ピラミッドの均衡をとりもどさせることもできる。雇用主の多くが，シニアはより若い人々と比べて生産的ではなく変化にもついていけないというステレオタイプ化した思考の図式にとらわれたままである。シニアは企業にとって，資源としてよりむしろハンディキャップと見なされている。こうした回答から，フランス企業が早期退職文化とそれがもたらす影響の中にどっぷりとつかっていることが見て取れる。最年長の労働者を早期に退職させる可能性を得た企業は，本来ならやるべきだった，避けられない労働力の高齢化に備えることをせずにすむと思い込んでしまったのである。キャリア後半期を活性化するために，労働条件を改善し，再教育を施して能力を現状に対応できるようにし，さらには労働力の移動を促進して，労働力高齢化に企業は備えるべきだったのである。企業はまた世代間の知識の伝達方法についても，より若い従業員が企業に定着できるような受け入れ条件，また彼らに提供されるキャ

リアの展望について考えることもなかった。年齢管理については，年齢による管理のほかには，すでに見たように数少ない措置しかないのは，高齢化への備えがなかったからである。

英仏の雇用主のやり方や主張が対照的であることは，両国でそれぞれ実施された早期退職を促す公共政策において観察できるさまざまな違いから説明できる。フランスにおける公的資金を潤沢に用いた強力な奨励措置は，英国の措置とは違って，企業を，早期退職の実践を通して人員調整の主要な部分を年配従業員の解任に頼る方向に仕向けたように見える。この調整形態はそれ以外のものよりはるかに痛みが小さかったから，最終的には公平で正当と見なされ，労使双方にとっての選好の対象となったのである。

早期退職文化の成立はこのようにして確認できる。労働市場が反転しても，フランスの企業は年配労働力に頼ろうとはしない。それは彼らがもはや「雇用するに値しない」と見なされている証拠である。

50歳代の人々が一括りにされて労働者として軽視されたとすれば，それに続いて40歳代の人々もキャリアにおける困難を経験する。そうした困難は，職業行程の末期が早められたり職業の停止が早すぎたりすることからも，内部労働市場の不安定化からも引き起こされる。その結果，勤労者は40歳代半ばから，企業内で，ますます将来性のない一群と見なされるようになる。40歳代労働者の価値の低下は，続く世代の士気を削ぐことにもなる。規則的な昇進がもはや通用しないこと気づいたとき，企業内でどう自らを位置づけるべきか。逆に，自分の番が回って来たときに，前の世代に与えられていた早期退出への優遇策の恩恵を得られるのかどうかがほとんどわからないのに，自分たちが近いうちに職業的に不向きで適応できない「年寄り」カテゴリーに分類されるだろうことは確信する。採用されたばかりの若い従業員までもが，企業による最年長者の扱われ方を基準にして，同じように企業を判断するようになる。

企業の中には，40歳代の従業員を研修させることに躊躇する企業も現れてくる。退職期が近づくにつれて，教育投資をしても見返りが少なすぎるように思われるからである（Cahuc, 2005, p.12）。

同様に，いくつかの企業は40歳をすぎた従業員を昇進させることに躊躇することが観察された。退職までの逆算がすでに始まっているのである。この年代の労働者の採用などは当然ながら，問題にもならない。採用年齢の上限は40歳未満である。そうなると，いくつかの職務ポストでは，多くの場合40歳になるとキャリアの展望はなく，こうした現状にともなって勤労者の働く意欲の減退が現れてくる。45歳を過ぎて年齢を重ねていく勤労者たちは，しばしば「退職待ち」だとか「すでに退職のことを考えている」といったレッテルをはられることになる（Guillemard, Taylor, Walker, 1996）。しかしこのような姿勢は，キャリアの展望のないことが原因なのではないだろうか。この年齢層は最近ではリスクのある集団となり，企業の中ではいろいろな形

で補償つき排除の的にされる。[29]

　アメリカの雑誌『フォーチュン』（1999年2月1日号）は「40歳で終わった（Finished at forty）」のタイトルをつけ，新しい経済の下では，40歳は，雇用主が自社の従業員が成果をあげ続けるには年を取り過ぎていると判断する境目だ，と記していた。実際，筆者が確認した評価下落の連鎖反応的なプロセスは，潜在能力を高く評価し，経験を軽視する方向へ向かっていた。この経験は，体系的に形式化することが難しい場合が多く，産業構造改革や労働の再編によって頻繁に疎んじられてきたのであれば，なおのことである。年配労働者の軽視から，企業はこのように，多くの場合，従業員の能力を考慮する中で一貫して彼らの経験については低く評価しがちだった。[30] したがって企業は，年長者よりも総体的に基本の教育レベルが高く，しかもより安い給与ですむ若い人々を選び，生産性がほかの年代よりも低いとされた最年長者を，ともすれば排斥したのである。

　ガイ・スタンディング（Guy Standing, 1986）は，労働市場における年配勤労者の増大する脆弱性についての一つの体系的な説明を提示した。年配労働者の不十分な活用や周縁化は，労働力管理様式の変遷，とりわけ筆者が内部市場の不安定化と呼ぶものと関連している，と彼は考える。企業による労働力利用におけるフレキシビリティの追求は，年配労働者の場合，特別のコストを生み出し，それが長期的に年配労働者の立場の悪化を招いたのである。したがってスタンディングによれば，年配労働者にとって，景気回復の効果は期待できない。この現象は，景気の動向によるのではなく，企業の労働需要の長期的な変遷がその原因となっているからである。

　著者スタンディングは5つの特別コストを突きとめた（p. 374-375）。まず彼が言及するのは，年配労働者の最も低い生産性に関係するコストである。「これらのコストは若干上昇したが，拙速な結論へ向かうのではなく，この上昇はとりわけ技術変革と労働の技術的分業の加速による影響を受けているということを考えてしかるべきだ」と著者は語る。「部分的ながら適応性のある資格，個々の仕事の柔軟性，範囲は限られているが要求の厳しい作業において優れたパフォーマンスを維持する能力を促す現象である」。第2のカテゴリーは経常費に関するものである。高齢は労働力コストを上げる。賃金は勤続年数とともに上がる。勤労者は休暇，解雇補償といった付随的な利益も積み重ねている。第3に言及されるのが，リスクや過酷な労働条件から年配労働者を保護するためにとられた措置によって生じた社会保護コストである。ついで，企業にとって，技術革新の必要に迫られ急速に労働再編を進める状況における，年配勤労者の適応性の低さに関連するコストが示されている。そして最後に従業員のモチベーションを維持するためのコストが指摘されている。「年配労働者の割合が多すぎて，その他の労働者の昇進の展望が限定されたときのモチベーション・コストがある。それはやる気を削ぎ，最終的には全体の生産性に影響を及ぼす」。

　以上の特別なコストに直面し，最年長労働者を徹底して遠ざける風潮が優先する。

そこから，向老期労働者にまで広がる労働市場からの疎外が起きる。この疎外がさらに，恣意的な年齢に応じて異なる勤労者の待遇慣行を強化し，年齢への差別行動をいっそう募らせる。

ガイ・スタンディングの分析の功績は，シニアの労働市場からの排除の一つの包括的な経済的説明を提示したことである。しかしながら以下の点を指摘しておかなければならない。すなわち，より最近の諸分析では，その他世代と比較されたシニア低生産性説についてを技術変革の加速との関係だけに絞れば別だが，支持されてはいないという点である。たとえばカユック（Cahuc, 2005, p. 12）は，退職年齢に近い人々の生産性の低下が，むしろ雇用退出の時期が近づくにつれて職業教育を抑制する戦略と相関関係にあるようだ，と考える。経済分析評議会の報告書（CAE 2005）の著者らも，シニアの不完全雇用とフランスにおけるその特別な長期化を説明するために，残された雇用期間が短くなったことが及ぼす影響を強調する。高齢者の生産性の低下は，前述のように，フランスにおいて世代間の暗黙の契約がもたらした早期退職政策の，30年間にわたる慣行から生じているのではないかと言うのである。

40歳代と50歳代の労働者にとって，雇用やキャリア展開への年齢による障壁が一般化したことは，年齢管理における企業行動に関する個別研究によっても，EUレベルでのいくつかの研究によっても確認されている。これらの研究すべてが人材管理の自然な基準として，年齢の上昇を指摘している。こうした状況で，当事者すべてが，職務制限はまずは最年長者を対象とすべきだとする考え方を共有するようになったのである。

シニアたち

向老期就労者に関しては，新たな労働停止年齢の暗黙の「統治」は，大陸型欧州諸国および南欧諸国において，ほとんどの場合，長期にわたり55歳前後を非就労の始まる年齢とした。フランスでは，勤労者はそれに基づいて自分の時間的な展望や行動計画を決める習慣を身につけた。フランスの大手自動車製造会社に勤務し，全国雇用基金早期退職特別手当（ASFNE）を用いて15年間にわたり大規模な早期退職措置を実行したある担当者が1990年代半ばに筆者に述べていたように，「55歳退職，それが鉄則である」。

こうして，最終的な就労停止の新たな規範が，年金受給年齢よりもかなり前の早期退職が可能となる年齢に合わせて設定された。[31] 50歳になると，退職までの逆算が多くの場合にすでに始まる。勤労者は退職の方へ目を向けるようになる。年配勤労者は早期退職措置の実施を非常に待ち望んでいることを忘れてはならない。彼らは，それを長い間従事してきたほとんど評価されない，繰り返しの，肉体的につらい仕事の後に得られる当然の報いとして見ているのである。前述の担当者の考えでは，早期退職は今日では，退職と同様に，55歳から行使され得る休息の権利として受け止められてい

る。

　フランスでは，1996年の調査「雇用」の補足調査（Caussat, Roth, 1997）によれば，早期退職制度によって退職した人の大部分（71％）が，仕事の継続を望んだかという問いに，否定的に回答している。年配就労者は，自分たちの将来の見通しにこの就労生活末期の新たな予定表を組み込んでいる。時には40歳代も含めた勤労者に対し企業が発する多くの兆候から，労働市場における将来はない，と受け止めていたのであればなおさらのことである。将来への魅力的な展望がなければ，結果として，当然ながら，年配勤労者の仕事への意欲は低下する。企業における年齢管理についての筆者の調査（第5章）は，彼らをとりまく直接的な環境から伝わってくる年齢への否定的な評価が，どのようにして向老期勤労者に鏡のように反映されるのかを示した。多くの場合，彼らは，上司が言ったように自分でも，何かを学んだり何かに適応したりするには「年をとりすぎている」ことを，研修を拒む理由にする。そのうえ，昇進に関しては，古参の勤労者は自分より若く学歴のある勤労者が優先されるのを何度か見てきた。この事実が，職場において自分の価値が下落しているという感覚に確証を与えた。しかもこの事実は，彼らが何十年間も働いて来たやり方が問題にされていると解釈され得るのであればなおのこと，彼らは企業からほとんど評価されていない，と感じる。早期退職（60歳未満）の理由についてのCNAV（全国老齢保険金庫）の質的調査（2008年）は，早期退職が，シニアにとって仕事にほとんど魅力を感じられない，という事実と密接に結びついていることを明らかにしている。彼らが第一に挙げるのが労働条件の悪化（認められることも敬意を示されることもない，労働環境の悪化），労働の肉体的・精神的過酷さである。次いで挙げられるのが，雇用主や同僚による，彼らをターゲットにした排斥戦略に関係する動機である。たびたび退職を促される，と彼らは言う。最後に彼らが挙げるのが，今後の年金制度や既得権の見直しへの不安である。それが，条件がさらに厳しくなる前に自分の権利を確保する方へと彼らを促すのである。

　最終的にはこうした要因のすべてが，労働意欲の減退を助長し強化することにしかならず，シニアに有利な早期退職の道が開けているのであれば，最後は企業を去りたい気持ちを助長し強化することにしかならない。彼らは実際，すでに企業に多くを与えてきたのに，期待していたように感謝されなかったと感じている。

　さらに企業で起こった労働の変化から，彼らが年寄りとみなされ，そのレッテルをはられると，早期退職または規定年齢前退職のカテゴリーに行き着くことが望ましい境遇となる。もはや意欲を感じられず，ときには堪え難くさえ感じられる職場の境遇に終止符が打てるため，若年退職者の身分が望ましく見える。そうであれば，早期退職は，年金受給の開始までの間，適切な所得移転が得られ，しかるべく職場からの退職を確保する手段にみえるだけになおのこと，「年寄り労働者」でいるより「若い退職者」になる方がよいことになる。45歳以上の人々が個人的解雇あるいは集団解雇の

恐れの中で生きていることを隠す必要はない。彼らは，かなりの企業において，自分たちが人員削減の対象であり，したがって排斥の危険にあることを知っている。ところが，この年齢での失業は長期失業になる危険があり，職場復帰に大きな希望を持てないことも知っている。

1990年代末から，新聞や雑誌に掲載された多くの証言が，50歳代での失業からの脱出の難しさを語っている。多くの国々で観察されたように，年配勤労者の採用には大きな差別のあることを，それらは明らかにしている。たとえばソランジュは次のように証言する。

>「私はバカロレア取得後4年間ビジネスの高等教育を受け，それなりの免状をもっている。新しい技術への対応にも問題はなく，4ヵ国の外国語を話す（中略）。それに53歳なので経験もある。（中略）私は3年前から失業中。その間，コネでいくつかの仕事にありついたが，どれも期間はとても短かった。それと6ヵ月契約の経営幹部助手。それ以外はなにもない。この6ヵ月の有期雇用契約を除けば，助手のポストでさえ，誰も私を雇いたがらなかった（中略）。私には技能証明書（まったくばかばかしい！）がある。履歴書も何度となく手直しし，ANPE（国立雇用局）やAPEC（管理職雇用協会）の担当者との面談も重ねた。でも私の年齢だけはどうしようもない」。

ミレーユ（48歳，国際貿易上級技術者免状取得）は2年半前からいくつもの研修を受けたが，その間失業は続き，2つの求人の誘いがあっただけだった。1つはそれまでの給与の30％しか支払われないもの，もう1つは代行の仕事だった。

結論としては，向老期就労者は早期退職に対し両義的な立場を示していると言える。彼らは早期退職を，筆者のインタビューの相手の1人が用いた表現によれば，いわば「退職手当」と見ている。早期退職は，年金受給開始年齢に達するまでの間，経済的な保障を与えてくれ，うまく適用できないと感じたり，意欲をもてなかったりする仕事から逃れさせてくれるために望ましいものではあるが，それは労働市場におけるこの年齢の勤労者の価値の下落を是認することでもある。

2003年以来，公的早期退職制度（手当）の廃止と企業の早期退職手当の企業負担の高騰で，シニアの中には彼らの労働権を守るための集団的な動きも見られる。というのも，仕事を続けることもできず，早期退職制度という退職年齢までの調整された移行期間も廃止されて，シニアはますます混沌としたキャリア末期に身をさらすからである。こうした社会運動は失業者団体を基にしたものではなく，求職中の管理職たちが寄り集まったクラブを基盤として形成された。こうした運動は1990年代半ばに生まれ，2004年にシニア雇用のためのFIDES（州間連合）のようないくつかの団体に統合された。彼らをつなぐ合言葉は「QuinCadre（50歳代管理職）」である。最近では「QuinquasCitoyens（50歳代公民）」や「seniorAction（シニアアクション）」が設立された。後者の会員で積極的に活動しているジェラール・プリュミエ（Gérard

Plumier）は『シニアの失業　無関心入門（L'Harmattan, 2005）』の著者である。これらの団体は「シニア」というレッテルを彼らの大義にしている。そして企業行動においても公共政策においても支配的な年齢区分による人材管理を問い直すことによって，知的・政治的構築物としての50歳代の排除と年齢による差別慣行の批判を展開する。彼らの主な活動方法は，国レベルと欧州レベルで展開するロビー活動である。たとえば「QuinquasCitoyens」はニュースレターやホームページで，会の代表が2010年1月27日に民衆連合党の人口動向・年金制度改革担当官で国民運動連合（UMP）の国民議会議員であるアルノー・ロビネ（Arnaud Robinet）から聞き取り調査をして，「百万人もの50歳代の人々の労働市場からの排除が提起する紛れもない問題は，保険料を納付する人の数を削減し，今後の年金受給額を削減することである」と同議員が指摘した事実を詳細に報じている。

労働組合

企業の中の労働組合組織は，全国レベルの労働組合組織と同様に，年配勤労者の規定年齢前退職を非常に歓迎していた。1970年代初頭から，フランスのCGT（労働総同盟）は「失業者より退職者を」の合言葉を掲げていた（Guillemard, 1986）。それが明確に示していたのは，雇用を守るには，若者の労働権を優先し，最年長者の補償つき非就労の権利のために闘わなければならないということだった。雇用における年齢差別の暗黙の承認がこのようにして支持されたのである。フランスではそれに続く数十年間，勤労者の早期退職を大規模に実施していた企業内では，労働組合が，過酷な労働を強いられるいくつかの工業部門で働く人々のために，50歳で早期退職できる「真の権利」を要求することも珍しくはなかった。

労働組合組織から見れば，こうした闘いは職場における疎外との闘争路線の一環をなすものである。労働市場からより早く退出できることは労働者にとって有益でしかあり得ない。それと同時に，労働組合はおそらく，早期退職措置の多様化が年配勤労者にもたらし得た悪影響を軽視するように仕向けられたのだろう。実際，当局が促進した年配勤労者の雇用維持のための取り組みが今日にいたるまで，主に企業幹部のイニシアティブに依拠していることは示唆的である。こうした悪影響は1990年代を通して，コストのかかり過ぎる早期退職の慣行を終わらせたいと考えていたいくつかの企業において，少しずつ見られ始めた。とくに公的早期退職措置が限定され，企業による早期退職年金制度がそれを引き継ぐようになるにつれて，それは顕著になる。

労働組合の立場は，2005年10月13日のシニア雇用に関する全産業全国協定の署名によってようやく転換点を迎える。この協定は，翌2006年3月9日に3つの経営団体すべてと，労働組合のうち3団体のみ（CFDT〔民主労働総連合〕，CFTC〔キリスト教労働同盟〕，CFE-CGC〔幹部職員同盟〕）によって批准された。CGT（労働総同盟）とFO（労働者の力）は批准せず，60歳退職と，特に過酷な仕事についた労働者のた

めの早期退出可能性の維持を要求し続けることになる。また，過酷な労働に関する交渉の失敗は，フランスにおけるシニア雇用問題の前進に大々的にブレーキをかけることになる。実際，シニアの外部化について，労働市場のすべてのアクター間のコンセンサスにひびが入る。しかしフランスでは2000年代を通じて，欧州のいくつかの国々とは異なり，シニアの就労延長をめぐる新たな社会契約の展開を許す骨組みの出現は見られない。雑然とした，断片的な議論が大勢を占めている。

結　論

　労働市場におけるシニアの地位の比較分析によって，シニアが就労を維持する機会が国によって非常に異なることを明らかにすることができた。グローバル化と知識社会の到来に結びついた労働市場の変容は，多くの場合，シニアの雇用状況を不安定にし，どこでも同じ規模で彼らの排斥を招いた。大陸型欧州モデル諸国は，労働生活の短縮が最も著しい国々であることがわかった。比較分析のうえでは，フランスはシニア雇用の面で好ましくない位置にある。この年齢層の不完全雇用が非常に高レベルに達しただけでなく，オランダやフィンランドのように，かつてこの年齢層の重度の不完全雇用を経験した他の国々では2000年からこの傾向の反転が現れたのに対し，フランスでは遅まきながらようやく2008年から見られるに過ぎなかった。比較の視点からは，フランスは，とくに大規模な早期のシニアの非就労化だけでなく，若い人々の雇用状況の悪さでも目立つ。このように，フランスは年齢によって堅固に区切られた労働市場によって特徴づけられる。労働市場は若者にとってより流動的で，きわめて不安定な雇用身分を彼らに強いる。逆にシニアはより安定的な雇用に恵まれてはいるが，労働市場からの早期退職の公的措置が消えるにしたがって，大規模な早期の排斥を経験し，不確実性を増すキャリア末期を経験する。55歳以上の排斥は，労働年齢の新たな調整を生み，キャリア後半期の展開に新たな短期的展望を定めて，キャリア後半全体を少しずつ脆弱化させたのである。高齢に対する価値の下落と差別が拡大し，年を重ねる勤労者にとっての就労継続の機会を削減する。早期退職文化の確立とともに，すべてのアクターが共有する規範と価値のシステムが形成された。年齢は人材管理の自然な基準となった。シニアの，また若者の非就労化の歯車と呼べるものが，労働市場のすべてのアクター間の暗黙のコンセンサスによって始動し，雇用を世代間で配分し，結局のところ中央年齢世代の雇用を守るまでになった。このコンセンサスにひび割れが生じ始めたとはいえ，まだそれが継続していることを本書では見てきた。

注

(1) 欧州連合統計局（ユーロスタット）によれば，50-64歳年齢層は1995年におけるEU加盟15ヵ国の全人口の25％を占めていたが，2025年にはそれが35％になる。45-64歳年齢層は1995年における同15ヵ国の生産年齢人口の35％だったが，2015年には43％になる（欧州経済社会評議会2001年）。
(2) ストックホルム欧州理事会議長総括，2001年3月23-24日。
(3) 本書では，今ではすでに古典的となったエスピン-アンデルセンの社会保護レジームの類型を用いる。それによれば，大陸型のほかに，スカンジナビア型と自由主義型の3つのレジームが区別される。
(4) この2ヵ国は公共政策の実施により年配勤労者の労働市場からの早期退職傾向を反転させることができたのだが，その政策の分析は第6章で行なう。
(5) この上昇は，男性稼ぎ主型モデルの後退に伴う女性の労働市場参入がどれほどの規模でどの程度の時間をかけて起きたかによって，変化する。
(6) この年代の女性の就業率は退職年齢によっても左右される。いくつかの国々では男性の退職年齢よりも低いが，現在男女の退職年齢の一律化が進行中（英国，ベルギー，イタリア）。
(7) フランスの場合，IBMを例に挙げよう。IBMはアメリカの早期退職優遇制度（ERIP: Early Retirement Incentive Programs）の考え方から着想を得た，50歳代の勤労者のためのいくつもの早期退職プログラムを作成した。同様に，多くの大規模な公施設法人は1990年代半ばに勤労者の早期退職措置を講じた。パリ交通公団，フランス・テレコム，郵政公社，フランス電力・ガス会社，フランス国有鉄道などである。最後の2社については，年金保険料を長期間納付した職員は，53歳になれば退職できた。代わりに企業側は退職者数に応じてそれを補うための職員採用を約束していた。
(8) 2009年の就業率は，不況のため2008年に比べて後退しており，60-64歳は17％，55-59歳は58.4％にしか達していない。
(9) 非労働力率は労働力率の逆。問題となる年齢層の人口全体に占める非労働人口（失業者でもなく就労者でもない）の割合。
(10) 若者が就労生活に入る年齢はこの間に著しく上がった。1975年に21歳だったが，2004年は24歳である。
(11) 雇用／年金の重複の自由化は2009年に実現したばかりで，2010年における新退職者の5％だけが対象となった。2012年には66歳のフランス人年金受給者のわずか13.8％が雇用と年金を重複していた。
(12) フランスの時間単位労働生産性はノルウェーを除いたOECD加盟国全体の平均より上位にある。英国，スペイン，アメリカ，日本，ドイツよりもはるかに高い。
(13) キャリア末期の特徴は，この調査に照らせば，公務員と民間部門の勤労者の間で，最後に就いた職に関して大きな差異がある。元公務員であった退職者の80％は退職直前に職に就いていたが，民間部門の元勤労者で雇用から退職へ直接移行した者はほんの少数である。公職における退職への移行は，主に年金制度の法的規定によってのみ決定されている。
(14) この問題に関するより広範な取り扱いについては，ショヴェル（Chauvel, 1998）を参照。
(15) 本節はジェローム・ゴーティエ（Jérôme Gautié），および「協調行動，奨励策，仕

第2章　労働市場におけるシニアたち：キャリア後半期の不確実性

　　事」の一環で「労働，時間，軌道，移行」プログラムで共に進めた研究に多くを負って
　　いる。(Gautié, Guillemard, 2004) 参照。
⒃　例えば，後述のフィンランドの事例に見られるように。
⒄　労働条件についての全国調査によれば，職務を変えた勤労者の割合は1987年から1998
　　年までに21％から30％となり，あらゆる年齢層で上昇した。
⒅　とりわけヴォルコフ，モリニエ，ジョリヴェール（Volkoff, Molinié, Jolivet, 2000）
　　およびマルキエ，ポメス，ヴォルコフ（Marquié, Paumés, Volkoff, 1995）参照。
⒆　フランスについては，オベール（Aubert, 2004）とCAE（経済分析評議会）総論
　　(2005, p.102-105) 参照。
⒇　ソシエタル分析（analyse sociétale）と文化分析（analyse culturelle）の功績比較に
　　関するモーリス，セリエ，シルヴェストル，ディリバルヌの間での議論を参照。
(21)　筆者はここではレイノー（Reynaud, 1989）が展開した相互作用的視点を採用する。
　　それによれば，規則も価値観も集合的行為を超越しない。逆に彼によれば，規則や価値
　　観はこの行為によってつくられるのであり，規則およびその適用の仕方についても交渉
　　し合うアクター間の相互作用から生まれる。
(22)　英国のアナリストがこの解釈を重視したのはおそらく偶然ではない。自由主義型のア
　　ングロサクソンの社会モデルにおいては，後述するように，市場が重要な地位を占めて
　　おり，とりわけ雇用領域においては，社会問題への公的介入は限定されていることが知
　　られている。その結果，労働市場の需給の変動はより直接的な影響を勤労者の状況にも
　　たらす。
(23)　政治学者は，アクターたちが新たな社会政策体制から引き出す「収穫逓増（increas-
　　ing return）」を進んで持ち出し，彼らをこれらの体制の擁護集団に変身させる方向へ
　　導く。早期退出の現象が執拗に続き自己発達を遂げ，またこれらの体制が実施された
　　国々でますます根付いていることを説明するためである（Pierson, 2001a）。
(24)　この問題に関する詳説は第5章参照。
(25)　1991年の従業員10人以上の企業の代表的サンプルを対象とした，労働力の高齢化につ
　　いての最初の調査DARES/Demoscopie（1992）。この調査のデータのより網羅的分析
　　については，とくにギルマール（Guillemard 1994）およびルミネ（Le Minez, 1995）
　　参照。
(26)　ギルマール，テイラー，ウォーカー（Guillemard, Taylor, Walker 1996）参照。
(27)　差別監視委員会は2003年12月に設置された。パリ第1大学パンテオン・ソルボンヌの
　　社会組織関係管理調査研究センターに属する機関である。差別のあらゆる形態の調査研
　　究発展への意思に応えるものである。バロメータは人材派遣会社Aidaと協同で作成さ
　　れた。
(28)　2001年11月16日法は年齢に根ざした差別を含む直接，間接差別を禁止している。この
　　法律は「雇用と労働における待遇平等のための一般秩序形成に関する」EU指令
　　2000/78をフランス労働法典に転記されている。この問題の法的分析についてはメルカ
　　＝ブラン（Mercat-Bruns, 2002）およびアモジェ＝ラット（Amauger-Lattes, 2007）参
　　照。
(29)　これらの分析全体は，とくに向老期勤労者の管理をめぐる企業戦略を明らかにするこ
　　とを目的とした15の個別の企業研究（Gautié, Guillemard, 2004）をもとに行われた考
　　察や，「雇用における年齢障壁との闘い」をテーマとした欧州研究（Fondation eu-

ropéenne de Dublin, 1997) の枠内で実施された比較に基づいている。
(30)　経験は，企業にとって勤労者が持っている役に立つ経験と，場合によっては時代遅れの企業文化とつながるものとを斟酌しなければならないのであれば，なおのこと，公式化したり，正確にとらえたりするのが難しい。筆者の4つの大企業についての事例研究で観察したように，年長者がもつノウハウを標準化する試みは，自分たちの経験が盗まれたという思いと同時に，十分に認知も評価もされないという思いにかられ，彼らのうちに防衛反応を起こし得る。
(31)　さらに，フランスのかなりの職業（トラック運転手，路面電車やバスの運転手）は，1950年代後半に「55歳の退職」を求める社会運動に参加した。トラック運転手は1997年，国を麻痺させたストライキ後にそれを獲得した。
(32)　J. de Linares（高齢者狩りをやめよう）*Le Nouvel Observateur*, 17-23 mai 2001, p. 182-183.
(33)　こうした運動のより詳細な分析については，マリエル・プス＝プレス（Marielle Poussou-Plesse）の博士論文（2008），とくにその第8章「利害関係者たちの苛立ち：キャリア末期に自分の名前で働く権利を守る」を参照。
(34)　たとえば1994年には，ルノーでこうした要求が観察された。

第Ⅱ部

年齢と労働：就労人口の高齢化の課題

第3章

キャリア後半期の就労に関する比較理論の構築

　キャリア後半期の職業上の軌道が，第2章で確認したように，さまざまな国家グループで対照的であることについて，どのように説明すべきなのだろうか。北欧諸国と日本においては，50歳代でも就労できる前途があるのに，他方，大陸欧州諸国や南欧諸国では，55歳以降も就労しているシニアは一握りに過ぎないことを観察することができた。後者の国々の場合，労働市場における不安定化の兆候が，すでに45歳から数多く発見できる。

　本章が目指すのは，キャリア後半期における就労の程度とシニアの雇用維持能力について，いかなる社会的背景の影響があるのか説明できるような比較理論を提示することである。前章で行なった国際比較によって明確になったことだが，高齢化問題の常套的な表現や，弁別的特性をもった，老いた労働者とされる定義は，社会的な構築物なのであると分析できる。その状況は社会的文脈に応じてそれぞれ異なる。しかしながら，人口の高齢化をもたらす平均寿命の伸長や少子化，およびグローバル化した知識社会の到来といった，人口と経済に関する大規模な変動は，先進国においては比較的均質に進んできた。したがって上記の常套的な表現や定義では，確認された変動を説明することはできない。

　それゆえに，社会が年齢と労働との関係性を練り上げ，加齢に意味を与える枠組みを構築する関連軸を突き止めることができる概念図を組み立てることが残されている。その目的で，いくつもの比較理論の観点による成果がつなぎ合わされた。本書では社会制度の分析に，公共政策の重要性に力点を置く新歴史制度主義理論を組み合わせ，同理論に欠けている公共政策への認識論的アプローチで補足した。認識論的アプローチは，労働年齢および労働停止年齢の社会的定義を構築する方法の比較理論を推敲するのに欠かせないし，ライフサイクルと社会生活時間構成の観点を優先させるには必要なことである。

　筆者の比較方法は，社会構造分析によって切り開かれた観点からヒントを得た。周知のように，こうした思潮の著者たちは，主として分析対象の社会的な脈絡化に注意を向ける。それゆえに，キャリア後半期における労働市場参加は「社会的に構築されたもの」として理解するべきである。またその社会制度的な特殊性のなかでキャリア

後半期の労働参加を形づくっている，雇用と社会保護の政策，アクターたちの配置構造，価値観，それらの間で相互に関係し合う組織網の内側で把握するべきである。社会制度分析の推進者が，特定の状況において，制度とアクターたちの構築メカニズムの優先性を認めていることは，本書の国際比較戦略から見ても誠に適切である。このことにより，特定の国について，社会保護および雇用の政策に関して採択された選択を，こうした政策対象となる向老期勤労者を分類し，定義する過程と関連づけることが可能になる。このようにして，公共政策の配置構造は，その遂行によって形成された年齢の構築物とともに，同じ動向のなかで読み取ることができる。制度の構成と配置の影響力を明確に示すことは，社会制度アプローチの主要な前進にもなり，これらの配置構造に結びついた類型別形態や，価値判断を明らかにすることになる。

　この観点に立ち，キャリア後半期における労働市場参加について，それを作り出す認識上，政治上，および社会上の枠組みで，改めてその脈絡関係を注意深く見ていこう。年齢による就労または非就労の状態の問題で構築されたもの，またそれによって追いやられた雇用または社会保護における社会的地位は[1]，雇用および社会保護の政策の間で紡がれた関係として，国によって異なる。これらの問題には，多様な集団的解決策が示されている。たとえば，失業の増大に直面していたオランダでは，年配勤労者の早期退職をむしろ障害者の身分規定を与えて促進した。一方フランスでは，早期退職制度を規定し，ドイツではむしろ失業者ないしは障害者の身分規定を選択した。それぞれの国が，自らの制度上の状況に応じて，キャリア末期における早期退職の問題に対する集団的解決策を構築し，自らの身分規定カテゴリーを練り上げた。(Kohli *et alii*, 1991)

公共政策分析の核心，労働と社会保護をつなげる弁証法

　新歴史制度主義理論アプローチ[2]，およびそのアプローチが比較研究解説のなかで国と制度に与える優先的な重要性に則って，本書では関連する公共政策の配置構造の類型化構築にこだわってきた。その目的は，国により差異がある政治的選択と，そこから生じる労働市場への参加の対照的な形状を説明することであった。

　カステル（Castel, 1995）に続いて，筆者は労働市場と，社会保護制度における位置は，切り離して考察することはできないと考える。カステルは，「賃金社会」の特徴は，従属的就労身分すなわち賃金生活者と，リスクに備える社会保護の拡張制度とが対になっていることを，社会歴史的観点からいみじくも明らかにした。したがって，社会保護と雇用は同一の実体の二局面であり，その弁証法的関係のなかで，同時に考察されるべきである。それぞれの国を特徴づけている，労働と社会保護の関係の弁証法に基づいて，本書では向老期勤労者の労働市場参加の水準と形態を明らかにするよう試みる。しかしながら，こうした雇用と社会保護の弁証法を比較検討するには，こ

れらの二つをそれぞれ，かなり多くの制度上次元で分解することが必要となる。特有の配置構造の構成によって，公的介入の類型を概略することができ，それに準拠すれば国々の類型モデルを指し示すことが可能となるだろう。この分析的分解により，本書で採択した比較研究アプローチを支える総合的仮説の形成が可能となろう。

その仮説とは，キャリア後半期における労働市場参加の形態は，社会保護の「レジーム」が，雇用政策と労働市場のモデルと組み合わされた独自の制度上の配置構造を根拠に，比較研究論を用いて，説明することができる，というものである。雇用政策と社会保護レジームのこうした典型的配置構造を再構築するために，国別に比較して理解しやすくした4つの制度的次元，つまり，社会保護レジーム，雇用政策モデル，関連アクターの制度，規範的体系に区分けすることができるだろう。

社会保護レジーム

社会保護の「レジーム」とは，ここでは，エスピン-アンデルセン（Esping-Andersen, 1990）が質的に異なる「社会保護の3つの世界」を区別して，この用語で表現して以来，古典的なものとなった，それと同じ意味とする。このような「レジーム」は，共通の価値や規範，機能の規則，手段，財政および管理のメカニズムに示される主要な目標の周りで構築される，一貫性のある制度的配置構造に相応するものである（**表3-1参照**）。こうしたレジームは，複雑な制度的配置を取り込んで，具体的事例を分析するために，比較方法の規準に役立つよう，明確に図式化されたモデル型を形成し，比較のための貴重な発見手段となっている。

3つの世界の類型論に対しては，慎重な態度をとる人もいるが，それが福祉国家，および現代におけるその変化に関する最近のあらゆる著述の中心に存在することは認めるべきであろう。この類型論の探求に役立つ豊饒さは，それぞれの国の社会保護システムを特徴づけ，その能力，弱点，重大な機能不全を識別しうる尺度となる，社会保護レジームの機能の一貫した理想的類型を提示する能力に起因する。

フェミニストによる批判[3]に関しては，著者が後の著作に統合した[4]が，これは別として，3つの世界に対する批評は特に，レジームの数と，この類型論に応じてさまざまな国々が分類されうる手法に向けられた。たとえばカステルとミッチェル（Castle, Mitchell, 1993）は，正反対の第4のレジームを設定する原則を主張し，それを「賃金労働者のための福祉国家」（*wage-earner welfare state*）と呼んだ。他方では，フェレーラ（Ferrera, 1996）は南欧に固有の別のレジームを提唱した。さらには他の著者たちも，東欧のための社会保護であるポスト共産主義レジームを識別するように提案した（Merrien *et alii,* 2005）。

エスピン-アンデルセンが3種の社会保護レジームという観点から展開した概念化には，簡略化で必然的に縮減される側面[5]があるにもかかわらず，社会保護について主に量的，普遍主義的，敷衍的であったそれまでの分析手法を打ち破る大きな功績があ

表3-1 社会保護の3つの典型的理念類型レジームの一貫した原則*

	レジーム		
エスピン-アンデルセンによる名称	コーポラティスト的・保守主義的	自由主義的	社会民主主義的
地理的準拠	大陸部欧州	アングロ-サクソン	北欧
歴史的準拠	ビスマルク	ベヴァリッジ	ベヴァリッジ
目的(公正の価値観および原則に結びつく)	労働者の収入水準の維持	失業の軽減と窮乏の回避	平等なやり方での再配分
技法	社会保険	限定した扶助	再配分
被選定資格者	労働で寄与した者	収入限度額を下回り、窮乏している者すべて	すべての市民
給付の特徴	賃金に比例	一律	一律+サービス
資金調達	賃金に基づく社会的拠出金	税金	税金
管理運営	新コーポラティズム型労使代表	国	国と地方当局

注:＊この類型分類はいまや、レジームの地理的配置を示しつつ、文献のなかで一般的に使用されている。社会民主主義的モデルは、ほぼ純粋な形でスカンジナビア諸国に顕在するモデルとなっている。同様に、コーポラティスト的・保守主義的レジームは大陸欧州諸国において最も顕著に証明されている。ドイツ、フランス、オランダが最も多く想起されている例である。

この表は、3つのレジームの一貫性を努めて特徴づけるようにしている。それぞれのレジームは公正・公平原則に立ち戻りつつ固有の目的を目指している。その目的のために、それぞれのレジームは特定の技法と一連の手段を優先し、定められた最終目的に適した規則によって給付を与える。資金調達と管理運営の方式が、それぞれの理念類型の一貫性を補完している。

った。

エスピン-アンデルセンの社会保護レジームの類型論が基盤とする主要な要素を想起してみよう。この著者は、社会保護レジームを、社会民主主義、コーポラティスト的保守主義、自由主義または残余主義という、3種に区別した。彼が「福祉資本主義の3つの世界」の類型論を構築するために適用した識別規準は次の3点である。

- 社会保護制度が達する生計費の脱商品化の水準。これは、個人または家族の市場への参加とはかかわりなく、社会的に許容できる生活水準を維持し得る度合を計測する。
- 社会的階層に対する保護制度の影響。
- 国と市場と家族が作り上げ、しばしば社会保護の3本柱と指定された、福祉の3つの源泉の間で各レジームによって行われる固有の配置構成。

3つのレジームはそれぞれ、その内側の一貫性について簡単に述べる(一貫した諸原則の体系的比較に関しては**表3-1**の枠内も参照)。

社会保護の社会民主主義レジームは、スカンジナビア諸国の保護制度をかなりよく特徴づけている。それは保護レジームのうち最も普遍主義的であり、すべての市民を対象とする。リスクに備える高水準の社会保護を提供するだけでなく、幅広い社会的

サービスの提供も保障する。拡大した社会権により市場依存から抜け出せるように最大限，能力を個人に与えることで，脱商品化の基準の最上位に位置づけられる。このモデルにおいては，給付の資金は税金によって賄われる。この社会保護レジームの主な目的は，平等な再配分であるため，社会構造に統一効果を及ぼしている。

コーポラティスト的保守主義的レジームは，賃金労働と背中合わせになっている。そこでは，社会権が職業カテゴリーへの所属に応じて認められてきた。追求される目的は，むしろ平等な再配分ではなく，勤労者にリスクが生じた際には，稼働収入に応じて少なくとも収入の一部の代替による身分の維持である。社会保護の資金調達は，税金ではなく，社会保険料を基にして行われる。このモデルは，寛容な給付にもかかわらず，社会民主主義的モデルよりもニーズの脱商品化は低い水準を示している。実際，このレジームでは，社会権への資格は，賃金生活者で労働市場への参加が条件となっている。それゆえ雇用が困難な状況となると，若者や女性，年配労働者，不安定被雇用者らの集団全体が，社会保障への権利を失ってしまい，公的扶助の措置のネットで保護される羽目になるかもしれない。欧州大陸諸国が，このタイプのレジームの最たる例証を示している。

最後に，自由主義的ないしは残余主義レジームは，すべての市民を貧窮から守り，基本的ニーズを保障することを主な目的とする。社会保護のメカニズムのなかで，市場に最大の比重を与え，国家の占める位置は最小のレジームである。結果として，ニーズの脱商品化の水準は最も低い。国家は最後の手段としてしか介入せず，しかも多くの場合，所得条件がついている。給付は限定的で，必然的に市場への早急な復帰を促す。社会的階級の観点からは，この保護レジームは，自らの保護を市場によって確保できる者と最も弱い者との間に大きな不平等を生じさせる。最も弱い者は，往々にして烙印を押されたように，限定的な包括手当で生活しなければならない。アメリカ合衆国の事例が多くの面で，また英国の事例もより部分的ながら，このタイプのレジームを例証している。

以上，観察できたように，それぞれの社会保護制度は，「福祉の三角形」を構成する3本の柱，すなわち国，市場，家族を独自の方法で組み合わせる固有の配置構成を示している。[6]

本書の比較研究に必須なこととして，社会保護のレジームは，向老期労働者が受給する非労働補償について，それが年齢による名目であれ，全市民のための権利としてであれ，その非労働補償の水準や形態によって，明確に区分ができるだろう。

さらに，これらのレジームは，向老期集団のための移転所得と稼働所得を組み合わせるのか，またはそれらを分離するのかの識別化対応に，レジームの特徴が表出されるだろう。

こうした見地から，社会民主主義レジームは，特にキャリア後半期の勤労者のために労働と社会保護を結びつける能力によって特徴づけられており，たとえばスウェー

デンの部分年金の制度がその実例である。逆に大陸諸国のコーポラティスト的・保守主義的レジームは、就労と切り離した、しかもしばしば完全就労停止の条件さえつけた非就労補償の形態をむしろ発展させた。これらのレジームにより発達した多様な早期退職の方法についても同様である。

雇用政策と労働市場のモデル

社会保護レジームと雇用政策の支配的なモデルの間には、大いに共通点が存在する。たとえば、残余主義・自由主義レジームは、市場を優先するがゆえに、雇用公共政策の伸展的モデルとは調和しがたい。逆に、このレジームは労働コストの引き下げや、労働のフレキシビリティの拡張に関する政策に重きを置く。それとは反対に、労働の供給と需要の間の仲介を伸展的に保障する雇用政策は、社会民主主義型レジームに近似した諸国において、より顕著となる。これらの雇用政策モデルは、主要戦略と同一視できる。欧米の雇用公共政策に関するバルビエとゴーティエの比較研究成果（Barbier, Gantié, 1998）を取り入れることで、3つの主要点を突き止められるだろう。これらの著者は9つのタイプに雇用施策を識別し、それを3大グループにまとめている。

- 第1グループ：補償と就労引退の政策
- 第2グループ：労働市場のフレキシビリティの構造的政策
- 第3グループ：サービス生産と仲介の政策

雇用政策における上記の3つの重要軸は、それぞれの社会保護レジームと組み合わせることができる。第1グループは大陸型レジーム、第2グループは自由主義レジーム、第3グループは社会民主主義レジームとの組み合わせである。

本書の比較研究に必須なこととして、これらの雇用公共戦略は、長寿化と労働の間に構築された関係性によって明確に区別されるべきである。各国でこれらの政策の基底にあるアクターたちの力学を考慮する必要がある。たとえば、雇用政策の手段が、向老期労働者の雇用維持または雇用へのアクセスを促進しているのか、が問題になる。すなわち、すべての人に対して労働能力を維持することを目指しているか、あるいはその施策が最高齢集団に絞っているのか、などである。たとえば日本では、賃金コストの削減とフレキシビリティの拡張は、まさに年配勤労者に的を絞って行われた。フランスの場合は事情が異なり、こうした措置は主として若者に向けて用いられた。日本と異なり、年配勤労者に対してフランスの優先的な戦略は、補償と引退の政策を促進することであった。

スウェーデンは反対に、最高齢労働者を含めて、あらゆる種別の労働者の雇用維持または再雇用へのアクセスを促進させるために、労働の供給と需要の間を仲介し、サービスを提供する戦略に入れる手段を多様化した。より幅広い視野で、スウェーデンの雇用戦略は、労働者の教育、復職、新たな資格取得の政策を通じて、すべての人が全生涯にわたって雇用能力を維持することを目指した。ある特定の社会の特定の時期

において，キャリア後半期の労働者が享受できるこれらの「社会的投資」(Esping-Andersen, 1996, が呼んだ表現を改めて使うと）政策の広がりの分析は，社会が労働市場において年齢に割り当てる位置と，就労人口の高齢化を管理する方法を再構築するために，明らかに極めて重要である。

関連アクターのシステム

向老期労働者に割り当てられていた雇用および社会保護政策の制度的措置の基底には，これらの政策に関与するアクターの配置構造が見いだされる。それぞれの国で，これらの政策の根本に存在するアクターたちの力関係を考察する必要があろう。ここでは，シャルプフ (Sharpf, 1997) の研究をヒントにして，一方では検討される政治分野についての関連アクターたちの多様性を，他方では彼らの行動を構成する組織的な相互作用の様態を考慮する。一連の関連アクターたちは，国，行政機関，雇用主および勤労者の職業団体の代表者，および労働市場のさまざまなアクターたち（国，企業，職業関係組織）で構成されている。

アクター間の相互作用の方法について，クラウチが発案した比較研究の成果 (Crouch, 1993) に着想を得て，本書では職業関係に関して3大類型化に区分する。第1は対立的な職業関係である。これはフランスと南欧諸国に特徴的だが，第2章で見たように，個別の局面においては，アクター間でなんらかの利害上から結束するケースを排除するものではない。第2はクラウチが「政局への積極的介入主義」と呼ぶ，資本と労働の間における交渉と合意を中心とする関係であり，英語圏の職業関係の伝統の一環をなしている。第3は協力と連携を中心とする職業関係であり，程度の差はあれ他のすべての国々において証明されている。

国によって明らかに異なるアクターたちの推進力によって，同様の公共政策戦略が生まれた可能性があったと考察しなければならない。オランダ，ドイツ，フランスはすべて，高齢勤労者のために早期退職の補償を優先してきた国々であるが，これらの国々を比較すると，国によってこうした政策を生み出した関連アクター間の相互作用の形態，ひいては政治的調整の形態は，かなり異なっていることがわかる。一方では，オランダの事例のように，シャルプフとシュミット (Scharpf, Schmidt, 2000) が記している意味でのコーポラティスト型のアクター間の相互作用の形態，つまり国の高度な介入と労使間の調整活動の接合が特徴的な形態が存在する。他方，フランスでは，労使間交渉に国が常に顕在し，労使は細分化され，調整が取れていない。さらに，ドイツは別のタイプの力関係を呈している。すなわち労使は，オランダの場合と同様に両者間で調整しているのだが，それは自主的なものであって，交渉に国の大規模な介入はない。

こうしたアクターたちの力学については，年齢と労働の分野における公的施策の改革の問題，また国と企業の関係の問題を本書で取り扱う時，当然考慮に入れるべき非

常に重要なことである。関連アクターたちの配置構造と，アクターたちの優先的な相互作用の形態に応じて，他のものよりも取り入れやすい変更の方法があるだろう。逆に，一部のアクターたちの配置構造によっては他よりも変化に抵抗することが明らかであり，著しく際立った制度的な非流動性を呈する場合もあるだろう。これはピアソン（pierson, 2000）が制度上の非流動性（粘着性）（institutionall stickiness）と呼ぶものであり，フランスの事例が好例といえるであろう。

改革に着手した国々では，政治的調整とアクター間の駆け引きの条件を努力して変えて改革した。たとえば，オランダで着手された改革は，アクターたちの力学の配置構造の見直しを目指すものであり，その例には経営者に障害保険における責任を課したり，万人にとって「仕事がもっと採算がとれるものになる」ための奨励策および給与以外の利益分配制度の実施があった（第5章）。

規範体系

雇用と社会保護の公共政策には，諸問題の社会的構築と活動の枠組みが，分かち難く示されている。教育を公共政策の効果として説明するために，人間行動または認識の概念を強調する（Muller 2000; Sabatier, Schlager 2000）。公共政策への認識論的アプローチに則り，本書では，ある公共政策において優先される活動手段には，一連の有意義な規範的方針が含まれていると考える。

こうした手段は「世界の解釈の支配的モデル」（Muller, 2000, p.194）として機能し，これらの政策の利用者であるさまざまな社会のアクターたちに不可欠なものとなる。したがって，年齢，労働，社会保護の関係を定める雇用と社会保護政策は，年齢の社会的構築と活動の規範的モデルの適用を同時に表している。これらの政策は，年齢の問題を提起し，労働と社会保護の領域における高齢者集団の位置を定義する方法を具現化しており，それらが凝集して，本書で明白な「年齢文化」と呼ぶものを形成する。それぞれの年齢文化は，年齢の進行という問題を提起する方法，また年齢に伴う権利と義務について，共通する一連の価値観と規準として定義されうる。それぞれの年齢文化は，年齢・世代間の公平かつ公正の原則，年齢のカテゴリー化，行動の規則に基礎を置いている。したがって，加齢が進む勤労者に関して取られる政治的選択は，施策のための規則のみを表すものではない。政治的選択はいったん採用されると，認識に波及効果を及ぼす。政治的選択は動機，正当化，基準がからんだ組織網を構築し，それが各状況に応じて労働市場のあらゆるアクターたちの行動を形づくる。非常に大まかではあるが，1990年代半ばの二つの両極端な年齢文化が識別できることを見てみよう。年配勤労者の早期退職を公正原則ならびに休息権として高く評価する年齢文化は，フランスさらにはベルギー，ドイツにより具現されている（第2章）。この退職文化とは反対に，活力ある高齢化の文化，つまり，労働市場への参加を個人的および集団的に生きがいとして高く評価し，キャリア末期において休息権より就労権の

優位を維持する文化が観察できる。スカンジナビア諸国と日本が，このような活力ある高齢化の文化を，それぞれのやり方で例証している。

　実施された公的介入を正当化し承認するための，規範体系の重要性も無視してはならない。ヴィヴィアン・シュミットは，さまざまな国で企てられた社会保護システム改革の最新プロセスが，異なる成果をあげているという点において，規範体系の決定的な重要性を示した（Schmidt 2000）。さまざまな国が，経済的弱点や特有の制度的能力，あるいは政治的対応の性質に応じて，またとりわけ，自らが展開した正当化の言説に多少なりとも説得力があるかどうかにしたがって，蒙った経済的外圧にある程度首尾よく順応した，と彼女は論証している。つまりアクターたちの言説に，改革の正当化を左右する機能がある，と結論づけている。

　公的介入は，年齢と労働の関係を調節する。公的介入は働く年齢と就労を停止する年齢を定め，年齢に応じて，労働市場と社会保護制度における位置を割り振る。この意味で，公的介入は「年齢統治」となり，それが年齢行路を編成し規制して，ある職業的身分から別の身分へ，あるいは社会保護の秩序のなかで，現役の身分から補償つき非就労の身分へ移行する分岐点を決定する。ある国の状況において，雇用と社会保護の公的措置と結びついた，これらのさまざまな年齢統治の配置は，特有の「年齢文化」の構築にいたる。この年齢文化は，年齢の問題，また雇用，社会保護，社会全体と年齢との関係性について，特殊な問題提起を表している。

　結論として，「公共活動は認識的および規範的な性質を併せ持つと認識されている」と述べたピエール・ミュレールの説に，筆者は従う。「なぜなら，世界についての議論と世界の規範化という2つの次元は，頑強に結びついているからである」（Muller, 2000）。したがって本書は，公共政策の様式化された配置構造により生じた，相対立する固有の年齢文化を識別するために，実施された雇用と社会保護に関する公共政策の規範的ならびに認識的影響の分析に取り組むことにする。

キャリア後半期の対照的な職業経歴の軌道が物語る，4種の公共政策の配置構造

　先述した中心的な比較論的仮説に立ち戻ろう。この仮説は，労働市場における向老期勤労者の対照的な職業経歴の軌道は，社会保護レジームと雇用政策モデルとをつなぐ弁証法を基にすれば解釈できると提起している。この問題についての文献を吟味すると，この命題がすでに部分的な認証を受けていることが明らかになる。キャリア末期における退職または就労維持についての調査に限定しつつも，何人かの研究者の著述でこの仮説が部分的に立証されている。

　エスピン-アンデルセン（Esping-Andersen）とソンベルジェ（Sonnberger）は1991年の論文で，早期退職の現象を説明するのに，社会保護レジームのモデルと労働

市場のモデルの決定的な重要性を結びつけることを目指す比較論アプローチで説得に富む論証をした。著者たちは，その見解では3種類の社会保護レジームを具現している3ヵ国，つまり米国，ドイツ，スウェーデンを研究した。この研究で集められたデータには，これらの国の1965年から1987年にかけての社会計画の変遷に関する情報と，この時期における労働市場の変化の2つの指標，つまり，55歳から64歳の男性の失業率と，産業界における年次失職水準が含まれている。研究結果によれば，早期退職の現象を，労働市場あるいは社会保護制度の変動に関する唯一の決定的変数で割り引くような説明はすべて，単純化しすぎる特徴が明白となった。また，考察対象の3ヵ国における早期退職の傾向と水準を説明するには，3つの異なる説明類型が必要であることが明らかになっている。これらの説明モデルは，社会保護レジームによって示される「誘引要因」と，労働市場モデルに存在する「排斥要因」の可変的な組み合わせに立脚している。より広くは，提示される解釈は，それぞれのレジームに対応する制度的構造によって向老期の個人に提供される，労働か早期退職かの選択の幅に基づいている。

ドイツの場合，労働市場の状況と結びついた多くの排斥要因が存在し，それが弱い雇用増加や，向老期労働者向けに雇用の代替手段を講じる公共政策の欠如に結びついている。このような背景において，早期退職は，社会法のおかげで，可能であると同時に魅力的なものとなった。したがって，労働市場レベルの排斥要因と社会保護制度レベルの誘引要因が組み合わされたドイツの事例においては，社会保護の促進効果の影響力がきわめて大きい。

スウェーデンでも，きわめて寛大な社会法が早期退職を促している。ただし，この社会保護の誘引効果は，社会政策，とりわけ向老期勤労者が労働市場に留まるための代替手段を提供する積極的雇用政策により，しっかりと釣り合いがとれている。その結果，部分年金あるいは向老期勤労者の積極的な雇用復帰政策の面から，年配勤労者に提供される選択肢は，他の国々よりもはるかに幅広い。最近まで，労働市場の排斥要因はスウェーデンにはほとんど存在せず，早期退職活用は限定的なままであった。これは，高齢でも就労から退去する傾向が低い状況の説明になるものであり，この国を特徴づけ，他の国々と区分けできるのである。

著者たちによれば，米国は，文献で一般的に展開されている主張とは反対に，社会保護に固有の誘因効果が比較的限定的なものに留まっている国のように見える。しかし，スウェーデンとは異なり，労働市場の悪化に伴い排斥要因が非常に強まるような場合，向老期勤労者にとって労働市場からの退去以外の選択肢は一切ない。この研究の革新的な成果は，国際的比較分析として，社会保護政策と労働市場モデルを交差させることで，グローバルな制度的文脈で，労働市場からの早期退出の傾向を理解する意義と重要性を実証したことである。ただし，著者たちが提示している分析は，退職に関する解釈のみにとどまっている。

ナショルドとドゥブルーム（Naschold, De Vroom, 1994, p. 7）は，かなり似通ったアプローチにおいて，55歳以上の勤労者の労働市場からの退出ないしは維持を，それぞれの国に存在する二元性，つまり，社会保護システムに含まれるリスク補償の論理と，労働者の労働市場への参加を目指す雇用の論理との間の二元性に基づいて，国際的なレベルで解釈するよう提唱した。

さらに，より最近では，エビングハウス（Ebbinghaus 2006）が欧州，日本，米国におけるシニアの労働市場退出の総括的な比較理論を入念に書き上げた。そうした傾向を反転させるにあたって出会う難題などを詳説するためである。著者は新制度主義的見地に与し，早期退職の現象を，社会保護制度，生産システム類型，職業関係モデルを組み合わせた複合的な制度の配置構造として解読しようと企図している。したがって著者の出発点は，制度主義アプローチの成果の核心をなす，以下のような3つの比較主義の伝統方式を結び合わせようと試みることである。

- エスピン - アンデルセンの研究に由来する社会保護レジームに関するもの。
- 特にホールとソスキスの研究（Hall, Soskice 2001）に着想を得た「多種多様な資本主義」に関するもの。
- クラウチの創始的研究に基づいてすでに触れた，職業的関係および労使間の対話の形態に関するもの。

エビングハウスの理論計画は野心的である。というのは，国によって異なる労働市場からの早期退出の軌道を，3つの異なる制度の基軸上で固有に位置づけして形成された複雑な制度網に基づいて，説明しているのである。概念図式は，特定された3つの側面それぞれにおいて，さまざまなレベルを組み合わせた制度的配置構造を最もよく例証する10ヵ国を選んで展開している。3つの制度的側面のそれぞれについて構築された指標の相関関係マトリックスを比較分析することにより，早期退職の現象の複数要因による説明に到達することが可能となる。

同書は，主題について提唱する前進的内容があるにもかかわらず，2つの主要な限界を含んでいるように思われる。第1に，同書は現役生活からの早期退出と，それを決定する制度的要因に厳密に絞り込んでいる。このように分析がキャリア末期を中心とすることで，勤労者が徐々に雇用において周縁化され，外部化されるにいたる長期的なプロセス全体を把握することが不可能になっている。しかし本書では，40代の職業訓練とキャリア発展に関する欠陥が，しばしば50歳代の雇用における不安定性に先行して起こり，最終的に彼らを排斥する要因となるのを確認してきた。40歳以降の職務能力の維持と刷新の欠如，少ない転職，キャリア末期のみでなく職業行程の全体にわたり「耐えられる」労働条件への配慮の不足は，国ごとにシニアに与えられている雇用維持能力のばらつきを比較的に理解する鍵となる要素である。

したがって，労働市場から退出のすべての決定因および原動力を把握するためには，キャリア後半を通した過程を考慮に入れながら，より広い視点からライフサイクルを

とらえる選択が絶対に不可欠であると思われ，それはいくつかの国が早期退職の傾向を逆転できた説明となる。この研究にはライフサイクルと時間性の点についてのヴィジョンが欠如しているために，保護レジームと生産レジームの役割について，前者は単純で一義的な誘引効果（pull）へ，そして後者は排斥（push）効果へと，著者を単純化に導く結果となっている。このような見解はあまりにも簡略的かつ単純に過ぎる。例えば魅力的なキャリアの展望および労働条件の提供など，生産レジームが年配労働者の雇用を維持する要素となり得るという事実を無視することになるからである。

　本書と同じテーマの第1作から，フィンランドで発達した労働福祉の積極的かつ予防的な政策が，同国において高齢者の就労延長，また実際の退職年齢の繰り延べを可能とした主な決め手の1つであると，筆者は指摘してきた。人生行路の視野を断固として取り入れ，キャリア後半全体に焦点を当てるという，野心的な研究の狙いは限界にぶつかるが，その限界によって，筆者の最初の選択はますます強固なものになった。

　筆者から見て，エビングハウスの研究で引き起こされる第2の主な批判は，公共政策分析の認知面のすべてを無視していることである。周知のごとく，新制度主義的アプローチに厳密に触発されたあらゆる著作に表れる限界である。しかし，公共政策の認知的役割に関してこのように分析に昏くては，制度体制に含まれる規則がいかにして徐々に「差異的な年齢文化」および年齢の定義を構築していくのか，それらによってあらゆるアクターたちが行動計画を立て進展させていくのかを，把握することはできない。その結果，純粋に新制度主義的な枠組みによってもたらされる「わかりやすさ」は，部分的なものでしかあり得ない。さまざまなアクターたちが制度体制に抱く認識能力も，現場でそれを実際に行使することも自ずから絶っているからである。

　この批判は，方法論的な指摘につながるものであり，典型的な国々の事例について質的な方法で研究するという本書の選択の裏付けとなる。この選択により，制度的配置とアクターの戦略との間の力学を具体的に分析できる一方で，これらの配置が帯びる社会的意義に注意を払うこともできる。社会的視点に沿って，制度上の配置構造の構成の影響に焦点を当ててゆく。したがって，決定的な影響力を評価するべく，エビングハウスの研究が行なっている方法のように，社会保護レジームと労働市場の多様性など，考慮される局面の一つひとつを分離しようとするのは適切なやり方ではないと思われる（第5章および第6章）。それとは逆に，本書の「ソシエタル（社会生活・制度に関する）」分析という視点に忠実に，特定された制度的配置から生じた構成上の結果を評価することに努めたい。

キャリア後半における，代表的な4つの軌道

　キャリア後半に見られる対照的な軌道を説明するために，文献を吟味すると，社会保護と雇用政策の重要性が決定的あることが明らかとなった。これらの結果から着想

第3章　キャリア後半期の就労に関する比較理論の構築

表3-2　社会保護と雇用政策の論理に関連する，キャリア後半期の労働市場における軌道傾向

雇用への統合政策	社会保護のレジームによる非労働リスクの補償水準*	
	低　い	高　い
労働市場への統合手段がほとんどない	タイプ4 排除／維持 労働市場の状況による アメリカ合衆国，英国	タイプ1 周縁化 補償つき排除 ドイツ，フランス，オランダ，フィンランド（1998年まで）
労働市場への統合または再統合の手段が数多くある	タイプ3 労働市場で維持 日　本	タイプ2 統合／再統合 社会保護は，雇用復帰への努力を条件とする スウェーデン，デンマーク

注＊　補償水準とは，ここでは補償の期間と水準，および労働市場からの早期退職措置の範囲を指す．この類型論で採択された規模は，Gallie (D.) と Paugam (S.) が *Welfare Regimes and the Experience of Unemployment*（福祉レジームと非就業体験），(Oxford, Oxford University Press, 2000) で採ったアプローチからかけ離れたものではない．すなわち失業給付の補償範囲の程度，補償の水準と期間，労働力政策の重要性という3つの次元を連関させながら，非就労福祉レジーム（*unemployment welfare regimes*）を定義することである．その最後の規模，労働力政策の重要性は，本書の類型論においては向老期勤労者の雇用統合政策として詳細に記している．

を得るだけでなく，本書の図式によって説明される変数をキャリア後半全体に伸長させてゆく．

　本章の目的は，向老期の個人の対照的な軌道を，キャリア後半を通して説明することである．雇用と社会保護レジームの政策間の論理が，制度上の配置構造の要因となり，それがキャリア後半の職業軌道の対照的な特定傾向形態の基盤となる，と想定する．雇用と社会保護という，これら2つの論理の交配により，理論上，キャリア後半における労働市場に関連して4つの類型が生れる．

　雇用への統合のためのさまざまな手段の発展を目指す雇用の論理は，プラス志向で，年金受給までの就労延長を奨励する．つまり，キャリア後半の期間中に労働市場への参加維持が優遇される．逆に，さまざまな社会保護プログラムを通じて，またその中には早期退職の幅広い制度上の方法が存在する中で，非労働のリスクに対する寛大な補償があることは，退出の機会を増やし，労働市場に関する向老期就労者の段階的な周縁化のプロセスを助長する．このプロセスについては，早期退職の文化の構築をつかさどるアクターの力学の分析で，すでに言及している（第2章）．

　単純化した図式によれば，キャリア後半における労働市場の典型的な4つの軌道は，理論上，これら2つの対極にある軸の交差と，それがもたらす公共政策の典型的な配置構造の結果である（表3-2）．

　それは，雇用と社会保護の公共政策の典型的な配置構造が，もっぱらキャリア後半の労働市場で特定傾向を示す軌道につながるという命題を示すことを目指した図式なのである．現時点では，関連アクターの配置構造と，その相互作用の様式は，説明的図式から除外されている．それらは，本書の説明において中間変数の役割を果たすこ

とになるだろう。特に，国と企業との間で築かれた関係の類型は，国内市場や企業における年齢管理を対象に，第5章で検討される。しかし，これらの国々において，公共政策の配置構造が，国と企業が保つ親密あるいは疎遠な関係にしたがって，年配勤労者の雇用における地位に異なった影響を与えることは，今からすでに想定できることだろう。したがって国と企業の関係は，その影響力を強化または弱体化するべく，雇用と社会保護の公共政策の論理と，キャリア後半において勤労者の特定傾向を示す軌道との間を仲介する，中間変数の役割を果たしている。

　4つの政策の制度上の配置構造と，それが奨励する典型的な職業経歴の軌道は，前頁の図式によって要約することができる（表3-2）。例証として，4つの識別され様式化された配置構造のそれぞれに最も近い国が挙げられている。それらは類型特徴の骨子であり，各国の事例研究のための測定基準として役立つ。この解釈的な類型論は，機械的に決定論的に解釈する対象となるべきではなく，むしろ動きつつあるものと理解されるべきである。

　経験に基づく論証は，公共政策の4つの典型的な配置構造の1つを特に例証するものとして選ばれたそれぞれの国について，20年以上にわたり実施されてきた政策の変遷から，その構造を特徴づけることにある。

　① 優先された4つの分析レベル
- キャリア後半に作用する，雇用と社会保護のための公共政策の特別な調整のレベル
- これらの公共政策の配置構造が構築する規範体系と，それに対応する年齢文化レベル
- この配置に関連する労働市場のアクター間の調整または紛争の形態レベル
- 改革の中枢およびプロセスとなる，緊張と再調整レベル。

　4番目の分析レベルを加えることにより，社会的同調性に対する力学的ビジョンの欠如という，ソシエタル分析の主な限界の1つを打開したいと考えた。こうして本書では，静的なシステム理論に閉じこもらないよう，公共政策の配置構造の変遷の力学の分析を発展させた。

　より独自な，国際比較の方法論を導入して，次のような選択を行った。観察と分析の対象選択では，先進国の国際比較戦略を採り，その標本はよく検討し，対照的な組み合わせととなるように注意を払った。これらの先進諸国のうち，20年の長い期間にわたって，公共政策のダイナミックスについて掘り下げた事例研究を，分析の間，一貫して集中して研究したのは少数の国についてであり，フランス，スウェーデン，日本，英国の事例を深く取り扱った。これらの比較によって，識別された4つの公共政策の配置構造がもたらす，高齢化対策の異なる性質が把握できると同時に，それらの配置構造を，国際的な文献でよく使われる社会保護レジームと関係づけることも可能になった。ただし，この体系的分析には，特殊な比較的視座によって補完をした。それらの視座により，この総合的展望は，いくつかの点について明確になり，精錬する

ことができた。たとえば、アメリカ合衆国は、雇用における年齢差別禁止の原則の採択が及ぼした結果を検証する事例として扱った。最近（2000年）、その原則が欧州指令の対象にもなったからである。オランダとフィンランドの事例については、これらの国々がどっぷりはまった早期退職の文化から抜け出すべく、労働市場からの早期退出の動きを逆転する問題、およびこれらの国々が導入した改革に関し、掘り下げて分析した。

　研究によって、一方における公共政策の配置構造の力学、およびその力学によって形作られた規範体系と年齢文化、他方における労働市場でこうした力学によって方向づけられ、特定傾向を示す職業軌道との間には、密接な関連性があることを立証できた。この研究を導く説明的枠組みを明示するには、原因推論の主な関連づけをこれから言及するにとどめておこう。すなわち、公共政策のそれぞれの組み合わせが、年配の労働者という特有な社会的定義を含む、極めて特殊な年齢文化を構築する、という原因推論である。そしてこの文化と、それに誘導されたアクターたちの力学によって、労働市場に長くとどまれるのか否か、またいかなる条件でとどまれるのかという、キャリア後半の軌道類型が形づくられるのである。

公共政策の配置構造、年齢文化と典型的な軌道

前述の図式では、雇用と社会保護の公共政策が様式化して構成されており、向老期就労者の労働市場での共通点の類型を設定する方法を、理論的に練り上げることができる。これからすべきことは、労働市場における向老期労働者の地位に影響を及ぼす、社会保護と雇用の政策の配置構造の基盤となる規範的枠組みを理解する手段を入手することである。かくして本書では、すでに言及した公共政策の認知的観点に立ち戻ることになる。

　雇用と社会保護の政策の4つの典型的な配置構造のそれぞれに、年齢にまつわる権利と義務に関する価値と規範の特殊な制度を関連づけることができる。本書では、この制度を「年齢文化」という概念で表すこととする。これは、年齢と労働、社会保護の間の関係を構造化する価値と規範の総体である。したがってそれぞれの配置構造は、ある一定の時期、さまざまな年齢層の間での雇用分配と移転的所得を正当化する、価値と規範および原則のシステムによって特徴づけられる。

タイプ1：周縁化／補償つき排除

　第一の配置構造は、欧州大陸の国々によく見られる。このタイプは、向老期勤労者の非労働リスクに対する寛大な補償と、こうした勤労者の雇用への統合または再統合に対する手段がほぼ欠如している状態が組み合わされている。フランスは、このような公共政策の配置構造を、ほとんど最高と言っていいほど典型的に具現化している。

第Ⅱ部　年齢と労働：就労人口の高齢化の課題

　さまざまな年齢層間での雇用の再配分と移転的所得を正当化するための原則に則り，この配置構造は明らかに所得の保障を重視している。とりわけ，年齢が高くなりつつある勤労者の雇用喪失を金銭的に補償する論理が実施されている。この論理で与えられた特権は，労働市場からの「早期退職の文化」を少しずつ作り上げていった。やがて年配勤労者のための規範は，雇用ではなく社会的移転を可能にした。フランスの事例を通し，アクターたちの力学，方法の形成，アクターたちが規制する規則や規範の構築，それらが錯綜する中で，いかにして早期退職の文化が構築されるのかを，理解することができる。

　フランスでは30年にわたり，企業にとっても勤労者にとってもきわめて魅力的な公的措置が実施されてきた。税金にせよ（全国雇用基金の早期退職），社会保険料にせよ（実際には偽装の早期退職である，諸免除つきの求職のための失業保険），公共団体によって大幅に財政措置がされる，寛大な補償が提供されてきた。1980年代末まで，このようなプログラムがいろいろ実行された。そのために公共団体は非常に重い財政負担を強いられたが，その他の年齢層，とりわけ若者の雇用創出には代償として期待されていた効果のレベルにはいたらなかった。こうした施策は労働組合，経営者，当局の間で理由は異なっていても，強い合意の対象なのであった。これらのアクターたちは，高齢者を早期退職させ，高齢者の労働を割り当て，若者と年寄りの労働者の間で雇用の再分配を試みることで，失業率上昇の問題に対処するという合意に達していた。

　1990年代初頭は，当局の立ち位置の見直しが反映された一連の公的介入が顕著となった。年配勤労者の就労からの早期退出に関する合意策をめぐり，社会的議論が大幅に統一されていた長い期間が過ぎて，より分裂した議論の高まりが観察される。もはや以前のような，失業と雇用危機の社会的管理は唯一の優先事項ではなくなった。21世紀初頭から，人口高齢化の加速の見通しから，年金制度の財政均衡の立て直しの問題が鋭く突きつけられることとなった。

　したがって，早期退職の黄金時代に終止符を打とうという，当局の新たな意志が認められる。その意思は，この新たな責務が要求する，年金制度の財政均衡の立て直しや就労生活の延長の名の下に，早期退職制度を阻止する試みに表れている。しかし当局は同時に，失業対策や雇用の保護対策が再び政治的優先課題となってしまう場合，向老期労働者のために労働分配を補償する伝統的な解決策に頼る誘惑に抗うことができない。

　法律家マリー・メルカ＝ブランは，1970年代末ごろ，経済的解雇に関するフランスの法律が，いかにして雇用喪失に対する保護の原則から，年配労働者を雇用において脆弱で配置転換不能とする概念へと移行したのかを提示した。年齢は，やがて雇用を免れる法的基準となる。早期退職によりこうした労働者を保護するための「年齢対策」は，この新たな原則を確立する。それは，「配置転換計画の恩恵を受ける勤労者

とそれ以外の者，特に配置転換不能とみなされる最も高齢な者との間の断絶を拡大する」(Mercat-Bruns, 2001, p.129)。こうして徐々に，年配労働者を雇用において脆弱で配置転換不能とする定義が確立されていく。したがって，この層の社会的移転へのアクセスを強化することは公正かつ公平である。このようにして，この年齢層の労働市場からの早期退出が正当化された。それはやがて早期退職の権利に仕立てられた。この分析は，アクターたちの力学と政治的選択が「早期退職の文化」の構築をもたらす連鎖を如実に描き出している。そこでは，労働における年齢の問題が，就労による収入の代替手段として移転所得を可能とする問題にすり替えられている。

　法的規則は，いったんさまざまな措置において形成され具体化されると，労働市場の全アクターの行動の枠組みとなる。それは，行動に関わる者全員にとって，動機や正当化，および準拠の網の目を形成する。すると，年齢とともに勤労者の価値が低下する実際のプロセスが始動し，年下世代に少しずつ影響を及ぼしていく。55歳以降の勤労者が配置転換不能とみなされ，補償つき排除を予告された場合，そのすぐ下の50歳代前半の年齢層は，やがて「半ば高齢者」のレッテルを貼られ，そのようなものとして労働市場における立場が弱くなる。このような価値低下の動きは，さまざまな国において企業を対象に本書で作成したモノグラフが示すように，40歳代にもだんだんと影響を及ぼしていく。いまや企業は，年齢が高くなっていくこうした労働者について，彼らがキャリア終盤期に近づいているため，昇進させたり職業訓練することをためらう。この場合，キャリア末期には補償つき排除が顕著となる。これらの勤労者については，雇用における年齢による周縁化のプロセスが，前段階として支配的になっている。

　このような公共政策の配置構造が，雇用における年齢差別の増大を引き起こしている点も指摘できる。年齢による細分化の論理が加速し，当然の結果として，雇用における年齢障壁の増大が見られる。それは，年齢対策に関する措置の概念そのものに含まれ，企業が高齢層には早期退職措置を，若年層には雇用への参入または再参入をするように，各年齢層ごとに異なる方法を取るよう仕向けている。

　早期退職の文化の普及により，キャリア後半期全体を弱体化させるスパイラルの過程が生じる。大陸型レジームにおいて年配労働者の移転所得へのアクセスを合法化した原則は，年齢が高くなりつつある就労者の雇用には逆効果しかもたらさなかった。この連鎖は，エスピン-アンデルセンが大陸型レジームの社会保護に固有の病理として特定している。同著者によると，実際，主にリスクを補償する消極的な方法で，このレジームが与える寛大な社会権により，最高齢者を含む，さまざまなカテゴリーの労働者向けの労働供給を削減する解決策が可能となり，魅力的なものとなった。このように，大陸型レジームの社会保護の特徴的な点は，「労働なき福祉国家」(welfare state without work) すなわち労働なき社会保護の悪循環をもたらし，ますます非就労と失業が生まれ，就労の大部分を中央年齢の世代のみに頼る状況となっている。

タイプ2：労働市場への統合／再統合

　第2の公共政策の配置構造は，第1の事例で見たものとは正反対の，年齢文化および年配勤労者の定義を構築することを目指す。この配置構造が提起しているのは，社会保護のスカンジナビア型レジームであり，そのレジームに積極的な雇用政策および雇用における仲介サービスの発展のために長年取り組んでいる点である。

　キャリア後半期における非労働のリスクに対する寛大な補償は，積極的な雇用政策の結集に密接に関連している。そのため，雇用への統合あるいは再統合のための幅広い手段，また年配就労者向けの雇用の社会福祉サービスの拡大により，年齢の進行にともなう雇用維持は奨励されサポートされている。つまり，別の規定システムが優勢なのである。年配勤労者の労働権を尊重して，彼らを介入の対象として雇用へ再統合し，復職させることを目指している。

　就労者間の機会の平等の名の下に，欧州大陸のように，もはや移転所得を労働所得の代替とすることに甘んじるわけにはいかない。すでに見たように，そうすれば，年配勤労者を「雇用不能」と決めつけ，補償つきで排除する同じ結果となってしまう。損害が生じてから，金銭で修復するのではなく，逆に予防することが肝要となる。この第2の配置構造モデルでは，被雇用者能力と職務能力を維持するために数多くの予防策があり，また雇用への再参入と復職のための施策が，職場にとどまる手段を全市民に提供されている。雇用において脆弱ではあるが，配転可能とみなされた年配勤労者は，その他のカテゴリーの弱者と同様に，絞り込まれ，強化された雇用サービスの恩恵を受けるべきなのである。

　スウェーデンの事例の分析（第4章）で，就労延長の課題が，1990年代後半から社会的議論の焦点となっていることが示される。

　結論として，労働における年齢の表象が，行動を導く原則として，この配置構造においては活力ある高齢化に向かっている。このモデルは「早期退職の文化」とは逆に，「あらゆる年齢の働く権利の文化」を構築しようとする。全体として，キャリア後半期のスカンジナビアの労働者は，年齢が進んでも，部分的あるいは完全に労働市場にとどまるために，きわめて幅広い可能性から選択することが奨励されている。労働不能の場合にのみ，社会保護の枠内で規定されている補償を求めることが正当と認められている。

タイプ3：労働市場での維持

　第3の公共政策の配置構造については，日本の事例を取り上げる。このタイプは，労働市場からの早期退出に対する補償の可能性を，向老期勤労者にほとんど提供していないという点で，第1および第2の配置構造とは異なっている。ここでは年配勤労者の就労義務は，補償を受ける権利によって補われない。日本の勤労者にとっては，社会と同様個人にとっても活力ある高齢化は望ましいこととみなされ，それ以外の道

はない。しかし，社会が要求するこの就労義務は，労働市場で維持する機会は，年齢が高くなりつつある勤労者にいくつも提供されており，均衡が保たれている。

したがってこの国では，向老期労働者向けのさまざまな公的措置が，長期間にわたって安定的に，連続して，高齢まで就労を維持するための動機づけと根拠の連結網を提供してきた。1960年代以来，高齢化の分野における日本の公的施策の主軸は，年配勤労者の雇用の安定化と，就労延長の促進にあった。

その結果，「就労義務の文化」および，できるだけ長く「雇用を維持する文化」が打ち立てられ，それは今も続いている。それはまた，労働市場から実質的に退出する中央年齢が67歳を超える日本のシニアの就労水準を引き上げ，安定させている。日本の事例においては，まず年配労働者は，終身雇用からフレキシブルな雇用へ移行する労働者として定義されている。雇用の公共政策は，この年齢層の人件費を直接的に引き下げるか，または企業の行動を規制するか，あるいはさらに最終的には公共事業雇用の手段を取ることで，このフレキシブルな雇用への移行を援護し制御してきた。

タイプ4：排斥／維持

第4の，最後の特定された公共政策の配置構造は，非労働リスクの対象範囲が限定された給付と，労働市場への統合手段が乏しい組み合わせである。規制の大部分は市場に委ねられている。このタイプは，魅力に乏しい，扶助により提供される最小限の保護ネットを除いては，向老期就労者に対し，どんな犠牲を払っても労働市場に留まるという以外の選択肢は提供していない。

エスピン-アンデルセンが提唱する福祉国家の類型学を参照すれば，このタイプの配置構造は，自由主義的または残余的福祉国家を体現しているといえよう。最も低水準の脱商品化を提供し，純然たる市場作用を最も重視していることは周知のごとくである。その結果，労働市場の状況によっては，向老期就労者に対する排斥の軌道がみられ，逆に労働力不足の場合は，維持の軌道が観察される。シニアの職業軌道は，市場における労働の需要と供給の直接的な働きの結果となっている。同じことが年配労働者の定義にも当てはまる。年配労働者は余剰労働力とみなされ，不況や賃金労働者の縮小期にはお払い箱となる。この場合，年配労働者は，労働市場からの退去を余儀なくされた「失意の」労働者（Laczko, 1987）である。彼らはむしろ失業者に似通っているが，雇用に復帰できる希望はない。

逆に，労働市場の逼迫期には，雇用における再動員と年配労働者の活発な働きが見られる。同時に，使用者が年配勤労者の雇用維持をしたり，募集さえするよう説得するために，雇用主向けに「正しい行動規範」が発行された。この政治的状況構造においては，年配労働力に対する表現や行動が市場の需要に応じて変動するかのように，万事が行われる。このモデルにおいて年配労働者は，必要に応じて動員可能な予備軍をなしている（Phillipson, 1982）。

米国や英国の事例は、十分にこの公共政策の配置構造の代表といえる。そこでは、一方では社会保護はほとんど発達しておらず、その補償には幅広く所得条件が課せられる。他方では、雇用政策体制は限られていて、結局「就労目的の福祉（welfare to work）」、すなわち、現状の労働市場に迅速に復帰するための扶助しかないと、観察できる（Barbier, 2002）。

この配置構造からにじみ出る年齢文化については、雇用における年齢差別禁止法（ADEA）(16)の米国の事例からアプローチすることができる。この法律は、社会保護の自由主義レジームにおいては、雇用契約の面への公的介入が最小限のものにとどまる性質を示している。米国における公的介入は、年齢に起因した雇用に関する一切の恣意的な差別を禁止することにあった。それは基本権のレトリックに基づいており、市民権の伝統、特に人種差別対策から着想を得たものである。ADEAは1967年に公布され、相次ぐ修正によって徐々に拡張された。(17)この法律は、高い年齢（40歳以上）に基づく雇用における差別、また解雇や退職など雇用に関連する差別の一切を違法と規定し、被った損害に対する個人の訴求および補償の可能性を切り開くものである。

しかしながら、年齢につながる差別の評価が対象とするのは、雇用主によって公正に扱われなかったとする、被害者が被った個人の損害のみである。その場合、この法的措置は、雇用主がとった措置が、労働における年齢および年配労働者の表象に集団的に及ぼし得る影響は無視されることとなる。さらに悪いことに、それは労働者管理で実際に作られた年齢障壁を隠蔽する経営者の戦略に道を開いてしまう。確かに、この法律は「両面性を持つ」（Mercat-Bruns, 2001, p. 250）ものである。

実際、潜在的な被害者である年配労働者を守るために、年齢に基づく恣意的な差別を禁止するという事実一つを取っても、年配労働者は被雇用者能力が乏しく、失業のリスクに晒されているという推定を告白しているも同然である。したがって、保護のための規則は、同様に推定の働きで潜在的な被害者という弱点を指し示す。その結果は当然、年配労働者のあいまいなイメージを構築することとなる。年配労働者は、原則としてネガティブな差別から個人的には保護されているが、集団的にはとりわけ差別に晒されているのである。

米国におけるADEA法によって作られた行動の枠組みは、スカンジナビアのモデルのように全年齢の労働権の文化を守るに足る動機の概念網も、大陸型モデルのように早期退職の権利の文化を築く概念網も、あるいは日本の場合のように、雇用維持に伴う権利と結びついた就労義務の文化の原則も含んではいない。ADEA法によって制定された行動の枠組みは、全面的に市場の働きに任された、非差別の基準を提供するにすぎない。1999年にブレア労働党政権が雇用主向けに実施した「就労年齢の多様性のためのよき実践法令」は、ADEAと同じような評価となりうる。非差別のためのよき実践を定めた規範的枠組みの普及は、企業の実際の行動にほとんど影響を与えることはなかった（Walker 2002）。

この研究の根底にある比較仮説に則って，こうした政治的構成の組み合わせによる影響から生じる特有な年齢文化の生成が，社会保護と雇用の政策の様式化された配置構造にそれぞれ一致していることを，本書は示すことができた。このように識別された年齢文化と，それに対応する年配労働者のカテゴリーの明確な定義は，キャリア後半期の対照的な軌道の発展を促進させている。実際，このような年齢文化は，当局，雇用主，労働組合，勤労者といった，労働市場の全アクターの行動リストを支配している。したがってこうした年齢文化は，実践されている制度構造の特殊性と，それらが引き起こすアクターたちの駆け引きに起因する，固有の力学と連動するのである。

このようにして，人口高齢化に直面した諸国が採用したさまざまな政治的選択肢，それは社会保護レジームの特徴によって説明できるのだが，そうした選択肢から，それらが引き込む社会的現実の構築物と意味の結果にいたるプロセスを再構成することが可能となった。公共政策の制度上の構造はそれぞれ，雇用と社会保護との関係では，年齢を定義する特有な方法と合致している。それぞれの制度構造では，年齢に関連した権利と義務を均一の定義であてはめられないし，公平と正義の原則も均一の定義をはめることはできない。さまざまな国によって採択された政治的選択や，それらが巻き込む労働年齢の総体的定義は，研究の意図による，比較論でかなりわかりやすくなった，と筆者には思われる。

この研究で採った公共政策の認知的アプローチは，キャリア後半期の雇用分野の過去のプロセスと現況についての解釈マニュエルを提示するだけではない。このアプローチは現在変革途中の，および今後しなければならない変革もまたわかりやすく提示している。フランスのように，労働市場からの早期退職の文化に深くはまり込んでいる国々では，55-64歳の雇用率を再上昇させるには，労働市場からの早期退出の方法を閉ざすだけでは不十分であることがわかる。精神と行動を形作る年齢文化に取り組み，労働および社会における年齢の位置づけについて，新たな合意形成が必要なのである。

注
(1) ここでは，フランスについてシュナペール（Schnapper, 1989）が明らかにした，社会保護制度で実施された身分規定序列の策定とその操作の機能を参照にしている。
(2) この思潮全体の紹介については，ホール，テイラー（Hall, Taylor, 1997）とセロン（Thelon, 1999）を参照できる。エビングハウス（Ebbinghaus, 2006, p. 16）が早期退職に関する改革の比較分析を対象にした著作において提示している新歴史主義制度理論アプローチの定義について，あらためて喚起しよう。「新歴史制度主義理論アプローチの場合，制度的環境によって，アクターたちに構造的に機会が与えられているかのように，彼らの方針と利害が形作られる。制度的環境が業界を作り，社会政策が折衝して構築される闘いの場のアクターたち同様に，労働領域のアクターたちが，業界内で決定をする」（著者訳による）。

(3) フェミニストによる批判が対象としたのは，類型論において著者がジェンダーの社会的関係を考慮していない点である。いくつかの制度は「稼ぎ頭の男性」モデル（*male breadwinner model*）に基づいて機能しており，女性は派生的な社会権しかなく，補助的勤労者として労働市場への参加はわずかでしかないという事実を考慮していない，と著者は批判された。特にルイス（Lewis, 1992），およびメリアン（Merrien, 2002）による，この批判がもたらした寄与についての近年の評論，を参照。

(4) エスピン - アンデルセンの同著の仏語版（Esping-Andersen, 1999）の著者あとがきを参照。

(5) 著者の見地が北欧諸国の社会民主主義的モデル寄りである点も批判された。

(6) この点の詳説については，ギルマール（Guillemard, 2008）の序論を参照できる。

(7) バルビエとゴーティエは以下の雇用施策で識別している。1．就労人口を減少させながら労働供給を縮小させる方策。2．失業補償策。3．賃金コストの引き下げ策。4．職業教育活動。5．労働時間の調整と縮小策。6．いくつかの種別に絞った積極的差別策の実践。7．労働の需要と供給に関する仲介手段の全体をまとめる労働市場の組織方法。8．公的または非営利の一時的雇用の制定。9．企業設立促進。

(8) 所得移転の「消極的政策」に対置される，雇用の「積極的政策」という著しく両義的で，あまりに規範的含意のある用語よりも，ここではこの用語を選ぶ。

(9) ここではシャルプフとシュミットが提示した職業関係の類型（Scharpf, Schmidt, 2000, p. 12）を採用している。同著者たちは，労使間に調整があるかないかという特色が出る交渉に，国の関わり合いの度合いを重ね合わせ，そしてアクター間の調整と国の先取り的な規制介入が特徴的である職業関係のタイプを「コーポラティズム」（協調組合主義）とする。

(10) push/pull factors という用語は，ここでは「誘引／排斥」《attraction/rejet》と訳されている。

(11) ドイツ，オランダ，フランス，イタリア，スウェーデン，デンマーク，英国，アイルランドの欧州8か国，および欧州以外では日本と米国の2か国である。

(12) この視座は，労働市場からの早期退出の現象に関する筆者の研究の中心となっている。この問題に関する最初の比較研究から，それを主張している（Guillemard, Van Gunsteren, 1991）。

(13) これらの国における積極的な雇用政策の手段の全範囲は，すでに国と企業の間の密接な関係を示すものであるかもしれない。労働市場への広範な積極的介入が存在する場合，市場における労働の需要と供給の関係の仲介者として，国が際立つ存在感を表しているといえよう。他方，国がこの分野で控え目である場合は，市場メカニズムを機能させることを意図していると思われる。第2のケースは，雇用政策がほとんど存在しないか，あるいは労働市場への復帰を厚遇し奨励する単純な仲介（Barbier 1998）に限定されている米国が好例を示している。

(14) 大陸欧州の事例においては，本書は「rejet（排斥）」よりも「relégation（補償つき排除）」について語ることとする。補償つき排除とは，労働市場からの退去ではあるが，代替所得をもたらす移転所得を伴うものであることを意味する。

(15) フランスについては，参入支援作業所・現場（ACI Travail）の報告書（Gautié, Guillemard, 2004）を参照。

(16) *Age Discrimination in Employment Act*

(17) 1967年には，40歳から65歳の勤労者が対象とされた。1978年には年齢制限が70歳に引き上げられ，1986年には一切の上限年齢制限を廃止，すなわち雇用主は年齢のみを理由に退職させることはできなくなった。

第 4 章

公共政策の配置構造と
職業寿命の根源にある年齢文化

　雇用と社会保護に関する公共政策を，本書では 4 種類の代表的な配置構造に区分したが，その形態は各々特有の規範体系と組み合わされていた。さらにこれらの制度上の配置構造は，労働市場におけるキャリア後半期の典型的な軌道を推進する傾向があった，という仮定を立てた。

　これらの公共政策の配置構造をわかりやすく説明し，そこでの向老期就労者の労働市場参加への影響を把握するために，タイプ別に 4 つに構成された各々を解説しながら，国ごとに異なる事例を詳細に提示してゆく。社会的同調現象に関する研究（Maurice, 1989）から着想を得て，キャリア後半期における典型的軌道について，その状況背景などの脈絡を含めて再分析してみよう。そして労働における年齢の課題とその公的対策を優先的に問題提起する方法で，社会保護および雇用体制と年齢文化を首尾一貫して連結させてきた特徴を浮き彫りにできるだろう。フランスは欧州大陸型レジームが際立つ国であり，キャリア末期の雇用喪失のリスクを補償する手厚い諸給付に関連した典型的な配置構造を持っているのだが，向老期勤労者に対する雇用への統合策が乏しいか，欠落している（タイプ 1）。

　スカンジナビアの社会保護制度は，労働市場に再統合するために数多くの手段があり，それらが雇用喪失リスクに対する寛容な補償と結びついている（タイプ 2）。詳細はスウェーデンの事例で明示する。

　日本は，タイプ 3 の例証であり，同国では年配勤労者の労働市場参加のために数多くの公的介入手段が存在するが，キャリア末期の非労働リスクに対する補償の進んだ制度はない（タイプ 3）。

　最後のタイプ，社会保護の自由主義レジームでは，年配勤労者の雇用参入政策の手段も，キャリア末期の非労働のリスク補償もほとんど規定されておらず，そのリスク補償は乏しい（タイプ 4）。英国の事例を基に考察していく。

　これら諸国家の事例の体系的な研究を通し，公共政策のさまざまな構造が，明確な年齢統治と年齢文化を伴う，特殊な規範体系と結合した関係性を明らかにすることができるだろう。こうした一貫した仕組みが，キャリア後半期の労働市場で職業統合や再統合から，職場維持を経て，周縁化や排斥にいたる，対照的な軌道が割り当てられ

たことの結果であることを提示しよう。

　これらの異なる社会的論理を比較する期間として，1980年代末から2000年代初頭までを取り上げる。その主な二つの理由は次の通りである：

　まず第1に，対象とする時代の間は，早期退職の制度上の手段がそこでまさに，最高に拡大していた時期であった。本章では，キャリア後半期を通して，向老期労働者の労働市場参入に関連して，早期退職の措置が引き起こした種々の影響について注目する。

　第2に，1980年代末と1990年代初頭は，経済成長の鈍化，失業率の上昇，人口の高齢化の加速により，社会保護の国家システムに対するさまざまな圧力が強まった時期に当たる。この人口高齢化の加速という要因は，ここで扱う分野にとって重要なことである。
早期退職を大いに実行した主な国々は，いまや全速力で機能するそれらの措置が引き起こす莫大なコストの問題に直面することとなった。同時に，新しい世紀初頭から，労働市場における労働力不足の予測が，この分野における公共活動の矛盾を明るみに出す一方で，現役の就労者と年配の非就労者の間の関係の悪化が年金制度のバランスを脅かすという事実にも，皆が気づいている。向老期勤労者の雇用のための選択肢がどのようなものであろうと，この時期，いずれの政府も社会保護制度および雇用政策の改革に取り組む必要があった。これらの改革は，ピアソン（Pierson, 2001a, p. 410-456）が「緊縮」（*permanent austerity*）と定義づけた，新時代に適した新たな条件に合わせて修正されなければならなかった。

　ここで用いる方法論についても言及しておく。公共政策の分析については，方法論的厳密さの欠如や，概して用いられる「灰色文献」（Hassenteufel, Smith, 2002）の曖昧な取り扱いに対する批判があった。本書では，ラダエリ Radaelli, 2000）が示唆する「公共政策の記述」の方法から着想を得て，それぞれの国家の事例について，公的介入や連続性，思想，またそれを裏付ける規範的な原則を様式化された提示方法で示すこととする。

大陸型レジーム：向老期就労者の雇用に反する保護体制。
フランスの事例

　大陸型の社会保護レジームにあたる第一の公共政策の典型的な配置構造は，いかなるプロセスによって，向老期勤労者の労働市場からの強制退去につながり，キャリアの末期に，非就労のスパイラルを引き起こすのだろうか。

　さまざまな福祉国家のレジームを比較した制度上の特徴，およびそれらのレジームが直面している特有な問題に関する文献は，まず第一に，大陸型レジームが，いかにして他のレジームよりもキャリア末期の非就労のスパイラルにはまり込みやすいかを

理解する手がかりとなる。キャリア末期の極端な非就労と，向老期就労者の強制退去を生み出したメカニズムを分析するために，大陸型の福祉国家特有の特徴をこの先も活用していくこととする。

次に，フランスの事例に焦点をあてる。その公共政策の記述に基づき，キャリア末期の非労働に対する手厚い補償と，雇用参加のための乏しい手段を併せ持つ，制度上の特定の配置構造の特徴を経験的に説明する。考察対象とする期間中に着手された政治改革に対した，この配置構造が発揮した消極的な抵抗力にも目を向ける。

キャリア末期の非就労のスパイラル

絡み合った3つの要素が大陸型の社会保護レジームを特徴づけ，他の二つのレジームと区別される。ここで手短かに，これらの要素について想起しよう。

- ビスマルクの保険の原則に基づく現金給付から，高い所得代替率を提供しつつ，幅広い社会保障を提供する。
- 本質的に補償理論に則って運営される。リスクを予防するというよりも，起きたリスクについて体系的に補償する。この特徴は，権利を有する者に与えられる給付が，復職や求職に関して厳格かつ管理された条件を課せられることはまれであるという事実によっても確認することができる。その結果，大陸型レジームは，社会支出のなかで代替所得を保障する現金移転に特別に大きく拠出し，スカンジナビアのモデルとは異なって，伝統的にサービス給付への割合は低減されている。
- 主たる財政出資は社会保険料であり，税金によるのではない。

上述の3つの制度上の要素間の相互作用は，大陸型の福祉国家特有の病理をもたらした。それをエスピン - アンデルセン（Esping-Andersen, 1996, p. 68）は「労働なき福祉国家（*welfare state without work*）」の悪循環として認識し，またシャルプフ（Scharpf, 2001）は「非労働の罠」とした。エスピン - アンデルセンとシャルプフの研究は，この悪循環を作り出した支配的なメカニズムを理解する要素を提示している。彼らの研究は，このレジームの機能を支配する制度上の特性そのものが，いかにしてキャリア後半の軌道の周縁化を生み，早期の非就労に至らせるのかを理解させてくれる。

主としてリスク補償の受動的な方式で，このレジームにより与えられる寛大な社会権は，さまざまなカテゴリーの労働者のための労働供給縮少の解決策を魅力的で可能なものにした。「それ以来，雇用縮減と大量失業は，欧州大陸諸国では優先される調整方式であった。この調整方式は，「栄光の30年」の終焉以来，社会保護レジームの主な脆弱性を表している」（Scharpf, 2000, p. 106）。というのは，この方式が重大な矛盾をもたらしたからである。選択した方法に比例して，社会保護支出が指数的増加をする時は，ちょうど同じく，制度の財源である社会保険料が雇用の収縮によって減少する。こうして，欧州大陸型の社会保護レジームは，「根本的なジレンマ」に直面

する。すなわち，人々が最も必要としている時に，支払うべき給付を減額するか，あるいは社会福祉制度に対する拠出金（および，または）公的補助金を増額するか，というジレンマである。最も頻繁に選ばれるのは後者の選択肢であろう。その結果は，社会保護を反雇用に機能させ，欧州大陸諸国における非就労の増大を加速させることになる。

したがって，制度を支える社会保険料は指数的増加をし，社会保護の権利が雇用を阻む悪循環に入ってしまう。一方で，低賃金のサービス雇用の創出は，これらの国では労働コストによって妨げられてきた。他方，同じ理由から，企業は主に賃金総額の縮小と経費削減のために，生産性の向上及び労働力削減の戦略を採用してきたが，これが高い失業率をもたらす結果となり，社会保護の大陸型モデルの主要な問題となった。この失業率の上昇にともない，労働市場はインサイダーとアウトサイダー間で分断されている（Esping-Andersen, 1996, p. 79）。中央年齢の男性は，雇用において比較的守られているが，若者，女性，そしてもちろん年配の勤労者など，最も弱い集団は，労働市場から大量に周縁化され，あるいは除外されている。

1980年代，大量失業対策として採られた公共政策は，最も苦境にある集団の雇用を削減する目的で，さまざまな社会保護プログラム（失業，労災，長期疾病，早期退職など）を動員し，補償の論理を強調するものであったため，さらにこの現象を加速させてしまった。これらの集団は，その他の集団の雇用の維持を確保するために，彼らの雇用を制限できる社会保護制度により，労働市場からはじき出された。そのぶん，失業の統計は人為的に縮小されたが，大陸型福祉国家に特有の病理を表す，この雇用なき受動的な社会保護のスパイラルは，さらに増幅した。

このスパイラルとともに，社会保護の大陸型レジームのジレンマは，いっそう解きほぐし難いものとなった。増加する一方の非就業人口は，ますます縮小する就業人口の努力で賄われる社会的移転で生活しなくてはならない。キャリア末期の非就労の増大は，ここで言及された悪循環に特有の例証となっている。それは，大陸型の社会保護に特有の制度上の特徴と，それに起因する脆弱性の直接の結果である。若者の非就労の増大も同じメカニズムにより拡大されているが，この年齢層は職業訓練と雇用の強力な連結により労働市場に近接しているため，悪影響が少ない場合もある。

年配の勤労者に関する「年齢対策」の増加は，フランスの早期退職やベルギーの早期年金制度，ドイツやオランダの労災または失業手当などのさまざまな早期引退措置とともに，この病理の完全な具現化である。年配の勤労者の補償は，失業と雇用の問題の解決策として，労働市場からの彼らの退出を早める目的で行われた。フランスでは，年金制度もまたこの失業対策と雇用対策のために，改訂されたほどである。1982年に行われた，65歳から60歳への年金受給開始年齢の引き下げは，労働力供給の削減の目的で高齢者の非労働を補償する政策の一環をなすものである。フランスは，早期退職措置のインパクトを高めることで，雇用問題を解決するために，60歳への年金受

給年齢引き下げを行なった唯一の欧州連合加盟国である。年金受給年齢を60歳に引き下げることで，早期退職措置の雇用への効果を上乗せすることが期待でき，対象年齢を55歳にまで下げることが可能となった。もっとも，1981年には60歳以上の民間企業の勤労者の大半がすでに早期退職者であり，その結果，雇用に期待されたこれらの措置の効果は薄れてしまった。この時期に実施された経済的，社会的調整の大部分は，余剰労働者となった年配勤労者の削減に向けられていた。いたるところで，年配の勤労者は55歳を超えると，補償された非就労者の位置を次第に割り振られていった。かなり多くの国々で，若年層の失業の名の下に，年配の勤労者が労働市場から早期に退出することで「若者に席を譲る」ことが求められた時，この現象はさらに拡大した。これらの措置が，雇用には期待はずれの効果しか生まなかったことは旧知の事実である。それどころか，55歳以上の勤労者の就労低下をさらに加速させた。したがって，早期退職は，補足的な雇用を可能にする措置というよりも，労働力を選抜し，不要になった勤労者を厄介払いするための企業側の手段を示すものであった。

　このように，年配の勤労者の早期退職は，雇用の庇護に関して非効率的であった。失業を覆い隠せたこともあったが，莫大な費用がかかった。年配層と若年層の間の，雇用の代替策として効果的な手段とはならなかったばかりか，シニア層の雇用の破壊をもたらしたと同時に，雇用なき社会保護の悪循環を悪化させ，キャリア末期の非就労のスパイラルを増長させた。

　20年にわたって欧州大陸で増大した，年配の勤労者の早期退職を促す雇用景気対策は，職業行路の終わりを規定し，組織化された新たな「年齢統治」を生み出した（Guillemard, 2005）。働く年齢，および仕事を辞める年齢に関する，この新たな暗黙の「統治」は，労働市場における全アクターたちの時間的な見通しと予測を，長期的に変質させた。これまで見てきたように，紛れもない「早期退職の文化」が，これらの国々で入念に作り上げられた。この文化は，キャリア後半期にある勤労者に対する見返りとしてこっそりと，雇用年齢の障壁を引き上げる結果をもたらした。間接的な結果として，自身の雇用可能な期限が早期退職予定日に調整されてしまい，異議申し立てをする羽目となった50歳代の勤労者の労働価値は，大幅に下落した。いまや使用者は，かなり多くの場合，職業訓練を行うか昇進させるか迷うこととなったため（第２章），40歳代の勤労者でさえ，この障壁を免れなかった。

　こうして，エスピン-アンデルセンが隠喩「凍結されたフォーディズム（frozen Fordism）」（1999）で巧みに特徴を示したように，大陸型モデルの機能そのものの副作用は，多くの場合，キャリアの上限設定と45歳以降の周縁化を先行させ，キャリア末期には逃れられない非就労のスパイラルに陥れるのである。

　よく知られた悪循環のメカニズムによれば，大陸型の福祉国家は，その機能そのものがにじみ出す失業を改革，修正しよう，あるいは（労働なき補償の）労働なき福祉国家（*welfare state without work*）の進行がもたらす社会的支出の上昇を抑えよう

として，いっそう調整に失敗し，直面する問題を拡大させたに過ぎなかった。とりわけ年金改革は複雑化し，重苦しくした。一方では，人口の高齢化と，キャリア末期の非就労で増大する社会的支出への圧力により，この改革はますます無視できない差し迫ったものとなった。他方では，労働市場から年配勤労者を排除するプロセスが自動的に加速し，仕事をさらに困難なものとしている。それも，キャリア末期の雇用の問題にしろ，年金改革の問題にしろ，いまや介入の試みは，強制的に正面から取り組まざるを得ないからである。すでに確認したように（第2章），この悪循環の結果として，大陸型レジームの諸国において，55歳以降の就労は気が遠くなるほどの失墜を見，キャリア後半期に新たに生まれた不安定な状況が進行した。こうした国々の多くは，この重苦しい傾向を逆転することはできなかった。

向老期就労者を労働市場の周縁に追いやり，キャリア末期には非就労へと指定する大陸型の制度構造の重圧を，総合的な次元で明らかにしたうえで，フランスの事例研究を例にとって考察を続けることとする。この探求は，欧州大陸モデル固有の公共政策の構造が造った具体的な形態や，それに関連する労働での年齢問題に関する問題提起，さらに非労働へ追いやる年齢文化に関する考察に役立つであろう。一言で言えば，この研究は，この配置構造を最もわかりやすく比較するために，向老期労働者の労働市場への参加の低さがその一環である社会的同調現象を描出することになるだろう。

フランス：現役生活から早期退職の文化に閉じ込もり

フランスは，数々の手厚い補償体制を持つ一方で，他方で年齢が進む労働者の労働市場への再参入を目指す積極的な雇用政策が存在するというような釣り合いを取ることはない，という公共政策の配置構造を，ほとんど最高に典型的な形で体現している。その結果，これらの労働者はキャリア後半期において周縁化の段階を経た後，補償つきの早期退職で労働市場から強制退出されることとなる。

20年以上にわたり，フランスでは，企業にとっても勤労者にとっても極めて魅力的な措置が実施された。それは，税金（全国雇用基金の早期退職）あるいは社会的拠出金（事実上偽装された早期退職である，求職中の種々の免除を伴う失業保険）により，公共団体が出資する手厚い補償を提供するものであった。1980年代末までに増殖したこれらのプログラムは，公共団体にとって多大な財政的努力を強いるものだったが，見返りとして期待されていた，その他の年齢層の雇用創出の効果は得られなかった。さらにこれらの措置は，労働組合，経営者，行政当局の間で，強力なコンセンサスの対象となった。これらのアクターたちは一丸となって，失業の問題に取り組むために，年配勤労者の雇用を制限しながら早期退職を進めて，若年と高齢の労働者間での雇用の分け合いを試みた。

1990年代初頭は，行政当局の姿勢を見直す意思が反映された，一連の公共政策が顕

著となった。社会の議論は，年配勤労者の合意で成立する早期退職の解決策を中心に長らくまとまっていたが，その後の議論は分かれている。唯一の優先課題はもはや，以前のように，失業と雇用危機の社会的管理だけではない。21世紀初頭以降，人口高齢化の加速の見通しは，ベビーブーム世代の「来たる」退職とともに，年金制度の財政均衡を立て直す問題を突きつけている。この新たな懸念は，労働市場からの早期退出の大規模な普及化が引き起こす矛盾を浮き彫りにした。この動向は，社会保護の財政危機をもたらす著しい財政負担を社会保護全体に課すだけでなく，人口の高齢化の加速を背景に年金制度が必要とする，現役就労者と年配の非就労者との関係の均衡の立て直しにも逆らうものである。

　それ以来，早期退職の黄金期に終止符を打とう，という当局の新たな意思が見て取れる。その意思は，新たに要請される課題である。現役生活を延長し，年金制度の財政的均衡を立て直すという名目で，早期退職体制を阻止する試みが示された。補償と労働を組み合わせた，段階的早期退職のような構成方式による刷新手段が考案された。しかしながら，同時期に，失業対策や雇用対策が政治的日程の優先課題となってしまった時，行政当局は，向老期勤労者にあてるべき労働を補償つきで制限するという伝統的な解決策に頼らざるを得なかったのである。

　その結果，1990年代の10年間にわたるこの分野のフランスの公共政策に関する調査から明らかになった全体の印象は，対策の増殖と内向きの弱い同調現象である。一種の積極的介入主義が，年配勤労者を対象とした矛盾した命令，もしくは矛盾した活動でより混乱した時期と交錯していた。このように，雇用の保護の名の下に，向老期勤労者は時期尚早に労働市場から退出しなくてはならない。しかし，年金制度の財政均衡の名の下では，彼らはより長く現役でいるよう懇願され，1993年の年金改革では，一般制度（民間商工部門）において満額年金に達するに必要な保険料納付期間は37.5年から40年へ引き上げられた。

　このようなフランスの公共施策の「分裂病」は，1990年代の10年間に実施された社会保護の制度上の改革の試みが，雇用と社会保護の両立に折り合いをつけられなかったことを示すものである。社会保護は雇用に対して反作用を続け，この二つの分野における公的施策の調整弁は矛盾したままであった。このように，フランスの事例は，大陸型モデルが閉じ込められた「労働なき社会保護」の悪循環のみならず，そこから脱出する難しさをも示す完全なる例証であることを示している。労働市場からの早期退出の数多くの補償装置が長期にわたって存在し，その結果として生まれた強固な「早期退職の文化」が打ち立てられ，何度も改革に対して制度上のブレーキをかけてきた。キャリア末期の非就労のスパイラルから脱するために，いま改めて表明すべきは，年配勤労者とその社会権，および雇用との関係にいたる，全体的な構築である。実際，年配勤労者は雇用において脆弱者とみなされていたために，キャリア末期に補償の権利に恵まれたと自らを見ていた。つまり年配勤労者のための規範はもはや雇用

ではなく，社会的移転を可能にすることであった。すべてのアクターたち，使用者，勤労者および行政当局の予測は，職業行路の末期の，この新しい規範的枠組みにどっぷりつかっている様が，筆者には見て取れた。

したがって，早期退職を促進する傾向を縮小するには，早期退職制度や年金制度を統治する規則の改訂よりもはるかに多くのことが必要となる。このような目的はおそらく，社会保護の機能に関連する手段としての，権利と義務の抜本的な見直しを伴う。それは，制度を統治するパラダイムの見直しが要請され，雇用に反した機能をする社会保護を見直しの方に徐々に導いていく。このような革命は，公的施策が年金政策と雇用政策を結びつけていない限り起こり得ない。フランスの事例は，社会保護改革に対して多くの制度上の障壁がある場合の完全な実例であり，ピアソンがそれを概念化した。同著者によれば，古くから確立された社会保護制度は，強い「制度上の非流動性（粘着性）」を示している（Pierson, 2001, p. 414）。早期退職制度の解体は，第1に，キャリア末期の雇用問題に関する新たな問題提起を促し，アクターたちのもう一つの団結を招く可能性がある。アクターたちは診断を共有して，公的介入のための新たな目標の設定と新たな手段の準備に合意するだろう。そうすれば，大陸型諸国に優勢だった早期退職の文化に打撃を与えることができよう。段階を踏んだこうした変化の過程が，まさに本書でこれから見ていくオランダとフィンランドの事例なのである。この2か国は，キャリア末期の労働市場からの早期退職の傾向を逆転させることに成功したのである（第6章）。

これらの例とは異なり，フランスの事例は，ピアソン（Pierson, 1998）が「不変なもの」と言い換えたものに類似した社会保護制度によって示される，見事な慣性力を例証している。それでも大陸型の社会保護レジームを改革する困難さを見定めることは，同じく可能なのである。今日のあらゆる分析では，このレジームが最も深刻な病理を呈し，変化に対して最も強固に抵抗を示す，と指摘されている。

1990年代と2000年代のフランスの公共政策の改革の試みは，早期退職手段の制限と年金制度の改革という，2つの主要な課題から追跡できる。主にその課題にしたがって，改革の試みが展開された。向老期勤労者の労働市場への組み入れを目指した雇用政策の検討は，意図しない結果になった。向老期勤労者がいかに不安定で，無価値に思われていた存在だったかがわかる。2006年からフランスで展開されたシニアの雇用対策の批判的分析は，第8章で行い，フランスの遅れの理由を明らかにしていきたい。

労働市場からの早期退出手段の制限と抑制
① 企業による早期退出手段行使の制限

この時期，向老期勤労者の早期退職がますます重荷になっていく傾向を抑制しようという当局の意向として，いくつかの方法が打ち出された。

主なものを2つ挙げよう。まず第1に，社会計画に含められた年齢対策として企業

第4章　公共政策の配置構造と職業寿命の根源にある年齢文化

が活用している方法に制限が加えられた。それは，55歳から受給可能な，全国雇用基金の完全早期退職制度（ASFNE）である。第2に，国は企業に対し，早期退職の代替策を採ることを奨励して，55～60歳の勤労者をパートタイム労働で維持できるように，段階的早期退職の制度緩和をした。

　これらの措置はすべて，二重の試みとして分解できる。一方では，完全退職手段の提供を制限する，つまりキャリア末期の労働市場参加に取って替わる策を制限する。他方では，1984年の失業保険改革以来，国が負うこととなった早期退職制度のコストをより良く管理することを目指す。ピアソン（Pierson, 2001a）が提案した概念化によれば，この期間に行われた改革は，高齢労働力を「再商品化」し，社会保護の支出抑制を目指している。

　社会計画の一環として企業と，全国雇用基金の早期退職特別手当（ASFNE）の協定の署名は，当局のより厳しい管理と受給条件の引き締め対象となった。この原則は，社会計画における年齢対策の行使に関する雇用代表団の1991年10月22日付の方針覚書に記されている。ASFNE協定の署名は，雇用行政にとっては「行動のテコ」の提示である。「特に，50歳以上の勤労者の解雇を避けるため，想定される解雇に伴う方策を，充実した多様なものとするべく，組織的な代償が得られるようにしなければならない。したがって，量的な部類に属する国の財政援助は，企業の質的な努力に対応するものでなければならない」。さらに，どの場合でも，ASFNEへの適用開始年齢は，違法ではあるが事実上の決め事となっていた55歳ではなく，56歳に戻された。

　結局，50歳以上の年配勤労者の解雇手当なき単独解雇は，企業の費用負担が増した。それは1992年に国民議会で可決されたドゥラランド（Delalande）税の拡張による。この税は，1986年に導入された解雇に対する行政認可の廃止に引き続き，1987年7月に制定され，最年配の労働者向けの雇用保護を示すものであった。

　行政上の認可が必要だったおかげで，年配勤労者のような弱い立場の勤労者の単独解雇を避ける目的で，行政が手続きについて企業と交渉できた点に留意すべきである。その廃止により，補償支出及び雇用基金手当は，失業保険制度へ移管されることとなった。したがって，1985年に補償を受けた55～59歳の勤労者の比率は，失業保険による補償46％に対し，ASFNE手当は54％であった。1987年にはその比率は完全に逆転し，失業保険が66％，ASFNEが33％となった（Zaidman *et alii*, 2000, p. 102）。国が出資する早期退職と，（早期退職の偽装手段となる）失業保険による早期退職との間の，連結管効果は，フランスの制度の不変性の特徴である。ドゥラランド税は，年配勤労者の整理解雇のコストに関する新たな規制の導入を狙ったものであった。当初は，55歳またはそれ以上の年齢の被解雇者のみを対象としていた（給与支給総額3ヵ月分に等しい額の失業保険に対し企業が支払う税）。この税は1992年に急激に増加し，50歳以上の単独解雇にも適用されるようになった。

第Ⅱ部　年齢と労働：就労人口の高齢化の課題

② 段階的早期退職の代替手段の拡大

同時期は他方で，1992年12月23日の法律によって段階的早期退職の公的制度の拡張が行われた。その目的は，企業の補足的雇用の可能性と連結させて，55歳以上の勤労者の雇用を部分的に維持する代替手段を創り出して，労働市場からの早期退出および，その費用のますます重くなる傾向をせき止めることであった。こうした向老期勤労者のパートタイム労働への移行は，雇用問題が深刻で，世代間の雇用の配分や労働時間の調整について回答が求められている状況下にあるという見地から，一つの妥協策として出現した。

段階的早期退職は，連帯契約の一環として1983年に創設された公的措置であった。この措置は，ボランティアを含むいくつかの条件つきで，少なくとも55歳に達している勤労者のパートタイム労働への移行を可能とした。勤労者は，労働時間に比例して企業から支払われる給与に加え，失業保険から従来の給与の25％から30％の追加給付を受けた。その代わりに，企業はパートタイムへの移行を完全に相殺する雇用を進めなければならなかった。この措置は，1987年から1992年まで年間受給者数3,500人から4,500人の幅で推移し，二義的な策にとどまっていた。

3つの重要な点について制度を緩和するため，1992年と1993年に2つの変更が導入された。まず，定員維持の条項が廃止された。企業は（退職者数に比例して定められる）補償的雇用を確約するか，あるいは新規の募集を希望しない場合は税金の支払いで，埋め合わせをする。第2に，雇用総数の3分の1だけは，優先対象者（26歳以下で，職業技能資格第Ⅴ級取得者，またはそれ以下の資格取得者，障害労働者，1人以上の子どもを持つ単親者，50歳以上の失業者，長期失業者，社会参入最低所得RMI受給者）を含めなければならない。したがって，新たな段階的早期退職は，次の二つのタイプの企業を対象としている。

- 定員削減の状況にあり，年配勤労者をパートタイムへ移行させれば解雇を回避できる企業。この場合，企業は税金を払う。
- 雇用はできるが，限界がある企業。年配勤労者をパートタイムへ移行させれば，その措置のおかげで勤労者全員，または一部に関係して雇用が守られる。この場合，段階的早期退職は年配者の予測的年齢管理の手段となり得る。

要するに，労働時間に関する三度目の緩和が行われたのである。パートタイム勤務は，以前の常勤の年間労働時間の40％または50％に相当し，週，月，または年を単位にして計算される。雇用に関する5ヵ年法を経て，1994年以来，この点についても措置が緩和された。労働時間は，段階的早期退職の全期間にわたって「年換算」することができる：パートタイム勤務の労働時間は，早期退職の全期間にわたる労働時間の短縮を平均50％とする条件で，従来のフルタイム勤務の年間労働時間の20％から80％まで幅を持たせることができる（Baktavatsalou, 1995）。

フランスでは，段階的早期退職は，次第に完全早期退職に競合する解決策として存

在感を増してきた。実際，1993年以降，労働関連の行政当局は，企業が完全早期退職よりも段階的早期退職を行使するよう強く奨励し，一定の成功を収めた。就労を段階的に停止する方法は，年配勤労者が部分的に企業内に留まり，それに応じて失業保険および年金制度への拠出を維持できる利点があった。労働省は，社会計画を実施する企業にこの措置の活用を奨励し，段階的早期退職の実施のために，完全早期退職制度 ASFNE（全国雇用基金の早期退職特別手当）の許諾を調整した。この政策が，1990年代前半にわたって，完全早期退職 ASFNE に比べ，段階的早期退職の発展に確実に大きく寄与した。

1995年に初めて，ASFNE への適用開始者数が，段階的早期退職の受給開始者数よりも低くなった。このようにして，完全早期退職への受給の制御政策が効き目を表し始めた[5]ことが見て取れた。ASFNE 完全早期退職への受給開始者数は，1994年には12％，1995年には50％近くも落ち込んだのに対して，それと同時期に，段階的早期退職によって年配勤労者を部分的に維持する代替策の方は大幅な開始者数増加の潮流を示した（Baktavatsalou, 1996; Charpentier, Galtier, 1996）。しかしながら残念なことに，完全早期退職の阻止を狙った，この新たな公的規制は，雇用状況の悪化や，政治日程の新たな優先課題には抵抗できなくなる。特に，国が出資する完全早期退職手当受給の条件が輪をかけて厳格化されたため，修正ドゥラランド法[6]にもかかわらず，企業がそれ以降，より安価な失業対策[7]を用いて年配勤労者を排除できるようになったからなおさらである。

労使代表の管理で，国の部局と失業保険の間で行う調整は，早期退出を監視する公的な積極的介入主義の後退と相まって，困難となっていた。この困難は，失業保険制度の一環として新たな協定策が開始されるに伴い，1995年末から完全早期退職制度が新たに勢いを増した現象を説明できるものとなっている。

③ 1995年以降：失業保険制度の一環として完全早期退職の復調

当局は，すでに見てきたように，早期退出の動向を抑制しようとした後，1995年末に，Unedic（全国商工業雇用連合）の枠内で，労使代表が一致して，長いキャリアを持つ勤労者に関する，新たな早期退職制度を実施するよう奨励した。この制度は1996年末および1998年末に2度更新され，2000年に延長された。この ARPE（雇用代替手当）の制度により，同等の雇用が行われることを条件に，雇用主は56歳以上の勤労者（基礎老齢保険制度への保険料納付が合計40年に達する場合）の退職を優先できるようになった。退職する勤労者に支払われる手当は，Unedic 内に設立された雇用促進労使介入基金から賄われる。この面から，早期退職に関して，当局と Unedic の役割の根本的な分離が見直された。この分離によって，1984年，Unedic の改革の際に，まさに雇用喪失の厳格な補償に集中させる目的で，国の早期退職制度が創設されたことが思い出される。こうして雇用への介入という名目で，Unedic は早期退職の資金調達を再開することとなった。[8]

ARPEが早期退職に与えた新たな勢いは、年配者が若年層に場を譲り、世代交代を加速するという原則に基づき、雇用振興の意向の一環をなしている。同時に、長いキャリアを果たしてきた勤労者が早期退職することができるという、社会正義が組み込まれている。同じ意図で、1997年に年配労働者のためのACA（失業手当）が創設された。これは、ARPEにみられると同じ社会正義の見地から、長年（40年間）老齢保険料を納付してきた60歳未満の失業者が、年金受給まで、遜減なく、補償手当を延長できると規定している。

これらの措置は、1998年に、連帯失業手当を受給する年配失業者、またASA（待機特別手当）の創設とともにRMI（参入最低所得）の受給者にまで拡大された。これは、40年間の老齢保険料納付を証明できる無職の60歳未満の年配勤労者が最低代替所得を維持するための仕掛けである。

残念ながら、これらの対策が目指した完全早期退職の復調は、段階的早期退職を「食いものにする」(Zaidman *et alii*, 2000) 結果となり、段階的早期退職の減退の兆しは1996年から観察される（図4-1）。確かに、これらの新たな完全早期退職制度は、企業と同様に勤労者も、部分的退職よりも完全退職を好む傾向を再燃させ、早期退職の文化を復活させることとなった。というのは、PRP（段階的早期退職制度）は、パートタイム勤務がまだあまり普及していない企業で実施するには複雑なのである。[9] しかも、勤労者にとって金銭的にほとんどメリットがない。事実、パートタイム勤務を続けている人の平均給与の手取り代替率は85％に対し、同じ勤労者がARPEまたはASFNEの完全早期退職が適用される場合は75％、ACAの場合は65％であった (Zaidman *et alii*, 2000, p.109)。

図4-2は、完全退職制度と段階的退職制度への適用開始者数の潮流の変遷を表しており、高齢労働力管理について企業行動に生じた顕著な変化を明確に示している。潮流の変化は、早期退職手段を制御しようという公的意志が薄まるやいなや、企業側のさまざまなアクターが示した志向の表れである。1996年以来、ARPEと年配失業者のためのいくつかの制度は、段階的早期退職をしのぐようになった。早期退職が全体として着実に増加している一方で、段階的早期退職の適用は急に減少している。

これらの措置はすべて、失業に対し中期的な効果があるかどうか定かではないにもかかわらず、巨額な財政コストとなった。[10]

1997年には、既存の主要な3つの早期退職制度（ASFNE, PRP, ARPE）の総費用はおよそ220億フランに達した。この総費用は、ACAの費用（1998年にUnedicが推定した追加費用は7億フラン）や、とりわけ求職活動を免除した年配失業者の費用は組み入れていない。Unedicはそれについて正確な情報の公開はしていない。すでに1994年、失業による年配勤労者の規定年齢前退職が新たに普及する前に、Unedicは55歳以上の勤労者への失業手当出資に、歳入の4分の1を費やしている。

第4章　公共政策の配置構造と職業寿命の根源にある年齢文化

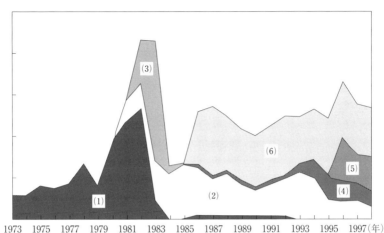

図4-1　完全早期退職および段階的早期退職の制度への適用開始者数の潮流の変遷

注：(1)収入保障　(2)FNEの特別手当　(3)連帯・辞職契約　(4)段階的早期退職（PRP）　(5)雇用代替手当（ARPE）　(6)求職活動免除（基礎手当またはAUDを受給する55歳以上の失業者）。
出典：DARES（Zaidman et alii, 2000, p.103）。

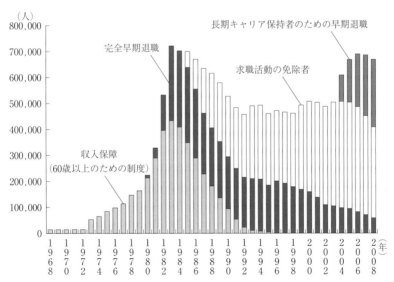

図4-2　1968-2008年に，規定年齢前就労停止制度の受給者数の，大分類別による変遷（12月末の累積数）

出典：Pôle emploi, CNAM-FCAATA基金，CNAV（DARES勘定）。

123

④ 完全早期退職制度を「ターゲット設定」する努力

2000年に当局が採択した方策は，フランスが依然として早期退職の文化に深く根ざしたままであるとしても，早期退職のターゲットを努めて特定の受給者集団に絞ろうとしたことを示している。実際，2000年2月9日のデクレにより，新たな協定制度としてCATS（特定給与労働者規定年齢前就労停止制度）が作られた。辛い仕事（組立ライン作業，夜間作業，継続的作業）に従事する特定のカテゴリーの勤労者のみが対象となる。すでに述べた完全早期退職の公的制度とは異なり，CATSは部門および企業レベルでの職業協定の対象となるべき協定策である。この方法は，自動車産業を含む相当数の産業部門からの強い要請を受けて導入された。これらの部門の企業は，多くが1960年代に外国からフランスに到着し，ARPEの受給に必要な保険料納付年数に満たない移民出身の労働者を対象に，早期退職制度の利用の続行を望んでいた。国家の資金負担は，特定の条件下で，57歳以前は対象とならない。制度への適用開始年齢によって，20％から50％となる。2000年には6,177人の適用開始者があり，うち4,643人については部分的に国が負担した。国の援助がない場合，企業にかかる費用は50％から100％の幅がある。自動車業界で締結された協定に引き続き，9つの産業部門が，その実施の3年後にCATS協定を締結した。

同じ意図で，1999年の社会保障財政法が，CAATA（アスベストを扱う労働者の規定年齢前就労停止制度）を導入した。主にアスベストを含む機材を製造する施設の元勤労者を対象とするこの制度は，他のカテゴリー（港湾労働者，農業勤労者）にも拡大された。それは多くの適用者を集め続けており，2003年末には，22,500人の勤労者がこの形式の早期退職の恩典を受けた。2008年には，アスベスト労働者が受給開始者のほぼ半数を占めた。

この制度の受給開始者の増加の理由としては，（条件は限定的であっても）勤労者の権利をより良く認識し，新たな分野（農業勤労者，港湾労働者）を組み入れ，また企業にとって低コストであった点が挙げられる。この制度は，FCAATA（アスベスト労働者規定年齢前就労停止基金）から資金提供を受けている。2004年の社会保障財政法では，この早期退職制度の恩恵を受ける勤労者または元勤労者の名目による負担として，当該企業に15％の拠出金を制定した。

ASFNEの早期退職制度も，企業のコスト高騰により，2001年1月1日から，ターゲット設定の対象となった。この制度は，大規模な解雇を実施しなければならない大きな困難の渦中にある企業に主として限られていた。2003年1月以来，雇用主の拠出金の上昇と並行して，制度への適用条件は狭められた。

最後に，2003年の年金改革では，いくつかの公的早期退職制度（ARPEと段階的早期退職）の廃止，およびその他の早期退職制度の受給制限がされた。後者は最も困難な職種を中心とする労働者への適用に再び制限された。同時に，暫定措置として，長いキャリアを達成した勤労者に対して規定年齢前退職の可能性が開かれた。この制

度により，最低160四半期の保険料納付期間を満たした者はみな60歳以前の退職が可能となる。また，高等教育の年数，あるいは不足年数の名目で，保険料満期納入に不足する四半期数分を償還できることが規定された。そこで，不足した四半期数を有効化させる手続きに奔走する人々の姿が見受けられた。この新たな制度は，公的早期退職制度廃止の時代に，まさに熱狂的な状況を引き起こした。2004年の初めから2008年6月までにかけて，全体として515,000人もの勤労者が，長期キャリア保持者として早期退職で引退した。

このように，よく知られている論理によれば，早期退出の動向抑制を目指す当局の努力は，絶え間なく手段の入れ替え効果につまずく（Casey, 1989; Guillemard, 1990）。フランスの場合，失業保険の中で労使代表が，まず ARPE で，次に年配失業者への求職活動免除の拡張により，制限を課せられた公的早期退職制度の後退を大幅に埋め合わせしつつ，早期退職の新たな道を開いた。同様に，2004年から，長期キャリア保持者のための規定年齢前退職が，廃止された早期退職制度を引き継ぐ。図4-2で，1972年から2008年にいたる期間に優勢であった，手段の入れ替えと費用の移転の働きを観察することができる。2004年以降は，求職活動の免除と，長期キャリア保持者のための早期退職が，完全早期退職制度に取って代わることとなった。

第1の場合では，労使代表による失業対策の拡大が，雇用担当の行政当局が企画した早期退職手段の配分とターゲット設定の努力を無に帰してしまった。一度ならずまた，大陸型諸国においては退職手段の変形自在さ，公的努力による配分に抗って再展開する傾向性を持つと認識せざるを得ない。全体として，規定前就労停止制度の恩恵を受ける人数は後退せず，それどころか，とりわけ長期キャリア保持者のための早期退職制度のおかげで，最も高い水準にはね上がったままとなっている。

1992年から2005年の期間，労働市場からの早期退職の公的対策の歴史を俯瞰すれば，労働市場からの早期退出を補償する公的対策の長期的な継続性が顕著であることがわかる。公務員でさえ早期退職制度の恩恵を受けている。1997年に導入された CFA（就労終了休暇）により，3つの公共機関の公務員は，特定の年齢や納税期間の要件を満たせば，60歳以前に税込給与の75%受給で退職できるようになったが，これは2004年から段階的に廃止された。これらの措置はもちろん，公共団体（国と社会保険機関）に費用がかかる。求職活動免除の経費は特に高い。全体で，1970年以来，規定年齢前退職のすべての制度の財源は，社会保険料値上げの30%から50%を占めると推定される。

国家と労使代表に加え，企業もまた，当局が公的制度への適用について規制要件を厳格化するにつれ，過去数年間にわたって，自前の早期退職制度を率先して発展させた。基本的に，それは数千人の勤労者を抱え，繁栄している分野（銀行，保険，石油，医薬品，航空機製造）の極めて大規模な企業である。多くの場合，退職年齢は55歳と定められているが，時にそれより年長の場合がある。30社の企業契約（DGEFP，

2000年11月)に対するある調査によれば、4件に1件はそれよりも年長であり、または1999年にIBM Franceが49歳に設定したように、より若い事例もある。

　これらの企業制の早期退職に関するデータは、統計的情報のフィードバックがないため不十分であることに注意すべきであるが、「企業制」の早期退職は、従業員500人以上の事業所の早期退職の3分の1を占めると推定されている（Anglaret, Massin, 2002）。2003年の年金改革法は、こうした早期退職制度に、FSV（老齢連帯基金）に充当する23.85％の特別税を導入したことで、これらの制度の費用を増加させた。それ以来、この費用は高騰した。

　結論として、早期退職の動きを制限する当局の努力にもかかわらず、完全早期退職は、フランスにおいて人々の意識にも慣習にもしっかりと根を下ろしている。特に企業は、これを労働力の高齢化にうってつけの解決策として、また年配労働者が新たな形態の労働組織に適応できない問題に対する最善の解決策とみなし続けている（第2章と第5章）。したがって、2001年6月には、研修および経営コンサルタント機関が、「シニア勤労者をいかに管理するか？」といった副題を冠し、早期退職に特化した研修セッションを人事担当責任者に提案した。このような研修を提示する論法は、この問題に関する企業の意識のありかを示唆するものである。企業は、将来的には変える必要性を感じてはいるが、当面は早期退職制度に押し寄せ続け、労働力の高齢化を管理するための主要な手段と考えている。

　当局が介入した最初の試みの分析は、早期退職の制度上の手段を制限または廃止する単純な政策が効果に乏しいことを証明しているのに対し、積極的な雇用政策など、活力ある高齢化のための当局の施策のその他の試みは全く結集されていない。企業が自社のシニア勤労者を維持する体制が整うまでには、まだ道のりは遠いということがよくわかる。

公的介入による第2の分野：年金制度改革の難しさ

　1982年の改革が、失業を背景に、フランスにおける退職年齢を60歳に引き下げたことを想起しよう。そうした理由ゆえに、当時の社会党政権は、満額年金開始年齢以降の就労延長を奨励する措置を一切廃止した。したがって、保険料納付満期に達するやいなや、60歳過ぎての追加就労した年は、いかなる新たな権利も授与されない。その結果、フランスの年金制度は、個人に選択する余地をほとんど与えることなく、切り捨て用の刃として機能している。その上、同じ法律が在職年金受給者の合併所得に厳しく課税し、規制している。

　この極めて特殊なフランスの背景を念頭に置いた上で、今後数十年にわたる年金に関する議論と改革を考える必要がある。人口の課題は、年金制度の財政的バランスにとって特に差し迫ったものとなっている。2006年には、ベビーブームの世代が60歳に達し始め、大規模かつ継続的に年金制度に入った。それゆえ、多くの公的報告の1つ

によれば、この時期のジレンマは、給付を半分に減らすか、または保険料額を170%に増やす必要であった。[16]

　この特殊な状況は、フランスの議論のほとんどが、人口の高齢化、および年金制度の財政的バランスという唯一の問題、またそれを保護するために必要な調整にもっぱら集中していることを、部分的に説明していると思われる。また、フランスの場合における調整の主要な変数は、主に保険の期間であり、年齢ではないという事実の説明ともなっている。

　一連の長大な行政報告書と論文が、この議論の一枚岩の集中ぶりを物語っている。[17]一方、この同じ時期に、人口高齢化の雇用への影響を扱った公的報告書は1件のみ、またこの件に関する労働省主催のシンポジウムも2件しか見当たらない。[18]さらに、前者とは異なり、後者はほとんど報道で取り上げられなかった。しかし、1993年3月の総選挙まで、いくつもの政府が報告書を要請したが、年金改革に着手することは一切なかった。赤字を埋めるため、保険料の引き上げで収入を得るという従来の手法に頼り続けた。

　民間部門の勤労者のための一般制度の年金改革に着手したのは、エドゥアール・バラデュール率いる、UDF（フランス民主連合）と RPR（共和国連合）の右派同盟から生まれた連合政府であった。1993年7月のこの改革の主な措置は、満額年金を得るために必要な保険料納付期間を37.5年から40年へと（2003年）、極めて緩やかに延長することであった。改革のもう一つの主要点は、年金算定の基準を10年ではなく、最良の25年（2008年）まで徐々に修正することによって、制度の保険料徴収備蓄を拡大することであった。[19]

　この改革の結果、一般制度の勤労者の満額年金算定の年齢は、必要な保険料納付期間の延長によってごく緩やかに繰り延べにされた一方で、他方では、以下の3つの方法で給付される年金額の水準は全体的に収縮にいたった：[20]

- 保険料徴収備蓄を増やしつつ、年金額を算定する。これは大半の勤労者にとってあまりメリットがない。
- 保険料納付期間の延長により、満額年金の受給資格者の人数が減少する。
- 賃金ではなく物価を基準とした、より不利なスライド計算で年金額が決められる。

年金額の縮少は、1990年代に特有の、公的支出の配分の試みの一環なのである。

　この時期、ほとんどの富裕国は、人口の高齢化という課題に対応するため、年金制度の大幅な改革に着手した。しかし、フランスの年金制度の改革は社会保険の（民間商工部門である）一般制度の基礎年金に限られており、公共部門および特別制度の勤労者の制度は手付かずのままとなっていた。この改革を公的部門の勤労者や特別制度に拡大するため、アラン・ジュペ首相が着手した1995年11月の試みは、合議なく、また慎重を期すこともなくて、労働組合の大々的な動員とストライキに直面し、改革のプロセスは長期にわたって行き詰ることとなった。

バラデュールの改革は，中期的には退職年金額を縮小する効果があったが，キャリア末期の非就労の主要な問題に取り組むものではなかった点に留意すべきである。それは，もっぱら年金計算の規則の改革にのみ留まっている。年金受給の年齢を規定する基準を調整するのだが，現役生活の実質的延長に効果を発揮する対策に取り組むわけではない。そうした目標は，年配勤労者に向けた積極的な雇用政策の管轄なのである。早期退職が普及して以来，労働市場からの最終的退出は，年金制度の受給開始年齢とはまったく一致しなくなっている点に留意したい[21]。結果として年金制度は，以前のような，労働市場からの最終退出を規定するという中心的機能を剥奪されたのである。

フランスの社会保護制度の極端な細分化と分裂化は，この1993年の改革に反映されている。社会保護の組織が，ますます負担の論理とリスクが錯綜した混合物となっているにもかかわらず，年金制度が雇用や他の社会保護の部門と保っている相互依存の関係性を考慮することなく，年金改革が実施された。したがって，バラデュール改革が失業保険や国の早期退職への訴求リスクが生じるということは，その年金改革採択後でしか算定できなかった。これらすべての制度の間に存在する連通管システムを鑑みれば，年金改革が，公的機関の間での純粋に，かつ単純な負担の移転に終わらないように，年配勤労者のための早期退職および失業補償へのアクセスを狭めることが緊急に必要となろう。

バラデュール首相の一般制度改革をそのほかの年金制度に拡大しようとの，1995年のジュペ首相による試みが大失敗に終わった後，1998年5月，当時の首相リョネル・ジョスパンは，この問題に関する行政報告書の策定の再着手を決意し，計画策定委員長ジャン＝ミシェル・シャルパンに，年金制度の未来に関する診断報告書を依頼した(Commissariat Général du Plan, 1999)。1999年3月に公表されたこの報告書は，年金制度の財政的バランスに対する厳密なマクロ経済および人口統計学的アプローチに基づき，すべての制度について，年金満額受給に必要な保険料納付期間を（2019年に）42.5年まで段階的に延ばすことを推奨している。その目的は，制度を「人口ショック」と呼ばれるものにしたがって調整することである。この報告書では，年配勤労者の雇用維持の問題は扱われていない。この提案が引き起こした，ありとあらゆる勤労者の労働組合組織の抗議行動に直面し，政府は新たな方針報告書を次々に要請した。1999年1月末，就労から退職への段階的移行が普及する条件に関する報告書が，経済分析委員会委員ドミニク・タデイに依頼された。この報告書は，企業における年配勤労者の雇用問題を，よりミクロ経済的なレベルで焦点を当てるために，純粋に人口統計学的およびマクロ経済的な論理を抽出している。また，フランスで支配的な早すぎる退職と切り捨て策を，より洗練された段階的な形態へ進化させるため，完全早期退職の手段を制限する必要性を強調している（Taddei, 2000)。

最後に，2000年1月に公表された経済社会諮問院の報告書（ルネ・トゥラード，元

社会問題担当大臣の報告書）は，タデイ報告書の方針のいくつかを再度取り上げている。しかし，多くの人々にとって楽観的すぎるとみなされる成長予測に基づくこの報告書は，一貫性に欠く勧告の表明で，シャルパン報告書の警告を発する事実認識とは真逆の，現状の擁護論であると解釈されている。

結局，一連の矛盾した報告書類は，2000年6月に設立された常設委員会，COR（年金方針委員会）が創設されたことを除いては，具体的な改革につながる成果は一切なかった。この新委員会の任務は，さまざまな制度の変遷を追跡し，報告書を作成して政府に勧告を進言することである。新たな機関の最初の報告書は，2001年12月に首相に提出された（COR, 2002）。

その後，年金改革に関する交渉は行き詰まっているようである。民間部門の勤労者のための補足的な年金に関する交渉の際，経営者は，保険料納付期間を45年に設定することを提案し，期間延長をエスカレートさせた。一方労働組合では，一部の組織はアラカルト年金の開発に反対しなかったが，タデイ報告書の提案に沿って，60歳で退職する権利を死守しようとした。公共部門の勤労者については，これまで，民間部門の納付期間に近似する恐れのある期間延長に関し，いかなる妥協も拒否された。

これは憂慮すべき状況であり，フランスのような保険モデルの国の年金改革は，あらゆる関連アクターが結集し，極めて幅広い政治的コンセンサスが進展するという条件なしには実現されないことは明白である。ヒンリクス（Hinrichs, 2000）は，「ゾウ」にも例えられるこうした公的年金制度は，制度上の柔軟性を示すことができるのは，対峙するすべての勢力の間でバランスのとれた持続可能な妥協が見出されるという条件下でのみ可能である，と論証した。同著者によれば，それはドイツの場合なのである。

このような妥協は，案件のすべての要素が考慮され明確に提示されている場合にのみ，陽の目を見ることができる。そうすれば，共通の診断が打ち立てられ，引き続いて充分にゆとりある交渉が行われるため，それぞれのアクターが利益によりバランスのとれた譲歩をできるようになる。しかしフランスの場合，この状況にはほど遠い。議論は，人口動態の変化を背景に，年金の会計および財政的なバランスの問題に厳密に限定されたままとなっている。

2002年の選挙で誕生した，ジャン＝ピエール・ラファランを首相とする右派政府に，前任者リヨネル・ジョスパンの日和見主義からの脱却と年金改革の着手が託された。この改革は，制度の構造と分配の原則を見直すものではなく，連続的な調整の原則を打ち出すと同時に，さらなる公平性の確立を目指し，4年ごとに会合を持つこととなっている。

実施される変更は，第1に，公務員の満額年金の受給に必要な保険期間を，民間部門と並んで，40年に延長する件である。結局のところ，この延長は，公平性を期す，ためにすべての就労部門に拡大すべきとされた。第2に改革は，引退と就労の間の平

均余命の利得を，新たに配分することを制定する。ゆえに60歳以降の平均余命が延長されるにつれて，保険料納付期間は，延長されるべき，と改革で定めた。改革の原則は永続的に変化するものである。こうして，2008年の第1回会合では，2012年に勤続年数は41年への延長が決定され，それはすでに実現された。2012年の第2回会合では，2020年をめどに42年への延長が承認された。

最終的に，この改革は，実際の現役生活の延長を目指している。したがって，雇用対策を示すため，厳密な意味では，年金制度の境界線からはみ出ている。前述した早期退職制度の廃止に加え，そのほかの措置も，就労の延長を阻む障害を打破したり，退職の決定において，よりゆとりある選択肢を提供することを目指している。例えば，使用者が強制的に勤労者を退職させることができる年齢の延期（60歳から65歳）は，第一の目的に適うものである。同様に，ドゥラランドの税制改正（第19条）は，45歳以上の民間勤労者の雇用と職業移動を制限しないように改訂されている。

現役生活の延長を奨励する目的によって，年金算定における切り下げや切り上げの制度化，および在職年金受給と段階的退職という現存制度の再調整が行われた。これらの仕組みは，勤労者が早すぎる引退をしないよう仕向け，反対に，法定保険納付期間を超えた追加年ごとに3％の年金を上乗せすることにより，退職時期を先送りさせることを目的としていた。この連続的な改革によって導入された財政の再均衡化の原則は，職業生活の延長に基づいていたのであり，それは保険料を納付する現役の増加，年配失業者や年金受給者の減少という，自動的に保障される二重の被除数に比例する，これらの方策の結果であるに違いなかった。

残念ながら，2003年8月21日の法律から生まれた年金改革は，それ自体では，第2章で述べたように，年配者の不完全雇用の問題を解決することも，現役生活を延長することもできなかった。この改革は，主に年配者の労働力供給に関する一つの行動であり，年配者がより長期にわたって雇用にとどまるよう促すことを目的としていた。しかし，キャリア末期に現役生活を退くことは，勤労者一人が決定できるものではない。ほとんどが強制されたもので，使用者や労働条件の圧力で決定されている。その結果，2003年の年金改革により，退職する年齢と年金受給の開始年齢の間にすでに存在していた分断が深まることとなった。

さらに，この改革は，労働市場にとどまることができないあらゆる人々にとっては不安定性と年金切り下げという，個人に著しい負担を強いている。したがって，当事者が先手を打って，まだ利用可能な規定年齢前退職のチャンスに飛びつくことは理解できる。この「退避せよ」の戦術は，長期キャリア保有者の規定年齢前退職，勤労者と使用者間の合意による長期療養退職，重大過失解雇による合意退職など，利用可能なありとあらゆる制度の濫用を引き起こした。この全方位避難戦略は，それ自体，改革で設定された制度的枠組みの即時の調整につながった。このようにして，シニアの不完全雇用が変わらないままとなるように，さまざまな条件が結集されたのであり，

その結果，年金改革は再び再検討の課題となったのである。

向老期勤労者の労働市場参入を目指す雇用政策の不在

雇用の分野では，向老期労働者の参入を目指す公的介入は，1990年代から2006年にかけては限られたものに留まっていた。たしかに当局は，向老期労働者が最終的に現役引退する前に，より大きな保護とより良い雇用参入を保障する方策が伴わないなら，年金制度の改革が現役と非就労高齢者の間の関係のバランスを取り戻す点について，効力を発揮しない恐れがあることに気づいている。しかし，これらの懸念はほとんど行動として表れていない。この時期，年配労働者の労働市場への再参入を直接的かつ具体的に目指す対策は一切実施されていなかった。若者や女性，RMI受給者とは異なり，50歳以上の人々は，雇用への参入または再参入政策の優先的な対象ではなかった。

たとえ長期失業者であっても，年配労働者は他の年齢層ほど国立雇用局が努力を傾ける対象ではないが，50歳以上の人々はこのリスクに晒されている（第2章）。全体として，フランスで進展した，公的雇用創出および雇用促進に向けた方法は，主に若者を対象としている（1997年に創設された若年者雇用など）。

しかし，いくつかの方策は，国民全体を対象としているにもかかわらず，年配勤労者についてはほんの一部が関連するにとどまった。四つのカテゴリーに分類できるこれらの対策について，以下の点を逐次検討してゆく：(a)いくつかの弱者に分類される人々向けの労働コスト引き下げに向かう雇用に対する援助措置，(b)労働者の職業訓練および職業技能資格の再取得の措置，(c)労働時間の調整と短縮の措置，(d)健康および労働条件の改善を目指す措置。全体として，50歳以上の労働者の雇用促進のための対策に充てられた公的資金はごく一部でしかなかったということを，知らなければならない。したがって，実質的な効果は期待できないのである。1992年に，年配労働者向けの介入は，25歳以上の求職者に提供された全対策のうち，50歳以上はわずか7％に過ぎなかった。しかし，同年，50歳以上は全体の17％を占めていたのである（Monchois, Gelot, 1994）。それ以来，この配分を激変させるようなことは何も起こっていない。

① 労働コスト引き下げによる商業部門雇用の支援策

50歳以上の人々に関係することが明白な唯一の対策は，CRE（雇用復帰契約）を引き継いだ1995年のCIE（雇用率先契約）である。しかし，それは彼らに限定された専用の措置ではなく，商業部門雇用への公的補助金であり，企業の雇用を奨励する性質にもかかわらず，50歳以上に及ぼす効果はごく限られたものであった（CIEの受益者のおよそ20％が50歳以上）。

全体として，主な雇用政策制度は，2007年の受益者の年齢分布（**表4-1**）が示すように，50歳以上の勤労者にとってはほとんどメリットがない。

表4-1　主な雇用政策制度の受給者の年齢別比率（2007年）
(％)

	年齢		
	26歳未満	26～49歳	50歳以上
商業分野における援助つき雇用	72.4	18.8	8.8
賃金コストの引き下げ	52.7	27.7	19.6
企業における若者の雇用支援	100	0	0
雇用率先契約	10.5	60	29.5
就労最低所得参入契約	1.5	81.4	17.1
交代制研修	95	5	0
見習契約	100	0	0
専門職化契約	85.7	14.3	0
就労と雇用創出への援助（注＊）	8.2	80.2	11.6
非商業分野における援助つき雇用	26.7	57.2	16.1
雇用における援護契約	36.4	46.2	17.4
将来に関する契約	7.9	76.5	15.6
総合	64	25.9	10.1

注＊：起業あるいは企業買収を行う失業者への援助；推定データ。範囲：フランス本土。
出典：ASP；DARES；DGEFP；INSEE；雇用局。

② 職業研修と職業技能資格の再取得

1971年以来，企業は従業員の人材育成に投資する最低限の義務があるとしても，研修の対象者をだれにするのかは企業の自由とされている。そこで，この件に関するあらゆる調査が示しているのは，雇用主の職業研修の戦略に恵まれるのは若年就労者であり，年配勤労者は犠牲となっている，ということである。その結果，45歳以上の勤労者が継続職業教育や訓練に参加できるチャンスもきわめて限られていることは，すでに確認した通りである（第2章）。

1993年の雇用5ヵ年法では，研修に関して2つの制度，CIF（研修個人休暇）とCTF（研修時間基金）が採択された。これらの制度は，自分自身で研修プログラムを計画できる可能性が持てるようにして，労働者の研修へ参加しやすくすることを目的としていた。しかしながら，残念なことにこれらの制度を利用できた年配者たちは少数に過ぎなかった。

2004年の「生涯職業教育」に関する法律は，50歳以上が研修機会に乏しいことを問題としてはいない。会計検査院の報告書（2008）は，全体的に極めて批判的に指摘している。「公的政策が，この年代層の就労人口の被雇用者能力の強化を自らの目標としている時なのに，50歳以上の人々の研修への乏しい投資は，逆説的である」。表4-2は，2003年から2007年にかけて，年配求職者の研修への参加率がほとんど伸びず，ごくわずかであることを示している。

③ 労働時間の調整と短縮のための対策

積極的な雇用対策のうち，フランスが主に結集してきたのは，労働時間の調整，総合化，短縮の手段である。この種の対策は，1993年の雇用5ヵ年法の枠組みで発足し，

第4章　公共政策の配置構造と職業寿命の根源にある年齢文化

表 4 - 2　2003-2007年に研修を受けた求職者の年齢別比率の変化
(%)

研修受給率（フランス本土）	2003	2004	2005	2006	2007
26歳未満	15.4	16.2	14.5	15.1	15.1
26歳から44歳	10.2	9.3	8.3	9.3	9.1
45歳以上	4.2	4.1	3.5	4.0	4.0
その内50歳～54歳	3.5	3.5	2.9	3.6	3.7
その内55歳～59歳	1.6	1.5	1.3	1.6	1.8
その内60歳～64歳	0.6	0.4	0.7	1.6	1.4
フランス本土全体	10.1	10.0	8.9	9.8	9.7

出典：職業訓練の実習生の地域別データ（DARES），調査「雇用」（INSEE）。

労働時間の年換算も導入され，1998年の週35時間のオーブリー法でピークに達した。

1993年の法律で，本書の目的に沿った興味深い革新は「労働時間貯蓄制度」である。この制度は，ライフサイクルにおける社会生活時間の配分が，より柔軟に，合意に基づき，選択されるというビジョンの一環をなしている。年配勤労者を対象としていなくても，向老期労働者には一定の効力を発揮し，キャリアの終了を総合化する可能性を与えている。企業への勤労者参加に関する1994年7月27日の法律で制定された制度により，勤労者に有利な有給休暇の権利は，協定の手段で貯蓄化できる。この貯蓄制度は，労働時間の調整および短縮から生じる休暇や日数の繰越し，利益配分手当の換算，企業の裁量による割増金など，さまざまな方法で補充が可能である。

この貯蓄制度により，長期（少なくとも6ヵ月）の無給休暇を部分的または完全に補償することができる。その利点は，仕事と収入の間の直接的なつながりを断ち，勤労者が就労している間に，有償就労期間と交代してサバティカル休暇期間が取れるようにすることである。しかし，後にアラン・スピオが「社会的引き出し権」として理論化した，この種の債権で構成される革新は，一連の制約（多くの使用者の慎重な態度，企業から他企業への権利の持ち運び可能性の欠如）により妨げられた状態となった。この制度は，向老期勤労者に対しては，勤労者に時間の選択の可能性を開くということよりも，もっと普及したのは，特にこの制度と段階的早期退職を組み合わせて，いくつかの種別の年配勤労者のために，企業の課すフレキシビリティの手段として，キャリア末期休暇の組織化をするという利用法であった。その結果，この制度は，主に完全早期退職に対する国の制限を背景に，早期退職の補完的な手段として使われることとなった。

労働時間短縮に関する最近の法律（35時間労働に関するオーブリー法ⅠとⅡ）について，この層への効力が疑わしく思われるのは次の二つの理由による。
- この法律は，現役生活の期間に関して，より幅広い交渉を行うという配慮はないままで実施された。しかし同時に，民間でも公共部門でも，満額年金に必要な保険料納付期間については交渉が進められていた。すでに観察したように，これらの2つの議論は注意深く，切り離されていた。この点で，生涯の労働時間と非労働時間の

新たな分配，またその結果として生じるかもしれない世代間の新たな社会契約の問題について，確かな基盤に立って問う機会を逃したと言うことができる。
- あらゆる専門家は，35時間労働の適用により労働が激化し，労働の時間的制約が増したと認められる，と意見が一致している。しかるに，年配労働者がこのような激化に対して最も抵抗力がないことは明白である。結果として，35時間労働の適用は，50歳以上の勤労者の雇用状況の悪化を増大させた可能性がある。

④ 労働条件の改善

「労働衛生」計画（2005-2009年）は，予防政策として労働年齢を考慮し，それを優先課題とすると発表した。したがってこの計画は，雇用の質，また労働の辛苦対策の名目で，職業上のリスクの予防措置を強化する意思を示している。それは主に「特に職業環境における化学物質への曝露に関連する危険性およびリスクの知識の分野について，構造化の現場に手引きする組織計画」を指す（「労働衛生」計画，2005-2009年）。23の行動で構成されたこの計画は，職業環境の危険やリスクおよび曝露に関する知識の普及，検査の効率の強化，操縦機関の改革，企業の労働衛生への関与を促すための行動という，4つの構造化目標を中心に編成されている。この計画の主な目的は，安全衛生の責務を労働政策の中心に据えることであった。

この計画の行動の一つは，雇用における適性と維持の問題に関わるもので，年配労働者に特に言及している：「労働人口の高齢化により，経験の活用の問題，またおそらく障害の活用の問題も，雇用における維持の論理に組み込みつつ，健康状態と労働の地位との間の妥当性の問題について，幅広く再考する必要がある」。

これらの目標は，シニア雇用のための協議行動計画（2006～2010年）で再開されるが，その限界については第8章で分析する。2003年の年金改革の後にようやく，シニアの不完全雇用を改善するための積極的な雇用政策がいくつかみられた。しかし，彼らに与えられた手段の脆さや，全体的な一貫性の欠如により，シニアの就労の延長に大した影響を与えることはできないと思われる（第8章）。

結局，キャリア後半期を対象とするフランスの公共政策の配置構造はほとんど変わっていない。その結果，早期退職の文化は，年配勤労者の過小評価のプロセスと，早すぎるキャリアの終了と切り捨て社会の構築という，その必然的な帰結で，主なアクターたちの行動に影響を与え続けた。

年金改革が差し迫った状況にあるのに，立法府は，現役生活の延長が，年金の標準年齢や強制的な保険料納付期間の引き上げだけで成し遂げられるものではないと認識するに至らなかった。それにしても，フランスにはいくつもの規定年齢前退職の制度があることを考えれば，年金を統治する媒介変数は，もはや職業生活の延長に効力を発揮する大きな操縦桿を成してはいなかったことは明らかであった。

2010年の新たな年金改革を前に，フランスの状況はほとんど変わっていないということがわかるであろう。

スウェーデン：向老期就労者の参入を促進する公共政策の配置構造

　スウェーデンは，これまで確認したように，過去10年間を含め，70％近い高水準で，向老期就労者の労働市場への参入を維持することができた。どのような公共政策の具体的な配置構造によって，キャリア後半期に高いレベルの就労維持ができたのか。本書が立てた仮説では，この結果は，寛大な社会給付と積極的な労働市場政策との間の特別な構造によるものと考える。この公的施策の特殊な配置構造は，スカンジナビアの福祉国家モデル構築の基礎となる「働く社会」の規範的原則への結束力に負っている。

　この規範的原則は，優先的に，万人に雇用へのアクセスを保障し，完全雇用を追求しなければならない。このような観点に立てば，寛大な補償と再分配は，労働市場に復帰できない人々のためには，その場しのぎの策に過ぎない。この国では，雇用政策は社会政策に必要不可欠な原動力となっている。こうした政策は，教育，職場復帰，公的雇用または補助金付き雇用，大規模な公的雇用サービスなどの政策を通じて，万人の雇用能力を促進するためにあらゆる種類の膨大な公的介入を構成している。スウェーデンは欧州で全体就業率が最も高く，その目標は達成されている。2005年には，EU 15ヵ国の55％に対し，スウェーデンでは約70％に上る。

　1930年代に積極的な労働市場政策の概念が考案され，1950年代に大々的に実施されたのはスウェーデンにおいてであるという事実を想起したい。スウェーデンの公的社会支出の配分に関する調査は，この国においては，欧州連合の他諸国で支配的な配分と比較して，受動的支出よりも能動的支出が相対的に重視されていることを証明し，職業訓練のために著しい努力を行なっていることを強調している（表4-3）。

　スカンジナビアのモデルに属する諸国の中でも，スウェーデンは能動的支出と職業訓練活動における公的投資が際立っている。1990年，スウェーデンは，雇用のための公共支出の3分の2を，いわゆる能動的支出に割り当てたが，補償支出（失業補償と早期退職）の割合は予算のわずか4分の1にすぎなかった（OCDE, 1995, p. 322）。この能動的・受動的支出の比率は，1990年代にわたりほぼ維持されていた（Commission européenne, 2000, p. 115）。

　スウェーデンの社会に深く根を下ろした，この極めて完全な一揃いの積極的な雇用政策は，欧州大陸，特にフランスで発展したような，引退の社会権を伴う「早期退職の文化」とは正反対に位置する「あらゆる年齢で働く権利の文化」の発展をもたらした。

　実際，スウェーデンで労働市場政策に与えられた優越性は，エスピン-アンデルセン（Esping-Andersen, 1996）が，スカンジナビアの福祉国家モデルを特徴付ける社会的投資政策として指し示したものの具現化である。

表4-3 欧州15ヵ国における公共社会支出の主な機能別の構成比較（1995年）

	公的業務					
	年金	教育	家族と高齢者	積極的雇用政策	生涯教育（注1）	排除対策（注2）
デンマーク	5.6	6.5	5.28	1.89	1.07	1.5
スウェーデン	9.0	6.6	5.1	2.01	0.48	1.1
フィンランド	9.1	6.6	3.1	1.23	0.41	0.7
英国	7.6	4.6	1.16	0.42	0.09	0.3
アイルランド	4.6	4.7	0.6	1.66	0.21	0.4
オーストリア	13.4	4.5	0.85	0.44	0.15	0.3
ベルギー	10.3	5.0	0.28	1.29	0.29	0.7
ドイツ	10.9	4.5	1.36	1.27	0.34	0.6
フランス	12.2	5.8	1.14	1.37	0.35	0.5
オランダ	7.8	4.6	1.03	1.76	0.22	0.7
ルクセンブルグ	10.4	4.3	0.91	0.3	0.01	0.4
イタリア	13.6	4.5	0.3	1.08	0.01	0
スペイン	9.2	4.8	0.35	0.72	0.21	0.1
ポルトガル	7.7	5.4	0.53	0.87	0.28	0.1
ギリシャ	10.1	3.7		0.35	0.06	
EU加盟15ヵ国	9.4	5.1	1.57	1.20	0.27	0.5

注1：1998年，あるいは入手可能な最新年
出典：OECDと欧州委員会。他の支出カテゴリーとわずかに重複する可能性あり（Ferrera, Hemerijck, Rhodes, 2000, p.34）

スカンジナビアの福祉国家モデルは，働く社会が市民に対して抱く活発化の要請と，市民の就労支援や社会的庇護に関するニーズへの対応が，バランスよく組み合わされている。

このような状況で，生涯にわたる就労を促す，市民の権利と義務の一揃いが作られていると理解できる。労働の権利と，労働能力を維持する義務だけでなく，雇用への復帰が困難な場合，復帰のための雇用サービスや所得移転の権利があり，そもそも，スウェーデンの公共政策の配置構造は，活力ある高齢化を奨励する規範的な機構を構築している。

積極的な雇用政策と補償政策を緊密に組み合わせたモデル

スカンジナビアのモデルは，雇用政策と，代替所得をもたらす社会保護給付との間に，密接なつながりを確立している。この意味で，自由主義モデルとも，大陸型モデルとも異なる。スカンジナビアのモデルの場合，移転所得は，国が提供するあらゆる種類の幅広いサービスの見返りとして，期待される職業訓練，再資格取得，職場復帰への努力が一部で条件付けられている。このように労働と社会保護の間にはつながりがあるが，社会保護項目が厳密に労働を条件付けているわけではない。自由主義モデルの場合，社会保護給付には労働市場への復帰という目標が厳格に義務付けられてい

る。米国や英国で開発された *welfare to work* 戦略（労働市場復帰への援助）は，就労への迅速な復帰が課された，社会給付の条件付き性質を具現化したものである。このような枠組みでは，ジャン＝クロード・バルビエ（Barbier, 1998）が明らかにしたように，雇用政策は，復職への強制的な性質が与えられた制裁制度を伴った，失業者と労働市場との間の単なる仲介にとどまることとなる。これらの政策は，市場の円滑な機能に随伴して支援することが唯一の目的となっている。その場合，個人にのしかかる就労の要求と，個人のニーズに対応する公共的関与（パブリック・エンゲージメント）に見い出すことができる見返りとの間に，釣り合いは保たれない。ジャン＝クロード・バルビエ（Barbier, 2002）が「自由主義的」と定義するこの活性化モデルと，スカンジナビア，社会民主主義の活性化モデルとは，根本的に区別すべきであることを，バルビエは的確に示した。後者は，全市民を対象とする複雑な仲介サービス，および「社会的投資」の方策を幅広く含んでおり，雇用の公共機関が，これら全体の中心的な役割を果たしている。したがって，社会民主主義モデルは，労働者に要求される就労のための努力と，期待される努力を支援する国の関与との間のバランスが，その特徴となっている。

これまでの2つのモデルとは異なり，大陸型モデルは，キャリア末期の労働と社会保護の完全な分離原則に基づいて行われる。実際，フランスにおける完全早期退職の事例で見てきたように，このモデルは，労働収入か代替給付か，といった二者択一で機能している。1976年にスウェーデンで創設された部分年金の例は，この観点から，スカンジナビアと大陸型モデルとの間に存在する対比を浮き彫りにしている。この例は，スウェーデンの場合，労働と補償給付との間に強い連結が築かれていることの証明である。60歳から65歳まで，労働者は労働収入に年金収入を合わせるよう奨励された。この制度は，規定年齢前の完全退職を奨励するよりも，キャリア末期の労働時間を調整し，部分的な年金を組み合わせたパートタイム労働の奨励であった。この部分年金は，失われた稼働所得の補償率によって，時間の経過とともに65％から55％の間で変動した，多かれ少なかれ奨励的な制度であった。この制度は，欧州で実施された多くの漸進的または段階的な退職の着想のヒントとなった。

しかしながら，労働と補償の分断が支配的な大陸の状況の中に，部分年金を移し換えると，それは明らかに，年配勤労者の雇用維持で期待された効果はもたらされなかった。社会投資政策の欠如により，勤労者および雇用主双方の就労維持の努力はすべて水泡に帰す一方で，部分年金は，雇用復帰のための寛大な無条件の補償を伴う完全早期退職の制度と競合する事態となった。フランスの事例の提示は，それを明白に証明するものである。しかし，ドイツの事例を取り上げても，この命題を裏付ける結果となったことだろう。

年配労働者のための積極的な雇用政策の曲折

　スウェーデンの「働く社会」の規範的方針には，予防に関する3面がある。第1の面は労働者の雇用保護，第2は職場復帰と労働条件の改善，第3は補助金付きまたは保護された雇用や職業訓練のための施策など，さまざまな制度を含む積極的な雇用政策を含んでいる。

　スウェーデンの年配労働者は，雇用において他の年齢層よりも高度な保護を受けている。例えば，「最後に入った者がまず退出する」規則を定めた，雇用保障に関する1975年法以来，年配労働者は45歳から65歳まで，解雇の場合，より長い解雇通知期間と，企業への再雇用の保障の恩恵を受けることができる。しかし，この原則は，早期退職の促進で労働力の再構築を図ろうとした，雇用主と労働組合の間の地方交渉において回避されたことについて，後に見ていきたい。

　労働市場政策のその他の諸面については，年齢に関係なく，すべての労働者に関係している。さまざまな調査は，受益者のうち50歳以上の占める割合が低い場合があるとはいえ，他のグループとほとんど同じように（若者向けの特別プログラムを除き），年配労働者がこれらのプログラムに参加できることを示している。

　これらの積極的なプログラムでは，働けなくなった人や障害者のための雇用制度に多くの年配の受給者たちが含まれている。最も重要な2つの制度は，保護工房と補助金付き雇用である。参加者は，時には65歳まで長期にわたってその資格を保持できる。保護工房でのパートタイム労働と部分的な障害年金の組み合わせが可能である。[28]

　保護雇用，復職および職業訓練援助のための努力に加え，スウェーデンの積極的雇用政策の不変的な特徴は，キャリア末期のパートタイムへの移行を促進することであった。いくつかの手段がその普及を可能とした。その主なもののうち，すでに述べた部分年金と，障害制度を挙げたい。後者は，パートタイム就労と重複して，部分的な障害年金の受給も可能とする。

　全体として，キャリア後半期のスウェーデンの労働者は，自分がかなりの年齢まで労働市場にとどまれる極めて幅広い手段が用意されていることを知っている。労働市場からの排斥の影響は限られているようであり，それは社会保護給付と就労収入を容易に合わせ持てるだけに一層そうなる。雇用維持の促進を目指す積極的雇用政策の一連の膨大なプログラムは，スウェーデンの社会保護制度（障害，失業，長期疾病，職場における事故）で保障された，非労働に対する高いレベルの社会的給付が早期退職について行ってきた魅力的な効果と長い間，つり合いを取ってきた。こうしてスウェーデンでは，年配勤労者の就業率は比較的高く保たれてきた。

地方計画で練り上げられた早期退職制度の出現

　しかし，景気後退の時期には，スウェーデンも早期退職の動きを免れたわけではない。たしかに，本書が指摘したように，スウェーデンの向老期勤労者は，雇用におい

て法的な保護を充分に享受している。したがって，彼らの労働市場からの退出には，いかなる圧力も受けないはずである。それにもかかわらず，労働組合と雇用主の間で地方計画における交渉が行われ，まぎれもない早期退職制度が出現した。これらのアクターたちは，リストラや人員縮小，労働の再編成などの場合，雇用保護の規則を回避し，最初に年配労働者を解雇するように，妥協点を見出した。1973年以来，年配労働者は，58歳と3ヵ月の年齢から，まず失業保険（60歳まで），次に65歳までは障害保険へと，継続的な補償を受けることができた。この経路が提供する有利な代替率は，勤労者を早期退職に駆り立てるものとなった。[29]

失業と組み合わせた障害は，スウェーデンにおける早期退職の主要な手段の一つとなった。それはおそらく，部分年金とともに，1990年代を通してこの国の実際の退職年齢を引き下げた最大の要因であったといえよう。[30]

たしかに，58-3と呼ばれる障害年金は，かかるコストと，安易な給付を批判した中央レベルの労使代表からの強いためらいにより，1992年から廃止された。一方，労働市場の状態に関連する理由で正当化された障害年金（「失業年金」とも呼ばれる）の給付は，1997年1月まで継続された。スウェーデンでは，その後になってようやく，障害年金給付は医学的な基準にのみ依るものとなった。

1991年から1993年にかけての急激な景気後退は，失業率の上昇とともに，年配労働者の規定年齢前退職にかかる圧力を誘発した。企業や労働組合は，すでに見たように，社会給付の寛大な制度が提供するあらゆる可能性を駆使し，この情勢において早期退職を促進するための妥協点を見出した。主な退職手段のうち，トップを占める障害を除けば，企業の規定年齢前老齢年金が挙げられる。多くの場合，労働組合は地方計画において，若年と中堅労働者の雇用確保と引き換えに，年配労働者の保護を後退させることを受け入れ，年配勤労者の早期退職に対する寛大な補償を含む妥協に署名した。したがって，いくつかの企業や部門は，63歳または60歳から，65歳まで，退職に同意した年配勤労者に，職業退職年金または障害年金を与えた。この時期，長期疾病制度も早期退職を進めるために活用されている。これらのさまざまな措置は，スウェーデンに早期退職に傾く動向をもたらした。その動きは，欧州大陸型の国々と比較して極めて控えめではあるが，景気回復にもかかわらず発達し続けた。やがて，この現象は懸念と議論の主要な対象となった。

社会的議論の中心になった就労延長の課題

1990年代半ばから，60歳以降の就労の後退は大きな社会問題となった。労働市場からの早期退出の傾向を逆転させ，実質的な退職年齢を67歳まで延ばす必要性について，ある程度の合意が徐々に形成されてきた。合意は政府のてこ入れの下，経済界，専門家，労働組合の幅広い支持を得て作られる。唯一，労働者同盟のみが慎重な態度を示している。今後，年配勤労者の現役生活の延長が与える重要性について，次の3つの

主な理由が挙げられた。

　まず第1に,早期退職の動きにかかる著しいコストを食い止めなくてはならない。[31] 早期に退職した年配労働者の稼働所得を代替するための社会移転給付の増大は,急激な人口の高齢化を背景に,社会保険制度の財政的バランスをいずれ危うくすると認識される。スウェーデンはOECD加盟国で最も高齢な国の一つである。人口予測によれば,2000～2040年の期間の従属人口率(65歳以上／20-64歳)は50％も増加する。これらの見通しを考慮すれば,当局がシニアの就業率の低下と,その結果としての社会支出の増加を大変心配していたことは理解できる。このような状況は,社会支出の指数の上昇をもたらす一方で,早期退職はそれを埋めるべき労働収入を枯渇させてしまう。[32] スウェーデンでは,社会保護への大衆の愛着が極めて強い点に注意すべきである。福祉国家はスウェーデン語で,「国民の家」を指していることを想起したい。したがって,予算の大幅な削減ではなく,支出を抑えるための実用主義的な方策が行われることとなる。

　第2に,労働力不足の脅威は,こうした労働力の増加の一部を占める年配就労者が労働市場から早期に退出し続ければ,いずれは増加に影響を及ぼしかねない。

　最後に,早期退職の動向が,この国の労働倫理,およびあらゆる年齢の労働権の文化と共に,スウェーデンの社会保護制度が基盤とする規範的機構全体を侵食すると懸念されるのである。これらの規範の変化の憂慮すべき兆候は,すでに就労者の間で観察できうる。世論調査では,大勢の就労者が60歳から61歳の間に退職する希望を表明している。したがって,国が向老期就労者全体を動員する必要があるのに,このような新たな年齢分岐に落ち込む恐れはあり,労働市場のあらゆるアクターたち(勤労者と雇用主)の変化を先取りした働きによって,知らぬ間にゆっくりと早期退職の文化へ移行するリスクは大きい,と政治指導者は考えている。

労働倫理への回帰を促し,活力ある高齢化を奨励する改革

　この新たな問題をはっきり認識するには,一連の制度改革が必要であり,その中心となる論理は「働く社会」の原則に立ち戻ることとなる。制度の変更は,就労活動の延長に対するあらゆる障害を取り除き,雇用および社会保護政策の機能の中心に,労働権および万人への労働奨励の原則を,再び刻み込むことを目指さなければならない。労働よりも完全な補償を提供する早期退職手段の普及が,かなりの分断を現実に生んでいる状況を変えて,社会保護と労働の新たな結び直しをすることが課題なのである。

　この新たな方向性は,スウェーデンで1990年代末に行われた主な改革に直接影響を与えた。「働く社会」原則と社会保護活性化再興の方針に則って,以下の改革が採択された：

- 早期退職制度の発展を助長した,あらゆる社会保護制度に制限が設けられ,大幅に制限されるか,あるいは廃止された。

- 現役生活の延長をいっそう奨励するため，年金制度が根本から改革された。
- 積極的な雇用政策は，雇用復帰，労働時間の調整，現役中の技能維持奨励の面で強化された。

① 早期退職制度の制限

　障害や長期疾病による早期退職制度には制限がかけられ，資格基準はより厳しくなった。したがって，労働市場に関連する理由で障害年金を得ることはもはやできない。1997年以来，医学上の理由でのみ，障害年金の請求が可能となっている。同様に，長期疾病（4週間以上）の勤労者が給付を受給する場合，1992年以降，規則変更により，雇用主も従業員も，より一層持続的に復職に努めるよう誘導される。管理監査は社会保障機関が行う。勤労者の復職計画は疾病給付よりも高い復職給付つきで，設計される。このようにして，雇用主と勤労者は，復職活動へと促される。

　最後に，部分年金制度の方法は，コストがかかりすぎると判断されて，キャリア末期の労働時間の調整に柔軟性をもたらした年金改革の導入にともない，2000年に廃止された。

② 年金改革

　1999年1月以降，この新たな制度は徐々に実効されている。それは，ほぼ5年近く長期にわたって続けられた労使代表との協議の結果である。そこには2つの主要な要素がある。第一に，徴収力が上昇した。老後の生活水準は，生涯にわたり遂行される労働努力に釣り合うものとなる。したがって，この新たな制度は，スウェーデンの社会保護と給付制度の中心に改めて位置づけられた労働倫理の復帰を具現するものである。長く働けば働くほど，退職年金は高くなる。

　この改革の第2の主要点は，個人が担う新たな責任と管理である。個人は，退職の時期，および積立年金基金に投資された資金の一部（現在のところ2.5%に制限）の管理についても決定することができる。

　この新たな制度の下では，労働者は61歳からでも退職できるが，その場合の年金は65歳や67歳まで待つよりもはるかに低くなるだろう。もはや固定された退職年齢はなくなった。61歳から70歳以上で，引退するまで10年もの選択期間がある。この新たな制度は，旧制度とは対照的である。後者は，所得に比例した付加年金（ATP）の枠内で，保険料納付期間が30年間から「満額」年金が受給でき，最も高額の15年間を基にして計算されると定められていた。逆に，新たな計算方式は，満額年金，最低就労期間および最低退職年齢の概念の一切を廃止するものである。ある意味では，活力ある高齢化の原則が年金制度そのものに組み込まれているといえよう。年金制度は，次世代に対して退職時期を65歳，ないしはそれ以降に延期するよう奨励している。本書の分析の対象ではないため，スウェーデンの年金制度改革について詳しくは触れない。単に，改革が，制度全体の構造を変化させたことを示すにとどめたい。改革で2つの徴収制度が生まれ，賦課および積立方式で資金調達される。16%の保険料が個人の口

座に振り込まれる。この口座は、平均余命も含めた年金算出が可能な、基準となる概念に基づく名目口座である。さらに、2.5%の保険料が、積立方式の個人の貯蓄口座に振り込まれる。

③ 年配勤労者に的を絞った労働市場政策の「活性化」

活性化の再開は、今見たように、社会保護、特に年金に関わるだけでなく、労働市場政策の再編成をも牽引した。

2000年に、まず議会で雇用保護法が見直された。この改革は、就労延長や復職のために作られる恐れのある障害物の排除を目的としていた。保護の対象となる年配労働者の最高年齢は、主要な労使代表のかなりのためらいにもかかわらず、67歳に引き上げられた。ただし、45歳以上の勤労者が享受する雇用保護レベルを決定する基準は、年功序列の替わりに年齢となった。このようにして、一挙に雇用保護の恩恵を得られた年齢を超える年配者を雇用主が雇い難くする、年齢の分岐点の悪影響を食い止めることが期待された。

年齢の障壁を押し返すという同じ理念で立法化された2001年の法律では、労働協約は強制的な退職年齢をもはや67歳以前に定めることはできない、と規定された。以前は、労働協約の大半がこの年齢を65歳に定めていた。リストラのための集団解雇の場合、企業および部門レベルでは協定が存在し、それは現在のスウェーデンの勤労者の半数がそれに守られている。協定は、労働力の地理上および職業上の移動性を促進しつつ、リストラの場合でも、勤労者の安全を強化することに貢献する。また、勤労者は交渉段階において、リストラ戦略を決めるための助言を雇用主や労働組合に与える雇用サービスの支援を受けられる。続いて、ひとたびリストラ戦略が採択されて、「移行安全保障協定」が締結されれば、雇用サービスが、勤労者の転職斡旋のために特別支援と助言を与える。

雇用復帰政策と研修活動も同じく再活発化した。研修に関しては、企業における従業員の技能を維持し発展させるように雇用主を奨励するために補足的な努力が提供され、企業が「学習機関」に変わるように仕向けられた。この方向での企業活動を活発にするために、補助金を受ける「個人能力口座」が一般に告知され、実施された。公式および非公式の研修参加調査は、年齢別で35-49歳の中央年齢と50-64歳のシニアとの差異が10%を超えていないことを示している（表4-4）。

最後に、積極的な雇用対策（暫定的措置として採択される場合もある）は、雇用に再び参入させる目的で年配労働者（特に長期失業者）を暗示的にも明示的にも対象としている。1996年11月、55歳以上の年配の長期失業者向けの臨時公共雇用プログラム（OTA）が開始された。長期失業者の数を半分にするために、55歳から64歳の長期失業者（2年以上）を公共部門の臨時雇用（主に近隣の公共機関）に就かせる措置であった。2001年に、この制度は廃止された。

2000年8月には、新たな積極的雇用政策プログラム「就労保障」が導入された。す

表4-4 スウェーデンにおける，研修への年齢別参加率

(％)

年　齢	教育と研修（全種）	教育と研修（非公式）
25-34	81	72
35-49	77	73
50-64	65	64
計	73	69

出典：スウェーデン統計局2007（Anxo, Ericson, 2010）。

べての長期失業者を対象としていたが，特に失業のリスクにさらされている55歳から64歳までの失業者を暗に対象とするものであった。それは，個別化した復職計画の一環として，一連の連携された支援や給付を提供した。この計画は，求職活動や職業訓練への支援，雇用主のもとでの研修や教育，実習への助言で構成されていた。受給者は，失業手当の額に加えて，給付を受けていた。その上「就労保障」の受給者は，労働市場で直接再参入できなかった場合，「臨時雇用」に就くことができた。こうした雇用は公共部門（たとえば植木仕事など）の「公益業務」で編成されていた。受給者は2年間その職に就くことができたが，同時に，通常の労働市場で，非保護の雇用を探す必要もあった。

2000年末に，57歳以上を対象とする別のプログラムが作られた。それは，就労保障を経た長期失業者を雇用する企業に補助金を出すものであった。

ここで確認したように，この年齢層の就業率を上げるために，特に年配労働者の再参入に的を絞って，2000年代初めに活性化の努力が高まった。積極的な雇用政策の強化はシニア雇用に見込み通りの効果を発揮したようであり，その就業率は1998年の63％から，2007年以後70％まで上昇している（表2-6，参照）。また，45歳以上の人々は，困難を抱えた人々を対象としたさまざまな活性化対策の恩恵を大いに受けているともいえる。たとえば，2009年のデータでは，45～54歳の年齢層の25％近くが，また55～60歳の年齢層の22％が，その恩恵を受けていることが明らかになっている（Anxo, Ericson, 2010）。

結論として，スウェーデンのケースの研究を通して証明されたことは，さまざまな幅広い積極的雇用政策と非労働リスクに対する寛大な社会保護とを組み合わせた公共政策の配置構造は，年齢上昇に合わせて労働市場参入を維持することが可能であり，非労働に対する寛大な補償の利点と釣り合いを取ることができるのである。

この配置構造には，あらゆる年齢で働く権利を主な原則とする，規範体系が欠かせない。経済状況により，労働市場に年配労働者を排除する力が生じる場合，社会保護の魅力的な補償で早期退職の流れに傾きがちである。しかし，このような状況においても，政府が制度の基本原則に立ち戻ってこのような逸脱を制限できたことが観察できた。年金改革と，積極的労働市場政策の再編成を同時に具現化した活性化の再生に

よって，寛大な普遍的給付と就労の原則という制度の重要点を守りつつ，雇用と社会保護の結び直しを実現させた。

これらの改革は，まさにこの国の社会保護の基本的なパラダイムを再検討するものではないため，大きな論争もなく，労使代表の幅広い支援を受けて行われた。社会政策の再編成は，年配労働者の労働市場での維持や再参入をするために，彼らの能力やモチベーションを与える，奨励制度の見直しから始められた。

スウェーデンとフランスのケースを比較すると，人口の高齢化と知識情報社会の新たな課題に対処できるように社会保護の大陸型モデルを改革する難しさ，および2つの社会保護制度の調整軌道を隔てる相違も，対比することで推し量ることができる。スウェーデンのケースでは，制度を統治する基本原則に立ち戻り，活性化を強化すれば充分であった。大陸型モデルでは逆に，このモデルを早期退職の文化の中に閉じ込める動機網を張り巡らす傾向のある，特殊な制度上の配置構造の中心にあるパラダイム自体を見直さねばならない。シニアを非就労に閉じ込めた制度全体から，前例なきシニア労働者の動員へと，根本的な方向転換が求められている。

日本：年配労働者の就労維持に関する公的規制

採用された分析的見解によれば，向老期就労者の就労は，諸要素の相互作用に起因した社会的な構造として理解されるべきであり，その中で雇用と社会保護の公共政策の配置構造が重要な役割を果たしている。日本の公共政策の考察から，調査の対象とした期間を通して，この国が年配就労者の高い就業率を維持した理由について明らかにしていきたい。

日本では，キャリア後半期における年齢と職業活動との関係を構築する公共政策の配置構造は，これまで考察した他のケースとは異なり，顕著な一貫性と均質性を示している。それは1960年代の初めから見られ，その広がりも一貫性も増す一方である。こうした構造は根本的に，年配労働者の雇用を促進するための，当局の果断な行動から形成されている。この点について，国はこの年齢層を労働市場に参入あるいは再参入させるために種々の手段を幅広く結集する。その一方で，非労働リスクに対する補償は極めて限定されている。したがって，労働市場からの早期退職を優遇するような公的制度は存在しない。その上，年金受給資格年齢は60歳から65歳に徐々に押し上げられた（1994年法）。2001年から61歳に上がり，漸進的に上がり，2013年には65歳に達した。日本の社会保護および雇用政策に含まれる向老期勤労者向けの規範的体系には，勤労者には高年齢になるまでは就労の義務，雇用主には雇用機会を担保する義務という原則を促進して強化する傾向がある。高齢化とともに雇用を維持する権利の文化は，日本が具現する公共政策の配置構造に関連する，異なる年齢統治の結果である。

日本で導入された公共政策に関する考察を掘り下げる前に，日本の労働市場の二つ

の特殊な制度的特徴を見るべきだろう。それらの制度的特徴が，公共政策を構成し直し，したがって雇用における日本社会の一貫性を，キャリアの後半期に定着させることを可能としている。

終身雇用に基づく「賃金協定」

　この協定は，異なる規則，地位，および利益をまとめておくために，労働市場のアクター間の合意の一形態として理解されており，学歴の水準よりも，勤続年数や現場経験の重視を前提としている。それは，内部市場の年功序列に沿った昇給を保障している。50歳前に減少する外部移動性（転職）は，日本人はフランス人就労者の半分でしかない。15歳から24歳の男性の移動性は，2000年の10年間で1990年の7.5％から2007年の12.7％に上昇したが，その他の分類項では依然として低いままである。

　終身雇用のモデルは，紛れもない規範的な影響力を及ぼす：40-44歳の勤労者の67％が勤続年数15年以上（フランスでは51％），45-49歳の64％が20年以上（フランスでは45％にすぎない）となっている。終身雇用とそれにともなう終身賃金は，日本の賃金協定を確立する2つの仕組みとなっている。後者は，年齢とともに上がる賃金や，勤労者およびその家族のニーズを保障すべく公平に設定される限りは，「年齢の社会的管理」（Nohara, 1999, p. 554）とされた。近年では，特に若年層での移動性の上昇でうかがえるように，終身雇用の原則はかなり崩れてきているようである。

　この終身雇用の原則は，ほかの社会では社会保護制度と収入移転のメカニズムが担っている，中高年男性の存在の不確実性に対する保障の役割を果たしている。社会保護制度と収入移転は日本では限定されている点を特記したい。1989年の社会移転は日本では国民所得のわずか14％にすぎなかったが，フランスでは34％を占めている。

　しかし，この賃金協定の存在そのものには，見返りとして年齢制限の固定が求められ，その年齢を越えれば，終身雇用と終身賃金が停止することになる。このようにして，独自に2つの別々の引退年齢を共存させる日本の特殊性を理解すべきである。1つ目は，企業の強制的な退職年齢（定年）である。それは企業により定められ，暗黙の終身雇用契約が終了する年齢にあたる。2つ目は，公的年金受給の権利を行使できる年齢で，厚生労働省管轄の法律に依る。

　また，日本の制度における2つの異なる年齢の存在は，この状況における引退の意義の構築を明らかにしている。強制的な退職年齢は終身雇用の終了を意味しても，労働市場からの退去には該当しない。この年齢は長い間55歳に設定されていたが，欧州とは異なり，年金保険制度やその他の補償制度を通じた代替所得受給の権利を開くものではない。年金受給資格年齢はもっと後になるからで，長い間60歳とされていた。このような状況下では，企業の強制退職年齢以降の就労が延長されても，当初の賃金契約の範囲外となる。この延長にはさまざまな形式があるが，常に有期雇用契約の下で行われる。有期雇用契約には再雇用または雇用延長の場合があり，同じ企業やその

系列会社,または外部市場で行われている。いずれにしても,強制的な退職年齢には就労の延長がついて回る。定年は,就労と引退の間の過渡期の調整をしたことはない。しかるに,終身雇用から,より柔軟な身分の雇用への移行を調整している。年金受給しつつ働くことは,日本ではきわめてありふれた状況である。年金制度が低率の代替賃金しか提供できず,限られた移転収入を稼働所得で必然的に補填せねばならなかった時期にも導入されていた。したがって日本では,強制退職は就労の停止,完全な休息,余暇の権利を意味するものではない。逆に,雇用契約の再交渉と再編成が行われる職業生活の段階に入ることなのである。

　労働は,日本の状況においては社会を統合する大きな要素である。種々の調査によれば,大部分の日本人は,生きがいと健康を維持できるよう,65歳になるまで働き続けることを望んでいる。40歳代および50歳代の就労者を対象に1998年に労働省が実施した調査によると,60歳で仕事を辞めたいと望んでいるのは男性の14％,女性の20％に過ぎないことが明らかになった。そのほかの就労者のうち,男性の30％,女性の15％は65歳まで就労を続けることを望み,男性の37％,女性の41％は,その能力がある限りは就労を続けることを考えていた（Fujimura, 2000, p. 7-8）。同じ調査では,就労を延長する理由は,主に金銭的な必要性とは関係ないことが示されている。51％が年金を唯一の収入としては生活できないと考え,55％以上が可能であれば働きたいと話し,35％が就労の延長は生きがいと健康のために良いとみなしている。日本の労働市場から退出する平均年齢は,男性ではかろうじて70歳未満であることを想起しよう。

　これらのデータは,日本と欧州大陸型の,公共政策の配置構造で生じた年齢統治と年齢文化の間に存在する対照性を表している。

積極的な教育と雇用政策における日本国家の多大なる関与

　エスピン - アンデルセン（Esping-Andersen, 1997）は,日本の福祉国家の制度的特質に関する考察において,日本型モデルの2つの重要な要素に注意を促し,ハイブリッドモデルとしている。

　まず,日本の社会保護の主要な支柱としての大企業の役割が挙げられている。日本のケースについては,しばしば企業福祉のことが言及される。次には,積極的な雇用政策において国が果たす中心的な役割の話になる。この日本型の福祉国家の第2の主要な要素は,スウェーデンのモデルに見られるものに近似した,幅広い雇用政策とサービスを示している。

　したがって,この著者によれば,日本の福祉国家モデルは,福祉国家の主要な三つの典型的モデルを取り入れたモデルと考えられる。完全雇用と積極的な教育と雇用政策に対する,日本国家の多大なる関与は,社会民主主義的な次元を表している。日本の労働市場への介入主義は,ライフサイクルに沿って上昇する勤労者としてのキャリアと安定した地位を提供する雇用が得られる普遍的な権利を保障することが目標であ

り，それは反対に収入移転および社会的リスクの補償についての関与はわずかなものであるということの説明となる。実際，労働市場の規制を通してこそ，日本の福祉国家は福祉の提供者としての役割を果たす。その結果，代替所得の給付の担い手としての機能を最小限に抑えることが可能となる。しかし，国がその役割を履行するときには，法令で区分けされた社会保険と家族主義的方針の原則にのっとった，コーポラティスト的保守主義制度の論理に依っている，という点に注意しよう。

結局それは，社会保護の大きな部分を企業に立脚しており，結果として民間市場に大きく頼っていることから，自由主義レジームの側面をかなり再現している。しかし，労働市場への公的介入が強いため，日本人の勤労者は，アメリカ人ほど市場の盲目的な力にさらされているわけではない。日本人には雇用にとどまったり資格の再認定を受ける権利があるが，アメリカの状況では同等のものはない。日本の社会保護制度をハイブリッドモデルとする，エスピン-アンデルセンのこの分析に同意して，彼が言及した社会保護の3つの世界についての特徴を取り入れつつ，日本についての独自の全体像を再構築していこう。

就労の延長を奨励する，継続的かつ一貫した公共政策

日本では高齢者への公的社会福祉に関する最初の法律が1963年に定められ(ⅲ)，その第3条において，高齢者はその知識と経験を活用して，社会活動に参加し（第1項），その希望と能力に応じ，適当な仕事に従事する機会を与えられるものとする（第2項），と規定されている。

高齢化の分野における日本の公的行動の主軸はすでに存在している。個人にとって重要な就労の義務は，年配就労者雇用の促進と就労権の保全のために国が果たすべき責任と対をなしている。公的制度に含まれる規範と年齢統治は，欧州大陸の公共政策の配置構造により普及した早期退職の権利とは対照的に，初めから活力ある高齢化を準備し，促進している。

日本で1980年代から急激に進行した人口の高齢化のため，この公的な方針はますます強化され，公共政策の中心的な位置を占めるようになっている。(41)1970年代初頭から，国は，年配労働者のための雇用政策に着手した。この方向への努力は今日まで一貫して継続されている。1970〜1985年の期間にわたって，4つの主要な措置が採択された。まず1973年の法律は，雇用主に対し，ほとんどの企業で伝統的に55歳に設定されていた強制退職年齢（定年）を，60歳に引き上げることを奨励し(42)，この方針に従う企業に補助金が給付される。

企業から退職する義務年齢を60歳に設定することは，年金受給開始年齢に一致させることとなる点に留意すべきである。この理由のため，日本労働組合総連合会（連合）は強制退職年齢（定年）の繰り延べを執拗に要求していたので，連合はこの定年の繰り延べを大いに歓迎した。それは，55歳以降では再就職先が見つからず，60歳に

第Ⅱ部　年齢と労働：就労人口の高齢化の課題

なる前に退職年金を受給できなかった年配勤労者の恵まれない境遇を改善するものとなった。他方，雇用主は定年の規定年齢の繰り延べには常に二の足を踏んでいた。この政策により，雇用主にとっては年配労働力を柔軟に活用する能力が大幅に低下するからである。

　第2に，1976年には企業内の55歳以上の勤労者を6％の割当にすることが定められた。企業はこの水準に達するか，または超えるようにしなければならない。ここでもまた，公的補助金の手順が実施されている。

　第3に，1978年，この年齢層の雇用機会を増やす目的で，55歳から64歳の勤労者の雇用に対する公的補助金が企業を後押しすることとなった。

　最後に，これらの措置と並行して，1974年に失業保険の改革が実施された。「雇用保険」の名称となり，失業を予防する取り組みや60歳への強制退職年齢延長の促進など，積極的な雇用政策の分野にまで目標が拡大された。これらの新たな機能に対処できるよう，雇用保険基金に，新たな事業主拠出金が豊富に投入された。

　これらの公的措置はすべて，1986年の「高年齢者等の雇用の安定等に関連する法律」(43)（略称「高年齢者雇用安定法」）によって結集され強化された。この法律は，民間部門の強制退職年齢を60歳に引き上げることを目指している。以前に55歳から60歳の間に実施されていた制度と同様に，この年齢を超えた労働者は，雇用契約を延長する形態の恩恵を受けられることになる。当局は，強制退職年齢（定年）を60歳またはそれ以上に引き上げるよう雇用主に求めているが，この法律は強制的なものではなく，単に振興策となっている。

　事業補助金は，強制退職年齢を引き上げる，あるいは61歳を超えた勤労者との雇用契約を延長する企業に対して継続されることとなった。60～64歳の勤労者の割合が6％を超える企業も然りである。

　1986年の法律で，年配労働者の雇用を安定させる目標に対応するため，公的雇用サービスに追加資金が付与された。人材育成センターや雇用機会促進部局（キャリア後半期の勤労者または退職者向け）も推進された。「職業技能資格および職業適性の開発」(44)に関する法律では，45歳以上の勤労者の生涯学習へのアクセス強化が予定されている。年配労働者のための職業訓練には，より潤沢な公的助成金が付与される。したがって，150日までの研修については，研修コストの33～55％と給与コストの25～33％が払い戻される。同様に，社外の研修に参加している年配労働者も，研修費の50％を負担してもらえる。キャリア後半期の労働者を対象としたこの研修の奨励は，多大な効果をあげたようである。例えば，国立職業技能資格開発センターでは，年配の研修生の割合が，1975年の28％から1987年の45％へと大幅に増加した。

　1998年に政府は，教育や職業訓練を受け個人的に努力している勤労者のために公的補助金を創設し，職業訓練にいっそう力を入れた。それは，生涯教育についてすでに企業から合意を得ていた努力を引き継ぐものだった。(45)

第4章　公共政策の配置構造と職業寿命の根源にある年齢文化

　1986年法は，年配労働者の雇用機会を増やすための，いくつかの方法も推進した。それは，企業に向けて（特に，中小企業に対して55歳から65歳の勤労者の雇用契約延長を奨励したり），あるいは退職者には常勤ではない仕事を紹介するものである。後者の活動は，「シルバー人材センター」に対する認知と支援により実施されている。この機関は，1986年法で定められ，フルタイムまたはパートタイム就労で自分の年金を補足したいと望む退職者の就労を促進する目的を持ち，公式の機関の地位で，公的補助金を受けている。

　日本におけるキャリア後半期の就労者に対する当局の関与は，彼らのための積極的な雇用政策の，極めて首尾一貫したプログラムの実施に焦点を当てていることに留意したい。そこには補償の要素はほとんどない。雇用の勤続年数が短縮された若年労働者の場合は最低90日である失業保険の適用範囲が，一部の衰退産業の55歳以上の年配勤労者では300日に延長された程度である。これこそ，日本の公共政策の配置構造がスカンジナビアと異なる点である。日本のケースにおいて，社会投資の公共政策は，例えばスウェーデンで見られるもの，エスピン－アンデルセンによればスカンジナビアのモデルをより大まかに特徴付けているものと非常によく似ている。しかし一方で，限られた公的補償政策はスカンジナビアのモデルと対照的であり，日本にハイブリッドな特徴を与えている。

　年齢の規範と文化に関して，何が観察されるだろうか？　キャリア後半期の勤労者の雇用を促進する公的奨励措置の一貫したシステムにより，日本社会において安定した規範的構造が打ち立てられた。その内部において，年配労働者には就労義務，企業には雇用義務，および年配者の就労を促す当局の顕著な介入主義が釣り合いを取っている。

　1986年法（高年齢者雇用安定法）の成立から10年も経たないうちに，ほとんどすべての大企業と中規模企業（従業員30人以上）の85％が，企業退職年齢（定年）を60歳またはそれ以上に定めたことは特筆に値する。とはいえ，これらの規定は強制的なものではなかった。1994年になって初めて，1986年法の改正により，企業が公式な退職年齢を60歳未満に設定しない義務が課された。国は，雇用政策において企業の方向性の先導役や進行役を務めており，服従を強いたりはしない（Sautter, 1990, p. 101）。国は，雇用主，労働組合および当局など，種々の関係団体の代表者からなる，労働省（現在は厚生労働省）管轄の諮問機関，雇用審議会に依拠している。この機関の機能は，雇用の将来の見通しについて議論し，施策の公的プログラムの方針の概略について，出席した団体間での合意を形成することである。その後，審議会が採択した方向性に対応した方法の実施は，政府に委ねられる。労使代表間の交渉は，「企業のミクロコーポラティズム」（Inagami, 1991, p. 47）の日本の原則に従って，各企業レベルで後に行われる。

第Ⅱ部　年齢と労働：就労人口の高齢化の課題

1995年以降，就労維持政策の対象は60-64歳

　企業の強制退職年齢を55歳から60歳への引き上げを実現した後，日本政府は65歳までとそれ以上の年齢層の就労と雇用を奨励し，担保するという新たな挑戦を開始する。この目標を達成するために，完璧と言えるような新しい行動計画が導入された。年配労働者の雇用に必要なすべての条件を作り，少なくとも65歳までに蓄積された知識と経験の活用を目指している（Ministry of Labour, 2000）。この雇用政策は，急激に高齢化する社会に対処するための，今後10年を見据えた広範な行動計画の一環をなす。容赦なく切迫する人口老齢化に直面する日本は，高齢化問題を極めて早い段階で認識し，この新しい人口状況に適応する公共政策を実施すべきと考えている。

　したがって1994年から，民間勤労者の厚生年金制度の改革は，特別支給の公的基礎年金部分の受給開始年齢を60歳から65歳へと段階的に引き上げた。その目的は，人口の高齢化に直面し，制度の将来の財政収支を保障することであった。満額年金受給開始の年齢60歳から65歳への移行はきわめて緩やかに行われた。男性は2001年に61歳に上がり，2013年に65歳に達した。女性の場合，改革は2006年から2018年の間に施行された。年金改正法には，60歳以降に年金受給しつつ働く方法の改訂も含まれている。それは，以前の措置とは異なり，この年齢以降の就労延長の奨励を狙ったものである。実際，本書で見てきたように，年金受給しつつ働く方法は常に日本の当局に奨励されてきた。65歳以降の勤労者にとって，この方法は大変魅力的である。就労で稼ぐ報酬にかかわらず，年金は減額されないからである。ただし，60歳から65歳までの間は，勤労者は最大の収入限度額を超えない条件で，年金の一部しか受給できないことになっている。

　年金受給しつつ働く方法は，日本の社会的現実の一部となっている。それは，日本では年金が，労働と対立するものとして，非就労や休息権としては構築されていないという事実を示すものである。就労と年金は二律背反ではない。退職者の所得構造はこれを証明している（表4-5）。日本の年金給付額は1990年代初めにフランスのレベルにほぼ追いついたが，日本の退職者の収入の約3分の1は労働収入からである。

　老齢年金と職業就労，資産が，フランスでも日本（およそ96％）でも高齢者世帯の主な収入源となっているが，労働収入の構造上の比重は，フランスでは高齢者世帯の年平均収入の8.6％に対し，日本では34.2％を占める。逆に，高齢者世帯の総収入における年金の構造上の比重は，日本（52.2％，フランスは65.1％）の方が低い。一方，資産収入については，高齢者世帯の総資産において日本よりもフランスで大きな役割を果たしており，日本の退職者の総収入の9.6％に対し，フランスでは22.3％を占める。

　日本において年金と就労収入を合算する現実は，これまで見たように，ほとんどの場合60歳と定められている終身雇用の年齢制限を超えた勤労者の賃金調整を可能とする。したがって，年金受給しつつ働くこの方法は，再雇用や雇用の延長において重要

第4章　公共政策の配置構造と職業寿命の根源にある年齢文化

表4-5　日本とフランスにおける老齢退職者および同様の年齢層の平均所得の構成比較

	日本（1992年）[注1]	フランス（1994年）[注2]
平均所得の構成比（％）		
―年金	52.2	65.1
―就労所得	34.2	8.6
―資産所得	9.6	22.3
―他の世帯からの定期的な仕送りほか	2.4	0.2
―年金以外の福祉給付による所得	1.6	3.8
		（その内　失業関連所得：1.3，失業と年金以外の社会所得：2.5）
全体	100	100

注1：調査対象者が65歳以上の世帯
注2：調査対象者が60歳以上の（早期）退職者，または非就労者である世帯
出典：日本は，厚生省事務局統計情報部局，総務省高齢者担当部局によって引用された「1994年度国民生活水準調査」，「長寿社会の制度の変遷と展望」（長寿社会の制度に関する調査報告書，1994年7月，p.125）。フランスは，INSEE，雇用連帯省SESIによって引用された「フランスの保健福祉状況に関するデータ」(1998, p.174)。

なかすがいとなる。これにより企業は，年配勤労者に対し，身分の安定性も報酬水準も低い有期限雇用契約を導入しやすくなる。それは，年配労働者の雇用の柔軟化に寄与するもので，日本の雇用制度の特徴の一つとなっている。

しかし，この雇用と年金の合算方法は，1994年の年金改革法によって部分的に損なわれている。実際，60歳以上（2001年に61歳，2013年に65歳）の勤労者の基礎年金相当分の受給の年齢の段階的な引き上げにより，この年齢以降，対象者は完全または部分的な国民年金の受給すべき利益が奪われる。そうなると，給与の継続性を確保するには，すべては企業の講じる措置に頼るしかない。この意味で，当局は企業と勤労者に対し，65歳まで年配労働者の雇用を維持する条件を推進する奨励策と支援策を備えたのである。

当局は実際，雇用，つまり労働収入を保障できなければ，公的年金改革が年配労働者にある程度の経済的および社会的不安定性をもたらす恐れがあることを認識している。60歳でもう完全な公的年金を受給できなくなる時が来るからである。[vi]

さらに企業は，大企業も含め，かつて55歳から60歳に引き上げたように，組織的に強制退職年齢を延長できる立場にあるとは考えていない。実際，企業は，終身雇用と年功序列の優先的なシステムを考慮すれば，キャリア末期に追加される就労1年分の周辺的なコストは高すぎると考える。企業にとっては，年配労働者に対する自由な裁量と柔軟な利用を確保する論理に従って，60歳の強制退職年齢を維持し，65歳までの雇用の延長を提案する方が良い。[49]

再雇用[50]の場合，雇用契約は終了し，企業は年功序列や給与の維持に関する以前の規定から解放される。再雇用は勤労者の既得権ではなく，企業またはその系列会社が維持を決めた者のみが対象となり，報酬や地位，時には資格もより低い水準の有期限契

表4-6 定年後の従業員のための雇用プログラムを持つ，日本企業の規模別比率

(％)

企業の規模	継続雇用	再雇用	両方	合計
合計	13.4	37.7	16.7	67.8
5,000人以上	0.6	54.2	6.3	61.1
1,000-4,999人	3.8	48.5	6.5	58.8
300-999人	8.2	46.7	11.7	66.6
100-299人	12.9	43	15.1	70.9
30-99人	14.6	34.4	18.2	67.1

出典：清家（2001, p.651），日本の労働省による（1999）。

約に基づいて再雇用する。一方，退職金と，場合によっては企業補足年金の決済を伴なう企業年金の受給は可能となっている。その結果，このような状況においては，雇用／年金の重複の限定版が存続することとなる。

*継続雇用制度*の場合，契約は延長されるが，顕著な違いがある。すなわち，一般的には年功序列による昇給が停止する。もっとも良い場合でも賃金の凍結があり，ほとんどの場合，勤労者の財政状況は悪くなる。これらの延長は，企業によってはケースバイケースで，または勤労者全体に対して与えられることがある。

企業は，日本の人事管理の中心にある暗黙の賃金協約（終身雇用と年功序列による賃金）を保持しているため，主に第一の解決策，すなわち60歳以降の再雇用を選択する。同時に，この解決策は，企業に年配労働者の雇用状況に関する自由裁量の余地を残すものである。以下の1999年のデータ（表4-6）は，60歳以降の再雇用が企業に歓迎されていることを明確に示している。継続雇用を利用するのは，とりわけ，大企業に比べて自由に雇用の空きを埋め，必要な人材を見つけることができない中小企業である。

また，企業が継続雇用を提案する場合も，それは全勤労者の雇用契約を自動的に延長するわけではない。まず，残したい勤労者を選ぶ裁量を確保する。そして，雇用条件が下方修正され，雇用継続の場合でも特に賃金が再検討される。終身雇用と「セカンドキャリア」の賃金の間の格差が相当なものであることを強調したい。1998年にはその格差は50％（あるいは大企業から小企業への転職の場合は60％にまで）に上った。

労働省（現在は厚生労働省）の研究グループによる1997年の報告書は，1994年の年金改革によって開かれた，60歳以後の勤労者の雇用問題を解決する3つの可能なシナリオを提案した。それらのシナリオのタイトルは以下の通りである。

- 60歳からの継続的な再雇用
- 強制退職年齢（定年）を65歳に引き上げ
- 定年の定めの廃止

圧倒的に企業が選んだのは，第1のシナリオであった。それは，強制退職年齢が60歳に維持され，企業が60歳から65歳の間の再雇用と雇用継続を保障するものである。

2000年に行われた企業における雇用管理調査では，59.8％がこの制度を導入していた。

その他の可能な解決法は，企業から同様の支持を集めていない。60-65歳の年齢層の，強制退職年齢と公的年金受給開始年齢の間の格差の問題を解決するには，シナリオ2を用いることが可能ではある。それは，企業の強制退職年齢を組織的に65歳に繰り延べることである。しかし，60歳から65歳の間の退職を選択する可能性は，個々の勤労者に委ねられる。

「定年廃止」と題する最後のシナリオは，強制退職年齢を一切廃し，だれでも年齢にかかわらず就労を継続できるようにするものである。[53] 企業がこれら2つの選択肢を採用するには，基本賃金協約の基本的な改正が必要となるため，導入する企業はほとんどない。上記の2000年の調査によると，第2のシナリオを実施した企業はわずか5.1％，無制限シナリオは8.7％であった。[54]

1994年の年金改革以来，企業の経営陣は，年配労働者の雇用を延長するため，当局および労働組合組織からの二重の圧力の下にあった。労働組合は，雇用の保障が公的年金受給開始年齢の繰り下げの後を引き継いで担保されない場合，年配勤労者が不安定な状況に陥る危険性を懸念する。

このような懸念に根拠がないわけではない。実際，不況とともに年配カテゴリーの失業率は大幅に上昇し，55-64歳では24歳未満の勤労者よりほんの少しましな程度であった。労働市場は年配労働者をあまり歓迎していない。2001年の全就労者の失業率は5.3％であったが，60-64歳の年齢層は10％に上った（OCDE, 2004b, p. 63）。さらに懸念されるのは，労働力に対する求人の割合が，若年者よりも年配勤労者においてはるかにアンバランスなことである。企業からの労働需要は極めて限られている。[55] 2004年以降は，55〜64歳の失業率は全就労人口のそれを再び下回るようになり，この年齢層の就業率は上昇を続けた。したがって，後に2009年の調査から見てゆくように，企業が再雇用策を強化したと考えることができる。

労働組合は，企業における定年の65歳への繰り延べを要求した後，2000年の「春闘」を，65歳までの勤労者の雇用の安全の問題に集中させた。その結果，労働組合と雇用主間で多くの企業協定が結ばれ，70歳代の勤労者の継続雇用を促進した。

同時に，当局は，企業が年配労働者を雇用に維持できるよう，多くの支援や奨励措置をとった。企業による年配者の労働需要を支援し，この労働力のコスト削減とそのフレキシビリティを保障するための，幅広い公的施策が実施された。

このような観点から，当局は1995年から，企業向けに実施された公的制度に，年配勤労者のための個別の援助を追加した。こうして，雇用保険改定の一環として，60-64歳の年齢層に属する勤労者の賃金損失を補うため，勤労者向けの給付が開始された。これは，公的年金給付の受給開始年齢の後退が引き起こす恐れのある，賃金の柔軟性の喪失を補うものである。この年配労働者のための社会手当は，個人の賃金喪失に対する部分的な補償の形をとっている。したがって個人は，賃金の減額にもかかわらず，

就労を延長するよう奨励される（この補償を受けるには，賃金の差が，60歳以前の賃金に比べて少なくとも15％でなければならない）。この新たな給付は，個人が強制退職年齢後も就労を維持することを促進し，企業が年配労働力のコストを削減できる措置でもある。

1996年10月，60歳から64歳までの常勤勤労者の7.8％がこの代償手当を受給し，雇用主の3分の1が，この手当の存在を考慮して年配就労者の賃金を設定していた（Oka, Kimura, 2003）。この措置は，2007年にベビーブーム第1世代が強制退職年齢（60歳）に達する状況を鑑み，コストを抑えるために2003年に下方修正された。以来，この手当は，60歳の誕生月よりも25％（以前は15％）減の賃金で就労を継続する人々に支払われている。手当の金額は，60歳以降に受け取る賃金の最大15％（これまでの25％に対して）となる。この手当の受給者数は，2003年まではおよそ164,000人であったが，2007年から急激に増加し，2008年には222,300人に達した。

さらに政府は，雇用主に対する奨励措置を強化し修正した。60歳以降の雇用維持を促進する，この一貫した公的雇用政策は，全体において3種の行動に区別できる（Iwata, 2002）。

- 企業が65歳までの継続雇用を保障するよう奨励し支援することを目的としたもの（強制退職年齢の繰り延べ，勤務延長・再雇用）。助成金だけでなく，指針介入や年齢管理支援からなる。
- 45歳以上の勤労者の再雇用援助に関するもの。公的補助金は，向老期勤労者の雇用，および企業における再雇用計画の実施を促進する。もう一つの措置は，企業が年配勤労者を強制退職前に別の仕事に就かせるためのものである。この場合，雇用主は職業訓練中の勤労者の賃金を維持する必要があるが，企業の規模に応じて年間給与の4分の1または3分の1までの補助金を受けられる。この一連の措置の仕上げとして，65歳までの雇用を継続するための雇用サービスも強化される。この方向でのイニシアチブのうち，特に中小企業を対象とする，大都市における人材銀行の創設，また投資アドバイスと適切な職業訓練を提供するための，特に45歳以上を対象とした労働組合センターの創設を挙げたい。
- そして最後に，企業が年配勤労者に適した労働時間と条件を調整するための支援・奨励措置。

最近では2006年に，高齢者雇用安定法は，ベビーブーム第1世代が60歳に達する際の労働力不足のリスクを防ごうとする企業の負担を増すこととなった。65歳までの雇用延長を保証するために，企業は，これまでに奨励策として提示された3つの選択肢の1つをとる法的義務を負っている。

- 65歳までの継続的な再雇用制度を提案する
- 強制退職年齢を段階的に65歳に繰り延べる
- 年齢制限を廃止する

今後は，労働者がまだ若く，短期的に退職の見通しがなくても，すべての企業はこれら3つの解決策の1つを選択しなくてはならない。この義務は，違反に対する罰則をともない，従わない企業は当局の「行政指導」の対象となる。さらに，雇用安定所（ハローワーク）のネットワークは，60歳を超える勤労者に一切雇用を保障しない企業からの求人を受け付けない方針をとっている。

2009年6月に実施された年配労働者の雇用に関する厚生労働省の調査によれば，1996年以来，この件に関する企業への国の強力な後押しに引き続き，この法的義務が効果をあげたことは明白である。事実，ほぼすべての日本企業（従業員30人以上の企業の95.6％，300人以上の企業の98.7％）が，60歳以降も就労を延長できる制度を導入しているが，企業の選択肢は，すでに述べた1999年の調査結果と一致している。強制退職年齢を変更した企業はほとんどなく，撤廃（3％）または繰り延べ（15％）を行なっている。ほとんどの企業（82％）は，65歳までの勤労者のための新たな継続雇用制度を導入した。大部分のケースで（60％），この雇用延長は全勤労者に徹底されるものではなく，企業は選択の余地を確保する。この場合，60歳以降の再雇用の機会は，労働組合との合意の枠内で決まる。交渉が決裂した場合，行動計画の一部として雇用主が規則を作る。2009年の調査結果によると，従業員30人以上の企業の41.8％が全勤労者の組織的な継続雇用制度を選択したが，43.6％は労働組合との合意の枠内で交渉された条件付きの延長とし，14.6％は雇用主が決定する行動計画の範囲内で行なわれた。この調査結果はまた，中小企業（300人未満）は大企業よりも，65歳以上を含む年配勤労者の雇用延長に意欲的であることも示している。

特に60歳以上を対象とする，キャリア後半期における職業訓練と雇用の支援を目的とした一連の徹底した公的施策により，この年齢層の労働力の柔軟性を維持しつつ，65歳までの就労を維持するための継続的な公的調整が保障される結果となった。しかし，日本ではこの分野における当局の積極的介入主義に変わりはなくても，すべてのアクターたちが声を一つにしているわけではないようである。同意にはいくつかの亀裂が入り，この問題に関し，国，雇用主，労働組合の間に意見の相違が出ている。労働省（現在の厚生労働省）は，企業の強制退職年齢を65歳に後退させるシナリオを進めようとしたが，雇用主や労働組合は，さまざまな理由からこの解決策を支持したがらず，結局は別の手段を選択した。

雇用主側では，日経連は，企業の強制退職年齢と公的年金受給開始年齢の間の，キャリア末期の雇用管理は，企業や個人により多くのイニシアティブが与えられるべきだと考えている。また，雇用と公的年金改革の間にいかなる干渉もあってはならないとも考えている。年金改革は，年金制度の持続可能な財政的均衡の構築を厳密に目的とするものでなければならない。強制退職年齢を組織的に後退させれば，企業は選択の余地を大幅に失う恐れがある。企業は全勤労者に雇用の延長を提案するようになり，雇用主が残したい勤労者を選ぶことはできなくなる。しかし，大企業は50歳以上の特

定の勤労者の早期退職制度を実施する一方，50歳代以降の勤労者を，多くの場合より低い賃金，責任，地位で，子会社や下請会社に出向させる慣行は珍しくもないという点に留意すべきである（第5章）。これらの慣行は，企業の定年を65歳に繰り延べるシナリオが適用されれば，非難を受けることになるだろう。定年制が，終身雇用と年功序列による賃金のシステムに，これらの慣行を閉じ込めることになる。しかし，特に大企業の雇用主には，功績となる大きな進歩をもたらしたいと願う者が増えている。この意味で，中期的には年齢基準のない社会のシナリオに反対ではない雇用主も一定数存在する。そのシナリオが日本の賃金協定に突きつけるであろう根の深い改編になるがゆえに，すぐに適用できるものではないにしても。

一方労働組合側では，企業の正規の強制退職年齢と年金受給開始年齢の間のギャップがますます拡大するのではないか，と日本労働組合総連合会（連合）は懸念している。この期間中の勤労者の収入をいかにして保障するべきか自問する連合は，年齢基準なき社会のシナリオには反対の立場をとっている。その見解によれば，それは終身雇用の賃金協定の根本的な見直しを意味し，賃金協定が勤労者に提供している雇用と収入の保障を相関的に危うくするものである。連合は，正規の強制退職年齢を65歳に繰り延べるシナリオも支持していない。連合によれば，すべての勤労者に65歳までフルタイムで働くことを強制することはできない。したがって，60歳以降の仕事の様式やリズムを多様化し，キャリア末期の勤労者に選択肢を開くよう呼びかけている。実際，日本政府は活力ある高齢化の促進に長年積極的に取り組んできたが，労働条件の改善面への投資は乏しいものだった点に注意すべきだろう。特に1994年，労働を年配者に適合させる企業向けの助成金など，当局はいくらかはこの面について対策をとったが，60-64歳の勤労者の20％がいまだに週49時間以上働いており，この年齢層の労働者が依然として数多く交代勤務の雇用を占めている。このように，労働条件に起因する自殺率の上昇や，職場において勤労者にかかる圧力を特に憂慮する労働組合の立場は理解できよう。

結論として，向老期就労者の雇用のための絶え間ない促進や支援に示されるように，キャリア末期の雇用の統一のとれた継続的な公的雇用調整によって，日本は65歳まで，もしくはそれ以降も就労を維持することができたと思われる。このような公共政策の配置構造により，規範原則の次元で，年配勤労者の就労義務と，企業の雇用義務とを結びつけることができた。しかし，年配労働者の雇用維持は，今後の数年間のうちに，キャリア末期のモデルの多様化へとかなり変化すると思われる。それは，これまで見てきたように，年配労働者に対する雇用保障のある程度の後退，さらにはある人々にとってはキャリア末期の不安定化のリスクを伴わずにはいかないだろう。このような傾向は，米国や英国の状況と比較して，日本でははるかに限定的ではあるが，問題は，日本の労働市場がかつて演じたような，大きなショックの吸収体の役割を果たし続けるかどうかである。オイルショックや金融バブルの終焉に対処した時と同様に，人口

の高齢化に適切に対応できるだろうか。成長が継続する状況下で，企業が持っていた労働の内部市場の大きさが，企業による公的指令の実施を幅広く推進しえたことは間違いない。今日，グローバリゼーションと経済危機の状況にもかかわらず，日本は高齢化と雇用の面でこれまで定めた方針を維持することができると思われる。しかし，広大な労働の内部市場の機能が，将来，これまでに起きたものよりもっと根本的な変化をもたらすことはありえないことではない。

　このような状況下では，企業は将来的に，やはり雇用市場に参加したい若年者や女性を犠牲にすることなく，就労の延長を望む年配勤労者に適した雇用を十分に提供することは困難となるだろう。

　これは，活力ある高齢化のための日本当局の積極的介入主義の主な限界であるかもしれない。労働市場に若年者と女性をより良く参入させる努力を怠ってはならないだろう。実際，これら2つのグループの労働市場への参加は，過疎化と高齢化が特に際立つ人口問題に対応するにあたり，日本にとって大きな課題となっている。

英国：就労を市場の自由な働きに委ねる公共政策

　ここでは，非労働リスクに対する低水準の保護と，きわめて限られた雇用保護や雇用への統合政策を組み合わせた公共政策の配置構造を，英国のケースにより例証する。英国は，米国や南半球の英語圏の国々とともに，エスピン－アンデルセンが識別したような，社会保護の自由主義レジームに最も近い。

　しかし，英国を米国と区別する重要な例外があり，それはNHS（国民保健サービス）の存在に起因していることに注目すべきである。全国民に必要な医療ニーズはNHSによって担われている。保健医療分野を除き，英国のケースは，非労働に対する補償と労働市場への公的介入様式という，特に本書の研究の中心をなす二つの分野に関して，社会保護の自由主義的レジームの主な特徴をかなり正確に具現化している。周知のごとく，社会保護の自由主義的レジームは，ニーズの脱商品化の水準が全般に低いことが特徴である。国は最後の手段としてのみ，多くの場合は収入の条件付きで，社会保護の分野に介入する。雇用政策分野では，公的介入は限られており，市場と契約の自由な働きに大部分を委ねている。

　この全体的なスキームは，1997年のトニー・ブレアの労働党政権登場の後も，また同政権のてこ入れによる雇用政策の方針変更にもかかわらず，かなり忠実に英国のケースを反映し続けている。

早期退職を阻み，労働市場の自由な働きに雇用を委ねる，公共政策の構図

　この一般的なスキームに相当する公共政策の配置構造は，労働市場の外にいる年配労働者にとって魅力に乏しい社会保護と，向老期労働者の就労維持を支えられない最

低限の公的雇用政策とが結びついたものである。こうして向老期労働者の就労の水準は，極めて直接的に労働市場の状態に依存することになる。労働市場の状態が悪化すれば，年配労働者は，企業内で交渉された早期退職措置へのアクセスがない限り，強制的な非就労や，貧困から彼らを守りきれない最小限の社会保護セーフティネットの選択肢しかなくなる。景気が回復すれば，新たな緊張が労働市場に芽生え，向老期就労者の就業率は上昇する。この件に関するあらゆる研究は一様に，この就業率が企業からの労働需要に応じて変動する点を強調している。この状況においては，たとえ低くても賃金の方が，最低限の，しかも烙印を押される保護よりもましな場合が多い。この国では，労働市場の状況がキャリア末期の軌道を導いているかのようである。英国の年配労働者は，市場のニーズ次第で動員できる予備軍のように見える。規定年齢より早く労働市場を去る人々は，時期尚早の非就労を選択するよりも市場からの退去を強いられた「失望した」労働者として示されている。ラツコ（Laczko, 1987）によれば，これらの労働者は，自ら退職者とみなすことを拒否し，むしろ雇用復帰の望みのない失業者と定義している。この状況は，この国における非労働のリスクから守る措置に，ほとんど魅力がないことを示すものである。したがって，リストラの場合に，企業年金の手段による早期退職のため，企業レベルでの集団的な交渉の可能性がない限り，市場に維持の代替手段はほとんどない。このようにして，1979年から1997年の間に英国で発生した雇用の収縮の影響を被ったのは，どの年齢層よりも50〜64歳の男性であった，という事実を解釈すべきである。実際，50〜64歳の男性は就労総人口の30％に満たないにもかかわらず，この期間中に起こった雇用削減の半分近く（46.2％）を占め（表4-7），また期間中の非就労の増加において半分以上を占めている（53％）。

これらのデータは，50歳以上の勤労者が労働市場の変動により多大な犠牲を強いられていることを証明している。彼らの雇用における脆弱性は深刻である。年配労働者は衰退産業に属する可能性が最も高く，45歳以降にいったん失業してしまえば，雇用市場に戻るチャンスはほとんどないということを，さまざまな調査が示している。この最後の点は，英国家計パネル調査の分析により明確に示されている。1990年から1996年にかけて，45歳以上の勤労者の労働市場における軌道の再現に基づく分析によれば，この期間の初めに就職していなかった人々のわずか11％だけしか，この時期の終わりに仕事を見つけることができなかった（Campbell, 1999）。

この年齢層の雇用における脆弱性にもかかわらず，その就業率は，欧州の状況に比較すれば，ここ25年間で緩やかな低下にとどまっている点に留意すべきである。55歳から64歳の男性の就業率は，1971年から2001年の期間で26％低下した（本書表2-1）。この低下は，スカンジナビア諸国で記録されたもの（スウェーデンでは16％減）よりも高いが，大陸型レジームに属する国々で支配的なもの（フランスでは43％減）よりもはるかに低い。同じ表から，1990年代初頭（1993年）以来，この就業率が安定し，

表4-7 全就労人口における雇用の減少と非就労の増加に対する，さまざまな男性年齢層の寄与（1979-1997年）
(％)

		雇用の収縮		就労の増加		全就労人口における割合	
男性	18-24	12.9		7.4		10.5	
	25-49	41.6		39		60.7	
	50-54	10.7	46.2	11.3	52.9	11.7	28.9
	55-64	35.5		41.6		41.2	
						100.0	

　その後若干の上昇が見られた点についても注目すべきである。それは，この国で見られた労働市場の状況改善を伴なうものである。1997年以降，就業率の持続的な成長と全体的な上昇の期間が観察されている（1995-2010年の間で24％増，本書表2-6，参照）。景気と年配者の就業率の変遷との間に密接な相関関係があることが，英国のケースで再び観察できる。

　英国の場合，公共政策の配置は，大陸型レジームに特有の配置構造のような早期退職の権利の規範を打ち立てたり，スカンジナビアのモデルのような全年齢層の働く権利の規範ももたらすことはない。さらに日本のケースのような，企業側の雇用義務と，当局側の雇用機会を確保する義務によって釣り合いをとった勤労者側の就労義務を引き起こすこともない。高齢化する英国人労働者は，大部分が，市場の勢力と，企業における人材管理の揺れ動く必要性に従属させられている。この意味でこそ，労働市場の状況（第2章）によって年配労働者の就労水準を説明しようとの英国の研究の主張を理解しなければならない。しかしこの研究は，このような説明が社会保護の自由主義的モデルにしか通用しないということを考慮していない。そうした説明は，市場が社会保護の支柱の間で中心的な役割を果たす場合にしか役に立たない。その他のモデルでは，より整った公共政策の配置構造が，労働市場で向老期勤労者に開かれた代替案を作り上げ，こうした勤労者を組み込むか排斥するかについて，アクター間で妥協案を出現させる大きな役割を果たしている。

　英国では，年配勤労者は市場のニーズに応じて活発に働いたり，失意の底に落ち込んだりしている。国は市場の周縁での行動にとどまり，社会保護の最小限のセーフティネットで支援するか，あるいは行動の規範的枠組みを提案し，企業により実施されるキャリア末期の調整の方向性を変えようと試みるが，それを尊重するか無視するかは企業の意思次第なのである。かくして，年配労働者に対する雇用主の差別的慣行に対処するため，数多くのキャンペーンが当局により推進された。企業向けに年配勤労者のためのベストプラクティスの法規の採決は，英国の公的戦略の好例を示している。

第Ⅱ部　年齢と労働：就労人口の高齢化の課題

キャリア末期に補償つき非労働の社会的処遇をほとんど与えない，公的社会保護

　公共社会保護に関しては，非労働リスクの対象範囲は限定されている。第1に，英国には，年配労働者のための労働市場からの早期退職に関する公的制度がひとつもない。唯一存在したのは，1977年に創設された「job release scheme（高年齢者早期退職勧奨制度）」で，若年者の失業を食い止めるために年配労働者の早期退職を優先させた局面に導入されたが，1988年に廃止された。その他の活用できる早期退職方法にはあまり魅力のあるものはない。それは，一方では医学的基準でのみ認められている障害手当，他方では「就労目的の福祉（Welfare to Work）」の理念が課せられ，迅速な就労復帰のために厳格な基準に従わされる失業手当（つまり1996年の新たな求職手当，job seeker allowance），そして最後に最貧困層のための，収入条件付きで給付される失業扶助の給付からなる。一般に，英国の社会福祉の制度は最貧困層を対象としており，社会保障の自由主義的レジームを導く原則の下で，収入条件つきで給付が与えられている。この条件つき給付に充てられる分担金は，1980年から1992年にかけて，GDPの1.8％から3.9％へと倍以上となった。この数値は欧州諸国の中で最も高く，米国の数値をもはるかに上回っている。

　最後に，公的年金は最小限の補償を提供するのみで，そのため欧州諸国の中では英国は比較的低い位置にとどまっている。1995年には，公的年金に7.6％しか予算を割り当てておらず，EU 15ヵ国の平均値9.4％を下回っている（欧州の主要な機能ごとの公共支出に関する表4-3を参照）。最近では，公的年金支出に関し，英国とEU 15ヵ国の間の格差はさらに拡大している。2004年には，EU 15ヵ国の公的年金支出は平均してGDPの10.4％を占めたのに対し，英国では6.6％であった。

　その結果，英国の退職者の多くが，最低収入扶助給付に依存する貧困層に属している。この最低保障収入は，退職者の貧困対策として，2003年と2004年にブレア政権が引き上げ，物価スライドさせた。これらの努力にもかかわらず，英国の退職者は貧困状態にとどまっている。英国の年金制度が極めて硬直化しているだけにますますそういう状況になる。法定年齢（現時点では男性65歳，女性は60歳だが徐々に65歳に引き上げ）以前に，公的年金の支給を，部分的でも，認可していない。

　このような状況下では，英国では退職者という社会的地位は，しばしば貧困と同意語ととられており，望ましいものでも魅力的なものでもない，と理解できる。

　英国では企業の職業年金だけが魅力的であり，早期退職方法としての機能を果たしている。退職年金のための公的努力に限界がある代わりに，この国には公的制度への資金調達には実質的な問題がないのは驚くべきことではない。人口高齢化のペースがほとんどの加盟国より遅いからである。英国に唯一存在する魅力的な早期退職方法は，雇用主と勤労者間の交渉の領域にある。つまり，市場との契約の下にある。職業年金は，早期退職の目的のために最もよく利用された手段であった。職業年金は産業界のリストラの一環として特に利用され，時には50歳からでも支給された。しかし，これ

らの年金は英国の労働力の半分しか保障しておらず，さらに特に最も高い社会的経済的地位に恵まれた層が対象となっているという点に留意すべきである。

限られた雇用政策

この分野でも，公共政策は伝統的に労働の契約の枠組みに介入することに消極的であり，最小限の行動にとどまっている。1980年代以降，労働市場政策は，労働市場のフレキシビリティを高め，労働需要を支援するための介入に限定されてきた。主に2種類の対策が実施されている。
- 下層の勤労者を対象とするもの。受け取る報酬額を問わず，労働市場への復帰を奨励するために，給与の補足金が制定された。
- 雇用主向けのもの。低賃金のための税の免除制度が導入された。

1997年に労働党政権が誕生し，積極的な雇用政策がかなり強化された。教育研修と，より広義には活性化のための集中的な努力がみられたが，それでもスカンジナビア型レジームに比べれば慎ましやかなものである。

新しい労働党の目的は，労働市場への維持または復帰を奨励することであった。最初の3年間の，ニューディール・プログラムは特に年配労働者向けではなく，むしろ若い失業者を対象としていた。それでも，障害者向けのニューディールの枠内には，多くの年配受給者が見うけられた。2000年のニューディール・プログラムには，研修のための相談助言や就労支援，就職の支援や所得補助を緊密に組み合わせたもので，明らかに50歳以上の受給者を対象に拡大された。この新しいプログラム「New Deal 50＋」は1年間存続したのち，2001年には35,000人以上の人々に雇用のための所得補助（employment credit）を保障し，それ以上に彼らは制度に含まれる他のサービス（就職斡旋や研修のための助言）の恩恵を受けた。

2001年6月，労働党政権が再選された後，社会保護の活性化に向けた方針がさらに強化された。これは今後，年配労働者をより明確に対象とするものである。しかし，この方針は積極的な雇用政策の領域のみにとどまらず，活力ある高齢化を推進するための真の戦略が実施されたようである。

活力ある高齢化の戦略に向かって

2001年の欧州評議会において，欧州の雇用ガイドラインで明白に採択された活力ある高齢化の概念は，英国の公開討論で重視されており，労働党政権の発議に直接的な刺激を与えている。

二重の目標がある。一方では，向老期労働者に影響を及ぼす雇用の障壁をすべて取り除くことを目指し，他方では，雇用主が年配労働者を維持または雇用できるよう雇用主に向けて，また年配労働者が労働市場から退去するよりも復帰できるように年配労働者に向けても，奨励策を次々に出すことを目指す。このような発議は，首相官邸

第Ⅱ部　年齢と労働：就労人口の高齢化の課題

から委嘱され，内閣府が2000年に発表した「*Winning the Generation Game*（世代競争に勝つ）」と題された公的報告書が発端となっている。

　この方向への公的介入は2001年から以下の4つの路線にしたがって発展している：

- 年配労働者が蒙っている不利な状況を改善するために，就労中に研修をうけられるように，これらの労働者向けの生涯教育の努力を増大化する。雇用主にとって，年配労働者の雇用の第1の障壁は，不充分なスキルに関連するということを思い起こそう（第2章）。これらの取り組みは特に，労働力が不足している分野における研修になる。
- *年金制度をより柔軟かつ漸進的なものとする*。特に，年金受給しつつ働くことを認可しながら，段階的および漸進的な退職の可能性を広げる。年配労働者のパートタイム労働への移行や，パートタイム労働と部分年金との組み合わせを容易にするために，租税措置が取られた。企業の職業年金については，人員縮小を最高齢の年齢層に集中する雇用主への奨励優遇策を制限する対策が取られた。
- 公的年金制度の面では，ステークホルダー年金と呼ばれる，最低所得者のために積立方式の新たな補足制度を導入することで，*年金受給者の貧困レベルの緩和*を目指す改正プロジェクトが生まれた。
- *雇用における年齢に基づく差別と戦う法律*を施行する。労働党政府は，差別禁止法を準備する協議検討プロセスを開始し，2006年に同法は施行された。この新たな公的方針は，それまでの英国の政府の立ち位置とは対照をなした。英国政府がこれまで取ってきた方法は，ベストプラクティスの普及を基盤とした，積極的介入主義アプローチであり，雇用における年齢差別禁止を目指す米国のモデルに依る，法律の枠組みの採択よりも，好ましいと考えられていた。1993年に早くも，保守系の前政権は，年配労働者を維持または雇用する効用について雇用主を説得するために，「Getting on」と題する情報キャンペーンを開始していた。英国のいくつかの大手企業の経験から，ベストプラクティスの実践例を雇用主に提案する，小冊子が配布された。同時に，雇用における年齢差別の問題に焦点を当てた大規模な大衆向けキャンペーンが行われた。企業の指導者たち向けのこうしたキャンペーンの効果についての評価で，この種の道徳に訴える施策の限界が明らかとなった。大多数の雇用主が，これらを「ある程度は有用」と評価したが，キャンペーンが自分の実践を変えたと考える雇用主はわずか3％であった。

　1999年，労働党政権もこの種の発議で，雇用主向けに「雇用における多様な年齢に関する行動規範」を発表した。企業は「Age Positive」のラベルを獲得でき，優良事例として示され，「Age Positive Attitude」のチャンピオンとして表彰もされる（OCDE, 2004, p. 106）。この取り組みの評価は，以前のものと同様に，この類いの運動に特有の限界を示している。年配労働者に対する非差別の優れた行動を定める規範的枠組みの普及は，年配労働者のための企業の実際の行動にほとんど影響を与えなか

った。

　キャンペーンの限定的効果によって，労働党政権は，企業の善意にのみ頼る差別撤廃戦略を放棄したのかもしれない。こうして，政府は雇用における年齢差別対策として，より限定的な法的枠組みを選択することに決めた。しかもこの方針は，2000年10月以降，雇用における平等な扱いに関する欧州の指針の対象となっている。2006年10月以降，雇用時の年齢に基づく差別を禁止する法律が施行された。また，雇用主が勤労者の意志に反して65歳以前に退職させることも禁止された。さらに，勤労者は誰でも，65歳まで雇用されること，またその年齢までのキャリアプランを確立することを企業に要求する権利を有する。

　しかし，この差別禁止法の有効性は疑わしい。米国の例をみると，フィンランドやオランダで行われたように（第6章），この法律は，年配労働者に対する企業の行動の枠組みと動機を修正することを目指す大規模な公的プログラムを基盤としない場合，ほとんど効果がないことがわかっている。この差別禁止法の根拠となる基本的人権のレトリックは，個人を保護し，個々の訴えや救済の可能性を開くことを目的としている。しかしそれは，雇用主が，一般的に集団として価値の下がった年配労働者よりも，安価で質の高い若い労働者を優先する市場のメカニズムへの対策とはなっていない。さらに悪いことに，米国の場合のように，年齢に応じた不平等待遇を隠蔽する戦略を生み出すことがある。この国では，年齢に一切言及せずに，企業における早期退職を行う目的で，米国の経営コンサルタント会社が設計した早期退職奨励プログラム（ERIP）が一定の期間にわたり大規模に利用されており，このような悪例が実証されている。英国に見られる活力ある高齢化の最新の方針が，その結果として生じる公共政策と年齢統治の配置について，根本的に持ち札を変えるかどうかは疑問である。

　全体的に見て，この国では，年配労働者を予備的な労働力として扱う新たなエピソードを目撃することになりそうである。すでに見たように，失業率が比較的低い期間に，選択されたものというよりもはるかに支配的かつ強制的な形のまま，この労働力を活性化させる圧力が高まる。労働市場の圧力が依然として中心にあり，この市場の公的規制は限られたものにとどまるだろう。

注
(1) あるいは，エスピン-アンデルセンの初期の類型に則れば，コーポラティスト的保守主義となる。ドイツ，フランス，オーストリア，ベネルクス諸国は，主にこの福祉国家レジームに属すると見なされていることは周知の通りである。
(2) シャルプフ（Scharpf, 2001）が福祉国家の大陸型レジームにあてた章のタイトルによれば，「雇用と福祉国家。大陸のジレンマ（Employment and the Welfare State. A Continental Dilemma）」となる。
(3) ピアソン（Pierson）が特定した改革の第3の試みは「再構成」（英語では *recalibration*）であるが，より抜本的な変化を伴うものであるため，フランスの事例で動員され

(4) 1991年10月22日の指導文書，雇用代表，労働省。この点については，ケルシェン（Kerschen），ネノ（Nénot）（1993）が展開する優れた分析を参照できる。
(5) しかし，段階的早期退職が公的機関のあらゆる期待に応えたわけではないことを忘れてはならない。特に，世代間の雇用の配分の効果的な手段というよりも，自治体が企業のリストラ負担に寄与する一形態であったことが明らかとなっている。ビュルディア（Burdillat），シャルパンティエ（Charpentier, 1995a および b），シャルパンティエ，ガルティエ（Charpentier, Galtier）（1996）を参照。
(6) 特に，1993年の企業の ASFNE への分担金の増加。
(7) 56.5歳で解雇されても，満額支給の年金受給年齢（遅くとも65歳）に達するまで，逓減なく失業手当を受けることができる限り，この失業補償は，年配勤労者にとって不利ではなく，時には ASFNE の早期退職よりも魅力的であることに注意すべきである。
(8) 1984年，Unedic の改革の直前に，後者は55歳以上の勤労者に充てる基金の半分以上を，事実上，早期退職に注いでいたことを想起したい。
(9) 企業による段階的早期退職の実施については，ビュルディア，シャルパンティエ（Burdillat, Charpentier, 1995b）を参照。
(10) この点については，DARES がマクロ経済シミュレーションから行った分析（1996）を参照。短期的には早期退職が就労人口を減少させて失業率を引き下げるとしても，中期的にはその効果はマイナスとなることが示されている。すでに引用した，エスピン－アンデルセン（Esping-Andersen, 2000）が行った国際比較の結果も参照。OECD 諸国にとっても同様の結果となっている。
(11) 特に，企業に求められていることは，35時間労働を実施し，雇用の変化に従業員が率先して適応できるように，雇用と技能の予測管理に関する通常協定を締結することであった。
(12) ASFNE の適用条件の厳格化に関する2001年2月13日の DGEFP の通達。
(13) シニアの不完全雇用の直接的および間接的費用の算定見積りについては，経済分析評議会の報告書（CAE 2005, p. 43-49）を参照のこと。我々の知る限り，フランスの早期退職の全体的なコストを算出しようとした唯一の試みである。
(14) この改革を取り仕切った社会力学の詳細については，ギルマール（Guillemard, 1986, p. 344 とそれ以降の頁）を参照。
(15) ブランシェとプレ（Blanchet, Pelé, 1999）によれば，フランスの年金制度は，満期受給できる年齢以降に就労延長をする者に対して，暗黙の高い税金を課すことさえある。
(16) 計画総局（Commissariat général du Plan, 1986），および，人口統計学者レオン・タバー（Léon Tabbah）を議長とし，1986年に開かれた計画委員会の報告者であったルーラン（Ruellan, 1993）を参照。
(17) 計画総局（Commissariat général du Plan, 1986）。経済と統計（Économie et Statistique, 1990）；当時の首相ミシェル・ロカールが命じた年金白書（Livre blanc sur les retraites, 1991年）。計画総局（Commissariat général du Plan, 1995），ラウル・ブリエ（Raoul Briet）主宰のグループ。計画局（Commissariat an Plan, 1999）；タデイ（Taddei, 2000）；トゥラード（Teulade, 2000）。
(18) ゴーリエ，トマ（Gaullier, Thomas, 1990）；労働省（Ministère du Travail, 1994, 1996）。

⑲　この改革の詳細については，パリエ，ボノリ（Palier, Bonoli, 2000），ボノリ（Bonoli, 1997）を参照。

⑳　バボー（Babeau, 1997）によれば，改革は最終的に，改革を行わない場合に比べ，給与労働者の一般制度の平均的な年金レベルを，およそ30％も大幅に削減する可能性がある。

㉑　フランスでは，2001年の就労活動からの退出年齢の中央値（50歳以上の労働者の参加が30-45歳の就業率の50％以下となる年齢）は男女ともに58歳であり，満額年金受給資格の通常の年齢よりも2年早い（Eurostat-LFS出典）。この数字は，男性に関してはEU加盟国の中で最も低い。フランスはイタリアおよびルクセンブルクと並んでいる（第2章も参照）。

㉒　2007年1月1日以降，この保険料は追加の2年目からは4％，65歳以降では5％に引き上げられた。

㉓　第2章で見てきたように，解雇と健康上の理由は，現役生活からの早期退職の主な原因となっている。

㉔　第2章，表2-1と2-6を参照。この国の高齢勤労者の高い雇用率が1971～2008年の期間にわたって維持されていることを示している。

㉕　最初は非常に寛大だったこの制度は，あまりにもコストが高すぎると判断されたためにまず修正され，年金改革の枠組みに統合すべく1995年に廃止された。

㉖　スウェーデンでは，勤労者によるパートタイム労働の要求の受け入れを企業に義務付ける法律が，パートタイムへの移行を助けた。

㉗　特に，デルセン（Delsen），ルデ＝ミュルヴェ（Reday-Mulvey, 1996）を参照。

㉘　詳細については，スウェーデンの章（Commission Européenne, 1999, p. 86-90）を参照のこと。

㉙　ヴァデンジョー（Wadensjö, 1991）およびオロフソン，ピーターソン（Olofsson, Peterson, 1994）を参照。

㉚　まだ就労中の一群の従業員の50％にすぎない中央年齢を指標とすると，スウェーデン人男性の実際の退職年齢は，1965年の67歳から，1998年には62歳に移行した（Commission européenne, 1999, p. 86）。

㉛　スカンジナビアのモデルの躓きの石は，常にGDPの大部分を占めてきた社会支出の増加の制御であることがわかっている。失業率の上昇をともなう1990年代初頭の経済危機は，スウェーデンの社会支出を急増させた。1993年にはGDPの37％を占めた社会支出は，23％に上昇した欧州連合15ヵ国の平均よりもはるかに高く，米国（13.5）と日本（11.2）を断然上回っている。さらに，人口の高齢化が，力学的にこの増加を助長する要因であることもわかっている。フェレーラ，ヘメリック，ローズ（Ferrera, Hemerijck, Rhodes, 2000, p. 30-34）を参照のこと。

㉜　スウェーデンの社会保護の大部分は税金を財源としていることを想起したい。

㉝　ただし，勤労者が保険料を納付して年金権を蓄積することができるとしても，雇用主が望むなら，67歳からは強制的に退職させる権利があることを指摘すべきであろう。

㉞　旧年金制度は，ベヴァリッジ方式で，2階建てで構成されていた。全市民に支給される包括的な公的基礎年金に加えて，雇用主と勤労者の社会保険料で，ビスマルク方式の保険原則にしたがって運営される一般付加制度（ATP）が加わっていた。スウェーデン人の80％が，この2階建てからなる年金を受給していた。2階部分は，スウェーデン

年金の給付サービス額のおよそ60％を占めていた。改革で，制度が統合された。基礎年金は最低保障へと変化し，65歳前の支給はできなくなった。この新たな制度は，1954年以降に生まれたすべての人には全面的に，また1938年と1953年の間に誕生した人には一部が，適用されることになった。

(35) 詳細は，OECD（2003, p. 45-66），およびパーマー，ヴァデンジョー（Palmer, Wadensjö, 2004）を参照。

(36) 国際比較の面では，スウェーデンには比較的高い雇用保護を与える法律がある。それは1974年にさかのぼり，以来ほとんど変わっていない。

(37) これらの点については，オロフソン（Olofsson, 2001）を参照。

(38) したがって，40-44歳の男性の外部移動性は，フランスの15％に対し，日本では7％である。35-39歳の男性ではフランスの19％に対して，10％となっている。野原（Nohara, 1999, p. 547, 表3）を参照のこと。

(39) 日本の制度はきわめて家族主義的であり，補助的な賃金とみなされる女性の労働を伴ない，男性を「家族の大黒柱，家長」とする基本に基づいて機能する。

(40) 厚生労働白書（2006, p. 46）

(41) 日本の人口の高齢化は，世界でも比類のないものである。これは，出生率の急激な低下（1950年の3.65から1993年の1.46へ）に起因し，結果としてもたらされた高齢人口比の指数上の上昇は，寿命の分野で達成された進歩によっていっそう加速している。1950年には，65歳以上の人口比は5％，フランスの半分以下だった。1980年代，この比率は2倍となり，1995年には15％，つまりフランスおよび欧州と同等の水準に達した。将来的には，この比率は欧州よりも日本でより急激に上昇し続け，2020年には27％に達する見込みである。近い将来，1947年から1949年の間に生まれたベビーブーム世代が60歳代に達する2010年には，全人口において，日本人の3人に1人が60歳以上，就労者の5人に1人が60歳以上となるだろう。

(42) 強制的退職年齢を55歳に設定することは，すでに第二次世界大戦前に行われていた。この強制退職年齢は，終身雇用の賃金協定を背景に理解されるべきである。それは終身雇用と年功序列に終止符を打つものである。それは通常，多くの企業で行われたように相当な額の退職金を伴なうものだが，補足的な年金制度がこの退職年金の役割を引き継ぐか，または時には制限をかけるケースもあった。

(43) 年配労働者の雇用に関する日本の公共政策の最新の進展については岩田（Iwata, 2001）を，また高齢化問題に対する公的対応への，より広範なアプローチについては，バス，モリス（Bass, Morris, Oka, 1996）を参照されたい。

(44) この点については，特に日本に関する第7章を参照（OCDE, 1995）。

(45) OCDE（2004, p. 125.）参照。

(46) この点についてはロバーツ（Roberts, 1996）参照。

(47) 1985年から1986年の大改革以来，公的年金制度は，2階建ての構造となった。1階部分は権利を有する者全員に基礎年金を給付する共通制度であり，異なる制度からなる2階部分は，以前の報酬に比例した保険給付とする。メインとなるのは民間勤労者の厚生年金制度である。この点については，エスティエンヌ（Estienne, 1996, p. 190-199）を参照。

(48) 40年間の保険料納付履歴がある人々のためのもの。この改革は基礎年金部分にのみ関わるが，報酬比例部分の2層目の改革も検討中である。

⑭ 1999年，強制退職年齢を60歳以上に設定した企業はわずか10％に過ぎなかった。
⑮ 日本の再雇用と継続雇用については，OECD（1995, p. 231 および続きのページ），またエスティエンヌ（Estienne, 1996, p. 120-124）を参照。
⑯ 第5章では，日本の企業レベルでこれらの措置による輪郭を具現的に表わす企業のモノグラフを紹介する。
⑰ 清家（Seike, 2001）によると，この格差は，勤続年数30年の55歳から59歳の男性と，勤続年数なしの60歳から64歳の男性の賃金にみられる。
⑱ このシナリオは，米国のケースで採択された，雇用における年齢制限禁止の原則を伴うものであることに注意したい。
⑲ この点については藤村の論文（Fujimura, 2001, p.3）を参照。
⑳ 国立雇用局。求職者1人当たりの求人数を測定した。求人数と求職者の比率は，2000年には60歳から64歳で0.13であったが，25歳未満ではそれほど悪くなく，0.90であった。
㉑ マルティーヌ（Martine, 2012），「日本における年配者の雇用：文脈と実践の現状証明書」，Ebisu, 48, p 173-199。
㉒ 特に，テイラー，ウォーカー（Taylor, Walker, 1994, p. 569-591, 1998a）およびテイラー（Taylor, 2008）を参照。
㉓ 英国の世帯パネル（British Household Panel Survey）調査のデータによると，男性の賃金は45歳でピークに達し，その後低下している（Campbell, 1999）。
㉔ フィリプソン（Phillipson, 1982）は，長期にわたる実証を行った。
㉕ この点に関してはフランスのケースでコントラストが際立つ。本書では，この国の早期退職者は，年配失業者とは異なり，より長く雇用にとどまらなかったことを後悔していないという点に言及できた（第2章を参照）。
㉖ 現在，雇用者が管理する企業年金制度の対象となっているのは英国の勤労者のほぼ半数のみである。英国については，欧州委員会参照（Commission Européenne, 1999, p. 96）。
㉗ 英国の退職年齢は男性は65歳に定められている。男女の退職の条件を調和させるため，女性の退職年齢は60歳から65歳まで徐々に引き上げられる。
㉘ 英国の55-64歳の就業率は2008年に58％に達した。欧州の目標50％を早くも上回っていたことになる。
㉙ 障害手当の受給者（incapacity benefits）の3分の2は50歳以上である。
㉚ この点については，フェレーラ，ヘメリック，ローズ（Ferrera, Hemerijck, Rhodes, 2000, p. 37）を参照。
㉛ 公的制度の基本年金は，ベヴァリッジの伝統における定額年金であり，1999年には退職者の総収入の約3分の1を占めた。
㉜ フランスの補助退職年金に相当する。
㉝ 早期退職ルートの体系的な国際比較については，第7章を参照。
㉞ このプログラムは，過去6か月間に就労しておらず，給付を受給している50歳以上の人々を対象とする。
㉟ 詳細については，ウォーカー（Walker, 2002）を参照。
㊱ 英国の労働力に関する調査のデータは，就労中の継続的な職業訓練へのアクセスの機会が年齢とともに減少することを示している。1998年には，16-24歳の35％が調査実施前の13週間の間に訓練を受けていたが，50-59歳では20％以下にとどまっている（Com-

mission européenne, 1999, p. 98)。この50-59歳の職業訓練へのアクセス率は，欧州と比較して比較的高く，英国での職業訓練の努力はスカンジナビア諸国の直後に位置している（本書第2章の図2-5と図2-8参照）。
(72) 最も一般的な企業年金の形式は，年金および雇用主の拠出額が最後の給与に基づくものである。この場合，雇用主は年配労働者を集中的にリストラする強い財政上の動機を抱くこととなる。

[訳者注]
(ⅰ) «décret». 仏和辞典では，"政令"と訳されている（例：旺文社の『ロワイヤル仏和中辞典〔第2版〕』）（2016年重版）。しかし，日本の政令とは異なるので，最近では《デクレ》と記されることが多い。
(ⅱ) 1994年の改正により，被用者年金制度（厚生年金・共済組合）の年金支給年齢の引き上げ（2001-2013年にかけて，3年に1歳ずつの引き上げで，60歳から65歳へ）は，1階部分の定額部分が対象。その引き上げ直後，2000年の改正により，同じ仕組みで2013年から2025年までに，被用者年金の2階部分の報酬比例部分の支給開始年齢が引き上がる（以上，女性は5年遅れ）。
(ⅲ) 老人福祉法（昭和38年7月11日法律）。
(ⅳ) 厚生年金制度の報酬比例部分の支給年齢の引き上げは2013年から実施中。訳者注(ⅱ)を参照。
(ⅴ) その後の報酬比例部分の支給年齢引き上げについては，訳者注(ⅱ)参照。
(ⅵ) 訳者注(ⅱ)参照。2018年度現在，報酬比例部分相当の老齢厚生年金受給できるのは，62歳から，2019年度では63歳になる。
(ⅶ) 年金制度改正に平仄を合わせる形で高年齢雇用安定法も改正され，希望者の65歳までの雇用が義務化された（2012年法改正，2013年実施）。
(ⅷ) 前述のように，2013年から希望する従業員すべての65歳までの雇用は義務化されている。

第 **5** 章

労働力の高齢化に直面する企業

　本章は企業を主たる研究単位とする。年齢と労働の問題を扱った第2，3，4章のアプローチはマクロ社会的であった。そこでは公共政策の配置構造がキャリア後半の職業軌道に及ぼす影響と，社会保護の改革の方法を論じた。本章ではマクロからミクロへ焦点を移す。考察はミクロ社会的なものとなり，人口変化の状況下で，企業が職場において年齢と世代をどのように管理しているのかを把握し，企業の表象と慣行を決定する諸要因を理解することを目指す。労働市場の機能についての国内外にわたる諸研究は，労働供給とその年齢別配分の特徴について諸知識をもたらした。しかし，反対に企業の労働需要については，特に企業がその内部市場でどのように年齢を管理しているのかについては，まだほとんど知られていない。

　よりくわしく言えば，勤労者の年齢に応じた就労の継続，雇い入れ，維持するか，排除するかの決定の発議は，企業に帰する。キャリア後半の職業経歴の軌道を与え，将来の変化を引き起こす多様な要因について隠さずに明らかにすることができるのは，つまり企業レベルにおいてなのである。

　将来の見通しは，すでに進行している社会経済および人口の変動の影響を顕著に受けている。それらの変動は，現在まで支配的であった年齢管理の形態，すなわち補償付き排除と周縁化の実施が圧倒的に多かった管理形態の再検討を促す。今日的な観点は，逆に，あらゆる年齢がより活動的でいられる社会へ，職業経歴の軌道のより個別化した質の高い管理が主張されている。これがリスボン首脳会議（2000年3月）と，ストックホルム首脳会議（2001年3月）における欧州連合の勧告の方向性である。

　リスボン首脳会議は，欧州連合諸国の就業率の包括的増加（70％まで）を奨励した。ストックホルムでは55歳から64歳の年齢層の就業率を2010年までに50％に高めるべきとする特定目標を定めた。日本も同様の目標を立てていたが，目標レベルははるかに高く設定されていた。

　今後10年で企業が必ずや直面する年齢管理に関する新たな挑戦の重大性を認識した後，欧州，アメリカ，日本におけるキャリア後半の管理に関する企業の慣行を比較し，労働力の高齢化の課題に挑戦する企業の能力について考え，特に，企業行動に対し公共政策が果たす役割を見極めることとする。

高齢化と人手不足：新たな難問

　欧州と日本において，労働人口の年齢構成に悪影響を及ぼす人口変動は，これから先の15年以内に顕著となり，企業の労働力管理にも職業行路についての考え方にも大きな痕跡を残すであろう。

　この人口変化は主に，ベビーブームと，その後の明らかな出生率の低下，同時に平均寿命の延長を過去に経験した国に関係する。このような人口変動の結果は周知のことである。人口変動はまず，就労年齢人口の高齢化を招き，次に，おそらく労働力の収縮に至るであろう。

　企業内の労働力の高齢化は，中間及び高年齢層の膨張と若年層の割合の減少となって現れる。その結果，労働人口の平均年齢は上昇し，多くの国では40歳を超えている。労働力の高齢化がもたらす難問は，それが多くの欧州諸国で早期退職の文化の発展と結びついているだけに気づくのが難しい。その早期退職の文化によって，55歳以上の勤労者は不必要かつ余剰人員と見なされているのである。

　将来，これらの国では基本的に唯一の世代に頼るごく限られた労働力でやっていけるのだろうかという疑問が生じる。このような状況は，ベビーブームの就労世代が年金受給年齢に達するとともに，就労人口と非就労人口の関係が急速に悪化し，年金制度の財政均衡を危機に陥れることも，また周知のことだからである。これらの疑問にいかなる解答がもたらされようとも，企業は生産の組織と人的資源の管理を適合させつつ，従業員の高齢化の課題に立ち向かわなければならないことに変わりはないのである。

就労人口の高齢化の難問

　就労人口の高齢化は二重の動きに起因する。一つは，大勢のベビーブーム世代層が一斉に50歳代に到達すること。もう一つは，1975年以降の出生率の低下時期に生まれた，はるかに少数の若年者層の労働市場への参入である。

　年齢別人口構成を上下同時に変形するこのハサミ状の高齢化は，企業の年齢ピラミッドに根底から悪影響を及ぼし，企業に多くの管理慣行を再検討させるに至る。

　欧州15ヵ国全体のレベルで，この人口変動は，鍵となる2つの変数から容易に理解される。労働市場を支える15-29歳の年齢層の年齢構成における比重は，1995-2015年の間に16％減少する。一方，50-64歳の年齢層は，26％の増加である。欧州15ヵ国の就労年齢人口全体における45歳以上の比重は，1971年では33％しかなかったのに対し，2015年には40％となるであろう。しかし，いくつかの加盟国においては，明らかにこの割合はさらに高くなるであろう。

このような変化の広がりは，職場における連続世代間にさまざまな力の均衡をもたらすであろう。その代わりに，連続世代間の関係と職業経歴について別の管理方法の発案が求められるのである。

このような労働力の高齢化プロセスには，国や産業部門，とりわけ企業によってその規模やスケジュールに違いが表われるのは当然のことである。

就労人口の収縮の難問

ベビーブーム世代が退職年齢に達する時，就労人口の高齢化に人的資源の収縮現象が付け加わる。というのも，これらの数多い世代層の退職への大規模退出に，ベビーブーム後の数少ない若年者層の労働市場への参入が重なるからである。

欧州では，就労人口の収縮の始まりを示すこの傾向の急変は，国によって規模は一定ではなく，異なる時期で生じるだろう。しかし大筋のところ，このプロセスの始まりは2006-2011年に集中すると推測されている（図5-1）。

このような人的資源の収縮は労働市場に労働力不足と緊張の現象を引き起こすかもしれないが，その規模は労働生産性の変化と進展いかんにかかっている。いずれにせよ，この人口変動の影響力を，社会経済と技術の発展および産業部門別変動を無視して解釈することはできない。それでもやはり，50歳代が労働力に占める割合が増大し続けている限り，人口の高齢化により，雇用と人的資源の問題はこの世代の就労行動にますます依存するものとなる。1980年代初頭から確認される，この年齢層（移民以外の中央年齢世代の女性も同様に）に顕著な就労からの後退を考慮すれば，この年齢層は将来，労働力の主たる予備軍となるであろう。

この新たな現実が，欧州連合と日本に「活力ある高齢化」という基本方針を推進させることになる。この基本方針は成長と富の創造を保障し，社会保護制度と，特に年金制度の存続に寄与するにちがいない。それらの制度は高齢化と労働力の収縮により深刻な苦境に追い込まれ，年金受給者と保険料負担者の関係の不均衡をさらに悪化させている。

事実，職場において進行中の，あるいは今後の年齢構成の変化は，企業，労働者，当局という労働市場のすべてのアクターの慣行を再考し修正するよう仕向ける。

年齢構成の変化は，労働力の予備軍を就労生活の生涯を通して結集し，その被雇用者能力を保ち続けることが前提となる。人員削減したり，あるいは新しい専門職を募集することが都合がよいとなれば，直ちに旧式の早期退職制度を利用したり，大量の若い新入社員を頼りにすることで，企業が不連続な雇用と拡張を制御してきたような時代では，もはやなくなった。ところが多くの欧州諸国において，企業はその影響に備えることなく，この安易な解決策に大いに頼ってきた。成長の停滞時期には，企業は若者の不完全雇用と早期退職とをしばしば組み合わせ，下方から人為的に従業員の

第Ⅱ部　年齢と労働：就労人口の高齢化の課題

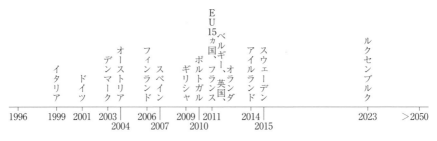

図5-1　就労人口の収縮現象

出典：COM（1999, p.221）。

高齢化を引き起こしたのである。

人口ピラミッドの高齢化をしばしば人為的に引き起こした企業

　実際，企業の年齢構成は，それ以前に行われた人材管理を反映している。フランスの鉄鋼部門は，この形状を滑稽なほど示している。採用の停止は，50歳からの早期退職制度の大幅な利用も相まって，企業内に中間年齢層しか残さなかった。35歳と50歳の間の円筒形に縮小した年齢ピラミッドは，昇進とキャリア展開の正常な機構の一切を麻痺させるに至り，管理不能となった。これほど極端な状況に到らなくとも，早期退職制度の慣行が奨励されていた国では，その方法をとった企業は多かった。

　この点について，フランスの自動車産業のある一企業が好例を示している。この企業では1987年から1992年にかけて，連続した社会計画とASFNE（全国雇用基金の早期退職特別手当制度）の大規模な利用による人員削減を実施した。この計画は，給付の代償として新規募集ができなくなるほどのものであった。この施策は，表5-1が示すように，底からの顕著な高齢化と30歳以下の年齢層の縮小による年齢ピラミッドの急速な歪みとなって現れたのである。

　この例から，この部門の経営者たちが，年齢ピラミッドの均衡を取り戻す目的で若者の採用を進めるために，時代遅れの知識を持った過剰な年配勤労者の排除を可能とする，早期退出の公的措置の維持および特定給与労働者規定年齢前就労停止制度（CATS）[i]（第4章）の実施を擁護した理由が読み取れる。

　しかし，このような慣行は，企業内の年配勤労者の数を人為的に削減するとしても，労働力の高齢化に対する答えにはならない。逆にこの慣行は，近い未来の諸現実に背を向けることで，問題を先送りし増長させるだけである。確かに，高齢化を見越し予防するよりも年配勤労者を首にする方がよかった。年配勤労者の就労の最後の15年間は，彼らの能力や意欲を維持したり，職業上の異動の管理をする代わりに，同じ職務，同じ仕事，同じ環境にとどめ置くことがほとんどであった。

表5-1　1987年から1992年のフランス自動車産業のある企業における年齢構成の変化

年齢	1987	%	1992	%
<30	863	7.1	216	2.6
30-49	8,565	70.5	5,655	67.6
50+	2,717	22.4	2,490	29.8
従業員総数	12,145	100	8,361	100

　そのような慣行の企業では，若い労働者が最新製品の生産部門で最高性能の機械（コンピューター制御の機械など）を備えた職務に就いているのに対し，年配勤労者が最も古い製品の製造部門に集中しているのを見るのはまれではない。いくつかの企業で「老いぼれ部屋」を意味するものや，制約がほとんどない職務を含む周縁生産ラインの，いまだ外部委託されていない部署において，最古参の勤労者が若者や中間年齢の労働者のために仕事の下準備をしている。その意味では，企業は自らにふさわしい老人を抱えていたということができた。多くの場合，勤続年数が非常に長い年配の従業員は，集団レベルで，企業内で以前に行われていた人的資源の管理形態を忠実に反映している。時代遅れの知識，劣化する適性，萎縮した意欲は，不足する職業訓練施策，整備が不十分な労働環境，配置転換の不適切な管理を反映したものである。

　このように，最初に労働力の年齢による構造を歪めたのは企業の慣行であって，人口動態ではない。企業の慣行は多くの場合，企業幹部が自ら選択した管理によって推進した変化を真に自覚することなく，実施された採用および早期退職の政策に従って，人為的に高齢化した，あるいは腹ぽてのピラミッドを生じさせたのである。年配就労人口は，固有の特性を持つ同質の集団を形成するどころか，自分たちが被った管理形態の痕跡と，加齢によりさらに増大する相互個人間の差異を表している。

国によって規模が異なる重要課題

　厳密に人口統計上の労働力の高齢化は，さまざまに異なる諸条件のもとで発生する。その条件とは，企業，産業部門，国がそれぞれ進める異なる政策と，それがさまざまな年齢層の労働力率に与える影響によって決定される。したがって，就労人口の厳密に人口統計上の変化が，いかにして労働力率に起こった変化と結合するのか，最大の注意を払わなければならない。それらの変化は，経営慣行と施策によってもたらされる。労働力の管理施策において来たるべき変化の規模と重要課題を見定めるためには，このような諸要因の結合を考慮するのが不可欠である。この点については，ジェリー・クーマン（Géry Coomans, 2001）（経済社会諮問院）が2010年度を見通して，欧州連合諸国に対して行った調査が明らかにしている。それによると，国の主要な3つのモデルが存在する。各モデルは，就労人口の中で自己調整が行われやすい3部分

第Ⅱ部　年齢と労働：就労人口の高齢化の課題

（若者，中間年齢の女性，向老期労働者）について，動員獲得水準（労働力率）を，厳密に人口統計上の変化と組み合わせる。この調査から北欧モデル，大陸モデル，地中海モデルが区分けできる。

　北欧モデルには英国も加えられるが，ここでは，若者，向老期勤労者，女性のすべてについてすでに就業率が比較的高い状況で人口の高齢化が生じている。15歳から24歳の若者の高い就業率は[2]，就労人口の底からの人為的な高齢化がないことを証明している。この状況では，厳密に人口統計上の高齢化の影響は拡大しない。このような高齢化への順応は，女性と向老期勤労者の労働志向をさらに高めるために，主として雇用における職業経歴の軌道の調整ならびに，すでに試みられている勤労努力の延長を必要とする。

　一方，フランス，ベルギー，ルクセンブルク，ドイツ，オーストリアと，それより比重は低いがオランダを含む大陸型モデルでは，強固な年齢選別と，25歳から55歳の中間年齢層への職業活動の集中が見られる。しかし，たとえばフランスよりもドイツ，オーストリアの方が，若者はより迅速かつ容易に職を得ることがわかる。この大陸型モデルでは，高齢化がすでに人為的に強力に進んでしまった労働力の状況で，厳密に人口統計上の変化が生じている。たとえばフランスでは，ベビーブーム世代の特に大量の人数という特質により，1990-2000年の期間で45-54歳の人員，また2000-2010年の期間で55-64歳の人員の大幅な増加が進む。しかし他方で，先に確認したように，この年齢層は企業によってすでに大幅に周縁化され，労働市場の外へと排除されてしまっているのである。

　この例から，このベビーブーム世代の人々がキャリア末期に少々，労働への志向を取り戻すために導入することが適切であろう激変について検討できる。今後10年以内に，大陸型モデルは労働市場のアクターの行動に大規模な変化を強いるであろう。向老期労働者，またより小さい規模で若者と女性の労働力も，前例のない動員が必要とされるであろう。このモデルにおいて人口高齢化が突きつける問題は甚大である。なぜならこれほどの規模の動員の努力は，簡単にはできないからである。それは中長期的に計画されるべきものである。50歳代を労働市場に維持することは，それ以前に彼らの被雇用者能力とスキルが良好な状態に保たれていることが前提となる。また，労働力の高齢化に適した労働条件と組織づくりの進展が実施されている必要がある。要するに，職場の迅速な世代交代の枠内で，経験の保存と継承を保障し，意欲の持てる職業行程を構想できなければならない。前章ですでに，この方向へ通じる改革の道筋のいくつかを指摘することができた。

　3番目の地中海モデルの特徴は，雇用の25-54歳男性への集中と，若者，女性，向老期労働者の就業率の低さである。このモデルでは，まさしく人口統計上の影響は20年の間に大きくなるであろう。しかし動員できる予備労働力，とりわけ女性レベルで考慮すると，自由裁量の幅は大陸型モデルより広い。

このように，人口の高齢化は，過去の施策によって，厳密に人口統計上の激動の影響を軽減あるいは強化したか，国や企業に及ぼした影響によるため，同じ規模の問題とはならない。ジェリー・クーマンの調査は，労働力の高齢化に適応するには，大陸型モデルが最も困難で危うい行程を辿るであろうことを明らかにしている。以前の慣行からの完全な方向転換が強いられるだろうからである。この点について，本書の分析は完全に一致している。

　高齢化の課題に直面する企業の行動論理を，国際比較によって前に進めていくために，ある国の公共政策が，企業の年齢管理の戦略に影響を与えた方法について，これから明らかにしていきたい。

年齢に関する企業の行動論理と公共政策：比較研究の視座

国と企業の関係：仲介変数

　本章の目的に則り，企業を出発点とする。企業が勤労者のキャリア後半をどうするのか，またなぜそうするのかを理解することを課題とする。

　企業は人口の，社会経済の，また公共政策の異なる状況の中で活動している。これらのさまざまな要因が企業の年齢管理の慣行に及ぼす重要性について考えることができる。

　本章で言及する比較研究の成果によって，それぞれの国で支配的な公共政策の配置構造が，人的資源の年齢別管理に関する企業慣行を強固に形成する枠組みなのだと悟らされる。ここで断言できることは，公共政策の諸制度は企業アクターの活動に影響を与えるが，あらかじめそれを計画していたわけではない。企業アクターは戦略的自律性の裁量を享受しているが，それは関連アクターの配置構造や，それぞれの国の企業，国，市場の間で支配的な相互作用システムによって変化する。いずれにせよ，企業は公共政策の方向を変え，変形し，さらには自分の利益になるようにその使い方を捻じ曲げることさえ可能なのである。キャリア後半の偏向した職業経歴の軌道が識別され，公共政策の典型的な配置構造に結び付けられた（第4章）。今後は，企業側からの観点で，一方では，企業の年齢管理の戦略が公共政策によって与えられた仲介機能について，また他方では，企業が活動の中で享受する自律性の裁量の幅を研究することが残されている。

　この最後の点は，一方ではそれぞれの国の産業界関係の仕組みを形成している関与アクターと，その調整と交渉の配置構造に依存しており，他方では何よりもこの仕組みに国がもたらすものの度合いに依っている。このことを「アクターを中心とした制度主義」の研究が明らかにした（Mayntz, Scharpf, 2001）。さらに「資本主義の多様性」の見解もまた本書の研究に以下の点で有益である（Soskice, 1999）。同研究は，連携の取れた市場経済で実施された方法と，非連携におけるそれとの間には，重要な

表 5-2　産業関係のシステムの類型

		経済アクター間の連携	
		−	+
国の介入度合い	−	商業主義 英国，アメリカ	
	+	国家主義 フランス	コーポラティスト 資本の次元で：日本 3者間連携：スウェーデン

違いがあることを明らかにした（Soskice, 1999）。さらに，同研究は企業に焦点を絞り，企業がその中で操業する特殊な制度上の世界，およびその方法を力説する。その方法によって，小集団の中でアクターの行動を制度的環境が形づくるのである。

2つの基準を交差させれば，産業界の関係の仕組みに区分けをするために，この文献を利用することができる。第1は，そしてここでは最も基本的なことは国の関与の程度である。第2は仕組みを形成する経済アクター間の連携の程度を考慮する。この思潮[3]の最新の比較研究から直接的にヒントを得て，上記の2つの領域の交差から産業界の関係を3つのタイプに区分けすることを提案する。

産業界の関係の第1のタイプは国の関与の弱さに特徴があり，経済アクター間の限定的連携に結びついている。この場合には，連携の機構の中心は市場の自由な働きによっており，産業界の関係が混乱することはほとんどない。英国，およびアメリカ合衆国が産業界関係の市場タイプを例証することができる国であろう。

上記のタイプとは逆に，経済アクター間の弱い連携と結びついた国の強い関与の程度を示している産業界の関係の仕組みは「国家式」と名付けられよう。産業界の関係のこのタイプを体現するのがフランスであり，そこでは分裂するアクターの仕組みに対し国が主要な役割を演じる。

最後に，経済アクターの良好な連携と結びついた事業運営における国の強力な関与は，産業界の関係の「コーポラティスト」の仕組みを生み，2つの変異形があるのに気づかされる。最初の変異形は日本が提示していて，その連携は主として産業界の大グループの間で行われていて，資本の流れの傾斜が見うけられる。第2の変異形はより古典的で，連携は資本家，労働組合，国の3者間によって行われる。スウェーデン，また同時に中位協調組合主義を伴うオランダが，この協調組合主義の第2の変異形に属する。

産業界の関係を比較したこの類型化は，表 5-2 にまとめられている。

この類型化によって，国と企業との関係を推敲することができる。この関係は，この解釈的国際比較図解の中で，公共政策の配置構造をキャリア後半期の典型的職業軌道に結びつけることのできる仲介変数の機能を果たしている（第4章）。

企業は，それぞれの国で，国と企業の間の支配的な関係タイプに応じて，多少なり

とも公共政策が提案する方向性と手段に沿った年齢管理の戦略を採用することになるのである。

　方法の面について，企業の経営慣行への公共政策の影響の程度はどのようにして測れるのだろうか。年齢に関する企業の行動論理に関する全国アンケート調査と企業の事例研究に従って，欧州の数ヵ国と日本について，年齢に関する企業動向の多様性と広がりの一覧表を作成することができるであろう。これら欧州数ヵ国と日本では，公共政策の典型的な配置構造に結びつけたキャリア後半の職業軌道が対照的であったことはすでに見たとおりである。

　産業間の関係に国の強力な関与が顕著である時，公共政策が企業の行動論理を形作るのは確かだが，キャリア後半の勤労者の処遇について，会社の戦略と，雇用あるいは早期退職の補償についての公共政策の方向性との間に一定の重なりを指摘しなければならないだろう。とりわけ，企業は自由に使える公的手段を大幅に利用するはずである。これら会社の行動の配置は，少なくとも会社の製造部門や分野によって異なっているために同じではないにもかかわらず，すでに見たように，周縁化か維持か，あるいは統合かで揺らぐ公共政策の基本方針の周辺に集中するに違いない。しかしながら，公共政策の支配的な方向性に応じた企業の行動の一点集中は，同じ外的原因が公的権力および企業の行動に影響を及ぼすという事実に起因しているかもしれない。たとえば，さまざまな経済的変数，労働市場の特徴，あるいは人口構成といったものは，企業戦略にも当局の選択にも影響する外的要因となり得る。したがって，このような社会・経済的環境が年齢管理に関する企業の行動論理の主たる決定要因ではないことを示す，追加の証拠となる要素を提供しなければならない。

公共政策に関する国の配置構造に対する会社の行動論理。
グローバルな比較研究アプローチ

　利用可能な比較研究の諸成果はすべて，産業間の関係の制度に対し国の関与が強い場合には，従業員の年齢と高齢化に対する企業の施策に，公共政策の制度の大筋が明瞭に反映されているとの確認で一致している。それらの諸成果については後に総括する。それは，規模の異なる多様な部門の企業の事例研究を対象とする比較研究から導かれたものである。

　この問題に取り組んだ最初の研究は1994年にナショルドとドゥブルームの指導で実施された研究で，東西2つのドイツ，オランダ，スウェーデン，日本，英国，アメリカの6ヵ国が対象であった。各国の，多様な部門に属する4，5の企業の事例研究が行われた。この研究では現役生活の末期のみが対象であったので，本書で対象とするキャリア後半期全般を扱ってはいない。しかしながら，考慮される人生軌道の範囲にかかわらず，企業慣行と公共政策の方向性の間の関連性の問題に関する研究成果は，

依然として有効である。

これらの著者の主な結論によれば，公的施策とそれが作り上げた制度が，それぞれの国の会社の戦略のかなりの部分を形成している（Naschold, De Vroom, Casey, 1994）。ドイツの企業は，それぞれの企業の生産体制が何であれ，また，企業に労働力の「内部化」の潜在能力があるかないかにかかわらず，年配労働者の「外部委託」の慣行という，ほとんど画一的な行動を採用している，と著者は確認している。調査したドイツの企業では，年配勤労者の統合の実施について何らかの要素を見つけることはほとんどできなかった。いずれにしても，向老期労働者の統合の組織的な戦略は，ドイツの会社レベルで発見されることはなかった。「年配勤労者に対する企業戦略は，企業の生産体制の影響を受けるというよりは，むしろ公共政策が提示する規制の枠組みの表現であることは明らかである」というのが，著者の結論である。

公共政策の国内的配置構造が提示するさまざまな制度は，会社の戦略形成において重要な役割を果たしていると思われる。本章で提示される企業の事例研究を基に，その点を具体的に見ていくことにする。ドイツの場合，加齢とともに年配勤労者を周辺に追いやり，次に補償つき排除へと促す公共政策の配置構造の状況下で行動する企業は，公的制度とその制度が奨励する雇用における年齢別選別を多用するので，その意味ではむしろ同質の慣行を進めている，と前述の研究は結論づける。同研究はオランダの場合に関しても類似の確認に至っている。

日本の場合，年齢管理について企業が展開する主な戦略は，すでに見たとおり，年配労働者の雇用維持に軸を置くこの国の公共政策の方向性に合致していることをナショルドとドゥブルームは確認する。著者が言うとおり「向老期勤労者の内部化」がこの国では支配的である。しかしながら，ここではドイツやオランダに比べて，企業戦略のばらつき幅が大きい。とりわけ，大量生産体制の企業（著者によれば，この体制が，年配勤労者にとって最も多くの特有のリスクを内蔵している）は，国の公共政策の中心的な方向性とは対照的に，一時的な外部委託の実施および特定分野の従業員に対する早期退職の計画を採用した。このような日本の会社の慣行のより広いばらつきは，おそらく，日本の労働市場の二元構造のためと思われる。

スウェーデンの企業は，高水準の非就労補償が存在するにもかかわらず，日本企業と同様に勤労者の再統合の戦略を強力に発展させた。

英国とアメリカの企業の慣行は他の国の事例とは明確に区別される。両国の慣行には大幅な経年変化と，著しい多様性が見られる。ここでは公共政策の労働市場における自由競争主義的傾向の特徴を見る必要がある。年配勤労者に対する公的施策はほとんどの場合，英国の雇用主向け適正慣行基準の配布（第4章）や，アメリカの事例における，年齢基準に基づきキャリア末期の活動を阻む一切の障壁を排する雇用年齢差別禁止法（ADEA）の施行に限られていたことを再度言及しておく（第3章）。米英のこの2つのケースでは並行して，就労目的の福祉（*welfare to work*）という考え

方で，失業者と非就労者に自由主義的なやり方で活動を行なっていた。このような状況はすべてを市場の自由な展開に任せることになる。キャリア後半の勤労者に対する企業の行動の決定要因は，企業の成長や活力の変動が支配的である。その場合，これらの実施は予測によるとか，積極的介入主義であるよりも，むしろ，経済情勢に大きく反応しているのだろう。英国について，ケイシーは年配従業員に対する会社の慣行は「偶発的（予測不可能）だ」と言う（Casey, Wood, 1994, p. 388）。

米英の事例では，国の関与の低さのために人事管理の大部分が会社の短期的な反応行動にゆだねられ，その行動は市場の変化に即応しているのである。

別の研究からも，これと類似する確認が得られる。それらの確認は最初の比較研究の総括を補足し，企業の事例研究によって掘り下げられ，各国で利用可能なさまざまな公的制度が企業の行動をどのように形成するのか考察することを可能とする。

ダブリン財団の業務の一環として実施された欧州の調査は，雇用における年齢障壁に対する闘いについて企業の革新的慣行に関心をおくものであるため，本書の問題に答えることを目的としていないにもかかわらず，いくつかの的確な情報を言外に与えてくれる。7か国160企業のベストプラクティスを集めたポートフォリオから，調査対象の国によって，企業のさまざまな行動について，いくつかの結論を引き出すことができる。確かに，この調査は国別企業のランダムな抽出に基づくものではないので，ここでの結果は慎重に扱わなければならない。しかしながら，この調査は比較研究上のいくつかの興味深い情報を提供している。

フランスの企業は，他の欧州企業と比較して向老期勤労者の雇用，維持，再統合の行動への取り組みが浅いことがわかる。段階的早期退職と，労働力の高齢化に職務を適合させるいくつかの人間工学的方策は，フランスの企業に見出せる革新の主要な部分を表している。逆に，オランダ，英国，またドイツでさえも，年齢管理に関してははるかに幅広い革新例が揃っていることがわかる。これらの国では，とりわけ，40歳以上の従業員を対象とする職業訓練と50歳以降の雇用の実施が見られるが，これらはフランスでは極めてまれであり，あったとしても公的制度とのつながりによる想定外の幸運の結果に限られる。また同じく，これらの国では，年齢と勤続年数に応じた人材管理について，統合されたグローバルな施策が進められている事例がいくつか見られるが，これらは調査時期（1996年）の時点ではフランスには存在せず，現在に至るまで例外的なものにとどまっている。

この欧州比較調査によって，向老期従業員の管理に関する企業の革新的な慣行に刻まれた公共政策の方針の痕跡が，それとはなしに識別できる。公共政策の配置構造が早期退出の道筋を増やし，さらに国が産業間の関係システムに強く関与したフランスでは，企業における向老期従業員の維持あるいは統合の実施はまれにしか行われていないのである。

関連するどの国でも，年齢別管理と年配勤労者の補償つき排除による管理が避けられなかった。このような管理はやがて企業にとって，人員削減，総賃金の圧縮，労働生産性や柔軟性の管理，能力や資格の更新など，企業の数多くの課題に回答をもたらすことのできる，型どおりの調整慣行となった。しかし，このような年配従業員を退職させる考え方をもっとも推し進めたのは間違いなくフランスである。フランスの産業間の関係システムの連携の形と，公的規制の実施形態の中に，この特殊性の原因の一つが見つかるのではないだろうか。しかしその前に，日仏2ヵ国の企業の事例の比較を基に，企業の合理性がいかにして公的制度を見つけ出し，それを利用したのかを見ることにする。

日本とフランスにおける公的手段に対する企業慣行

キャリア後半の勤労者に対する企業慣行の研究の総括は，会社の慣行が公的制度のシステムに強く依存し，その複雑に込み入ったシステムの中で変化したことを明らかにした。こうした制度の種々の状況において，対象企業に関する事例研究を基に，ミクロ社会レベルで，このような状況がいかにして行動へと誘導する種々のシステムと網状の動機を形成し，年齢に応じた人材管理に関する企業の決定を形作るのかを理解しなくてはならない。

年齢施策と年齢別選抜が今なお支配的なフランスの企業

以下に提示する事例研究は，筆者の指導のもとに1994-1997年に行われた向老期勤労者の管理の諸形態に関する詳細な専門的企業研究（モノグラフィー）から得られたものである。[10]

11件の企業事例の詳細な調査によって，フランスの企業の年齢に関する行動論理のいくつかを確認することができる。大部分の企業は，過去に従業員に対し定期的かつ大量に，あるいは時たま，早期退職制度を利用したことがある。1990年代初頭には，企業は ASFNE（全国雇用基金の早期退職特別手当）制度の完全早期退職手当の利用を制限する当局の意向と対決している。それと同時に，段階的早期退職への道は，すでに見たとおり当局によっていっそう興味をそそられるようにされた。当局は，段階的早期退職が向老期勤労者を企業内部にパートタイマーとして保持するための行動のテコになり得ると考えて，補償つき早期退職制度によって労働市場から彼らを排除する動きを食い止めようとしていた。企業の慣行は公的行動の方向転換を反映している。なぜなら，この期間中ほとんどの企業が従業員に対し段階的早期退職の制度を活用していたのである。

それに反して，この期間中，年配勤労者の雇用維持の総合的な施策に取り組んだ企業は皆無であった。向老期勤労者の雇用への統合（雇用維持）に関するフランスの公

共政策はほとんど存在しなかったことを繰り返しておこう（第4章）。結局フランスの公共政策は，この目的のためには極めて統一性を欠く限定された数の制度を提供したに過ぎない。

それとは逆に，年配勤労者の排除を強く奨励し，組織からの早期退職を優遇する公的制度が絶えず存在したことは，とりわけ大企業が年齢施策において，企業の直面するさまざまな問題への安易な回答を見つけることを助けたのである。したがって，年配勤労者と，彼らにかかっていたコストの外部化による調整戦略は不可欠なものとなり，さらには国，雇用主，労働組合という対峙するすべての勢力のコンセンサスに有益な，一種の万能薬となった。1990年初頭に，公共政策が完全早期退職制度へのアクセスを厳しくし，段階的早期退職をその代替策としようとした際，多くの企業がこの新しい制度を採用することとなった。

調査した11企業のうち8企業が，この時期，従業員のために段階的早期退職の制度を実施した。しかし，この制度の行使が，段階的早期退職の推進を通して現役生活の延長を掲げる公的意思とほとんど関係なく，多くの企業戦略に組み入れられたということを確認するのは驚くべきことである。

① **自動車産業**

フランスの主要産業の1つである自動車産業の場合は，新しい制度の創設の根底にある公的合理性と，企業によるその制度の用途の間に見える不一致をよく表している。自動車産業は古くから大量に，FNE（全国雇用基金）から融資を受けた満額年金給付早期退職に頼ってきた。その結果，すでに確認したように，公的支援を伴う一連の社会計画の継続的な使用に必然的に結びついた，採用ができないという理由による従業員の急速な高齢化であった。このような従業員の顕著な高齢化は今日では，自動車産業という非常に競争の激しい産業部門において，競争力維持に不可欠な生産性向上の追求とは両立しない，と経営陣は考えている。実際，製造の仕事というのは反復繰り返しの交替勤務で，ペースに追われる拘束の多い仕事である。作業ライン周辺の仕事の外部委託を可能とした下請けが発達し，それにともない「人に優しい」職務の可能性は消えた。そのうえ，作業の抜本的な再編成（作業の基本単位，すべての面での高品質，納期重視）は，高齢化による身体的適性の喪失の問題に，テイラーシステムの基準で採用された労働者たちの知識不足がさらに加わる[11]。このような職業訓練の欠如が著しい労働者は，多用途性（汎用性）や自動制御装置の発展に対処していかなくてはならないのである。従業員の高齢化に対し，企業は2つのタイプの革新的な対策を展開したことを指摘できるが，早くもその限界を悟ることとなった。

まず最初の取り組みは，組み立てラインの労働環境の改善である。それは職務の調整と，大きなストレスを伴う職務の計画的な廃止であった。この計画は構想段階から，製造工程の技術者，人間工学の専門家，産業医が緊密に連携したワーキンググループの勧告を基に進められた。

第Ⅱ部　年齢と労働：就労人口の高齢化の課題

　職業訓練の大がかりな努力があらゆる年齢の作業員に対して実施された。最初の行動は，それにかかる大きなコストに限界があった（例えば，作業姿勢が最も苦しい個所のライン区画のオートメーション化）。その行動は，財政上と製造上の制約にぶつかった。職業訓練の努力については，最古参の勤労者（読み書きのできない者も多い）に対してあまりにも欠陥のあった過去の教育，および教育への意欲の欠如につまずくことになった。

　このような状況では，従業員の年齢ピラミッドの若返りを実行することが企業にとって不可欠となる。この作戦は第1に，年齢構成を平滑化することと，年長者がより楽な職務につけるように，年長者の職務異動に便宜を払うことの二重の目的で，若者の雇用を前提としている。第2に，労働力の量的・質的過剰を解消するために，10年ほどの長い期間をかけて55歳以上の労働者の早期退職を継続することを前提としている。企業の「雇用」担当の責任者が説明していたように，「当局の要求とはいえ，もはや早期退出の可能性を利用せず，また50歳以上の従業員に手をつけなければ，工場の年齢構成は40歳から60歳の円筒形になってしまう。これでは工場を持続できない」のである。

　これらのさまざまな課題を考えると，1993年以来企業が実施してきた段階的早期退職の公的制度を高齢者の退出の橋渡し役としたことが理解できる。公共政策に対する埋め合わせの論理の中で，企業はかなりの人数（2年間で1000件以上）の勤労者に，同じ期間についてASFNEの早期退職手当の高額な割当額を支払うのと引き換えに，段階的早期退職の協約に署名している。

　たとえば，55歳で段階的早期退職の協約に署名した「自動車産業」の勤労者は55歳から56歳までパートタイムで働き，翌年には，ASFNEの協約の恩恵を受ける優先権を得ることになる。段階的早期退職は完全停職までの控室の役割をするのである。

　企業の側から見れば，段階的退出から生じる労働編成の追加の問題は，このように限られたものである。同時にその代償として，企業にとって不可欠な年齢ピラミッドの若返りのための人員採用の機会は開かれている。1996年以降，就労からの早期退職制度停止の公的意向の後退により，自動車産業は，補助付き完全早期退職制度への反撃を再開することになる。この反撃は2000年のCATS（特定給与労働者規定年齢前就労停止制度）に的を絞った完全早期退職の協定制度の創設によって成功裏に具体化されることとなる。

　この制度がまさしく企業の要求に合致するものであることを確認するのは驚くべきことである。かくして，公的に補助金を受ける完全早期退職制度は再開され，そのまま企業の戦略の一環となるのである。

　段階的早期退職を，年配勤労者の雇用維持の手段としてではなく，早期退職の手段として使用した企業は自動車産業だけではない。調査対象の事例の中では，銀行と断熱・防音材製造業界もまた，圧縮時間と時間貯蓄口座の利用により，段階的早期退職

を完全早期退職の制度へとねじ曲げたのである。もっとも普及している慣行の1つは，限られた期間（例えば2年半）について，段階的早期退職の仕事の最後の数年をキャリア末期の休暇に変更するために，段階的早期退職の一部の時間を圧縮するというものであった。

② 保険業

保険関連企業グループは民間部門の保険の大企業である。今日この企業はフランスの保険と支援の業務で2万人の勤労者を雇用している。その年齢構造は，年齢の中央値の高さを雄弁に表すダルマ型である。従業員の半数近く（45％）が45歳から54歳である。平均年齢はほぼ42歳で，平均勤続年数が長く，営業職以外の従業員についてはおよそ20年である。年齢ピラミッドを考慮すると，通常退職は多くない。しかしながら，いずれ時期が来れば従業員のかなりの部分が通常退職となる。この年齢構造では，とりわけ世代間の能力の継承と労働力の更新の問題が生じる。今後10年以内に大量の退職を見ることとなる。こういった人口状況は，1970年代に大量雇用が実施され，次に1980年代を通じて採用が急停止された結果である。

1990年代，保険企業はいくつかの段階的早期退職協定を行った。1つは自社協定であり，その他は公的制度をもとに立案されたものであった。たとえば，1994年6月協定の「時間の選択と雇用アクセス」には，次の2つの施策があった。第1の施策は，全従業員を対象とする選択的パートタイム施策であり，第2は，55歳およびそれ以上の勤労者を対象とする段階的早期退職の施策であった。公的制度とは別に自社制度も同じく使用可能であった。

従業員の年齢ピラミッドを考慮すると，段階的早期退職は限定された人員に関わることであったが，代わりに，一定数の人員を雇用することを可能にした。したがって段階的早期退職制度は，年齢の観点からも，能力の観点からも，従業員の更新を可能にしたのである。ある会社の人材課の部長が言うとおり「新人は入ってこない。年寄りは退職しない。これで企業を発展させるのは無理」なのである。段階的早期退職の創設は，チューター制度の導入のおかげで，退職者の経験を伝達する必要性にも応えた。段階的早期退職は，穏便にスタッフを削減し，能力の継承と労働力の刷新を確保することで，大量退職と労働力の高齢化に備えた行動をとることができた。この枠内で，段階的早期退職の採用は，自動車産業の戦略とは異なった企業戦略に組み入れられた。非常に高齢で，生産性の最も低い勤労者を排除することにより生産性を管理するよりも，次世代間への能力の継承を進め，パートタイムの拡張による組織の柔軟性を高めることで，予め労働力の刷新を確保することが重要なのである。このような施策は，他の施策と共に，企業の組織力の強化に貢献する。それはカスパー（Caspar, 1988）が無形の投資と呼ぶところのものである。

企業が自由に利用できる公的制度を行使し，さらに国が推進する制度をまねて自社制度を作り上げるのは，企業独自の必要と戦略に応じて行なっている。そのことは，

第Ⅱ部　年齢と労働：就労人口の高齢化の課題

先述の部長がはっきり言っているとおりである。

「今思うのは，確かに当局の期待に応えるためではあるが，しかしまた，会社の必要の1つにもかかわっている。人員の更新を予想し備えることができないままに，あんなふうに従業員を退職させたのは有益ではなかった。だから，彼らを活用するのは会社にとって良いことだと思う。55歳でもまだ若い」「大勢辞めさせてしまった。彼らは知識も豊富な大黒柱だった。組織のことを知りつくしている35年の経験者が辞めていった。若い者で穴埋めはできない」。

保険業の場合，一定数の人員採用の可能性がわずかしかなく，さらに年齢を問わず，キャリアアップの見込みがいっそう少ない円筒型の年齢構造の制約を緩めることが重要である。つまり，高齢化する人員の退職と人員の刷新をできる限り適切に管理するために，多様な自主的行動を取ることが企業の関心事なのである。そのため，1990年代の10年間を通じて段階的早期退職のいくつかの制度が次々と実施に移された。同時に，1995年からすでに雇用代替手当 ARPE[iv] 制度に加入していたことで，長いキャリアの58歳の年配勤労者を排除することができたのである。

今日，今後10年の保険業の重要課題は，労働編成と保険という職業について予想される変化に従業員を適応させることである。しかしそれには，2つの課題に立ち向かう必要がある。

1つは，中間年齢層の勤労者を適切な位置に配置し，たとえ彼らが初期に受けた職業訓練が平均して新入世代よりも劣っているとしても，来るべき変化に適応させて，彼らのためにダイナミックな職業軌道を準備しなければならない。この目標には，40, 50歳代の意欲を減退させる要因となる早期退職を断固として拒否することも含まれる。

もう1つは，人口構成を考慮すれば大量の退職が予想される時であるから，今すぐに，人員の刷新に備える必要がある。企業は若い被雇用者のために，統合および専門職行程を開発するよう取り組まねばならない。

これら2つの課題に応じるために，企業は職業生活全般を通じて，企業内部で個人に特化した職業軌道の形成を支援する積極的な職業訓練政策を発展させたいと望んでいる。キャリア後半に新たな活力を与えるため，企業はVAP（職業技能検定）を準備している。VAP方式を通じて，勤続年数の長い従業員の技術的専門能力を査定し，それを補足的に適応される教育施策に連動させる。現在，企業は総賃金の6％を職業訓練費に出費しているが，多くの場合，この努力はキャリア前半の勤労者に恩恵を与えている。段階的早期退職の利用を早期退出の手段と見なすのではなく，むしろ新たな職務においてパートタイムで就労活動を続けさせてくれるキャリア末期の調整と見なすならば，段階的早期退職制度は必ず続いていくと思われる。

フランス企業の事例研究を通じてわかったことは，公共政策の制度機構が，時と共にその方針を変更したのと同様に，企業の慣行を通して屈折していたということである。国の関与が非常に強く，経済アクター間の連携の弱い「国家」タイプと特徴づけ

られる企業間関係を背景に，企業は，直面する労働力管理の問題への対策の材料を，利用可能なさまざまな公的手段の中から探す傾向がある。調査した2つの事例が明らかにしたように，それら公的制度を企業独自の論理に組み入れるために，あたかも企業が公的制度を捻じ曲げるか順応させるかのように万事が行われている。「保険業」の事例は，自社制度の考案，この場合は段階的早期退職が，既存の公的制度を真似たものであることを明らかにした。しかしそれは，企業の状況からみて障害になるものをその制度から取り除くことによってであった。

　最後に，段階的早期退職の例を通して，企業が下す決定の根拠を深く知ることができる。企業には何よりもまず経済上，組織上の「正当な事由」がある（Francfort *et alii,* 1995）。企業は，この合理性に合致する限り，一連の公共政策手段を利用する。フランスの場合，経済アクター間の連携の脆弱性のために，公的機関によって作られる制度の構想が，企業の「正当な事由」とは全く関係のない合理性にしたがって実現されるという結果をもたらしている。公共政策はマクロ経済的で予算上の合理性に従うが，それは企業のミクロ経済的戦略とはほとんど関係がないのである。段階的早期退職の利用条件を緩和した1992年の改訂版の枠内で計画された補償雇用の例を見ればよくわかる。これらの雇用の少なくとも3分の1は，長期失業者や失業最低賃金受給者など，優先権を持つ人たちの間で行われるはずである。ところで，すべての企業がこのような契約に署名できるわけではない。公的援助に固定されたこの補償は，「保険業」の場合のように，基本資格のレベルから強い上昇論理に入らなければならない企業からは評価され得ない。このような状況では，企業と当局の間に共通の言語や目的は生まれ難い。それぞれが根本的に異なる合理性にしたがって行動しているからである。失業保険など社会保護制度の管理責任を負う省庁間のみならず，当局と労使代表の間でも公的活動に多くの細分化が存在するだけになおさらである。フランスにおいて失業保険の労使間と雇用委員会の間に存在する連携不足についてはすでに強調されたところである。そのことが1995年のARPE（雇用代替手当）とACA（高齢失業者手当）（第4章）によって完全早期退職制度の再開への道を開いたのは周知のことである。このように，キャリア後半の管理に関わるさまざまな経済アクター間の調停や交渉を可能とする横断的な規制が日の目を見ることなく，多様な合理性が対立しているのである。

　一時期，年齢管理について自動車産業が促進を試みた方針は，フランスの制度とその規制システムの隔たりを取り除く意義を立証している。同時にその方針は，実施の難しさと，とりわけ，雇用と社会保護，企業の私的行動と公的行動をつなぐ横断的な交渉を展開できるような連携の場の欠如を明らかにしている。

　すでに見た通り，主として生産性の論理に立脚する自動車産業は，1996年頃にキャリア末期の労働時間の調整制度について熟考し，50歳から始められる製造要員の段階的退職という結論に到達した。50歳から55歳までの勤労者には，80％の労働時間で企

業から90％分の報酬が与えられる。そのうえ企業は社会保障負担金の全額を保障し，退職時の全額年金給付に貢献する。この労働時間80％への移行は補足的雇用を可能にし，さらに勤労者の時間貯蓄口座の増加を可能にした。55歳になると，希望者は50％の労働時間で段階的早期退職制度へ移行することができた。代わりとして新たな補足雇用が行われ，同時に時間貯蓄口座は増え続け，この口座を使って58歳になるとキャリア末期の休暇を取ることができた。

　このようないくつかの民間と公的制度の複合的な構成は，世界市場の激しい競争に耐え得る生産性の向上が最重要課題である企業の主たる論理に組み込まれつつ，いくつかの課題を調整するに至った。

　まず第1に，この組み立ては，それが可能とする補足雇用により，雇用の維持と発展の一環をなしていた。またこの配置により，企業は仕事の新しい編成（自己統御，質，多用途性，自律的な共同作業，フル回転の作業）に身体的・文化的適性の面で適応できなくなった年配勤労者をより早く解雇でき，また同時に，勤労者が55歳早期退職を「既得権」とみなす状況では，従業員の早期退職を継続して活用できる。

　さらに勤労者は部分的に労働市場にとどまり，引退まで保険料を負担する。そのことは年金，より広くは社会保護制度のバランスにとって有益なのである。

　要するに，提案された構成は公的および民間の財政をバランスよく結びつけていた。一方では，企業は自らさまざまな社会的コストを保障した。例えば，50歳から55歳までの労働時間調整の一部の補償，パートタイム労働の給与と段階的早期退職をする勤労者のための年金制度への全額補填，同じく社会保険料を課せられるキャリア末期の休暇を保障するための時間貯蓄口座の使用である。また他方では，段階的早期退職制度の利用とパートタイムに移行した勤労者に保障する所得補償を通して，公的融資が利用された。

　この複合的組み立ては，段階的早期退職の利用に関して雇用局が規定した規則を完全に満たすものではなかった。それゆえ雇用局は，自動車産業によって検討された方法に好意的ではなかった。しかしながら，この革新的な構成がもたらした結果について，すべての関係行政機関が，企業との拡大交渉で発言を許されていたならば，好評を博したであろうと考えざるを得ない。

　フランスの雇用政策と社会保護政策を隔てる溝は，それらの相互依存性を無視し，これらの問題の個別の処理に伴うコストの過小評価へと導く。公的権力を説得できなかったために，自動車産業がむしろ革新的であった複合配置を放棄せざるを得ず，CATSという的を絞った完全早期退職へと後退したこと，すなわち刷新されたとはいえ年齢施策のありきたりの行動へと戻ったことを確認するとき，この例を通して，社会的コストを容易に把握できるのである。

　フランスには雇用政策と社会保護政策の間に明らかに越えがたい溝がある。実際，この分野の公的行動の統一性の欠如を強調しなければならない。雇用か退職かによっ

て，行動方針は比較的矛盾している。雇用に関しては，失業者より早期退職者の方がましという点でかなり幅広いコンセンサスがあるが，退職に関しては，まさしく逆の傾向があり，保険料負担者と年金受給者の関係のバランスをとるために，たいていの場合，就労生活の延長を考えるのである。このような状況では，公的規制に統一性がなく，施策に関わるすべてのアクター間の連携空間の恩恵がないため，フランスでキャリア後半についての公的規制が確立されるのは難しいというのも，もっともなことだと思える。

勤労者の雇用維持のために，国と連携する日本企業

すでに本書で指摘したように，世界的に見て日本は55歳以降の非常に高い就業率に特徴があり，スウェーデン，および北の数か国を除く他の国々とは対照的である。同様に，日本では年配労働者向けの積極的な雇用政策の促進に，国が大きくかかわっている点も，言及した。年配勤労者の雇用維持の戦略が企業レベルでどのように具体化されているのかを解明し，企業の行動が示す当局との連携の様式を分析していく。

その探究のため2つの企業の事例研究を紹介する。

① トヨタ[16][vi]

日本のこの巨大な自動車企業では，終身雇用賃金協約を実施しており，大規模な下請け系列業者網を持ち，非常に広大な内部または準内部労働市場を提供している。

極めて長期にわたる労働契約は，キャリアと報酬の段階の厳密な組織化と対をなし，全労働生活にわたり企業内での勤労者の動きを規定する。[17]

特定の組織の行路は，若い新卒者の雇い入れから引退の規定年齢（定年）に至るまで，内部市場内のこうした軌道に句読点が打たれる。それは，一般的に3年ないし5年ごとに行われる職務あるいは職階の異動を伴う。終身雇用給与協約と年功序列給与の円滑な運用が不可欠であり，勤労者には規定の退職年齢が存在する。日本のほとんどの企業と同様に，この規定年齢は1972年までは55歳と決められていた。この年齢は段階的に引き上げられて1978年には60歳になった。トヨタにおける強制退職年齢の引き上げが，1986年の「高年齢者雇用安定法」によって規定されるはるか以前に行われている点は注目に値する。定年を60歳まで延長するように事業主に奨励する最初の公的促進措置（1973年）から，退職年齢の引き上げは口火が切られた。この事実は，日本で支配的な，国と大企業間の連携の水準について示唆を与えてくれる。この点については後述する。当面は，向老期勤労者に対するトヨタの戦略を見ていこう。この企業の人的資源管理が基盤とする終身雇用給与協約と内部市場論理は，年齢構造とその進展に戦略上の重要性を与えている。したがって，企業は極めて積極的かつ予測的な年齢管理を進めることとなる。職業行程に関係するいくつかの年齢規則と年齢閾（昇進，職務権限の強制退職年齢，終身雇用停止年齢）は，明示的にあるいは暗示的に制度化されている。[18]それは分類基準に沿って大量の労働者の流れを操作し，彼らのキャ

リアの最後まで勤労者の移動性を規制する。トヨタの事例を調べることで，日本の他のほとんどの大企業でも同様に活用されている，こうしたさまざまな規則と慣行を解き明かすことが可能となる。それらは50歳代の勤労者の将来を支配する。このような年齢の規則と閾の目的は，キャリア末期の管理において，終身雇用と年功序列賃金の原則による厳格さに一定の限度を設けることである。

特に，縦方向への昇進は，ヒエラルキーの階段を上るにつれ，またさらにヒエラルキーの系統が短縮される傾向にあるだけに，責任あるポストの数は必然的に限られており頭打ちになる。そのうえ，経済成長の急激な減速と，同じく労働力の高齢化のプロセスが，これらの広大な内部市場における移動性の編成をいっそう複雑にしている。

(1) 1973年から1978年の間に強制退職年齢を延長

この延長の実現により，トヨタは次の3つのタイプの慣行を開発した。

- まず，年功序列による昇給のルールが停止された。55歳からは年功序列に関する部分の昇給が止まる。あるとすれば，会社の業績に関連する部分のみ，昇給することもある。
- 次に，最初の強制退職年齢が設定された。ヒエラルキーの一定水準に達しなかった中間管理職は，55歳で責任ある地位を辞さなければならない。この年齢は最初の強制退職年齢（役職定年）と称される。この退職と引き換えに，この勤労者には序列の外で専門職あるいはコンサルタントの新たな職務が提供される。こうして，係長は後進の新係長に仕事上のアドバイスや補助をすることができる。並行して，企業内での残された年月を全うするために，彼らの知識を刷新するための職業訓練が提供される。
- 最後に異動の慣行に言及する。出向と転籍である。最も普及している慣行は，年配勤労者を子会社または下請けに異動させることである。この慣行は，年配勤労者が企業内で昇進する可能性を制限した経済成長の減速により，過去15年間で著しく普及した。

日本には，同じ系列に属する子会社の間で従業員を異動させるための2つの方式がある。

- 出向は労働契約が切れることなく子会社へ異動することである。
- 反対に，転籍は終身労働契約が切れることを意味する。

ほとんどの大企業と同様に，トヨタの場合，勤労者が転籍異動をした結果生じる損失は，企業から退職する際のいくつかの恩典（多額の退職金，企業退職年金の算定における優遇）の付与によって相殺される。

転籍はグループ会社への一種の再雇用斡旋であり，このようにして当該従業員に雇用の安全を保障するのである。出向と転籍は，日本の大企業においてキャリア末期のきわめて普及した管理慣行である。トヨタの幹部に対して行ったアンケート調査によれば，回答した従業員の71％がこれら2つの制度のうちの1つを経験したことがある。

出向の恩恵を得る者がトヨタを退職する平均年齢は52.4歳で，転籍のための退職は54歳であった。これらの異動は一般に，勤労者にとって受け入れ先の企業における昇進に結びついていたと思われる。

　キャリア末期を管理する企業の慣行全体は，55歳から60歳への強制退職年齢の引き上げが，日本ではキャリア末期の職業行路の柔軟化と多様化を伴うものであったことを明らかにしている。55歳という年齢は，終身雇用制度と年功序列賃金制度から勤労者を締め出すことを可能にする最初の境界として残った。それは序列の外の顧問やチューター制度という新たな職務への企業内部の水平移動につながるか，あるいはまた，子会社という準内部市場への縦方向か水平方向への移動（出向）となることがある。最後に，強制退職の最終年齢まで雇用を保障しつつ，外部への移動に開かれる可能性がある（転籍）。このように，勤労者に対する企業の長期雇用契約は維持されているが，事実上また権利上も，企業は終身雇用給与協約がもたらす硬直性やコストに追い込まれることがないのである。

　(2) 60歳以降の再雇用の慣行

　日本における公共政策の配置構造の分析は，1994年から公的年金受給開始年齢を60歳から65歳へと段階的に（2001年では61歳から実施）引き上げる勤労者の厚生年金制度改革によって，政府が60-65歳を対象とする積極的雇用政策と奨励措置に的を絞ろうとしていることが明らかになった。それは公的年金改革の実施と並行して，企業に対し，就労の延長と年配従業員の再雇用を奨励することになる。

　トヨタはこの動きに先行していた。なぜならば1991年には60歳の強制退職年齢以降の再雇用制度が配置されているからである。この企業は以前から，自社の労働力の管理方式について，いくつかの根本的な変更をすでに実施していた。とりわけ，年功に対して与えられる部分を増額するように給与体系が見直されていた。同じくヒエラルキーのラインの短縮は組織面で実現された。この刷新された枠内で，企業は60歳以降の雇用延長を希望するほぼ全員に，フルタイムかパートタイムでの再雇用を提案する。低収入は60歳で得る給与に比例した公的年金の一部で補填できるため，比較的低い報酬ではあるが，企業は更新可能な年契約を基に再雇用を行う。

　日本のほとんどの大企業と同様に，トヨタは，強制退職年齢（定年）を60歳以上に引き上げることは拒否する。それは，勤労者との再交渉の余地がほとんどない雇用の確保に対する企業の責任を長引かせることになりかねない。トヨタは，臨時職の一環として，一部の雇用延長希望者について体系的ではない再雇用を選択する。年配労働者の新たなフレキシビリティがこうして作られた。同時に，企業は政府の命令にも応えている。政府の命令は，「中高年就労者の雇用安定」に関する1986年の法律の公布以来，企業が65歳まで，およびそれ以降の勤労者の雇用を確保するよう奨励するものであった。これらの命令は，この新たな方針を実現するために一連の制度を提案していた。もっとも，トヨタは経済情勢（たとえば第1次オイルショック）で賃金総額の

収縮を余儀なくされるたびに、従業員の雇用保障を延長する企業を援助するための公的補助金を利用していた。しかし、これはトヨタが忠実に守ってきた雇用維持の原則に反するものであった。企業の日本式ミクロ協同組合主義による労働組合（Inagami, 1991）も同様にこのような雇用維持のプロセスに協力した。労働組合は、希望者に対して65歳までの雇用の確保と引き換えに、勤労者全体の賃金抑制、および年配勤労者の賃下げと身分のフレキシビリティを受け入れたのである。

② 松下[vii]

松下は全体で30万人の勤労者を雇用する日本の電気部門の巨大産業グループである。この企業は、60歳以降の雇用延長の管理方法において日本で手本と見なされている（Fujimura, 2001）。

(1) 60歳以降の雇用延長に関する大規模な協議体制

1990年半ばから、日本の当局は、2001年にようやく発効することになる1994年の公的退職年金の受給開始最低年齢引き上げの改革を考慮し、勤労者の60歳以降の雇用延長に関する施策に的を絞っている。この時から、松下産業は協議委員会を配置している。委員会は、年配勤労者雇用の可能性を検討するため、経営陣と組合代表を招集した。この研究成果は1998年に中間報告書という形で公表され、これが60歳以降の雇用保障の延長のために採用されることになる基本方針を明確にしている。推奨された解決策は、勤労者の雇用を65歳まで保障しつつ、企業の強制退職年齢（定年）は60歳にとどめるというものである。2001年をめどに最終目的に到達するため、3つの優先任務が与えられた。

- 年配勤労者に適した雇用を開発すること。年配勤労者の持つ能力と経験という資本を確保することは企業にとって最重要である。したがって、企業は60歳以降の勤労者の競争力とパフォーマンスを高めるための最善の雇用方法について熟考しなければならない。
- 給与体系を見直すこと。強制退職年齢後は、年功序列賃金と終身雇用を延長できない。それ以降は、給与と雇用保障は下方修正され、労働契約の更新は、臨時雇用の考え方で年単位となる。
- 企業における年配協力者の地位を再考すること。

年配協力者の再雇用には、彼らがスキルと被雇用者能力を保存することができたということを前提にする。これは勤労者と企業との共同責任の問題である。そこで、企業は高齢化に向かう3つの節目となる年齢、すなわち45歳、50歳、55歳に対応する3段階の研修を準備している。

1999年から段階的に実施されてきた「ネクストステージ」プログラムは、予め定められた3つの目標の達成を目指す一連の具体的施策をまとめたものである。そのプログラムには、事業所、企業やグループの事業所レベルで、雇用の需要と供給を仲介する、極めて洗練された内部システムが含まれる。再雇用に関する志向を知るために、

58歳になった勤労者に対してアンケート調査が実施される。続いて59歳で再雇用の正式申請が行われる。1年間の勤務の後、60歳（企業の強制退職年齢）に達した勤労者1000人のうち30％が再雇用に応募し、約20％が再雇用された、と調査評価が明らかにされている。応募者全員が再雇用されなかったのは、アジアに多くの製造拠点を移し、同時に、日本国内の人員を縮小した企業において、主として適当なポストがなかった理由による。強制退職年齢に達する勤労者の数は毎年増加し、2007年には3000人に達するため、この状況は憂慮すべきものである。企業は、自社の勤労者の再雇用の需要を満たすために、それまでに企業のネットワーク内に必要とされる1000のポストを見つけることができるだろうか。

　企業にとって、この課題に立ち向かうということは、雇用延長の対象となり得るポストの特性について検討を続ける一方で、企業の配属システムをより効果的にする改善を続けることが課せられる。企業が65歳まで勤労者の再雇用の勤労者の需要を満たすことができ、政府の奨励にも組合の期待にも応えることができるのは、このような条件のもとでしかない。

経済活動アクターと国の連携：比較から学ぶこと

　公共政策と産業間の関係の制度的状況が、年齢別人材管理について企業の決定をどのように形成するのか、その方法についてのフランスと日本の企業慣行についての事例研究は、何を教えてくれるのだろうか。

　表明できる最初の考察は、公共政策の配置構造と企業の年齢管理の間には、厳密に機械的なつながりは存在しないということである。企業は常に戦略的自立性を保っている。フランスの自動車産業の事例が段階的早期退職について明らかにしたように、企業の自立性は、いくつかの公的制度を別の目的に転用する形で現れることがある。いずれにしても、フランスと日本という、産業間の関係において国の関与が強い国を対象にした。したがって、一方では公共政策の方針があり、他方では企業の年齢管理戦略があるが、その間には、かなり緊密に共鳴する変動が存在する。たとえばフランスでは、年配労働者に対してフランス企業が採用する年齢による選抜と補償つき排除の行動と、公共政策が企業に提供する制度との間に一致が見られる。同じように、日本企業が発展させた雇用維持の戦略は、この国の当局が絶えず実施してきた向老期勤労者の雇用促進の行動が反映されている。

　これらの類似点を超えて、日仏の比較により、企業の慣行に関して、それぞれの国において国と企業の間で結ばれるさまざまな協力方式の影響力を掘り下げることができる。国は産業間の関係に深く関与しているが、しかし経済アクター間の連携方式は、これら2ヵ国間で非常に対照的であり、また、それは本章で提示した産業関係の類型（表5-2参照）で触れたところである。企業事例の比較調査は、2つの主要な結論に

到達する。第1の結論は，日本企業が行動する際の長期的視野に関するものであり，それは，フランス企業のもっぱら反応的で予見性の乏しい行動とは対照的である。第2の結論は，国の介入と規制の様式に関するものである。

日本企業における年齢マネジメントの長期的展望

日本企業の2つの事例研究は，年配勤労者の雇用延長のための作業グループおよび企業内部の協議体制の立ち上げから具体的施策の採用まで，およそ5年から10年が経過していたことを明らかにした。この期間は，人的資源の配分と報酬の内部構造を根本から見直し，それを雇用延長の新たな目的に適応させるために有効に使われた。

トヨタでは，年配勤労者の雇用促進に関する最初の公的奨励措置の1973年には，すでに強制退職年齢の延長を検討していた。雇用延長は1978年に実現する。60歳以降の再雇用についても同様である。ここでもまた，トヨタは公的年金に関する法改正と自社の労働力の高齢化に先手を打っている。トヨタは1980年代半ばから，序列およびキャリアの編成と給与体系の面で，労働力の管理方式の抜本的改革に徹底して取り組んでいる。給与体系は年功序列との関連性が弱まった。目的は，組織を労働力の高齢化に適合させること，また従業員の年齢や年功へのこだわりを軽減することである。このような先見性のおかげで，退職年齢の延長が実際に施行される10年前の1991年には，自社の勤労者に対して，いくつかの再雇用の可能性を提案することができたのである。

松下は，1994年の老齢年金改正に関する法律で，60歳以降の雇用延長を準備するための協議委員会を設置している。つまり，松下は2001年の最終期限前に必要な構造改革に取り組むために7年をかけ，年配勤労者の再雇用を目指す大規模な「ネクストステージ」プログラムを実施することになる。

労働市場のすべてのアクターにとって長期の予測的展望を保つという配慮は，当局の側にとっても企業の側にとっても関心の中心であったと思われる。実際，終身雇用と年功序列賃金が暗黙の約束となっている賃金協約を維持するため，すなわちそれと相関的な関係にある労働の内部市場論理を維持するために，企業内ではあらゆることが実行に移されたのである。ところで，このような労働市場機能の方式の管理は，延べ払い方式と相互契約の上に成立しているのであるから，長期的見通しが要求されることは周知のことである。

ラジアー（Lazear, 1979, p. 1261-1284）が提示した図式によれば，年功序列型賃金は，年配労働者には生産性を上回る報酬を，一方で中央年齢の労働者には生産性を下回る賃金を支払うことにつながる。そのうえ，報酬および特定の職業教育に関して企業が合意する長期的投資は，見返りとして，勤労者の企業に対する忠誠心と職業上の異動を前提としている。このような長期的な論理の弱体化は，いかなるものであれ相互の予測の連鎖を断ち切り，内部市場の構築全体を危うくする危険がある。キャリア後半の勤労者に関する日本企業の戦略は，企業の土台となる方針を守りつつ，内部市

第5章　労働力の高齢化に直面する企業

場の機能を，進行しつつある人口，経済，技術の変化に適応させるための努力として解釈できるように思われる。その中でも第一の方針は，企業のすべてのアクターについて長期的展望を維持することである。このように，急速に高齢化が進む組織において，年功序列賃金や終身雇用が持つ締め付けをゆるめることによって，すべての人にとって労働の未来を維持するために，出向，転籍，再雇用などさまざまな仕組みで向老期労働者のための雇用の安定を保障することに力を注いだのである。2つの企業が進めた内部市場の調整は類似している。それらの調整は，企業の持つ年齢および世代間の連帯と再分配の場を再編することを目指している。賃金体制は，年功序列型と成果主義型とで別々にバランスを取るために見直される。内部の縦方向への異動序列は短縮され，水平方向の職務上のグループのネットワーク全体に拡大された異動の多様化で補正される。企業は勤労者にとって雇用安定の空間であり続ける。年配勤労者もそこに含まれるが，彼らはその代償として，より不安定な身分と低い給料を受け入れなければならない。

　フランス企業の場合は，日本の会社の長期的視野とは大きく対照をなしている。あらゆる研究が，労働力の高齢化に関するフランス企業の将来への展望の欠如を認めている。たとえば，企業における労働力の高齢化とその管理についてのDARES（経済産業雇用省調査統計局）による最近のアンケート調査は，フランスの企業5社のうち予見的に年齢ピラミッドを管理しているのは1社のみと記している。確かに，この割合は10年で倍増した。この件に関する先述のDARESアンケート（1992年）では，このような年齢構造の予見的管理を実施している事業所は10％以下だということを明らかにしていたからである（Guillemard, 1994）。それでもなお，高齢化現象に対する企業の自覚は非常に希薄なままである。研究者たちが強調しているように：

　「2社に1社で，質問を受けた担当者は高齢化の問題について深く考えたことがまったくなかった。来たるべき状況について明確な考えを持っていたのはせいぜい5分の1にすぎない。高齢化の問題が会社レベルで全体的な熟考の対象となっていたのはわずか13％，問題が起きた場合に労使代表の協議があったのは2回に1回である。高齢化に関連する将来の問題を見越している会社は少数派である。50歳代を抱える作業単位の70％では，ここ10年以内に退職に関連する問題は起きないだろうと考えている」。(Minni, Topiol, 2002, p.6-7)

　要するに，1991年にも2001年にも，フランスの企業は従業員の高齢化問題をかなり大きく見誤っていたのである。企業の人口構成の現実を客観的に測る手段がなかったために，企業は指摘されている年齢構成とほとんど無関係な，情報に疎い判断をしている。したがって，何らかの措置が講じられるときには，予防としてではなく，むしろ，すでに重症化した憂慮すべき状況を修正するためとなっている。フランス企業のこういったもっぱら反応的な行動は，早期退職に寛大な公的制度の存在によって大いに誘導されていることは間違いない。

この件について，フランスで年齢問題に関して企業が用いた公的制度（ASFNEや他の全国雇用基金の公的助成）の大部分が，年度の短い期間についてのみ与えられるものであるということを指摘するべきである。実際，公的制度は国家予算の年度制に合わせねばならない。それは企業にとっては当局との交渉の連続する構図を意味し，連携や複数年にわたる契約を排除することである。

この件に関して，フランスの当局があたかも「行動の回廊」[21]であるかの如く，その内部で企業の合理策が実施されたかのように，万事が通り過ぎる。キャリア末期の早期退職に寛大な公的保障の存在が，年配勤労者の外部委託に完全に舵を切った企業の調整戦略を導いた。高齢化に適応するために，このような観点から年配勤労者を切り離したのである。このような方向性は明らかに高齢化の現実に背を向け，問題の見誤りと事業主の問題の無理解，並びに問題解決への取り組み欠如の継続となったのである。日仏の企業慣行が基盤としている時間的展望の比較から，何を引き出すべきであろうか。日本の大企業は，自社の勤労者のためにフレキシビリティと安定性を連動させる方法を考案できたように思われる。年配労働力のフレキシビリティが実施されたが，不安定化の高まりを招くことはなかった。おそらく，この方向性に熟考すべき余地があるのではないだろうか。日本の場合，人口高齢化と成長の減速によって内部市場の機能が問い直されることはなかった。日本で支配的な内部労働市場に適合する高度に制度化された年齢管理が，新たな人口のバランスに合わせて再調整されたにすぎない（例．役職定年，出向，転籍，再雇用）。日本の管理は，フランスの場合とは反対に，制度として定着した。フランスのケースでは，キャリア後半にかなり不安定さが増し，とりわけ加齢とともに労働市場における展望の欠如が見られた。日本の場合，キャリア末期の勤労者の職歴上の連続性が根本的に見直されることはない。いくつかの新たな年齢閾が配置され，キャリア後半の行程が個別化し多様化したのである。しかし，それに応じて，雇用における長期的かつ予測的視野は全員にとってのルールとして残ったのである。

高齢化を背景とした給与関係の日本的再配置構造がいかに興味深いものであっても，それでもなお，そこには少なくとも2つの限界があることを隠しておくことはできない。日本的再配置構造により，大企業グループとそのネットワークの勤労者は蔓延する不安定を免れるが，労働市場の組織化されていない部門にしかアクセスできないすべての人々は，不安定を蒙ることとなる。

日本的再配置構造は，内部市場における勤労者の雇用の安定を確保するが，その代わり，高齢化する勤労者に選択の余地をほとんど与えていない。唯一，60歳以降の再雇用の手続きが，勤労者の選択性を守っている。

日本人は，3千年紀（21世紀以後）の知と学識と長寿の社会において，内部市場を存続させるための改革方法を見つけたのだろうか。賃金関係がより柔軟かつ移動可能なものへと進展することは，すなわち不安定を意味する，との考えを認めなくても，

時間の次元と長期的展望が、解くべき方程式の中心要素であることは確かである。日本の事例は、同様に内部型の労働市場の機能の論理によって支配されているフランスにとって、基準や規範とまではいかないが、教訓となるかもしれない。これらの研究から、どのような教訓を引き出せるだろうか。まず、フランス企業において年齢管理施策の行使がまさに具現している反応的かつ短期的行動は、内部市場を労働力の高齢化に合わせる調整の中心にあるもの、すなわち、勤労者の流れ、移動性、世代の継承の管理をおろそかにするだけである。

従業員の配置と報酬の手順を抜本的に見直すには、協議と時間が必要である。これは、すでに確認したとおり、日本企業が取り組んだ息の長い仕事である。高齢化と長寿の社会において、このような流れや軌道に対する新たな制御の努力は、いくつかの年齢施策ではなく、あらゆる年齢の予測的管理を引き出す。こういった努力は垂直方向のみならず、水平方向へ移動する新しい道を開き、チューター制度や経験の継承を目ざすヒエラルキー外の新しい職務を考案し、職業軌道の多様化へと進む。つまり、この努力は移動性も能力の維持も、個別化された現地管理を前提とするのである。関係するすべてのアクターの行動計画は、長期的展望に従って展開が可能となる。長期的展望なくしてこれらのすべては不可能であり、不可欠な条件となっている。

国の介入と調整の様式

日仏2ヵ国ともに産業間関係システムに国が強力に関与しているが、逆に、その介入と規制の様式は両国で明らかに異なっている。

日本では、国は企業に対して統制経済的で強制的なやり方では介入しない。国は推進の役割を担い、将来に向けて大きな方向性を示す。国は強制しないが、しかし公的行動計画の大筋を決定するために、対立する当事者間にコンセンサスを打ち立てる努力をする。日本の労働省（現在は厚生労働省）に付属する雇用委員会は、年配勤労者に必要な雇用延長に関するコンセンサスが形成された場の一つである。この委員会は経営者、労働組合、国の代表で構成されている。これはスウェーデンのコーポラティスト的伝統にあるような三者間交渉の場ではない。委員会は公的方向性の決定についてあくまで諮問的役割をするのである。

ジョベールの区別を再び取り上げるなら、委員会は「アリーナ」より「フォーラム」に類似している。討議には指導報告が提供される。たとえば最近、労働政策研究・研修機構は、年次労働白書（Ministry of Labour, 2000）に「高齢化社会における年齢と世代のより良い共生のために」というテーマを割り当てた。そこでは、人生のさまざまな年代における雇用と失業の問題が検討され、いくつかの勧告が記されている。その勧告についての議論が、当事者間に共有される診断を構築し、公的プログラムの大筋に関する合意を可能とする。次いで、省庁で対応策が実施されることとなる。日本における経済アクターと国との間の、この緊密な連携メカニズムの存在こそ、

アナリストたちに「相互的合意」(Samuels, 1987)、あるいは、「アクターのさまざまな戦略の単一指向性（一方の方向）の特徴」(Naschold, De Vroom, 1994, p. 478) と言わしめたものである。たとえばスウェーデンとは異なり、中央レベルで企業の決定に介入するための権限を国に与える三者間交渉はない。国は教育と合意の構築によって執り行うのである。

労働組合との交渉は主に企業レベルで行われる。本書の事例を通してすでに見たように、交渉では、年配勤労者の雇用の維持と安定に関して、概ね労働組合と当局の要求が通っている。しかしながら、企業の経営陣はその埋合わせとして、キャリア末期の賃金抑制と身分の柔軟化における自由裁量を労働組合から獲得している。当局に対しては、企業は戦略の余地を確保し、企業にとって袋小路と思える終身雇用制の延長に固執することを拒否するのである。

フランスでは、すでに見たように、公的調整はむしろ強制的な法的枠組みによって行われ、経済アクター間の連携は存在しない。その結果、当局側では、全体的な一貫性がほとんどない、国家のマクロ経済および予算の論理にのみ対応する施策が大量に生み出されることとなった。企業側では、ミクロ経済上および組織上の理由が動機になった反応的な戦略が主に見られるが、その戦略には、労働力の高齢化が最終的に示す課題が、まだほとんど組み入れられていない。オランダとフィンランドで取り組まれた改革に関する本書の調査から察せられるように、合議と教育は、しっかり根づいた早期退職の文化を断ち切るために必要な通り道なのである。仮にフランスがこの方向へ進むことを望むならば、公的決定の前に、経済的アクターと国との間により良い連携が必要となろうことは間違いない。

この点については、ブリュノ・ジョベールが提案した「アリーナ」と「フォーラム」の区別を再び取り上げることによって明確にすることができる。フランスは、両方のレベルにおいて著しい不利益を被っていると思われる。「アリーナ」は、制度化された仲裁の交渉の空間であり、公共政策の具体的な作成の場であるが、たとえば自動車産業の事例に見られたように、数が少なく極めて細分化されている。議論と論争の空間であり、公的な対策を知的に推敲する場である「フォーラム」も、フランスでは細分化されており、年金制度管理と雇用政策との間の行政上の境界を超えて、手段や方法の推敲が許されることはない。唯一、COR（年金方針委員会）がこのような空間となっていたが、フランス企業運動（MEDEF）はその一員となることを拒否したのを思い起こそう。その結果、年齢、雇用および年金の問題について、フランスでは公的行動をめぐる経済アクター間の連携に特に欠陥があり、現状では、幅広い国民の賛同を得た公的プログラムの実施は不可能となっている。

このことは、ナショルドとドゥブルーム (Naschold, De Vroom, 1994) が前述の比較研究で指摘しているように、年配労働者を雇用するための支配的な戦略の実施は、早期退職と補償つき排除の戦略の実施よりはるかに厳しいだけに、なおのことダメー

第 5 章　労働力の高齢化に直面する企業

ジが大きい。年配勤労者の雇用維持と統合の促進に成功した国は，経済アクター間の連携のレベルが非常に高い一方で，企業が使えるさまざまな公的制度の範囲が広くまた一貫性がある，とこれらの研究者は確認している。スウェーデンと日本の事例における公共政策の配置構造に関する研究により，この最後の点を確認することができた。同じく，日本との比較から，あらゆるアクターにとって長期的展望を守る重要性を記憶にとどめることができる。早期退職の悪循環から抜け出すには，これだけの代償が必要なのである。

注
(1) 欧州連合統計局，基本的なシナリオ（Commission Européenne, 1999）。
(2) たとえばデンマークでは15-19歳の就業率は60％で，EU 15か国の平均値の24％およびフランスの平均値12％（1999年のデータ）と比較すべき数字である。
(3) シャルプフとシュミット（Scharpf, Schmidt, 2000, p. 11-18）の序論を参照。エビングハウス，マノウ（Ebbinghaus, Manow, 2001）による総合プレゼンテーションも参照。
(4) これらの著者は研究において，フォーディズム的な大量生産，柔軟な専門化，市場革新という3つの生産体制を区別した。それぞれの体制は，著者によれば，年配労働者の価値の低下と周縁化のリスクを特定の水準に押し上げている。
(5) 著者による翻訳，p. 469。
(6) この法律とその影響に関する最新の要約については，ノイマルク（Neumarck, 2001）を参照できる。
(7) 欧州生活労働条件改善財団（Fondations européennes pour l'amélioration des conditions de vie et de travail, 1997）。
(8) 筆者が参加したこの調査には，ベルギー，フランス，ドイツ，ギリシャ，イタリア，オランダ，英国が含まれる。
(9) 他の研究ではこのフランスの特異性が確認され，公的資金によって支えられた年配従業員の「外部委託による調整」の論理の蔓延を物語る事例に言及している。アウアー，スペケセール（Auer, Speckesser, 1998）を参照。
(10) それぞれ DARES の枠組みにおいて，研究評価省庁間ミッション（MIRE），次いでCNRS と研究省との合意。
(11) 調査の対象となった企業の「組立」部門では平均年齢は47歳，労働者の40％が移民，うち文盲は60％に上った。
(12) 「無形資産投資」には，資格，持続可能な潜在力，効果が1年の枠を超える恒久的な構造要素を付与する目的で，企業により付与される資源の配給と同様に，職業教育への投資も含まれる（Caspar, Afriat, 1988）。
(13) 優先的な対象者または55歳を境界値として適用される採用率についても同様であるが，企業の年齢構成を考えれば，段階的な退職には遅すぎるように思われる。
(14) 行動を考えるための議論の様式の重要性を強調するために，ブードン（Boudon, 1995）が認知主義的観点からこの用語に与えている意味として理解される。
(15) これは適用された最小の率であった。その後，雇用情勢に応じて重くなった。
(16) この事例に関する情報は，岡と木村（Oka, Kimura, 2003）からのものである。この研究は1994年から1996年にかけて，人事管理職へのインタビュー，直属の幹部へのアン

ケート調査，経営陣から収集した会社に関する情報と公式データの処理から実施された．
⒄　1980年のトヨタの労働者の年齢別給与の典型的な特徴は，年齢と年間手取り給与の間に強い相関関係があることを明らかにしている．しかし，50歳以降は減給が見られ，給与と年功の関係の再定義がキャリア末期に行われていることを示唆している．
⒅　この研究は，昇進に暗黙の年齢制限があることを明らかにした．したがって，50代前半に部長のレベルに達していない中間管理職は，その先の垂直移動（昇進）の機会が危うくなり，一般にグループ子会社への水平移動が提供される．
⒆　年齢別勤労者雇用調査（ESSA）は，従業員10人以上の3,000のフランス民間企業3,000社の代表事例に対し，2001年1月から4月に実施されたアンケート調査である．DARES（2002）およびトピオル（Topiol, 2001）．
⒇　すでに，2100社を対象とする1992年のDAREsアンケート調査の結果は，観察される企業の年齢構成と，その責任者が作る高齢化の表現との間には関係がないことを明らかにした．高齢化に関する最も否定的な表現は，最も古い企業で見られるわけではないと思われた（Le Minez, 1995）．
(21)　制度による検閲のモデルはチャーダ（Czada），ウィンドフ＝エリティエ（Windhoff-Heritier, 1991）から借用．

［訳者注］
(ⅰ)　2000年2月導入．厳しい労働条件に15年以上就いている55歳以上の労働者に対して早期退職を認め，年金の満額支給が受けられるまで手当を支給する．
(ⅱ)　欧州生活労働条件改善財団，EUの労働問題のシンクタンク．
(ⅲ)　テイラーによって確立された，工場作業員を効率的に管理するためのマネジメントシステム．
(ⅳ)　公的年金の保険料を40年間拠出した高齢者を60歳前で退職させることができるという1995年導入の制度．ただし退職者と同数の従業員を新規採用することが条件となる．
(ⅴ)　老齢年金の保険料拠出期間が160四半期を超える失業者を対象に，60歳まで地域商工業雇用協会から給付を行う制度．
(ⅵ)　トヨタ自動車株式会社．
(ⅶ)　2008年に松下電器産業株式会社から，現在のパナソニック株式会社へ商号変更．
(ⅷ)　「アリーナ」は意向調整と意思決定の場，「フォーラム」は討議の場，意向調整，意思決定の前提となる各種の検討を行う場．

第 **6** 章

早期退職傾向を反転：改革の障害と革新

　欧州では今日，55歳を超えて働くことはますますまれになっている。早期退職の動きは，人口の高齢化と労働の変化に直面する社会保護システムが立ち向かわねばならない主要な挑戦の一つである。第4章では，この早期退職の動きが，社会保護の大陸型レジームに属する国々の固有の病理であることを明らかにできた。大陸型レジーム特有の制度上の特徴は，早期退出の文化に社会保護を閉じ込める傾向があり，キャリア末期の非就労のスパイラルに行き着くこととなる。

　本章では，社会保護の大陸型レジームが示す変化する能力，あるいは慣性の能力を探る。大陸型レジームは労働なき社会保護とキャリア末期の早期非就労の悪循環から抜け出し，活力ある高齢化の好循環に入ることができるのだろうか。どのような条件の下でできるのであろうか。この質問は少なくとも2つの理由で決定的な重要性を帯びている。

　第1には，大多数の分析が，社会保障の大陸型モデルが最も深刻な病理を呈し，最も強力な制度上の障壁で改革に抵抗するモデルであるとの認識で一致していることである。大陸型モデルは，このような逆境において大きな改革を実現し，その改革を前進させ，緻密な内容を持つことができるのかどうかを試す，実験同然の状況にある。このような研究は，今日の中心的な問題である福祉国家，とりわけ大陸欧州型の福祉国家の未来に関する疑問に答えるいくつかの判断材料をもたらしてくれる。大陸欧州型の福祉国家は，大きく変化する状況の中で，所得を再配分し，存在を脅かす大きな危険から個人を保護する役割を果たし続けることができるのだろうか。終戦直後にケインズ学説の論理で構想された社会保障制度について，その制度の解体とそれらの保障が与えていた寛大な社会権の後退の他に，調整の方法を検討することができるのだろうか。つまり，これから考察してゆくのは，社会保護制度の再構成の可能性と様式についてである。

　第2には，早期退職の傾向を反転する問題は，今日の社会保障制度が直面するあらゆる課題を凝縮していることである。したがって，この問題を具体的に検討することは極めて重要である。一方では，知識が陳腐化するリズムの加速，労働の変化，賃労働関係の変化が年配労働者の価値低下と疎外化に至らせる。同時に他方では，人口の

高齢化が労働市場の変動に憂慮すべき疑問を投げかける。労働力内部の高齢化により，今後現代社会の就労と生産性にもたらされる影響が懸念される一方で，早期退職によってさらに増大する就労者と高齢非就労者間の不均衡が，年金財政にとって著しい負担となる。要するに，労働市場からの早期退去の問題は，ライフサイクルにおける社会生活時間の再編成，および加齢で生じるリスクの新たな特徴についての核心となるものである。もっとも，これらの多数の課題の重要性ゆえに，欧州連合においてこの問題が「雇用のための指導方針」の対象となったのである。すでに見たとおり，欧州連合は，加盟諸国によって年配労働者の就業率上昇を目指す政策が実施されなければならないと定めている。このように，この問題はまさに共通の社会問題となり，EU加盟諸国に早期退出の動きと戦い，それを反転させる公共政策の実施を促すのである。[1]

本書は，社会保護制度の内部で進行する革新の性質を扱った国際的な文献の成果を基に，改革が何を変えるのかを読み解く解釈基準を提案する。この問題に関し，欧州の優等生の国の中から，年配勤労者の早期退職傾向の反転に成功したオランダとフィンランドの2ヵ国を選び，この2ヵ国が取り組んだ改革を説明し，これらの国々において公的行動がもたらした変化の条件，性質，影響力について考えることにする。

改革が変えるもの，分析の概要へ

本章の目的は，改革によってもたらされた諸変化の水準と性質を詳細に分析するために適切な理論的枠組みを作り上げたうえで，それを本書の事例研究に適用することである。

1980年代を通じて，先進国の社会保護制度の将来に関する議論は，当時いわゆる福祉国家の「危機」とされていたものに集中していた。研究者たちはこの危機の症状について対立していた。[2] 財政上あるいは税制上の危機なのか，社会的な公的施策の正当性の危機なのか，あるいはまたさまざまなレベルの総合的な危機なのか。この学問上の論争を勢いづける研究は，経験的というより思弁的な性質のものであった。それらの研究は，危機を引き起こしたメカニズムの解釈を提供し，また，福祉国家が生き残る可能性に関して審判を下す踏み台としてしか経験を用いていなかった。それらはまた，質的であるより量的な性質のものであり，危機の財政的側面に中心をおいていたのである。

1990年代の末ごろ，学問上の論争に移動が見られた。以後，問題提起は社会保護制度を比較する識別力を深めること，およびその進展の力学をわかりやすくすることを目指した。こうした見地から，疑問はこうしたシステムの変化能力あるいは慣性能力にかかわる。システムに降りかかる数多くの難題への適応能力を探り，さまざまな国で実施された改革戦略の意味と効果を判断するのを試みるのである。[3] 学問的論争の再集結は，歴史的新制度主義のレッテルの下に多かれ少なかれ特徴づけられる共通の[4]

概念的資源の形成を伴うものであった。それはまた，社会保護制度とその変化のプロセスについてのマクロ社会学的比較研究に焦点をあてた類似の方法論の採用につながった。論争はよりいっそう質的になり，現行の社会保護の異なる形に応じて，問題の特徴を際立たせた分析を提案する。

　本章で取り組んだ考察は，こういった考察の流れを汲むものである。エスピン－アンデルセンによって明らかにされた社会保護の世界の各々を形成する個別の制度上の配置構造の機能は，脆弱性と固有の病理に行きつき，その対応策として異なる治療を必要とすることを，利用できる比較研究の成果の累積によって論証することができた。

　このように，社会保護の現行の改革に関する最新の文献が，進行中の変化を，唯一のシナリオに従って，考えることは不可能であると明らかにしたのである。福祉国家の3つの異なる世界が存在するのと同じく，ピアソン（Pierson, 2001a, p. 455）が自身の著作で主張しているように，今日「福祉国家の改革の3つの世界」を識別するべきであることはわかっている。新世紀に必ずや対応するために，社会保護制度がたどる改革の現在の道筋は，エスピン－アンデルセンが識別した3つの世界あるいはレジームに応じて異なり，それぞれが明瞭な整合性の原則に従っていることを，彼は明らかにしている。

　これらのすべての研究は，社会保護制度の調整政策がたどる異なる道筋の存在を明らかにする。それぞれの道筋にはそれぞれのスケジュールと目的がある。これらの目的は，社会保護の3つのレジームがそれぞれ，固有の病理を考慮して立ち向かうべき主要な難問に関連している。

　ポール・ピアソン（1994）は，福祉国家の改革力学の概念化を企てた最初の新制度主義者であった。その意味で，彼はパイオニアとして行動し，福祉国家の制度的メカニズムそれ自体の性質が原因となって，福祉国家が抜け出せないでいる悪循環を分析する以上に，変化について考えることに執着した。制度的メカニズムはエスピン－アンデルセンの研究（1990, 1996）によって明らかにされていた。サッチャーおよびレーガン政権によって実施された「retranchement（削減）」政策は，社会保護制度の解体の典型的な試みであったが，ピアソンはこの政策を研究することにより，これらの改革の最初の理論化を提示した。ピアソンは，改革の道筋が，第二次世界大戦後の福祉国家の形成と発展を主導した論理とは根本的に異なる社会論理に従っていたことを明らかにした。福祉国家は，労働組合と経営者と国家をつなぐことによる闘争的力学を利用して形成されたとすれば，改革の社会的力学はまた別の性質のものであると思われる。それは社会計画自体の機能の遡及効果に由来する，極めて多様な利害関係に集団を巻き込む：「新しい政策が新しい政治を創る」（Pierson, 1994, p. 39）。そうすると，制度上の配置構造と力学が揺り動かすアクターたちの新たな力学が，社会計画の進展する方向を解釈するための重要な説明要因となる。ピアソンは，米英の事例分析において，各政権が企てた「削減」努力の限界を強調する。彼によれば，福祉国

家の解体は生じなかった。せいぜいのところ，失業保険と住宅計画にいくらかの削減が見られるだけである。年金については，唯一英国に，全く新しい補足的年金レジームの解体による大規模な「削減」が認められる。

そこでピアソンは，改革に抵抗するいくつもの障壁についての概念形成に努める。彼は，古くから出来上がっている社会保護装置の強力な「制度上の非流動性（粘着性）」(institutional stickiness, Pierson, 2001a, p. 414) を確認する。このような装置を解体することはきわめて難しい。二重の障壁で変化に抵抗するからである (Pierson, 2000)。一方では，既存の制度の反動は利害のからむ雑多な団結を生み出す。こういった団結はやがて，社会的プログラムや彼らがそこから受け取るあらゆる性質の利益の抜け目ない擁護者になる。他方では，新制度主義分析の重要な貢献である「経路に対する従属性」の原理は，「システムを構築するために先立って選ばれたオプションそのものによって，改革の道筋の選択が規制される」という結果をもたらす。ピアソンの研究は最終的に，社会保護制度が証明する驚くべき「慣性能力」を確認するに至る。彼によれば，社会保護制度は「不変の物体」(Pierson, 1998) に似ている。脱工業化時代に福祉国家が直面する「抵抗し難い」変化にもかかわらず，福祉国家はこれほど強い抵抗力で対抗するため，社会保護制度が古くからあり，堅牢に構築されているところでは，抜本的な改革はほぼ不可能である。[8]

現行の改革に関するピアソンの1994年の分析は，社会政策に生じた変化を，社会保護の解体あるいは維持について，多いか少ないか量的な表現でのみ扱っていると非難された。進行する改革について，より質的な側面が見過ごされた。さらに，ピアソンが展開した分析がもっぱら英米の事例についての経験的研究に依拠している事実により，批評家たちの中には，提示された解釈は重大な「自由主義的」バイアスで損なわれ，福祉国家のその他のレジーム，特に社会保護の大陸型レジームの改革で経験する困難を理解する適切な手掛かりを提供していない，とみなす人たちもいた。

ピアソンは，彼が「福祉国家の新たな政策」と呼ぶものを全面的に扱った最近の著作の中で，研究領域をすべてのレジームに広げた。現行の改革の比較分析から引きだした結論において，進行中の変化についての非常に入念な解釈基準を提示している (Pierson, 2001a, 2002)。彼は①需要の再商品化，②コストの抑制，③構成改編という3つの主たる領域から変化を読み取ることを提案している。

これらの領域は，組み合わされた同数の調整の道筋を形成し，社会保護制度はその道筋によって，脱工業化時代において直面するいくつもの課題に対応している。

需要の再商品化は，福祉国家のレジーム理論の中心でエスピン－アンデルセンが用いた「脱商品化」から直接着想を得ている。この領域における変化は，給付金の額を減らすか，あるいは受給資格の条件を厳格化し，労働収入の代替手段を制限することで，脱商品化プロセスの制限を狙うものである。キャリア末期の分野においては，この改革の領域はたいていの場合，キャリア末期の雇用に代わる選択肢を削減するため

に，労働市場からの早期退出のさまざまな制度上の経路を制限したり，よりよく管理するための試みの形をとった。

支出削減については，本書が選んだ研究分野について，年金制度のさまざまな試みを通して主に行使された。実際，こうしたすべての国において年金支出が社会支出の主たる構成要素であっても，人口高齢化は就労者と年配非就労者の間の関係を大幅に変え，年金制度の財政的均衡を著しくゆがめた。

最後に構成改編は，ピアソンによれば，社会的リスクおよび安全のための要求の変化に対し，社会保護プログラムの提供をより良く適合させようとするすべての改革からなる。そういった改革の中に，向老期勤労者の被雇用者能力と労働能力を強化し，保護システムをいっそう雇用に有利なものとするためのさまざまな介入があり，それらは本書の研究分野に属するものである。

しかしながら，ピアソンが提案する基準の最後のカテゴリーはかなり不明瞭である。彼によれば，構成再編を行う方法は少なくとも二つある。彼は合理化を区別する。それは社会保護制度が定める目標に到達するための新しい様式に関わることである。つまり，手段に対する革新である。ピアソンは合理化を更新と区別する。それは社会保護の「古い」システムを，対処すべき新たなリスクと難問に適応させようと努め，したがってその目的そのものを見直すことである。

この点に関して，公共政策の改革が導入する変化の順序を序列化するためにピーター・ホール（Peter, 1993年）が提案する区別は，本書の目的にとってあいまいさが少なく，より実用的な概念的手段のように思われる。ホールの分析の枠組みの利点は，根本的な変化と単なる「媒介変数の」（Holzmann, 2000）改革とを明確に区別することである。後者の改革は，一時的に財政的均衡を立て直すためにいくつかの基準を動かすことに甘んじる。このようにして，ピーター・ホールによって媒介変数上の単なる作動を表す1次改革を見分けることができる。社会保険，あるいは諸年金のいくつもの援助プランは，この1次的変化に属する。それらは，手段を刷新しても同じ目的を維持する2次的変化とは違う。3次的変更は，ホールによれば，目的と同時に手段も変更する点で最も根本的なものであり，社会保護を支配するパラダイムの刷新から成る。それらはまた，1次，2次的変化よりもはるかにまれなものである。

この解読基準には，既存の装置の規則を単に変えるだけの最も単純な改革から，社会保護編成の基盤となる目的や原則に取り組む最も根本的な改革まで，改革によって導かれる革新を質的に序列づける利点がある。規準が実施される革新を序列化させると同時に，このアプローチは，一連の二義的な調整に還元されることのない根本的な改革が存在し得る，と仮定する。ピアソンは，「制度上の非流動性」と経路に対する従属性の論理が幅を利かせる状況下では，二義的な調整のみが唯一真に実現可能と見なしていた。

ピーター・ホールが始めた分析の展望の利点はまた，公共政策の認知的で規範的次

元を強調することである。これらの次元は，制度的装置，および公的行動の規範的モデルを定める方法のみを表しているのではない。それは，世界を解釈する枠組みをも同時に具体化しているのである。それは原理と価値を根拠としており，解決すべき問題の定義を組み立て，同時にそれらを解決するための行動様式を提示する。オランダとフィンランドで企てられた改革についての本書の研究の目的の一つは，社会保護を管理し，問題とその解決の新たな構築をもたらす手段とパラダイムにおよぶ三次的な抜本的変化（ピーター・ホールの意味で）のみが，大陸型の福祉国家をキャリア末期の非就労の悪循環から抜け出させることができる，と示すことである。

新たな公的意思と制度上の障壁

オランダとフィンランドの事例研究は，いかなる条件の下で，社会保護の大陸型レジームをその主要な病理から抜け出させることが可能かを明らかにしてくれるに違いない。それは，雇用に不利に働く非就労のポケットを増やす保護の病理であり，向老期労働者の早期退職の病理も含まれる。

大陸欧州型とフランスの事例に関して第4章で展開した分析を手掛かりとして，社会保護の大陸型レジームに属する福祉国家が，なぜ最も改革が困難なのかを理解することができる。それらの困難は，その特殊な制度上の配置構造の性質そのものから生じる。そのことは，システムの核心そのもの，基本的なパラダイムに照準を合わせた抜本的な構造的改革のみが，大陸型レジームの福祉国家がとらわれている制度上の非流動性（粘着性）を克服できるということを意味する。このように，労働市場からの早期退職の動きを反転させるために，大陸欧州内で，またとりわけフランスの事例において1990年代初頭から試みられた諸改革の乏しい効果を解釈できる。それらの改革は，ピーター・ホールが提案した有用な区別を利用するなら，主として1次的変化を実施したのである。改革は，既存装置の媒介変数に基づいて行われたのである。この時期，人々は新たな公的意思を察知していたが，ほとんどの場合，それらの改革は社会保護が立脚するパラダイムの転換に至りはしていない。

障　壁

1990年代初頭以来，いくつかの国際組織は，労働市場からの早期退職の傾向が，人口高齢化，特にベビーブーム世代の退職年齢到達に伴う労働力の高齢化の状況下で生じるおそれのある劇的な結果について警鐘を鳴らしていた。それらの組織は，この人口問題の課題への主たる政治的対応として「活力ある高齢化」を促進し，加齢に伴う就労延長に対するすべての障壁を除去することを奨励していた。なぜなら障壁は，一定の年齢以降に就労する意欲を削ぐ早期退出措置，あるいは年金カットシステムに存在するからである（OCDE, 1995, 1998; Commission européenne, 1999d）。

第6章　早期退職傾向を反転：改革の障害と革新

　このような多くの報告書やコミュニケーションが，この領域の公的行動において国民国家が必要とする，新たな認識母体の形成に根本的な役割を演じたことは間違いない。改革プロセスが成功するには，正当化の思想と言説が果たす重要性は知られている（Schmidt, 2000）。これに関して，最初にOECDの報告が「高齢化社会の繁栄を守る」ためにふさわしい回答として提示し，次に欧州委員会が再び取り上げた「活力ある高齢化」に関する言説は，やがて新たな公的介入の意思を正当化する原理となるのである。

　実際，大部分の加盟国は，この趣旨に沿った新たな施策を採用した。この時期，主として公的介入の3つの領域が区別される（Guillemard, 1998）。それらはフランスの事例で明確に記述された（第4章）。まず初めに，年金制度改革は欧州のすべての国の議題に上る。改革は主に，人口の高齢化が加速する状況での年金制度の財政的均衡を中期的に確保することを目指す。改革は一般的に，1次的変化の手段を動員する。採用された施策は，一方では，年金給付により保障された収入の代替率を制限することにより高齢支出を抑制し，他方では，退職年齢の閾を繰り延べることを目的とした（ドイツ，スペイン，フランス，イタリア，スウェーデンは1990年代を通じてこのような改革を実行した）。

　次に，欧州の至るところで，労働市場からの早期退去を奨励する措置を阻止して，早期退職の流れを制限しようとした。この施策は，最も多くの早期退職の制度的経路を抱え，それが相当な総コストとなっていた大陸欧州型のすべての国で繰り返し用いられた（Guillemard, van Gunstern, 1991）。目的はここでもまた，公的負担の軽減と就労生活の延長であった。しかしながら，早期退職の文化が強力に制度化された国においては，これらの施策は労働市場からの早期退去の動きを反転するに至らなかった。この場合，改革に対する制度的障壁が優ったことになる。

　最後に，欧州の少数の国は，暗示的または明示的にシニアを対象とした雇用維持および促進に関する公的施策を強化し，その就業率の引き上げを目指した。主としてスカンジナビア諸国のことである。これらの国々は3つの行動領域を同時に発展させた。労働市場からの早期退職の文化に浸る国々の中で，オランダとフィンランドだけが1990年代後半からこの領域についての一貫した行動を推し進めた。この点についてはのちに詳細を述べることにする。大陸型レジームに属する他の諸国については，この第3の行動領域はかなり象徴的なものにとどまり，断片的かつ一時的な具体策を引き起こしたに過ぎなかった。

　公的介入の第2の領域に属する規定年齢前退職の制度的経路の閉鎖に関しては，大陸欧州諸国においては，ほとんどの場合「コスト移転による手段の取り替え」（Casey, 1989）となった。この特性は，大陸型レジームの制度上の非流動性の強さを裏付けるものである。たとえば，フランスで全国雇用基金の早期退職装置が制限された後も，引き続き，失業経路による完全早期退職（年配失業者の就労免除と満額補償金

205

給付最長期間の延長)の利用が全般的に再び上昇したことを思い起こそう。その結果,コストは単に一つの装置からもう一つ別の装置に移されただけである。同じく,向老期勤労者の雇用を少なくとも部分的に維持し,完全退職を避けるために実施された漸進的および部分的退職の経路は,実施のたびに,雇用代替手当(ARPE)のような競合する完全退職の経路が開かれることによって「共食い」されたのである(Zaidman et alii, 2000)。1995年のフランスにおける ARPE の創設は,段階的早期退職の制度的経路の崩壊と一致している。このような代替手段のメカニズムは,これだけでなく,古くからの強固に制度化された装置を反転させるときに公共政策がぶつかる困難さを表している。ピアソンが研究で提示したように,この場合の改革には強固な制度的障壁が存在することがわかる。装置は一般的に,一方は早期退職からすでに得ている社会権を擁護する勤労者と労働組合,他方は企業の経営者との間に,利害の一致を生み出すことができた。企業経営者は,この早期退職の経路のおかげで,リストラのコストの多くを外部化し,最古参の勤労者を放出することで,社会闘争なくして労働力を柔軟化する安易な解決策を用いるようになるのである。

革新の方法

オランダとフィンランドは就労からの早期退職文化の真っただ中にいた。20年間,フランス,ベルギー,ドイツその他の国々と歩調を合わせ,ふんだんに資金をつぎ込んで早期退出の制度的措置を実施していた。

第2章で示した1971年から2008年の55-64歳の年齢層の就業率の変化についてのデータから,オランダとフィンランドだけが,どっぷりはまり込んでいた早期退職の文化から抜け出すことに成功し,長期にわたるシニアの就業率低下の傾向をはっきりと反転させたことが観察できる。そのデータの忘備録として提示する図2-1(第2章)および表6-1,6-2は,55-64歳年齢層の就業率が7年間で(1995-2001)オランダは30%弱,フィンランドは34%増加したことを示している。他のどの国も,この期間に就業率をここまで立て直すに至っていない。

オランダは EU 諸国の中で,1995年に55-64歳年齢層の就業率が最も低い国(28.8%)の一つであったが,今や水準(53%)のすぐ上に位置している。フィンランドも同様に,1995年の就業率(34.4%)から明らかに持ち直し,この年齢層で56.5%の位置につけている。図2-1は,フィンランドとオランダで1995-2008年の間に見られる変化と,その他の大陸欧州諸国の変化との間で,この時期に生じた「離脱」を明らかにしている。フランスとベルギーはこの期間,就業率を大幅に引き上げるには至らなかったが,一方,オランダとフィンランドはシニアの就業率が持続的にはっきりと上昇しているのがわかる。ドイツは確かに増加してはいるが,はるかに遅く控えめである。5歳ごとの年齢層別の詳細な変化では,フィンランドとオランダでこの期間に55-59歳と60-64歳で増加が見られた。2008年の60-64歳の就業率はかろうじて40%を超

第6章　早期退職傾向を反転：改革の障害と革新

表6-1　1995年の時点で早期退職文化が深く浸透した国々について，1971-2001年および1995-2001年の期間の55-64歳年齢層の男性の就業率の変化
(%)

	1971-2001年	1995-2001年
ドイツ	－41.1	－5.8
ベルギー	－18.6	＋1.7
スペイン	－30	＋20.6
フィンランド	－35	＋33.8
フランス	－43.3	＋6.8
イタリア	－0.4	＋8.5
オランダ	－36.3	＋26.6

出典：OECD，労働力統計および筆者による算出。

表6-2　1995年の時点で早期退出の水準の高い国について，1995年-2001年の期間の55-59歳と60-64歳年齢層の男性勤労者の就業率の変化
(%)

	55-59歳	60-64歳
ドイツ	＋4.4	＋7.2
ベルギー	＋2.6	－1.1
スペイン	＋13.9	＋8.2
フィンランド	＋27.2	＋23.5
フランス	－0.2	－9.2*
イタリア	－7.5	－1
オランダ	＋21.6	＋27.4*

注：＊1995年に代わり1997年。
出典：OECD，労働力統計および筆者による算出。

えていたが，一方55-59歳では70％に達している。

　社会保護制度への依存を減らすやり方で，万人のための労働と雇用を優先する，という福祉国家の社会民主主義モデルの核心をなす規範的方針を共有しない点で，フィンランドはスカンジナビア諸国と区別されることに注目すべきである。この期間，この分野について，フィンランドは大陸型モデルと同一視され得る。その反面，フィンランドの職業関係モデルには，スカンジナビアのモデルに近似した多くの特徴がある。

　こういった明確な上昇の動きから，オランダとフィンランドは社会保護の大陸型レジームに属する他の国々全体と区別される。後者について1995年と2001年の間に見られるこの年齢層の就業率の変化の傾向は，むしろ就労の安定化あるいは軽微な改善を表している（図2-1と表5-2）。

　社会保護と雇用の公共政策に生じたいかなる変化が，これら2ヵ国をキャリア末期の非就労のスパイラルから脱却させたのだろうか？　本書はこの問いに答えるために，これらの国において着手された改革の性質について，経験的に掘り下げた研究を行っ

第Ⅱ部　年齢と労働：就労人口の高齢化の課題

た。

　これら2ヵ国は，最も普及した改革の道筋を採用しなかった。そのような道筋は主として，公的年金制度の規則（年齢と保険料納付期間）を変更する，あるいは資格基準を厳格化するかに的を絞ることによって，早期退職経路を強制的に規制することであったのはすでに見てきた。

　着手された改革は，媒介変数型の改革の用語でも，「削減」（社会支出の削減，あるいは労働市場に代わる選択肢の縮小によるキャリア末期の「再商品化」）の用語でも解読されることはできなくて，ピアソンが提案する概念化の中に存続する。それらの改革は，社会権または社会保障制度を縮小すること，あるいはさらに，個人に新たな要求と義務を課することではなかった。改革は量的な面で行われなかった。本書が後ほど分析するように，改革は何よりもまず，これら2ヵ国の社会保護を統治するパラダイムにおいて，根本的な変化を表している。列挙される権利とリスクに応じて機械的に作動する補償の論理は，年配勤労者の労働市場への参加を奨励し早期退職の意欲を削ぐ奨励と抑制のシステムに置き換えられたのである。このようなやり方で，社会保護制度を労働政策と人的資本の改善政策に再び結びつけることが可能であった。これらの国においては，社会保護と雇用を切り離し対立させる，本質的に受動的なリスク補償の論理という，大陸型レジームの福祉国家を悩ます主たる困難の1つを克服することができたのである。

問題とその解決策についての新たな認識

　これら2ヵ国が，活力ある高齢化を促進するために，社会保護レジームの実質的な構造改革に取り組むことを可能とした類似する条件が存在したのであろうか。

　これら2ヵ国の事例では，新たな問題構成が浮き彫りとなるよう徐々に条件が揃い，扱うべき困難に対する新たな診断が出されたことで，いつもの媒介変数な方法とは対照をなす異なる解決策の介入が動員されたように思われる。2ヵ国において社会的分野の決定を取り仕切るコーポラティズムの力学が変化する状況で，問題とその解決策についての新たな認識が生じることになる。既得権を守るコーポラティズムの後，刷新された社会契約に通じる労使間の妥協と交渉の，はるかに革新的な段階に入る。社会保護問題の新たな論述が，異なる社会情勢，またますます憂慮すべき機能障害の状況においても浮かび上がってくる。年配勤労者のための障害保険利用の指数的拡大を伴うオランダでも事情は同じであった。この状況は，だれの目にも即刻治療を要する「オランダ病」（*dutch disease*）を具現している。迫り来る人口逆転現象のタイムリミットと労働力不足の脅威が2003年から予想されていたフィンランドは，就労人口の供給源がまさに55-64歳の年齢層にあるのに，年配勤労者の労働力率が欧州で最も低い国の一つであり，伝統的に移民への依存を一切拒否する国に明白な危機的状況を呈していた。このような状況において，問題の根源は社会保護の制度そのものにあると

いうことが，すべてのアクターたちにとっていっそう明白になってきた。つまり，問われているのは社会保護の大陸型レジームの機能そのものである。したがって，システムの基本原理を改革する構造的変化の中に解決策を見つけるべきである。こういった見地から，支配的であったリスク補償の論理を，サービス給付に基づく奨励策の論理に代える努力をする。このようにして，社会保護の大陸型モデルの柱が再構築される。

さらに，直面する問題の第一の原因は，社会保護の大陸型レジームの機能の特性そのものに起因するのだから，それを管理し，決定を取り仕切る労使双方もまた同時に問題にされる。消極的な事なかれ主義はもはや通用しない。アクターたちに責任を課し，新たな奨励のメカニズムが適切に行われるような，社会保護の別の政治的調整が考えられるようになる。ヘクロ（Heclo）が先駆的著作で立証したような，まさに政治的学習のプロセスが進展する条件が，これら2ヵ国に揃った。制度の機能，またその責任を負っていたアクターに対する信頼の失墜が，根本的な再配置の可能性に道を開いた。先述した国際フォーラムを引き継いだ諸国の「フォーラム」の増加が見られる。ブリュノ・ジョベールが示したように，これらのフォーラムが公共政策の知的推敲の場をなす討論と論争の空間であることがわかる。

やがて，共通の問題構成と共有された診断が浮かび上がる。多くの指標が2ヵ国における学習プロセスの進展を指摘している。そのプロセスは，システムの内部論理を変更し，その論理の基本パラダイムと政治的調整に働きかけることを目指す改革計画についての合意を可能とする。それについてはごく手短に言及することとする。

オランダでは，政労使の代表を集めた権威ある諮問機関である社会経済審議会が，学習プロセスにおいて重要な役割を果たした。1997年から，この機関は年配勤労者のための施策について一連の勧告を公表した。1999年には政府の依頼によりこの実践を刷新し，一貫した施策計画を推奨し，その大綱は下院での社会問題・雇用大臣の意見で補強されることとなった。

フィンランドでは，この問題について1995年から勤労者の労働組合，経営者団体および政府間による労働三者会議が組織された。この会議は，賃金交渉を地方レベルへ分散させ，「福祉社会から個人の自発性と責任による社会の方へ」の移行を奨励するグローバル社会契約の結果から生まれたものである。この会議は，諸問題について共有される診断を打ち立て，改善方法について同意を生み出すことを可能とする。2年以上の長期にわたるこの協議の段階は，1997年の向老期労働者のためのフィンランド全国計画の採択を導くこととなった。2ヵ国の場合，数年にわたる期間に行われたさまざまな全国フォーラムにより，問題の新たな論述とそれがもたらす解決策に関するコンセンサスの推敲が可能となった。行動計画の決定は，公共政策のアリーナ（討論場）で協議され採択されることになるのである。

オランダとフィンランドで成功した改革の軌道

オランダの改革[18]

 伝統的にオランダは全体的な労働力率の低さ，とりわけ女性と年配労働者の労働力率の低さに特徴がある。年配勤労者向けにさまざまな国で生じた早期退職の主な3つの制度上の経路のうち，2つがオランダでは特に影響力があった[19]。1つは障害による経路で，ずば抜けて一番多く利用されていた。1993年までこの制度は，部分的障害であっても地元の労働市場でパートタイム雇用が見つからなければ「市場関連事由」により完全障害と認められ，年配勤労者の早期の最終的な退職を可能にしていた（De Vroom, Blomsma, 1991）。

 第2のVUT（Voluntary Early-Retirement＝任意早期退職の略語）は早期退職限定の施策であり，これはオランダでは企業あるいはその部門の合意によるもので，企業が出資し[20]，ごく限られた部分を勤労者自身が出資するものである。

 早期退職の第3の経路は失業経路で，オランダでは例えばフランスよりもはるかに重要度が低い。1997年のデータによると，55歳以上の労働市場からの早期退職プログラムの受益者601,000人中，失業保険受給者はわずか103,000人で，VUT受給者は152,000人，障害保険は346,000人であった。

 オランダの改革の基本は，早期退職の制度的経路の再構築に集中している。改革は，これらの退出経路の強制的な閉鎖でも，社会保護制度が保障する基本的な社会権の見直しでもない。これらの権利は確保されるが，財とサービスの給付システムに再び組み入れられる。そのシステムは，法規範の行使に代わる，とりわけ財政的奨励メカニズムの行使のような新たな制度の実施により，アクターたちの合理的選択に新たな戦略的重要性を与える。

 オランダの社会保護を支配するパラダイムに生じた根本的変化を理解するためには，ヴァンダヴィーン，トロンメルとドゥブルーム（van der Veen, Trommel, De Vroom, 2000）がオランダの社会保護制度の制度的変更の分析で提案した非常に明快な区別を紹介することが適切である。彼らは，権利と，権利によって与えられる財とサービスによる給付とを区別する[21]。著者たちによれば，改革は財とサービス給付を再構成し，それによって社会保護制度によって開かれた権利の範囲を切り詰めることなく，この国において社会権を行使する様式が割り当てられた。さらに，著者たちは自分たちの論証をもとに，実施された改革が所得代替率を削減した時，社会権の範囲を回復するために補償のメカニズムが系統的に実施された，と指摘する。このようにして，障害補償の水準と期間を制限する1993年の決定のあと，すべての部門で障害年金の保障限度額削減の補填を目指す協定上の交渉が続いたのである。

第6章　早期退職傾向を反転：改革の障害と革新

① 雇用をより促進する補償のために，障害保険を再構成

1990年代初頭以来，50歳以上の受給者数の削減のため，いくつかの施策がとられた。50歳以上の受給者は，障害保険受給者の半数以上を占めていた。主な施策は「労働市場関連事由」の廃止であった。これは年配勤労者にとって，100％の障害年金受給資格の獲得をより困難にするものであった。しかし，1990年代後半に最も効果的な施策が誕生する。新たな連結施策が実施される。障害保険受給資格には，勤労者の積極的な復職が条件となる。いくつかの行動手段がこの変化を可能にした。1994年からZW（医療保険）について実施されたものに着想を得た改革が，1998年にWAO（障害保険）で行われる。この保険の管理調整組織は根本から再編成される。障害保険の責任は部分的に雇用主に委ねられる。したがって雇用主は，勤労者による傷害保険利用に関して財政的に責任を負う。その結果，雇用主は勤労者の復職計画を拡大するよう奨励される。受給する勤労者については，彼らの行動を方向転換させるための奨励と抑制の類似したシステムが用意される。こうして，1995年，復職についての義務を受給者が守らなかった場合には罰金を設ける新たな法的措置が採択される。結果として，新たなシステムは，45歳以上の労働適性能力を維持し向上させることを企業の全アクターに奨励する。したがってそれ以後，補償は受給者のための予防と復職の広範な政策に直接結びつくことになる。こうして，この改革は，保険に含まれる権利と給付のシステムの規制緩和や解体をすることはなかった。この改革は，このようにあらゆる当事者が自分の権利を行使するための決定に影響を及ぼす奨励／抑制システムに，権利と給付をはめ込んだのである。

② VUT：完全早期退職からフレキシブル退職と積み立て型「プレ年金」へ

VUTの手直しは，障害保険の改革を取り仕切ったものと同じ原則から着想を得た。新たな規則により，VUTは，向老期勤労者と同様その雇用者にとっても，財政的奨励策が就労維持のために用意される，より選択的で個別化した段階的方式へと進化した。

変化の内容は，共同体に支援された労働市場からの早期退出の権利から，個人の就労維持を奨励し早期退職を財政的に抑制する方向への移行である。

実施された施策の中で注目すべきは以下の通り。

- パートタイム労働と部分年金を組み合わせる新たなオプションの開設；

    オランダ政府は労使双方に対し，労働協約においてVUT早期退職制度を老齢年金のよりフレキシブルな方式に置き換えることを奨励している。キャリア末期のフルタイム労働か完全退職かの二者択一から脱却するという考えである。この目的で，フルタイム労働と完全退職の間に段階的また選択的に移行する可能性がもたらされた。今日まで，VUT収入とパートタイム就労の報酬の重複はできなかった。退職へ段階的に移行する方式は1995年からかなり進んではいたが，まだ少数派であった。1999年の労働監督局の調査によれば，1998年に締結された団体協

約117件のうち22件は954,000人の勤労者を対象に段階的退職のみ，一方34件は917,000人を対象に伝統的VUTのみを扱い，53件（50％）は2,315,000人を対象にVUTによる完全退職と漸進的措置を組み合わせていたことが明らかとなった（De Vroom, 2001）。この領域では，国の行動は系列会社や企業レベルの労使双方の意思に依存している。しかしながら，国には税制という手段がある。VUT創設時には，企業の出費を補填するために税制優遇措置が付与された。この措置は，新たな協約の締結にあたり2002年7月に廃止された。

- 積み立て型「プレ年金」の導入。これは徐々にVUTに取って代わることとなる。VUTは基本的に，分配システムに応じて，企業の社会的拠出金によって賄われており，ごくわずか（賃金の3％を上限とする）の部分が勤労者の負担であった。逆に，プレ年金は個人の早期退職給付金の積み立てに依存する。したがって，新たなシステムでは，就労から退く権利は，勤労者の個人的キャリアと自身の口座に積み立てられた分担金に直接依存することになる。プレ年金導入による大きな変化は，年配勤労者が早期退職の資格を得るには，あらかじめ分担金を積み立てておかねばならないことである。プレ年金はフレキシブルである。勤労者は55歳から65歳の間に受給できる。勤労者は少ない年金を得て早めに退職するか，年金を増額するためにより長く働き続けるかを選択できる。このように，VUTに含まれる年金カット効果は回避される。[22] この新たな奨励措置により，勤労者は退職の時期や受給したいプレ年金の水準について，さらに熟考することができる。その結果，キャリア末期の勤労者にとって様々な選択肢が開かれ，退職の時期や方法を決定できるのである。

注目すべきは，新システムは旧システムとは異なり，企業から別の企業へ移動が可能で，キャリア末期の勤労者の移動性を阻止しないことである。VUTから積み立て型プレ年金システムへの転換は，きわめて段階的にしか行われない。なぜならば，受給者に確かな権利を提供するには，新たな積み立てに20年から30年はかかるからである。したがって，20年の移行体制が設けられ，その期間中に労使双方は旧VUTから積み立て型プレ年金制度への段階的移行を準備するよう要請される。

この分野では，政府の直接介入は2つのレベルで行われた。まず，1997年に国は雇用主として勤労者のためのプレ年金のフレキシブルなシステムを採用した。次に，VUTのための税制奨励策を段階的に廃止することとなった。2002年7月からは，完全早期退職の新たな労働協約は減税の恩恵を得ることができなくなる。この措置は，2009年の協約がプレ年金制度への転換移行体制を規定しなかったとしても，すべてのVUT協約に適応されることとなるだろう。

プレ年金の新たなシステムにおいて，勤労者の早期退職に対する意向に関して実施された調査によれば，結局，この施策のみが年配勤労者の就労延長に大きな影響を及ぼし得るとは思われない。この施策は労働市場からの退出を1，2年遅らせるだけの

貢献しかできないであろう。勤労者は労働生活から逃れるためなら，プレ年金収入のかなりの金額を犠牲にするのである（Ekamper, 1997; Henkens, 1998; van Dalen, Henkens, 2002）。したがって，この新たな施策の効果は，労働条件と年配就労者の被雇用者能力の改善のために，並行して行われる施策に大きく依存する。このような人的資源政策なしに，年配勤労者が就労延長を選択すると考えるのは非現実的であろう。

③　失業経路の改革

他の2つの経路ほど取り入れられていないが，この早期退職経路の相対的な成功は主として2つの制度によるものである。

- 人員整理の場合，まず優先的に年配勤労者を対象に人員削減をする行動指針が存在した。1970年代および1980年代に頻繁に用いられたこの規則は1994年に廃止され，人員整理の場合，解雇される勤労者集団は，企業の年齢構成全体を表すものでなければならないとする施策に置き換えられた。
- 第2の施策は，57.5歳以上の年配失業者に求職活動を免除するものである。オランダの労使と政府は目下この規則の再検討中である。この年齢カテゴリーの復職の機会に関する掘り下げた調査を経て，この件についての決定が下される。

これらの改革の他に，政府は雇用主に対する財政上の奨励と罰則制度の導入を検討している。50歳以上の年配失業者の雇用に対し，財政的奨励措置が導入された（2001年1月1日）。57.7歳以上の年配勤労者を解雇する雇用主に，フランスのドゥラランド Delalande 分担金のような罰則を課すもう一つの規則が目下検討中である。

④　年齢を配慮する人的資源管理を奨励

労使と一般労働協約を担う機関との間の対話組織である労働基金は，年齢を配慮した人的資源政策を目的とする勧告を1997年には公表していた。しかしながら，一致した評価（De Vroom, 2001; Commission Européenne, 1999）は1996年の状況と比較して，この分野でいくらかの改善は見られるも，進歩は不十分で，いくつかの大企業に限定されていると指摘している。いずれにしても，それらの進歩の中から言及すべきものは次の通り。

- 20％の企業で，全労働者にキャリア面接が実施される。
- 全労働者向けの職業訓練の努力の増加。職業訓練を行う企業数は1996年の53％から1999年の66％に上昇した。これらの職業訓練への年配勤労者の参加率は増加しつつある。

オランダ社会問題・雇用相は，下院への請願（2000年3月14日）で，「年配勤労者への投資が企業にとって利益の源であると雇用主はまだ十分に認識していない。年配勤労者の被雇用者能力や知識・能力の維持への企業の投資は，一般的な慣行にはまだなっていない。したがって，経営者と勤労者のメンタリティを根本的に変更する必要がある」と強調していた。

この目標のために,政府は最近いくつかの行動を開始した:
- 年配労働者に関するメンタリティを変えるための情報キャンペーンにより,早期退職経路の再編成を目的に取り組まれた改革の延長を望む。年齢管理の問題に関心を持たせるため,雇用主向けの情報プラットフォームの配置に対し財政的支援を行う予定。
- 政府は,雇用における年齢差別禁止法案を2000年に下院に提出し採択された。新法は,採用,選別,昇進,継続的な職業訓練,労働への統合について,年齢に基づく否定的な差別を一切禁止する。雇用主は,企業あるいは雇用を圧迫する危機的状況でのみ,これらの施策の免除を願い出ることができる。

⑤ オランダの改革の総括

早期退職経路の再構築は,オランダで着手された改革プロセスの第1目標であった。それは,集団的補償権から,勤労者および雇用主に向けた,就労維持を奨励し労働能力の喪失を防止するメカニズムへ移行することであった。しかし,これらの新たな施策,とりわけ積立型プレ年金の施策は,非常にゆっくりと,年配勤労者に対する企業慣行の変化が引き継がれるという条件のもとでしか効果を生まないであろう。この観点から,筆者は変化がなかなか現れないことを確認した。

2001年以降,オランダ政府が企業の年齢管理の進展を加速させる一連の行動に着手したのはこういった理由によると思われる。たとえば,年配労働者のためのタスクフォース(特別作業班)の創設である。目的は,年配労働者の雇用についての新たな展望を促進する;企業の優れた慣行を募り普及させる;最後は,中小企業の雇用主および勤労者を対象とする情報局の創設である。最近の,雇用における年齢差別禁止法の採択(2004年)は,こういった新たな意向の一環をなしている[25]。この法律は,オランダの一貫した計画全体の仕上げとなった。雇用主と一般大衆に向けた情報キャンペーンについても同様である。これらの点について,オランダに生じた社会保護のパラダイム変更が早期退職文化を根本から変化させ,労働市場からの早期退去の権利をめぐる当初のコンセンサスを問い直したことは明白であるように思える。差別禁止の公的措置の採択は,それを証明するものである。しかしながら,補償の条件の厳格化が,就労延長に不可欠な労働の調整(オランダで広く普及しているパートタイムを除いて)を伴うものではなくても,この就労延長はかなりの個人的負担のもとに行われる恐れがある。

フィンランドの改革

① 45歳以上の勤労者の雇用を優遇する包括的戦略

フィンランドの戦略はオランダの場合と多くの類似点があるが,フィンランドの戦略は45歳以上の労働者雇用を優遇する包括的な統合戦略の特異性を示している。その戦略は時間の経過とともに進展し,1998年からの2つの連続5ヵ年計画に行き着くこ

ととなる。

　フィンランドは，これまでのところ，シニアに関する表象と慣行を変える目的でこのような統合的アプローチを実施した欧州で唯一の国である。しかも，そのアプローチを長期的に成功させた。世界中の他の国では戦略はもっと断片的であった。フィンランドの状況は緊急の方向転換を必要としていた。フィンランドは1997年まで55-64歳の就業率が最も低い欧州の国の1つであり，この時期まで，早期就労停止の文化にどっぷりはまっていた。そのため，フィンランドは社会保護の大陸型モデルに近似した特徴を数多く表していた。主な特徴としては，労働倫理があまり目立たない社会保護システム，スカンジナビア諸国よりも低い社会保護支出レベル，隣国よりも紛争の多い職業関係のシステムが挙げられる。もっとも，北欧に位置してはいるが，フィンランドはスカンジナビアの国ではないと念を押しておくべきであろう。1997年から現在までにフィンランドは年配労働者の就業率を驚異的に立て直し，労働市場から退出する中央年齢を3歳押し上げ62歳とした。

　フィンランドの雇用戦略が収めた長期的な成功は，就労の早期停止文化からの脱却に苦慮する大陸型モデルに属する，早期退職を特徴とする国々にとって検討すべき興味深い例である。フィンランドで採用された施策を，この分野に適した細心の注意を払いつつフランスや他の大陸欧州諸国に移転する可能性こそ，事例研究に特別の興味を付与するものである。

　実際，就労からの早期退職文化に共通の基準を超えて，施策の背景には多くの類似点がある：

- フィンランドが1998年に計画を開始した際，現在のフランスの率に近い9％の高い失業率，および低い成長率を伴っていた。
- 当時フィンランドは世界で就労人口が最も高齢化した国の1つであった。したがって，大量の退職のリズムが深刻な労働力不足を招く恐れがあった。さらに，フィンランドは移民の国ではなかったため，労働力不足は主に国内で補充されていた。したがって，年配労働者の就労促進はこの国の将来にとって必須であった。このような状況から，1990年代末にこの国にとって不可欠の課題であったシニア雇用の問題をめぐり，フィンランドの公的機関が特に強力に動員されたに違いない。

② 1998-2002年のフィンランドの国家計画：経験は国家の資産[26]

　採択された包括的戦略は，長い協議の段階を経て，1997年に可決した向老期労働者雇用のための第1次国家5ヵ年計画によって具体化された。1998年から2002年にかけて行われる計画である。これは45歳以上の労働者および求職者の完全な生産能力の維持を目指し，労働市場からの排除を防止しようというものである。数値目標は2010年までに労働市場から退出する実質年齢を2〜3歳遅らせることである。「経験は国家の資産」という採択されたスローガンは，目指す目標をよく示している。キャリア後半の労働者に関する，労働市場のすべてのアクターの表象と慣行を反転させることを

意味しているのではないだろうか。

　1990年前半に年金改革を目的としたいくつかの施策に着手した後，フィンランドは方向転換する。45歳以上の労働者が占める人的資本の再評価を促すことに精力的に取り組んだのである。フィンランドはもはや強制的な公共政策ではなく，奨励策に信を置くようになった。この新たな方針は，労働市場から年配勤労者を排除する強力な構造理由があるという，共通の診断に基づいている。特にフィンランドでは，若者と年長者の間の教育水準の差は極端であるとされる。さらに，以前の方法は効果のなさを露呈した。革新しなければならない。この計画のために，いくつかの重要な部門に関して40を下らない統合的施策を含む多くの方法が実施された。計画は，労使との広範な協議を受け，社会問題・保健省の後援のもと，労働省と教育省を緊密に連結するものとなった。

③　情報および教育の甚大な努力

　計画の準備段階およびその展開中に，フィンランドの高官たちは，考え方を変えるため，またこれまで労働における高齢化に関して公的施策が拠りどころとしていたパラダイム変更の必要性を説得するため，甚大な教育的努力に取り組んだ。

　フィンランド国家計画の始動は1995-1997年の期間に行われ，このテーマに関する協議と社会的対話の長期にわたるプロセスを経た。労使，専門家，市民の間の交流フォーラムが開催された。

　この相互学習プロセスにより，共通の診断と施されるべき治療法についてのコンセンサスを確立することができた。このプロセスは延長され，1998年からの行動計画に含まれる公共政策の実施に及んだ。実際，新たな公共政策が発する根本的な変更の合図によって，フィンランドではパラダイム変更が有効化され強化されたのである。公共政策が規則と手続のシステムのみを表しているわけではないことを忘れてはならない。公共政策には同時に強力な認識的側面があり，取り扱う人々の定義とカテゴリー化を伝達している。おそらくこのデータをもとに，例えばドイツ，英国で行われたコミニュケーションキャンペーンの相対的な失敗を理解するべきであろう。

　フィンランドは，年配労働者のイメージを再評価するためのキャンペーンに留まらず，国家計画により，高齢化する労働力を国の資源へと変換する方法を具体的に提供した。フィンランドは，次に続く新たな2原則を推し進めることから，この変化を率いた。それらの原則は，労働市場の改正と社会保護制度の改革を導くことになるのである。

④　パラダイム変更の原則[27]

　第1原則：人的資本の維持はグローバル化した知識経済の中心である。

　それは競争力の第1要因である。この観点から，労働力の高齢化に対する戦略は何よりもまず予防策たるべきである。この戦略は治療処置に限るわけにはいかない。それは人々の生涯にわたる職業能力の維持に尽力するべきであり，それ以上に，労働

第6章 早期退職傾向を反転：改革の障害と革新

おける生きがいの推進をもめざすべきである。その戦略は，ライフサイクルのすべてにわたる人的資本維持の戦略なのである。

　フィンランド国家計画の主導者にとって，「人的資本とは，教育水準，能力，知識，広義に形成された資格，それらに健康や機能的能力が加わり，構成される。能力というものは，生涯を通じて展開されるプロセス，また自身の限界を知るという経験をもたらす認識と同様に，学習能力を含むプロセスから生まれる」。この原則は国家計画全体に影響を与えたが，この計画は，当初はむしろ実用主義的なやり方で進展した。この行動原則を構成する特徴が重要となったのは，プログラムが展開される過程においてであった。

　第2原則は第1原則と緊密に結びついている。それは，あらゆる年齢のための職業上の行程と移動の調整を中心に，労働における年齢の多様性と相乗効果の統合的管理を推進することである。

　目標は，「あらゆる年齢のための社会」を確立することである。これは，後ほど見るように，2003年に始動する第2次フィンランド国家5ヵ年計画VETO（という略語の）で採択される中心目標でもある。この新たな計画は，キャリア末期に的を絞るのではなくライフサイクル全般に関わるものである。この計画は年齢に偏らない（中立的な）政策を提案し，政策はあらゆる年齢を対象とする。

　これら2つの原則は，フィンランドの戦略が立脚するパラダイム変更をよく表している。年齢の多様性の統合的管理の推進に着手することは，それまで支配的であった年齢施策への大幅な依存と年齢による管理に背を向けることである。したがってそれは，年齢で分割された管理とそれに付随する結果，すなわち雇用におけるシニアの価値の下落，労働市場からのシニアの追放，雇用における組織的な年齢差別的慣行の増大などを拒否することである。それと同時に，別の年齢管理方法，すなわちより職業訓練を受け，自立し，移動可能な勤労者を求める新たな知識社会の要請に一致した年齢多様性の管理方法を見つけ出すことである。

　人的資本に決定的な重要性を付与することは，労働市場の機能の見直しのための道筋を定めることである。企業側のシニア労働の供給と同時にシニア労働の需要にも働きかけねばならない。このような原則は，ライフサイクルにわたる積極的な雇用政策を計画の中心に置き，年金改革を2番目の位置に格下げする。フィンランドの場合，他の多くの国々とは異なり，年金改革は第1次計画終了後の2005年に行われ，その成果を上積みすることとなる。

　人的資本の発展を強調することはまた，保障と社会保護の刷新された概念にも導く。伝統的な保護国家は，主としてリスク到来時の所得補償に焦点を当てた，基本的に修復的で補償的な社会保護の代わりに，人的資本への新たな配慮は，個人の行程の保障を目的とする，より柔軟で選択可能な個人保護の形式の検討を促す。人的資本への配慮には，社会的投資の傾向がある。

フィンランドプログラムの多様な側面は，6つの類型の行動で表される。

(1)全アクターのメンタリティの変更を目的とした情報・啓蒙キャンペーン

これは，高齢化の肯定的な面について世論に関心を向けさせるものである。また，ターゲットを絞ったキャンペーンも，直接雇用主を対象に行われる。キャンペーンは年配勤労者の利点を対象とする。雇用主向けの教育セミナーは，年長者の経験を評価し継承する方法，および年配協力者の意欲を高める方法について強調する。公的職業安定機関，労働監視局，産業医も同様に教育の対象となる。「経験は国家の資産」のスローガンは大規模な広報活動の基盤となり，早期退職文化の中心にある年配労働者の低評価のイメージを反転させる意思をよく表している。これは，向老期労働者は企業やコミュニティにとって生産性が低くコストが高いと見なされるべきではないことを立証している。逆に年配労働者は新たな資源であり，その資源は人口高齢化と新たな知識社会の状況において，企業と国の競争力を高めるための，まさに要となるものである。こうした見地から，労働力の高齢化は，個人および集団にとって致命的な不幸であるどころか，そこから利益を引き出すために捉える術を知るべき好機なのである。

(2)職場における健康と福祉の向上に関わる行動

労働力が高齢化する見通しにおいて，労働条件および労働組織の整備，また就労不能の予防は，45歳以上の雇用のための第1次フィンランド計画の主要施策の一つであった。その特徴は，労働における高齢化について，環境・心理・福祉面といった職場における福祉のすべての側面を考慮した統合的アプローチを優先したことである。この展望は，被雇用者能力の概念より広い「労働能力」という概念の練磨に表れた。労働能力の概念は，フィンランド国立労働研究所（Finish Institute of Occupational Health）が行った革新的かつ詳細な研究と，企業および行政レベルで使用可能な，労働能力の変化を測定し予言する手段を作成する努力から生まれた。研究に適用された計画は，労使との協議のもと，研究所により実施された。計画は，国家計画の枠内で大々的に実施される前に，まず多様な公共・民間施設内で実験された。それは企業向けの計画の成果を評価する主な手段である「労働能力維持のバロメーター」の作成と，その個人向け構成要素である「労働能力指標」[28]の作成に至った。この手段は質問表による自己評価方式を基盤とするもので，保健機関の専門家による個人面談が後に続く。質問項目は，自覚する健康状態や医学的に確認された障害，仕事の負担や条件と関連した精神的・身体的能力，仕事のリズム，時間の拘束を対象とする。同じく，職業訓練への欲求，意欲，将来の展望，年金への希望なども扱う。

個人的なデータは雇用主には伝えられない。この手段には以下の三重の有用性がある。

- 国家計画が企業と労働者に与えた影響を評価する。
- 企業が労働条件や環境を改善するのを助ける。

第6章 早期退職傾向を反転：改革の障害と革新

- 職場で健康診断を実施し，勤労者が良好な健康状態で就労を続けるのを助ける。

フィンランド計画の枠内において，職場の健康の促進は，企業およびその生産性と競争力に関する要請の観点から構想された。労働条件の整備を促進するために企業市民（コーポレート・シチズンシップ）に訴えるのではなく，さまざまな部門で次々に実験を行い，企業および企業の要求にぴったり寄り添う戦略がとられた。第1段階として，戦略は科学的アプローチを優先した。戦略は，企業のサンプルを通し，就労の環境的・組織的要因が労働における生産性に与える影響を評価するため，向老期勤労者の労働能力に作用を及ぼすそれらの要因の分析を目的とする。第2段階では，これらの分析結果は企業に適した具体的な管理手段に転記され，経営者，幹部，健康管理の専門家，労働検査官に向けた教育研修で，情報資料として広範に配布された。これらの研修は，組織の包括的な成果を改善するため，経営管理者と幹部が自分の企業で向老期労働者の労働能力と雇用を推進する能力を向上させることを目指していた。この目的で実施された多くの具体的な行動から，例として以下の3例を挙げる。

- 企業がいかにして年長者の経験と能力を活用できるかを示す行動。
- 「高齢化問題を人事報告に組み入れる（Incorporating the issue of ageing into personnel reporting）」行動。従業員の高齢化を考慮し，その影響を予測し，実施すべき変更を準備するために効果的なダッシュボードを企業に備えることを目指す。
- 45歳以上の年配勤労者が40％を占める中小企業25社に対する「CARROT」プロジェクト。これは，健康維持以外にも，能力および人的資源の管理や，労働組織と条件の整備を含む計画全体を基盤に，労働能力を改善していく行動。

第1次フィンランド5ヵ年計画では，職場における健康向上に関して開始された行動は，企業および企業の要求に焦点を当て，ネットワークと相互学習の論理に立って普及させることが主たる特性であった。すなわち，指導者や専門家，企業内のコンサルタント，経営管理者を教育し，優れた慣行を推進するための手段を確立し，行政機関や大規模な民間企業，中小企業など異なる労働環境に適した形で普及させることである。健康と労働能力の分野において，フィンランドは，財政的奨励の手段よりもむしろ，連携や協力，論証の手段を採用した。

結果には説得力があった。計画の成果に対し，独立した専門家が2002年に行った最終評価は，次のような確認に至った。2名以上の勤労者のいるフィンランドの企業の3分の2は，広い意味で「従業員の労働能力を維持」する活動を実施した。この分野で何もしなかった企業は10％に満たなかった。

- 年齢管理の命題は民間部門より公共部門で関心が高いと認められるとはいえ，企業においてこの命題は計画の初期の1998年よりもいっそう今日的問題となっている（Arnkil, 2002）。
- さらに，従業員の高齢化に適応するために労働条件と労働組織を整備する行動を実施した企業は，年配労働者の生産性向上により，時には投資した出費の2倍に及ぶ

投資収益率を見ることとなった。このように，従業員の高齢化にもかかわらず，組織の生産性は増大し得ると実証された。このような実証は，年配労働者に関するステレオタイプに対抗する最善の方法であるに違いない。

企業に的を絞った連携行動の広い選択肢は，法規を伴うものであった。特に，職場における健康の分野では2001年に新法が可決された。法律には，勤労者が自分の職務について調査を依頼できるなど，革新的な措置が含まれている。そのうえ，より多くのフィンランドの就労者に産業医サービスの対象範囲が拡張された。

(3)職業訓練

この分野では甚大な公的努力が注がれた。45歳以上の勤労者が対象である。それは，若者と年配者の間の教育格差の溝を埋める努力である。この計画は「生涯教育」推進の国家戦略に組み入れられた。職業訓練は年配勤労者の失業を防止し，彼らの被雇用者能力を維持する基本的施策と見なされている。これが長いプロセスであると，フィンランドの高官たちは認識している。世代間の教育格差の溝を埋め，年配層の雇用の困難を解消するには少なくとも10年から15年を要するであろうことを知っている。キャリア後半の勤労者に適した教育を実施するため，いくつもの特別の努力が行われた。

(4)復職と年配失業者を支援する行動

年配労働者への特別援助が1990年に提供された。復職の特別行動の枠内で，年配求職者の個別化した追跡が実施された。年配求職者のために雇用サービス公共機関を大々的に動員したのは，おそらく計画で最も残念な部分であろう。期待した成果をもたらさなかった。その確認により，計画が採用した予防の原則が効果的であることが明らかとなった。治療策の方がはるかに困難であることがわかる。

(5)キャリア末期を柔軟にし，奨励メカニズムによる雇用への再進路支援

計画は，労働の編成においてパートタイムと代替休暇の促進に重点を置いている。この観点から，退職への移行をより段階的で選択されたものとするため，いくつかの施策が実施された。

- 臨時措置として，交渉による任意部分年金の資格を得る年齢が，計画の期間中に56歳（以前は58歳）に引き下げられる。
- 完全退職年齢を遅らせる一連の奨励策の実施：パート就労の場合に年金受給の権利を完全に維持，老齢年金の権利に対する補償，60歳まで就労延長の場合にボーナス支給（年1.5％）あるいは60歳を超えた場合はさらに増額（年2.5％），また58-59歳のための復職権が開設され，2002年に向けて段階的にすべての年齢へ拡張される予定。それについては労使の合意のもと，老齢年金を管理する年金関連団体が出資している。これらの奨励策は，計画の枠内で長期にわたり検討され採択された抑制策を伴う：すなわち失業年金の4％減額，個人的理由による規定年齢前退職の資格年齢を58歳から60歳に引き上げる策である。障害年金と失業年金の資金調達における雇用主の負担部分が増加すると，雇用主にとって年配勤労者の雇用維持のメリット

が増すこととなる。

(6)調査・研究・試行事業

国家計画には調査および研究の極めて重要な部門が含まれる。たとえば，特殊な評価手段「労働能力維持TYKY（バロメーター）」が配置された。この手段には三重の利点がある：すなわち企業における計画の影響を評価し，企業の労働条件・環境改善を助け，勤労者の健全な就労継続を支援するという利点である。別の研究計画は，キャリア末期の労働者の行動と慣行，年齢，健康，仕事における能力，採用時の差別的慣行，職業訓練，継続教育の新方式に関わるものである。このように，バロメーターによって55歳以後に再び仕事につく期待値の変化を推し測ることができる。計画の適用から2年で，その期待値は著しく上がった。

⑤ 2003年のフィンランド計画の総括

計画実施に関する追跡調査と包括的評価は，欧州連合の公開調整手法に従い，独立した専門家の委員会および「加盟国の査読（peer review）」によって行われた。2003年1月に行われた最終総括は，概ね極めて肯定的なものであった。55-59歳年齢層の就業率は，計画実施期間中に51％から63％となった。労働市場から退去する実年齢は，同じ期間中に，1996年の58.2歳から2001年の59.3歳となった。しかし，このような定量的な好結果以上に，本質的に変化したのは定性的なものである。国家計画は労働市場のすべてのアクターの態度を持続的に変化させることに成功した。就労生活の延長は，勤労者にとっても雇用主にとってもより魅力的なものとなったのである。したがってこの国家計画は，大規模な文化的変化への取り組みに成功した。計画は，向老期勤労者を社会にとっての新たな資源とすることによって，就労からの早期退職文化の土台を覆した。その点で計画は，欧州のいたる所で支配的であった，高齢化が何よりもまず社会にとって重い負担であるという見方に逆行したのである。フィンランドは，高齢化した労働力で生産性を上げることは可能であるという証拠を提供した。フィンランドは労働力の顕著な高齢化を経験しながら，グローバル経済の中で競争力を伸ばすことができたのである。

フィンランドがこのような目的に到達できた方法は，同時に教訓をももたらすものである。包括的に，フィンランドは人的資本に大々的に投資し，企業側の労働需要と同じく年配勤労者の供給にも的を絞った。企業は，年配勤労者が大規模な公的社会投資の対象となる限り，有能かつ競争力のある労働力となり得ることに気づいた。ライフサイクルの見地に立ち，それにしたがってキャリア後半期全体を予防策が一括したことも，また同時に計画の成功の重要な要素となっている。2003年以来，フィンランドは，ライフサイクル全体を通じた年齢多様性の管理に意を決して取り組んだのである。

フィンランドの新計画 VETO（2003-2007年）

　この国家5ヵ年計画は，主として45歳以上の雇用に的を絞った第1次計画（1998-2001）の延長である。2003-2007年のVETO計画は，労働生活の魅力を向上させることを目標とし，就労年齢人口全体を対象としている。これは全職業人生にわたる，職場における幸福感，労働能力，機会均等，教育，収入保証，職業行程を通じた柔軟かつ選択可能な移動の促進により，量的にも質的にも十分な労働力を国に確保することである。

　計画の構成は，先の計画と同じモデルをもとに構想されている。計画は，計画のリーダーの役割を果たす社会問題・雇用省および労働省，教育省の3つの省間の緊密な連携を基礎としている。この緊密な連携が先の計画の成功の鍵の一つであった。戦略は同じである。行動は研究開発の大規模な計画に支えられ（計画の全期間中，年に百万ユーロがこのポストに割り当てられる），現場でのネットワークによる仕事を刺激し，開発されたさまざまな行動の間の相乗効果と協調を最大にすることを目指す。

　VETO計画により，フィンランドは極めて明白に，ライフサイクルの見地と職場における世代の刷新を考慮するよう奨励している。重視されるのは，もはやシニアの経験の利点と労働能力を向上させる方法だけではない。今後は，年少者（採用，需要，進化の展望，意欲）に対しても，年長者（魅力あるキャリア後半期の促進，組織と労働条件の調整により健康に配慮し経験を保護，退職への選択可能かつ段階的な移行を構想）に対しても，同様の注意が向けられる。

　公的投資の面でも，現場や企業，行政において展開される諸行動の面でも，職場の世代と需要の多様性は，今後のフィンランドの行動の中心となる。それは，使用可能なすべての人的資源の結集と拡大を基盤に，この国の生産性の進歩に一致して向かうことである。フィンランドのVETO計画の事例は，年長者を引き留め再びやる気にさせることも，年少者を引きつけ離職させないことも，あらゆる年齢で労働能力の維持するための包括的かつ予防的な戦略によるものであることを証明している。この戦略は，職業行程と能力の予測的管理によって，さまざまな年齢に対し最適な職業的展望を提供するものでなければならない。インサイダーとアウトサイダーを対立させる労働市場の二元論と闘い，今日そこから排除されている人々を再び雇用に結集させることを望むならば，あらゆる年齢のための職場における未来を作ることが，重要な要因となる。フィンランドの専門家は，2020年をめどに採択された戦略はGDPを5％増加させる可能性があり，景気の停滞時には侮れないものとなると推定している。

フィンランドの年金改革（2005年）

　フィンランドの一連の公的行動について考察すべきである。年金改革は長い協議を経て2005年に採択された。2001年に着手された改革は，向老期労働者の雇用のための包括的な国家戦略の実施に続くものである。

第6章　早期退職傾向を反転：改革の障害と革新

　2005年発効の年金改革は，国家計画の肯定的な結果を蓄積している。その原則は，システムの拠出能力とその選択による特徴を強めることである。それは，拠出努力と就労努力をより適正に補償するやり方で，就労生活の延長への強力な財政奨励策の創設として現れた。もはや退職基準年齢も，満額年金受給のための保険料納付基準期間もない。退職年齢は63歳から68歳で柔軟になる。62歳前のプレ年金はもはや不可能になる。63歳前の早期退職は月単位で年金額の減額（0.4％）がある。とりわけ，就労延長の長さに応じて，就労延長を奨励するための年金増加率の報償システムが配置された。それと同時に，就労に対するすべての障害が取り除かれた。年金増額率がおのずと語っている。率は次の通りである：18〜52歳で受給年金率は就労年数当り1.5％，52〜62歳で1.9％になり，63〜68歳では4.5％，それ以上では，就労月数につき0.4％の割増ボーナスがつく。配置されたシステムは，就労延長を強力に奨励し自由に選べる退職システムに相当するが，しかし同時に，退職時期の選択に関しては勤労者に大きな裁量を配慮している。にもかかわらず，改革が深めるリスク，退職に対する不平等があると指摘するアナリストらがいる。グルド（Gould, 2006）は，勤労者は55歳から就労維持の努力をするか早期退職の準備をするかの選択をしなければならないことを明らかにしている。勤労者が健康で，仕事を制御し，職業上高い地位にあり，安定した雇用を有しているなら，その勤労者には，就労を継続するという第1の選択をする確かな理由があるからである。

比較研究からの教訓

　提示した2つの事例において，諸改革が現行体系の規定要因をとりわけ傷つけるものではなかったし，早期退職の諸経路を強制的に閉鎖するものでもなかったことは，驚くべきことである。こうした改革は，一次的変更でも，多くは二次的変更でさえなかった。それは，社会保護の公共政策が支配していたパラダイムと目的を完全に変更した。2つの事例で，本書は，集団的施策に基づく社会権に応じた補償形式から，個人の選択を配慮する新たな奨励策への移行を観察した。現行の早期退職措置の魅力が削減され，代替策が勤労者にも雇用主にも提案された。
　実施された変更は，「削減」，すなわち社会権の過小評価には当たらない。変化したのは，社会保護の大陸型レジームの再構成である。大陸型レジームの制度的配置に顕著な特徴は根本的に一新された。
　行われた変更は，2つの異なるレベルに応じて分析できる：1つは，社会保護大陸型レジームの基本原則を再検討するレベル。もう1つは，大陸型レジームの新たな政治的規制のレベルである。
　基本原則の再検討の面では，重要な革新が導入された。システムによって伝統的に優先されていた論理，基本的にリスク修復的な補償論理は，物質的・非物質的サービ

スの供給拡大により均衡を取り戻した。今後は，労働の需要と供給の間の仲介サービスや労働者の適性の再確認，労働者のスキルと被雇用者能力の維持が強化される。要するに，これらの国々は，社会保護の目的と手段の再構成により，雇用を阻む社会保護という，大陸型福祉国家が直面していた主要な課題に取り組むことができる。なぜなら，これらの新たなサービスの提供は，社会保護政策および労働政策，また人的資源の改善政策とを結びつけることを可能としたからである。以来，これらの国々では，社会権と労働市場への再統合の新たな結合が認められる。社会権はもはや雇用を阻むことはなく，社会保護の「活性化」が行われる。

　システムの政治的規制の面では，同じくいくつかの主要な革新が導入された。社会保護はもはや，列挙されたリスクおよび，これらのリスクの補償を始動させる普遍的な規則に従って投入されることはない。新たな調整は，社会保護計画とそれが提供する給付を機能させようとするアクターたち（雇用主と勤労者）の意思における戦略的動機を対象とする。その結果，給付制度の奨励制度への新たな嵌め込みが見受けられる。このことは社会保護の大陸型レジーム内部のアクターたちの働きが根本的に変形したことを意味する。より広い決定の場が個人に与えられた。個人は自分の権利を行使する方法について，今や選択と自由の働きの新たな裁量を手にしている。これらの国々から与えられる寛大な社会的給付は再検討されなくても，社会権が行使される様態は根本的に手直しされた。社会的給付へのアクセスはもはや，今日まで社会保障制度を支配していた基本原理に従い，リスク突発に対する自動的かつ直接の結果とはならない。今後給付の請求は，権利の行使に都合の良い時期に関し，ずっと大幅に個人の決定に基づくこととなる。この決定は実施された社会政策の新たな手段の影響を受けた。新しい社会政策の実施は，もはや給付の受給資格を共同体の定めた規則に依るのではなく，財政的な奨励と抑制のメカニズム機能による選択で提供される。おそらく個人に与えられる新たな裁量こそが，ピアソンによって明らかにされた社会保護施策の強力な非流動（粘着性）の克服を可能としたのであろう。本書は分析を通じ，アクターたちの個別化により広い場を与える社会保護の政治的規制の新たな様式の到来が，思想の役割や社会的学習に負っているものを強調した。

　これに関して，ピアソンが研究業績においてこの点を過小評価したことを指摘できる。おそらく，主に政治学的観点を採用したことで，政治制度とその反動効果に集中し，社会保護制度の内部調整において生じる変化の分析を怠るに至ったのであろう。それと同時に，今日，社会保護の大陸型システムがその中枢となり得る構造的変化を過小評価してしまっている。今日では，これらのシステムが「不動の物体」とは全く別物であることは，本書の事例分析で立証されている。

　本章で行われた確認から，行動のためのいくつかの教訓が引き出せる。フランスのような大陸タイプの国々にとって，50歳以上の労働力率の引き上げが重要課題であることがわかった。オランダとフィンランドの例から，どのような改革の道筋が考えら

れるだろうか。

　第1に，これらの国で用いられた主要な手段は，40歳以上のスキルと被雇用者能力を維持する一貫した積極的介入主義政策であった。そのような政策の実施のみが，40歳以上とその雇用主にとって雇用に新たな地平を開き，早期退職傾向の反転に至ることができた。これらの国は，年金の受給基準をあれこれ動かすよりむしろ，年配勤労者を労働市場に再配置するために，積極的介入主義の強力な政策に着手したのである。その政策が行われた際，年金改革は公的行動の序列においては2番目であった。

　第2に，社会保護のパラダイムの変更は，個人的選択のための場を開くことにより，強固に構築された早期退職の文化からの脱出を可能とした。これに関して，これらの新しい原則は，老齢年金へのアクセスにせよ，リスク補償の別のシステムへのアクセスにせよ，万人のための同一かつ標準的な新規則の構築という形で改革を考えることを禁ずるものであることに注意しよう。

　第3には，改革についてコンセンサスを構築するため，高官たちにより広範に展開される協議と教育の努力を重視する必要がある。フォーラムが果たす基本的役割も，同様に考慮されるべきである。アリーナでの公的決定は，極めて長いプロセスを経てからのみ，ようやく行われる。

　最後に，本書の導く分析結果は，より広い影響力を帯びているように思える。それは，社会保護制度の未来と，取り組まれる改革の道筋についての全体的な問題への取り組みである。

　調査した事例で，実施された革新は，1996年以来エスピン‐アンデルセンが提唱する「社会的投資」を中心とした福祉国家のモデルを想起させずにはおかない。(31)この著者は，脱工業化時代の社会保護の未来は，社会保障制度が証明する適性能力に関するものであり，主に代替所得の必要性に基づき，生涯学習および人的資本保全の保障に関するより幅広い権利を含む，より広いダイナミックな概念に移行するために，社会的権利の狭い概念を放棄する，と考える。彼はまた，福祉国家の思想家たちが，機会均等再配分という目的に到達するため所得代替手段に唯一の重要性を付与したのは過ちであった，と付け加える。彼によれば，労働の供給と需要の間を仲介するメカニズムにさらなる注意を払うべきであったのである。

注

(1) 欧州のフォーラムがこの問題を主要な社会問題とし，公共政策の観点から回答を求める認識母体を作り上げたプロセスの分析を行う必要があろう。特に，いかなるプロセスにより，欧州委員会が1999年から「活力ある高齢化」のスローガンを掲げ，この方向で勧告を頻発したのか。

(2) 当時出版されたいくつかの著作のタイトルが示すとおり，この時代の著作には危機の確認が目立つ。オコナー（O'Connor, 1973），OECD（1981），ロザンヴァロン（Rosanvallon, 1981），オッフェ（Offe, 1984）。

(3) シャルプフとシュミットによりこの問題が扱われた著作の重要な2巻のサブタイトルに，こういった問題提起の動きが反映されている。第1巻：*From vulnerability to competitiveness*，第2巻：*Diverses responses to common challenges*）。

(4) この流派の最新代表作はシャルプフ，シュミット（Scharpf, Schmidt, 2000）；エビングハウス，マノウ（Ebbinghaus, Manow, 2001）；エスピン-アンデルセン（Esping-Andersen, 1999, 2002），ピアソン（Pierson, 2001a），エビングハウス（Ebbinghaus, 2006）。

(5) この問題に関し研究者の間で意見が一致している。シャルプフとシュミット（Scharpf, Schmidt, 2000）；フェレーラ，ヘメリック，ローズ（Ferrera, Hemerijch, Rhodes, 2000）が挙げられる。

(6) 英語の retrenchment を文字通り retranchement と訳した。

(7) ピアソンの原稿のタイトルによる（Pierson, 1998）。

(8) 新制度主義的アプローチは，制度の変化よりも不変性を説明するのに適しているようだとしばしば評された。特にホールとテイラー（Hall, Taylor, 1997）が提案するこの流派の評論誌を参照。

(9) この認知的次元は，高齢化の公共政策に関する著者の研究（1986）の中核をなすものであったし，この研究の中心に存続している（第1章参照）。それは理論的流派として，フランスのジョベールとミュレール，またアメリカのサバティエらの研究によって擁護された。より正確な説明については，このテーマを特集した Revue française de science politique 特別号（2000）を参照されたい。

(10) OECD の報告書（1998）のタイトルによる。

(11) 本書においてはスウェーデンの事例で観察したとおりである（第4章参照）。

(12) たとえば2000年2月にフランスで実施された協定措置CATS（特定給与労働者期限前活動停止制度）のように。

(13) すでにヴィセールとヘメリック（Visser, Hemerijck, 1997）は，「オランダの奇跡」は単に「リフェージング（rephassage）」だけでなく，慣行や政策の根本的な反転に起因するものであると指摘した。

(14) オランダの事例についてはヴィセールおよびヘメリック（Visser, Hemerjck, 1997）の詳説を参照。両者の説によれば，オランダのコーポラティズムのこの新たな段階の出発点を，労働組合と経営者団体が雇用刺激策（労働時間の調整）への取り組みの代わりとして賃金調整に合意した1982年のワッセナー合意としている。社会契約についてはポシェ（Pochet, 1998）を参照。

(15) ヘクロ（Heclo, 1974）によれば，政治的学習は，これらの問題に特化した専門家と高級公務員からなるサークルで行われ，そこで問題が論述され，解決策が練られた。それは，彼が研究の対象としていた2ヵ国の社会計画の実施に重要な役割を果たした。

⒃　この章のスペースでは，この政治的学習のプロセスの進展を詳細に分析することは不可能である。オランダの事例については，ヴィセールとヘメリック（Visser, Hemerijck, 1997），あるいはヴァンダヴィーンら（van der Veen 2000）を参照できる。

⒄　公共政策のフォーラムとアリーナの間の区別についてはジョベール（Jobert, 1995）によるものを取り上げる。アリーナは公的決定についてアクター間で制度的妥協交渉が行われる場であるが，フォーラムは，公的政策のために取るべき方針が考案される，議論と論争の場である。

⒅　本書のオランダの事例についての説明は，同僚であるバート・ドゥブルームと共に数年前から着手している比較研究に多くを負っている。それは次のようなさまざまな枠内における研究である：筆者が監修した共著作（1991），欧州ネットワーク COST A 13（2002年），日本労働研究機構主催の2つの比較セミナー（2000年と2001年）。また，共著したネットワーク研究 COST A 13 の比較の章も参照：ドゥブルーム，ギルマール（De Vroom, Guillemard, 2002）

⒆　6ヵ国の早期退職経路に関する比較分析（1991年）において，筆者はこれらの数多くの複雑な施策が3つの大きなカテゴリーに要約できることを示した。2つの経路では，国は，労働市場からの早期退出を奨励する目的で，既存の社会保護システムのレパートリーを作成し，そのルールを修正したり，機能を変更したりした。それらは主に，失業保険や障害保険から構成された早期退職経路である。制度的経路の第3の類型は，さまざまな早期退職プログラムなどの適切な景気施策の創設から生じたものであった。

⒇　オランダは早期退職のコストを公共機関から経営者へ移転することに成功した大陸欧州唯一の国である

(21)　これらの著者たちが provisions と区別する entitlements を本書では権利 droits と訳し，provisions は給付 prestatios と訳す。これは，entitlements によって開かれる物質的／非物質的な財とサービスである。著者たちはこの区別をダーレンドルフ（Dahrendorf, 1988）より借用。

(22)　たいていの場合，税込給与額の80％で早期退職する年齢を60歳と定めていた。

(23)　年配労働者の職業教育へのアクセスについて，オランダが1999年の時点で欧州において比較的良好な位置を占めていることは，本書第2章の図2-5で確認できる。

(24)　The Lower House of the States General（2000）

(25)　たとえば，企業は最年長の労働者を真っ先に解雇することはできなくなった。

(26)　フィンランドの事例に関する本書の情報は，いくつかの情報源に基づく。まず，欧州ネットワーク COST A 13 内の作業グループ「Ageing and Work」のフィンランド人同僚ライヤ・グルド（Raija Gould）とラウラ・サウラマ（Laura Saurama）に多くを負っている。このグループ（Maltby, 2004 参照）への彼らの貢献は，フィンランドの状況について筆者に深い知識をもたらしてくれた。第2に，筆者がジェラール・コルネ（Gérard Cornet）と共同で年金諮問委員会のために作成した総括は，コルネ（Cornet）が収集した豊富な資料と情報により，フィンランドの事例を掘り下げることを可能とした。ギルマール，コルネ（Guillemard, Cornet, 2001）を参照。COR（年金指針委員会）（2002）の最初の報告書に添付されたこの資料の要約も参照のこと。最後に，筆者はヘルシンキで2003年1月に行われたフィンランド国家計画の最終評価に関する欧州の査読に参加し，以前の訪問で更新できた情報を補完し新たなものとした。

(27)　フィンランドの計画については，英文の結論報告書（Ministry of Social Affairs and

Health, 2002）を参照。
⑵⑻　この点に関する詳細はイルマリネン（Ilmarinen, 2006）を参照。
⑵⑼　2005年-2008年のフィンランドの戦略については，Ministry of Finance（2006）を参照。
⑶⑼　OFCE 参照（2007, p. 212）
⑶⑴　エスピン‐アンデルセン監修著作の最終章参照（Esping-Andersen, 1996, p. 260）。

［訳者注］
（ⅰ）50歳以上の労働者を解雇する場合，失業補償基金への拠出が必要である。

第Ⅲ部

社会生活時間の変革と年金制度の変化

第 7 章
より柔軟なライフコース，社会保護への新たな挑戦

　高齢化と対になった長寿化は，結果として人生の終末期と死の領域を先延ばしにするだけではない。重大な人口変化は人生の"育つ・老いる"の全行程，および人生の年齢の社会的形態を変形させて改編する。それが生き方の時間管理システムに大変動をもたらす。

　労働市場の早期退職現象の広がりが引き起こした就業から引退への移行の変革について，国際比較関連の先行研究で筆者が立証したのは（Guillemard, Van Gunsteren 1991），大規模な早期退職現象によって，年齢行路の終盤でまぎれもない脱制度化が引き起こされたことであった。それは社会生活時間，就労から引退への移行の構造が大規模に変質したことを意味する。それは単純な引退年齢の引き下げ，暦上での非就労への移行の単なる進展に限られたものではない。就労と引退に関する移行のすべて，つまり規定されて，構造化されていたものを砕け散らせたのである。

　本章の目的はライフコースとその時間性の全体に関わる結論を拡げて一般化することである。我々は現在，まさに社会生活時間の変革の最中にある。3段階からなるライフコース，すなわち工業時代の教育・労働・引退という構成区分の堅牢さは失われている。人口構成と社会の変化を受けて，ライフコースは脱標準化して柔軟になっている。

　本章の前半では欧州のデータによる指標と文献を基にして，生き方の時間管理システムに現れた諸変動を，すなわち人生軌道の規範的枠組みで，諸変化から生まれる生涯体験において，その特徴を抽出しながら客観的に分析することに傾注していく。

　後半の関心は，ライフコースにおける社会生活時間の再構成によって生じた結果についてである。とりわけ，個人のライフコースの変貌は，その代わりに変貌を統治して調整し，安全性を充分に整える方法を熟考することが必要となる。

産業社会の3段階の時間性モデルの崩壊

　産業社会で優位を誇ってきた時間的管理システムを吟味してみよう。産業における時間は線状で，細分化され，単一色であった。それは精密に時間測定される労働時間

を中心とする極と，労働の反対に定められた非就労時間の極との2つの対比に基づいている。人生展開での中心的段階である労働の時間は，他の社会生活時間を網羅した基礎の上に立つ主軸の時間となり，そこに他のすべての社会的時間性がリストアップされた。おそらく従属関係の賃金収入がこの労働時間を他の時間に勝る位置にさせて，人生経過の全体で時間を量的に，線状的に，分割可能にさせた。

リスクに対する社会保護の拡大制度は従属的な賃金生活者の地位をまさに補完する形で作られ発展してきたが，労働領域によって推進された行路を年代順に区分して次々と体系化をした。その出現と強化によって，順繰りに人生を教育，労働，引退と区分し，明確には限られてはいない年代を断続化して3つの年齢から成るライフコースの3制度を出現させた。

それ以降，年齢は人生の不可逆的な経過を示す年代順の指標として認められた。それは個人が積み重ねる経験による段階を安定的に区切りをつけて，一つの段階から次の段階への移行を知らせる。こうしたライフコースの年代順化は政策によってなお一層拡大した。公共政策は軌道を統卒する規範体系を仕上げる「年齢の統治機構」として機能する。(1) 人生の中で労働時間が他の時間より勝って支配的であることは，職業経歴の周りに私的人生歴が同時期化されることで説明できる。成人になって就労人生に入ることは人にとって，労働市場への安定した参入と，結婚による家族の形成，それから間もなくの第1子の誕生とが同時期に重なって起きる。

こうした人生の3段階モデルは一家の稼ぎ頭であり，家族の長としての男性たちにとっての標準的な軌道モデル形成でしかないことに留意しなければならない。女性たちは長い間，賃金労働の外部に置かれていたので，家事領域とケア活動に振り向けた別の時制的価値を有している。女性たちの労働分野への参加は補助的なものでしかなかった。それにもかかわらず，とりわけ社会保護制度を通じて年代順に3段階が優勢だった時間を彼女たちは間接的に受け入れてきた。女性たちは社会保護に関して男性賃金生活者の積み重ねられた社会権のおかげで，間接的な権利所有者であった。女性の労働市場参加は年齢と共に歩む女性の伝統的なモデルに再検討を生じさせた。男性モデルよりもずっと大きな時間的柔軟性を維持していたにもかかわらず，3段階の標準的なリズムを課せられていた。しかし今後は，現在進行中の変化によって，男性にも女性にも柔軟性や多時性が強いられ，性の違いによる人生展開の構図は似通ったものになるに違いない。

今日，産業社会固有の構成は，労働，社会保護，人生行路の領域間はバラバラである。その結果，新しい時間的柔軟性および人生の時間の反一致が起きている。(2) この変化は主として生産のフォーディズムの後退と，情報，ネットワークや知識社会の勃興に結びついた労働の変化に起因している。3段階モデルへの再問題化は3つのレベルで見られる。

第1に，キャリアは断片化し，労働生活と職業経路はますます平坦な次元ではなく

なり，それが持続する。必然的に，労働時間の集中化が減少し，不連続化する。就労生活は教育と非就労期間を挟んで中断する。我々は生きている間に，就労と非就労の状態が繰り返されるのを目にする。就労と非就労の組み合わせは複雑で，目印や秩序ある過渡期もなく，人生を通して交替する状態が増えていく。社会生活時間の新しい混乱が見受けられる。

　第2に，社会保護それ自体が強くライフサイクル上の社会生活時間と年齢の3段階分配で確立されているが，それがぐらついている。出現した新しい形の不安定化や雇用の困難さに対応するために，新しい中間的社会プログラムが必要に応じて非常にしばしば実施された（特に，若者の社会的職業的統合，就労生活からの早期退出，雇用復帰契約）。これらのプログラムの特色として，社会保護の一般制度の枠外にあり，同時に直接的に職業活動をもはや条件としない権利が開かれている。こうしたことは開かれた社会権の性質や社会保護の基盤を深く変化させた。それゆえ時として賃金生活者の地位における，雇用と社会保護を結びつける関係に対する問題提起につながった。

　結局，ライフサイクルの3段階編成は，秩序に則り予測可能な経路で続く社会生活時間の組み合わせの仕組みと共に，分解された。序列，年代順，標準化，時間性という，それ自体が特徴を形成しているすべてが解体された。

　こうした大変動は2つの重大な結果につながった。

　第1が規範の確実性の危機である。年齢行路の規範的枠組みがその正当性を失った。ライフコースの脱制度化が観察できる。社会保護制度の規制は年齢による区切りと線状の行路の原則に沿って行われ続けている。規制は常に年齢のような普遍的で単一な種類のものに則っているが，人生の道程は脱標準化されている。昔の規範と現在の現実との隔たりは不確実性の発生源となっており，さらには社会的リスクの補塡や再分配機構の公平性の機能低下ともなっている。しかしながら，規範的枠組みの消去は個人にとっては時間に関する主権の新しい可能性を切り開く肯定的な埋め合わせをもたらす。とはいえ，個人がこの権利を行使できるためには，条件を整えなければならない。

　第2の結果は先の見通しの危機に関係がある。それは新しい人生軌道の不安定性と予測不可能性の結果とともに，主として年齢行路の脱時間性から生じる。時間基準が希薄になり，行程が乱れる。予期の困難さは実施されている社会保護制度に深刻な影響をもたらす。こうした制度には社会給付負担の予測されるリスクを見越す能力が求められるのだが，こうした制度に関して時間性の領域はとりわけ実際上，重要なものである（Lautman, 1996）。社会保護制度の正当性の根本部分はすべての関係者にとって長期の見通しの明白性に基づくのだが，行路の不確実性の高まりにつれて見通しが収縮している。ゆえに予測の危機は福祉国家の正当性の危機を引き起こす。

ライフコースの脱制度化，行路の脱標準化，経験的諸要素にみる国際比較

変化の観察

　ここでは，人生の時間の再構成で生じる変化の客観的要素を集めることに努める。労働の新しいリスクについて，「数理的な比較文献は限られていて，充分とは言えない現存する統計データに頼っている。多くの著述が労働力に関する欧州連合統計局（Eurostat）調査の横断的で均質な指標の活用にとどまっている」とジャン‐クロード・バルビエが書いているように（Barbier, 2008, p. 84），体系的な方法での国際比較研究過程の成果はまだ乏しい。本著では臨時雇用に関する統計類の例証でわかりやすく解説する。雇用の柔軟化の高まりは人々の中の不安定状況の拡大と同一視できるが，国によって臨時職はさまざまであり，取り扱いの普遍化は全くできない。ハインツが記しているように（Heinz, 2001），人生行路のダイナミズムの分析であればあるだけ，各国でパネル調査による縦断的な数理的分析と人生の歩みの最も質的な研究とを結びつけた高い難度の研究戦略が要求されるだろう。この戦略のみがマクロ構造の変化，さまざまな社会保護レジームの制度の変化と個人の人生軌道の変化との関係性を明らかにできるだろう。しかしながら，このような研究作業は体系的な方法ではなおほとんど着手されてはいない。近年多くなったのが人生の見通しという観点で行われる研究で，その主要な最近の比較研究は，ライフサイクルにおける労働時期と非労働時期の配分について志向と実際に関する横断的な比較調査についてであった（Anxo, Boulin, 2006; European Foundation, 2007）。現存の研究成果を拠り所として，最も重要で，より柔軟なライフコースへの移行を明らかにすると思われる変化について総括してみよう。

　いくつか収集した欧州の資料は縦断的な研究ではなく，年齢経過における社会生活時間の配列で生じた変化の性質を単にある一時期を基に横断的に捉えようとしているだけである。本書では社会生活時間について，ロジェ・シューが定義したように（Sue, 1995, p. 29），「社会が特別な重要性を認めた社会的な主要活動を指定して，連結させ，律動的に，組み合わせることで，社会が自ら与えて自ら表現する時間の大きな範疇，あるいは塊である」とする。いくつかの指標を使った国際比較研究によって，ライフコースの時間的展開で，また産業社会の3段階ライフコースからの脱制度化動向という理論を補強しうる社会生活時間の新たな配列を通して，国の枠を超えた基本的な変化が明らかにされるに違いない。その比較によってさらに個人の軌道の脱標準化の動向が客体化され，そしてライフサイクルの社会生活時間の新たな配分に適合しえた社会保護の種々のレジームの方法が見分けられるだろう。

　考慮すべき第1の変化はむろん，労働時間に関係があるものである。重要な量的変

化はそのレベルで観察することができる。しかしながら，重要な変化はもっと質的な性質のもののようである。社会生活時間は断片化して，今や各年齢で混じり合う。個人の人生軌道は教育，労働，非就労，自分のための時間と家族のための時間，これらの間をひっきりなしに往ったり来たりして，点々と区切られる。就労期間と非就労期間が生きている間中に何度か配分し直され，今や不安定で脱標準化された方法で組み合わされる。就労と非就労の時代それ自体が安定性を欠く別々の多様な状態に分解されている。結果として，軌道に現れるモデルを読み取ることはむずかしい。入職と離職が代わる代わるに出現し，失業という過渡的時期で中断される。こうした状態は慢性化する可能性がある。たとえば，パートタイム雇用，あるいは有期雇用の期間。複数の雇用主とか業務指示者をもつ雇用状況。さまざまな非就労状態。補償があったりなかったり。社会生活時間の新しい錯綜は明瞭に図示化することが困難であることが明らかである。人生の3段構成の標準モデルに対して，最も基本的な変化が起きたことを何よりも指摘する必要があるだろう。

　実際の変化に関連する第2の観察点はある年齢から次の年齢への移行に関連するものである。たとえば，労働の世界への入り口で，若者が参入する困難さの高まりとともに，勉強期間の延長や，雇用と教育と失業の間を行き来する新たな交替現象が長引く様子が目に映る。人生の始まりである就職と家族形成の同時期性の崩壊，並びにこの推移の可逆性の増大が，成年になる移行期の脱制度化の動きを証明している。同様に，労働市場からの最終的退出がキャリア末期の脆弱性と共に，年金受給に至るまでの失業，研修，その場しのぎの仕事の脈絡のない交替現象の要因ともなっている。

労働時間の減少と細分化

　労働時間の量的現象が見受けられる。しかし，時間性の真の変革はとりわけ時間の細分化と個人化に起因する。これらの特徴は時間が均質なフォーディスト・レジームの終焉を示していて，時間性のレジームの多様性と脱一致の高まりを生んでいる。

　周知のごとく労働時間と労働生活の国際比較を打ち立てることはむずかしい（Marchand, Thélot, 1997, p.148-153）。実際，仕事時間の特徴は大きな違いがあり，国によって定義が異なっている。その上，確認された隔たりは部分的に構造上の違いに起因している。異なる雇用構造，パートタイム労働の不平等な拡散化などである。しかしながら，非常に長期にわたる，種々の研究調査が一致して労働期間の歴史的な減少を立証している。

① 年間の労働時間の減少

　さまざまな工業生産国で年間の労働時間は著しい減少を経験した。たとえば，マディソン（Maddison, 1995）の研究から生まれた試算では，1870年ごろの年間労働時間は3,000時間をわずかに下回るレベルに達していた。それが1992年になると，パートタイム労働の状況を反映したオランダの1,340時間から，日本の約1,900時間までの範

囲となった。1世紀余りの間に欧州諸国では年間の労働時間がおよそ半分に縮減されたことが記録されたのである。

1960年から直近の期間では，この低下は国によって異なるリズムで続いている。労働の週時間短縮がこの低下の最大の要因であった。さらに最近の欧州では週労働時間の縮小を経験している。1983年と1995年の間に，週労働時間は40時間から38.5時間になった（Bosch, 1999）。

しかしながら，こうした変化では，この20年来起きている職業生活への参入の条件やリズム，並びに退職方法の激変，すなわち若者の労働市場への参入の遅れや早期退職といった激変を充分に捉えることはできない。こうした変化に，年間労働時間の減少に大きな役割を果たしているパートタイム労働部分の発達が加わる。こうした条件の中で，労働時間の最良の変化とは労働生活の長さの変化であろう。

② 労働生活期間の減少

参考として，（平均余命を出すための種々の計算に倣って），労働時間数の余命の変化を挙げるとするならば，長期の期間の低下は，年間労働時間の低下よりもなおもっと高いと言われている。[3] 職業生活平均年数は1896年には118,000時間だったのが，1997年には46,200時間になった（性別2つを合わせて）。結果として，それは1世紀の間に2分の1以下になった（Marchand et alii, 1998）。この変動は男性と女性の間の対照的な変化の結果でもある。つまり就業平均年数は男性にとっては減少したのに対して，女性は1960年以来，労働市場への大量の参加で増加した。同じ研究によれば，1970年初め以来，人生における平均労働時間数は時に増加したが（アメリカ合衆国），より一般的には減少した。若干の減少であったり（イタリア，スウェーデン，日本），より明瞭な減少だったりした（ドイツ，フランス，スペイン）。明瞭に低下した国々では，人生の平均労働時間数は1996年には40,000時間から50,000時間である（DARES, 2000）。

連続する複数世代が行ったライフコースにおける労働時間総数を今日，縦断的見地から考察すれば，職業活動の平均年数は合計ではあまり減らず，1910年生まれの世代にとっては39年であり，1970年生まれでは35.5年である。就業期間の減少は平均余命の伸びによってかなりの部分が埋め合わされ，世代別では職業生活の平均時間は増加した。しかし，もし世代別に人生で実際に働いた年数をもはや対象にするのではなく，異なる複数世代合わせた労働生活に実施した労働時間を考慮にいれてみると，労働時間数が低下する動向が非常に明瞭になる。

20世紀初め（1910年）に生まれた男性にとっては，生涯の実労働時間は83,000時間にのぼった。その数値はそれが50,000時間であった1970年生まれの男性よりも若干多かった。女性の間では，反対に，一生の労働時間は若い世代にとっては，昔の世代と同じ程度か，あるいはそれよりも多い。1910年生まれの女性にとっては，それは38,000時間にのぼっている。ところが1970年生まれの世代の生涯の労働時間数はおそ

第7章　より柔軟なライフコース，社会保護への新たな挑戦

らくはおよそ40,000時間になるだろう。結果として，女性にとっては昔からの労働時間の低下と，世代から世代につれて職業活動は増加したという均衡が生まれていた（Dares, 2000）。

　確かに，労働時間の変化の縦断的な分析は，横断的分析と異なって，進行する変化を一層明確に絞り込むことができる。しかしながら，より難しく，必要なデータがないために，体系的な分析にいたらない。それゆえにこの研究は横断的な性質の資料と合わせて進められることになる。

　人生で仕事に従事した時間に関するOECD (1998) の研究で，ライフサイクルにおいて労働と非就労を区分する方法によって，本当の改革が起きたことが明らかにされた。就業年数は明確に減ったのに，1960年以来，労働市場以外で過ごす平均年数は著しく増加した。OECD研究は就業年数の低下の大きさについて強調している（OCED, 1998, p.120）。OECD加盟のある国に住む1960年の典型的な男性の場合，68年間のうち，50年間は労働に従事し，18年間は就業以外で，主として学校と引退後の短期間での生活であった。同じく1995年の典型的な男性の場合，76歳まで生きたが，生涯の半分だけ，すなわち38年間を仕事に従事した。彼の人生の第2期の部分は教育，失業，そして何よりも老齢年金の制度の下で過ごした。この研究の予測結果から明らかにされたのは，上記のような傾向が続くのならば，2020年ごろには，男性は仕事に従事する時間よりも労働市場以外でより多くの時間を過ごすようになるだろうということである。

　この研究はライフサイクルにおける社会生活時間の配分に介在した次のような変化の確認となるだろう。1960年と1995年とでは，労働従事の後，人生の晩年に，引退して過ごす平均時間は，著しく増加した。男性にとっては，11年間増えたことに気づかされる。この増加は2つの変動に関係していて，一つには平均余命の伸びであり，もう一つは労働生活の短縮である。それと釣り合って，平均就業年数は1960年と1995年の間に著しく減少し，7年間，減った。そして最後に，労働市場への若者の参入年齢は，1960年に比べて，平均5年の遅れであった。この遅れは部分的には学業年数の延長の結果であるが，同時に多くの国では労働市場への若者の参入の困難さに起因する。こうした困難さは学業が終了して労働市場で完全就職するまでの間に非就労と失業の不安定期間があることを浮き彫りにしている。したがって，労働市場への若者の参入は単に遅いだけではなく，かつてよりまた一層不確実になる。その証拠はこの年齢グループの不安定雇用の増加，強いられたパートタイム労働の発達，30歳過ぎてやっと安定雇用へ組み入れられることである。この点では，1970年と今日では大きな相違がある。

　本書で見てきたように，職業人生のもう一つの端で，早すぎる就労中止，早期退職が，今やまれな例外を除いて通例化した。55歳以降の就業は欧州大陸では頻繁ではなくなり，さらには少数となった。欧州大陸，そこで社会保護が雇用に反する役割を演

237

じた。この研究結果への興味は，生涯における労働と非労働の時間配分に，1960年以来，介在してきた激しい変動を浮き彫りにすることにある。明らかに，非労働の比率に比べて，労働生活のこのような比率の短縮は，労働時間を他のあらゆる時間へスライドさせ，他の時間比率を微妙にますます増加させる。結果として，労働生活の短縮は社会生活時間の異種混淆化の道につながる。この研究によって映し出された，中間年齢に就業が集中化する動向は，OECDの多くの国で経験している人口高齢化の状況の中では当然ながら憂慮されることである。唯一の世代だけが労働に従事して，その努力によって，ますます数多くなる非就労世代の生存を成り立たせ，しかもポスト職業人生期間が著しく拡大すると認識された時，年金制度の財政問題が提起される。

そのうえ，この研究と1998年発表のOECDの報告書に基づいて，OECDは「高齢化社会において繁栄を守る」ために，「活力ある高齢化」の原則を推奨した。著者たちによれば，正確に言うならば活力ある高齢化が前提としているのは，「個人が仕事，教育，余暇，身内の世話といった活動の組み合わせによる，ライフサイクル上で自分の社会生活時間を構成できるような，高いレベルの柔軟性」である（p. 84）。年齢行路に沿った3つのモデルを規制し，監督し，制度化する社会保護制度に役立つ年齢の仕切りのような，あらゆる制度的障害を特に取り除きながら，行路の管理を流動化しうる公的改革によって，ライフコースの新たな時間上の柔軟性に，いわば寄り添うことである。

③ 労働時間の質的変化：細分化と個別化

労働時間は単に量的変化を受けただけではなかった。単に時間が短縮されただけではなく，生存中のさらに短いある期間だけに集中された。質が変わった。細分化され，個別化された。

国々の間で労働時間やスケジュールが一層大きく多様化し，さらにそれぞれの国の中で労働する期間がますます相違する様子に気づかされる。労働期間のこの細分化は，生産の産業モデルと，それが契機となった時間性レジームの崩壊に関連していると理解するべきである。安定して長続きする給与労働の従属関係，常勤雇用，果たすべく明示された仕事，終身職業キャリア計画に基づいた，労働形態の形骸化を目にする。標準の時間性，同質な時間の原則さえも危うくされている。同質の規範の消失はさまざまな機会に目にすることができる。勤務時間と労働形式の極端な多様化がそれを証明する。毎日同じ勤務時間を持つ勤労者数や，一週間のうち同じ就業日数は急速に減少した。英国では，労働時間の法的規制はなく，勤め人の10％だけが週40時間労働をする。新しい労働組織形態はそれ自体で，柔軟な労働リズムと勤務時間の方を目指す。つまり「その場にフィットした勤務形式」，脱序列制度，独立した単位での水平的関係性の発達，ネットワーク網組織である。同じように，非典型雇用の新形態が広がった。すなわち有期契約，派遣，独立自営，兼業など。労働時間のこの質的変化を証明するために活用できるさまざまな指標の間で，柔軟な雇用を取り上げよう。この雇用

第7章 より柔軟なライフコース，社会保護への新たな挑戦

表7-1 欧州連合（EU）における柔軟雇用の発達

(EU 1985=100)	柔軟雇用	
	1985	1995
ベルギー	85	93
ドイツ（RFA）	87	98
デンマーク	126	114
ギリシャ	168	132
スペイン	121*	174
フランス	76	107
アイルランド	95	116
イタリア	92	103
ルクセンブルグ	58	57
オランダ	106	162
オーストリア	—	86
ポルトガル	126	117
イギリス連合王国	107	119
フィンランド	88	115
スウェーデン	126*	134
欧州連合（EU 15）	100	115

注：＊資料1987。柔軟雇用：非雇用労働者，パートタイム被雇用者や有期雇用契約労働者。欧州連合（ドイツは，西側）。
出典：Eurostat in (De Grip, Hoevenberg, Willems, 1997, 表1, p.5.).

表7-2 パートタイム労働者の総雇用における比率

	パートタイム雇用の総雇用における比率		
	1995	2000	2005
EU 15カ国	15.8	17.7	20.3
ベルギー	14	18.9	22
デンマーク	21.8	21.3	22.1
ドイツ	16.3	19.4	24
アイルランド	11.6	16.4	
ギリシャ	4.8	4.5	5
スペイン	7.5	7.9	12.4
フランス	15.8	16.7	17.2
イタリア	6.3	8.4	12.8
ルクセンブルグ	8.5	10.4	17.4
オランダ	37.4	41.5	46.1
オーストリア	13.6	16.3	21.1
フィンランド	11.6	12.3	13.7
スウェーデン	20.5	19.5	24.7
イギリス連合王国	24.1	25.2	25.4

出典：Eurostat (EFT, 2006).

タイプにおける労働者数は急速に増えている。

表7-1は1985-1995年の欧州連合EUの中で，柔軟雇用の注目すべき増大が見られたことが示されている。1985年を100とすると，EU 15ヵ国平均は1995年に115である。欧州諸国の中で，スペインは上記2つの年度では121から174に増大して，柔軟雇用のチャンピオンとして位置づけられる。オランダもまた，同じ期間に106から162になった。しかし，後者の場合は，パートタイム労働が臨時雇いよりも多い（De Grip et alii, 1997）。

パートタイムの進展は同時に労働の時間性の多様化をも示している。労働者にとって，それは次第にフルタイムとパートタイムを交互にすることとなった（Bosch, 1999）。表7-2は直近10年間の全雇用におけるパートタイム労働の変化を示している。1970年代末には，デンマーク，スウェーデン，英国を除けば，欧州ではパートタイム労働はほとんど存在していなかったのに対して，直近10年間の欧州では南欧の国々を除いては全雇用におけるパートタイム労働者比率が非常に拡大した。南欧の国々では周知のごとく本書の中で前に見たように，主として若者が関係している，有期契約の非典型雇用に集中した労働の柔軟化が進んだ。2005年のパートタイム労働はオランダでは全労働の46％を占め，英国，スウェーデン，ドイツ，ベルギー，デンマークではおよそ25％であった。

年度制契約，有給休暇貯蓄勘定や教育時間貸付のような新しい労働時間調整方式が労働生活全体を対象として制度化され，それが同時に労働時間の個人化と不均等化を醸成する基にもなった。それらはまたパートタイム労働と常勤労働の交互化を促進する働きもした。その結果，労働時間の構造はますます柔軟化した（Bosch, 1997）。

これらの例は協同の規則と均質な規範の衰退を表している。労働時間は生きている間，細分化し，多様化し，個人化する。周知のごとく労働時間の柔軟化は選択されたり，あるいは強制されたりする。また労働時間の個別化と不均等化は労働時間計画について新しく現れた個人の主権に必ずしも適合しているとはいえない。労働の柔軟化は，国によって，労働時間の質に関して均質な影響をもたらさなかったことが，諸研究によって示された。たとえば，フランスでは労働時間の量的削減と柔軟化は，激しい労働強化につながり，その結果，労働の質を悪化させた。とりわけフランスの生産努力の核となっている世代を代表する中間年齢層にその傾向が集中した。

年齢の混交

労働時間の細分化を超えて，すべての年齢行路におけるさまざまな社会生活時間の錯綜が起きている。産業社会で優位を誇った年齢と社会生活時間の秩序だった継承と時間的一致は不具合となった。労働と非労働という二元的対立は効力はなくなり，2つの社会生活時間は連関性を失った。

労働時間は個人の生活の中心であった。その他の社会生活時間は個人にとっては脇

第7章　より柔軟なライフコース，社会保護への新たな挑戦

表7-3　15-59歳の年齢別研修受給者比率（2002年度）

	15-24歳			25-34歳			35-59歳		
	合計	男性	女性	合計	男性	女性	合計	男性	女性
ベルギー	66.7	65	68.4	10.1	9.6	10.6	5.8	6.2	5.4
デンマーク	72	71.1	73	29.4	27.2	31.5	16	13.8	18.3
ドイツ	69.5	69.4	69.6	14.2	16.2	12.1	3.9	3.6	4.2
ギリシャ	60.2	59.4	61	3.8	3.9	3.7	0.3	0.3	0.3
スペイン	60.7	56.4	65.1	11.1	10.4	11.8	2.5	2.1	2.8
フランス	67.2	65	69.5	6.2	5.8	6.6	1.6	1.3	1.9
イタリア	59.6	57.2	62.2	11.3	10.8	11.9	2.3	2.2	2.3
ルクセンブルグ	69.3	69.7	68.9	11.9	12.3	11.5	6.7	8.4	5
オランダ	71.7	72.9	70.5	24.7	26.9	22.5	14.6	14.5	14.7
オーストリア	60.3	59.7	69.9	14	14.4	13.6	5.8	5.8	5.8
ポルトガル	51.9	47.7	56.1	7.7	6.8	8.7	1.1	0.5	1.5
フィンランド	71.4	69.2	73.6	29.8	28	31.8	17.1	14	20.2
スウェーデン	64.6	62.9	66.4	24.7	23.7	25.6	17	13.3	20.8
英国	61.6	61	62.3	27.2	24.7	29.8	21.2	17.4	25
EU 15	64.1	62.4	65.8	14.6	14.4	14.9	7	6.1	7.9

出典：Eurostat（EFT, 2002）。

にはじかれ，教育時間は労働に就くための準備時間であった。年金は人生の終りに蓄えた休息権の形態で，実行した労苦のための報いを形作っており，死に至る期限までの数年間のつつましやかな幸せを表した[6]。こうして，生きている間は3つの段階に範囲が定まっていて，3つの社会生活時間は線状に整然と予見ができ，つながっていた。

先に検討した労働の新しい柔軟化と個人化の仕組みと同様に，今日，我々は人生行路の柔軟化と個人化を目にする。種々の組み合わせで，労働と自由時間が密接に組み合わされている。自由時間は今や，労働時間内にも入り込んでいて，ライフサイクルの両端に存在するだけではない。教育のための親休暇は欧州のいたるところで実現し，7年ごとのサバティカル研究休暇や就業者の研修時間が発達し，研修休暇または休暇貯蓄口座というような形態の増加が，社会生活時間の新しい混じり合いを示している。年齢の脱特定化につながる，時間の脱一致の高まりが，一連の現象から把握できる。

① すべての年齢で増える非就労時間

労働はしていないが，失業中でもない時間が，ライフサイクルの端の年齢層のみならず，仕事が集中する中間年齢層の中でも増えている。欧州の大半の国において，1970年以来，35-44歳の男性の非就業率は明らかに増えている（表2-11，参照）。就業中の研修の頻度が多くなったのか，あるいはより多くの人が仕事を探すことを止めたか，一時的に労働市場から退出したことを意味している。

② もはや若者の特権ではない教育

教育はもはや最も若い世代に閉じこめられるものではなく，あらゆる年齢層に広がっている。1994年に，英国では高等教育の新登録学生のうち，30歳以上は25％であっ

た。第1学年学生のうち，この年齢層はデンマークやスウェーデンでも上昇した（18%）。

その後，就労生活は研修や再教育期間によってますます中断されるようになった。表7-3が明らかにしていることは，かなりの数の国々，すなわちデンマーク，フィンランド，スウェーデン，英国では，生涯にわたる教育が実践されている。異なる国々の中で，現役年齢で同じく，24-34歳では30%，35-59歳では20%が教育期間中である。

同様に，企業内の継続教育はすべての年齢を対象として発達している。いくつかの国では，中間年齢と45-54歳の就業者の教育はすでに重要視されている。それが55-64歳ではわずかなものとなる（図2-5参照）。たしかに，35歳以下では，全体として常に他の年齢グループよりも就労者研修を享受できる機会に恵まれている。この研修の比率はEU25ヵ国の中で，55-64歳では30%であるのに対して，25-34歳では50%に上る（図2-8，参照）。しかしながら，実習への機会に関する年齢間の差異は多くの加盟国で非常に緩和されていた。中間年齢層の35-44歳と45-54歳のグループの実習参加率は，北欧諸国，およびオーストリアやルクセンブルクの25-34歳の参加率とほとんど同じであったし，これらの年齢層の参加率は80-90%に上っていた（図2-8，参照）。こうした国々では，生涯を通じた実習は，すでに現実のことである。それに引き換え，いくつかの国では，年齢による教育への機会に非常に大きな差がいぜんとしてある。フランスの場合がそれにあたり，25-34歳では61%が研修をうけているのに，55-64歳では32%に過ぎない。

しかしながら，知識社会の状況においては，生涯にわたる教育は絶対的要請となった。それというのも，技術革新のリズムですべての年齢への教育が強いられている。事実，知識と技術の変化によって，労働者の能力のおよそ半分が失われるために"半職業生活"が必要な期間として定められた。この"半職業生活"は1960年代には7～14年であったのが，今日では3～5年の長さに短縮された。こうして，研修投資の減価償却期間は一般的に，企業勤務期間から労働者が望む期間よりずっと少ない。結果として，企業では45歳以上にはもはや研修はさせないと考える。なぜならその年での研修投資は有益性がないし，意味がない，と判断される（Casey, 1998）。

そのうえ，今日の社会では，教育と経済活動との間にますます強くなる関係性が存在する。女性にとっては，この現象は驚くべきものである。女性の就業率は資格のレベルに直結している。たとえば，強力な資格を持つ25～54歳の女性の81%は仕事をしている。しかるに欧州連合15ヵ国で低いレベルの資格しかない女性では，それが48%である（Bosch, 1999）。この事実は年配の勤労者でも同様に実証されている。多様な欧州15ヵ国の50-59歳の就業率は，加盟国が発達させた就労中の研修の努力に強い相関関係がある（図7-1）。

年齢の諸段階は，もはや活動を区分けしたり，単色で表示されるものではない。人生のすべての年齢には多彩な色合いがあることは規則となった。しかし，こうした年

第7章　より柔軟なライフコース，社会保護への新たな挑戦

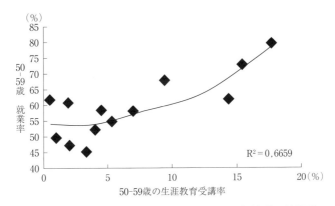

図7-1　50-59歳年齢層の就業率と職場の生涯教育（直前の数週間）：
　　　　（1997年度）欧州連合加盟国

注：EU加盟国の中の13ヵ国。
出典：Eurostat LFS。
　　　上の図は50-59歳年齢層に関する就労中の生涯教育の受講機会と，その年齢層の就業率との相関関係を明らかにしている。50-59歳年齢層の生涯教育受講機会が高いレベルの国においては，その年齢層の就業率は他の国々よりも高い。

齢の脱特殊化は，引退生活までは組み入れられてはいない。見かけでは，引退生活はかつてないほど補償のついた非就労の期間と定められていた。それにもかかわらず，新入りの年金生活者や早期退職者が実践していることについて筆者が実施した調査研究で明らかになったことは，引退者の新しい活動行為の出現であった。それは長い間支配的に通用してきた，隠居者・余暇活動，というような世間からの身の引き方からは程遠いものであった（Guillemard, 1991, 2002）。

③　連帯する引退期の出現

引退で生じた変動は2つの相反する動きを推進させた。第1には，退職後の時間の長さを著しく拡げた。それは労働市場からの繰上げ退職で一層早くから始まっており，大いなる高齢化へと平均余命にもたらされた進歩によって，今や超高齢期になるまで延長された。第2には，退職後の拡大したこの時間の長さの意味が変化した。繰上げ就労停止現象の拡大のせいであったにせよ，拡がった引退後の時間の長さそれゆえにそれ自体が新たな期待を引き受けた。繰上げ就労停止制度によって，働き盛りの世代から残りの人生へと，少なくとも25年間になる残された人生を，性急に完全なる非就労へと追い立てられた。繰上げ就労退職を規定した条件は甚だしく強制的であったことを思い起こそう。当事者には選択の余地はほとんど担保されていなかった。その上，大半の場合，この状況に限定された特典を喪失しないためには，労働市場への復帰を完全にあきらめることが条件づけられていた。それゆえ，退職後の時間はさらにあらゆる商業的な仕事からは排除されたのだが，まさしくその時，自分の長期的時間性の

243

見通しが必要としたのは，残された人生に余暇とバカンスの消費だけが強いられたその状態とはおそらく別のものであった。こうした状況下で，退職者の中に，新しい実践を創り出して，新しい社会的アイデンティティを形作ることを自らに強く求めた人々がいた。

社団アソシアシオン業界は，こうした革新的な行動に対する主要な支援体制を形成した。実際，自分たちの期待に一層合致した，退職生活のための新しい形態を実験している状況で，新しい退職者たちとアソシアシオン界には数多くの類似性がある。アソシアシオンの世界は著しく流動的で，国家や生産関係の外側で主として構築されている。ところで，正確に言うならば，新しい退職者は今後は就労を終えた生活人であるのだが，早期退職あるいは年金の公的制度の受給者としてしか存在証明されないことを拒否する。彼らの望みは，依存を生じさせると言われている不平等な交換に取り込まれないようにすることである。社会への彼らの貢献に釣り合っていない社会的報いを問題視する。というのはこのような不平等な交換が自分たちを非生産者の世界に，非互恵的な世界に突き落とし，社会的周縁性の結果として授給される身にされた，と感じているのである。実際，社会に「扶養されている」ことは社会の許容範囲に抗い難く抑えつけられていることを意味する。労働の社会から離れた，新しい退職者にとっての主要な期待は，アソシアシオンの構造の柔軟性を活用して，最適な方法で自分の主張を発する機会を見つけにゆくことである。その目標は，対人関係を変えること，商業活動の外側で新しい社会的役割を見つけること，不公平な交換に取り込まれないこと，である。アソシアシオンの構造はその多様性を超えて，既存の大きな団体組織の外側で，闘いや期待に関する新しいテーマを受け入れる機能が常にあった。その上，その構造は退職者の活動が再活発化させることができる家族，社会的な相互関係，街，地域といった領域と申し分なく適合しうる。

こうしたあらゆる理由で，1980年代初頭から新しい退職者たちの社会的参加活動の高まりがみられた。CREDOCによれば，退職者のアソシアシオン社会活動はその他の年齢グループに比べて最も速いスピードで発展していった（Chokrane, Hatchuel, 1999）。50歳代のアソシアシオン参加は1979年と1999年の2つの年の間で，30％から44％に高まり，14ポイント上昇した。77-79歳の年齢層でも同様の傾向が見られ，同じ2つの年度でその参加は33％から44％に上った。それ以降，退職者の2人に1人以上が，少なくとも一つのアソシアシオンのメンバーである（Michaudon, 2000）。

このテーマに関する研究が明らかにしたのは（Legrand, 1987; Rozenkier, 1986; Guillemard, 1991; Viriot-Durandal, 1999），退職者のアソシアシオン参加活動は単にその水準が変わっただけではなく，その質を変えた。その後，認定社会的有益・認定経済的有益アソシアシオン活動に力が注がれた。直近の10年間に，非常に多くのこのタイプのアソシアシオンが創設され，退職者たちによって先導されている。それらは地域で，全国で，欧州で，あるいは国際レベルで，組織されている。

その後,退職者の時間は,明白な意義を示す少数派として,ボランティアの時間になった。こうした革新的な行動は,退職者の新しい実践,さらにはそれを超えた,人生の年齢行路を一新した考え方の証明として出現した。

筆者が出会った退職者たち,その多数がニュー・ボランティアであり,彼らはその行動と発言で,退職者の伝統的なモデル,生産や労働に捧げた人生の第2年齢に続いて,ただ単に消費者である第3年齢の有閑さに異議申し立てをしている。彼らはもっぱら余暇に振り向けられ,最も肝心な関心事が時間を「うめる」ことになるような第3年齢時間の原則を拒否する。彼らは社会的アクターであり,完全なる公民の役割に立ち戻れるように,社会的に役に立ち活動的であり続けることを望む。

市場労働をした後,彼らは自由労働に打ち込んだ。それゆえ暇な退職者とは違う「連帯する引退期」として新しい退職後のモデルを表現した。というのは彼らは単一色系であることを拒否する。我々が目にする現役時代の人々の方法を範としつつ,社会生活時間を入り交ぜるだけでなく,各年齢を唯一の機能と一つの時期に区分するあらゆる差別化を拒否する。連帯する退職期は多色系であることを主張し,ボランティアの仕事,余暇,家族,街といった多岐にわたることに身を投じることを要求する。(9) 彼らが努めて明示していることは,退職していることは自分の人生の楽しみの時とか,企業や行政のために役立つ時なのでなく,共同体社会のあらゆるところで自分たちの能力を活用する時なのであり,それが翻って「なおも生きている」ことになる。

「連帯する退職者」のこうした新しい姿は,年齢行路における社会生活時間の3配分を直接的に再び検討対象とする。彼らは教育,(自由な)労働,余暇の間の強い関連づけを要求し,あらゆる年齢差別と闘い,彼らの脱専門性を主張する。世代間活動への配慮から脱専門性はしばしば言及されている。こうした事象は連帯する退職期と「第3年齢」の事象とを切り離す距離の反映である。「第3年齢」はその名称を冠した,差別化された施設やクラブが好まれていた。(10)

連帯する引退期の出現で,退職はもはや労働を終えた人生の年齢ではない。引退期は商業活動が自由活動に席を譲る年齢の出現となる。社会生活時間の複雑な交錯は人生の3番目の時期のための規律にもなった。

結論として,ライフコース全体を通して観察できる,社会生活時間の複雑な交錯は,人生経過の3構成で支配的であった時間の同時性を毀損させた。今日,時間の脱一致が目撃される。たとえば,人生の始まりで,労働市場,自立した居住,家族形成への道は,予定表によって自ら決めて実行し,ますます同時性を脱している。一部の著者は成人年齢と青春期との間にある隔たりについて,その間に人生の新しい年齢があると解釈した(Galland, 1990)。さまざまな分野で成人生活へ入ることを遅らせるモラトリアム期間のことである。それに類似した推論によって,ライフサイクルのもう一つの端について,ゴーリエが完全な職業キャリアと老齢期との間に挟まれている人生の新しい年齢について言及している(Gaullier, 1999)。それは「年寄りではないが,

職業上は年のいった」50-70歳を指している。ゴーリエはますます早まる就労完全停止の暦と，ますます遅くなる年金制度への受給開始との間に存在する新しい隔たりについて，こうした方法での解釈を試みる。しかし，このようなアプローチでは発生した時間性の変化についてきわめて部分的にしか理解できないと気づかされた。過渡期の単純な伸びの仮説にすぎない。このようなアプローチは人生の年齢の秩序だった継続の基本を保っており，人生における成人年齢は安定して永続する地位に定められた基幹年齢に留まる，とする。さて，正確に言えば，年齢の増加以上に，我々が直面しているのは，年齢の混交なのである。新しい時間性の柔軟化は標準的なライフコースからの脱制度化を生んだ。同時に，雇用，教育，家庭生活，余暇といった一連のことが順序の定めなく，組み合わされる。社会生活時間の間の境界は相互浸透可能となった。年齢行路の同時性の後退も同時に目撃できる。年齢閾の適正性が再問題と認識され，それと共に人が辿ってきた軌道の規範的枠が根底から覆される。

年齢閾の平滑化

一つの年齢からもう一つの年齢へ推移する特質の変貌を検討していこう。年齢の混交は一つの社会生活時間に特有な人生過程の序列化され秩序だった配列に大変動をもたらす。その結果，再検討されるのは，異なる年齢間の明確な推移の原則，および一つの安定した地位からもう一つのそれへの移行の時を示す時間上の目印を形づくる年代順の年齢閾の役割である。伝統的な生涯史の激変について，「不安定な」新しい家族の分析の中で，ルイ・ルーセルが以下のように表した（Roussel, 1989, p. 224）。

「閾は2つの機能を持っていた。現代では，閾は他の状況の閾とは両立しない。過去では，閾は不可逆的な境目を示した。つまり閾は，前のそれと異なる，いわば最終的な，新しい状況でそれを越える閾を取り入れた。ところが今日見て取れるのは，このような閾の漸進的な平滑化である」。

同様に，閾の平滑化は，推移や経路の可逆性と両立する。生きていく状況はもはや定まった地位と地位の間で明確に仕切られる推移，整然と秩序だった行程によってはっきり区分けされることはできない。生涯の記録は一層偶発的になる（Heinz, 2001）。観察できるのは部分的な通過点であり，それは不確かな地位の方へ舞い戻るかもしれない。今日では40歳か50歳で再び家庭を持ったり，遅くなってから親の体験をしたり，40歳で新しい教育をうけたり，40歳代で長期失業の身になったり，離婚や失業を機に35歳で親の家に舞い戻ったりする姿を見ることは珍しいことではない。生体拝受，兵役，結婚，引退門出式のような，一つの年齢からもう一つへの通過儀礼の消滅が見受けられるのは，年齢の敷居の削除のもう一つの指標の形である。それはライフコースの集団規制の弱体化と，それと共に生涯記録の軌道の個人化の証拠である。今後，与えられた一つの年齢で非常に多様な状況が関係しうる。年齢はもはやライフサイクルの行路の適切な指標ではない。

第7章　より柔軟なライフコース，社会保護への新たな挑戦

複雑で不確かな生涯史

　社会生活時間の新しい複雑な交錯や，職業，家庭，教育上の種々の予定プログラムの脱同時化によって，伝統的な人生推移の3構成の配列にはもはや合致しない伝記的道程が生まれている。

　伝記的軌道は各人にとって複雑になり，一人ひとりで非常に異なっている。脱制度化で，ライフコースの規準形成は後退して，必然的に個人的軌道の脱標準化が伴う。結果として，個人的軌道は予見したり洞察したりすることが難しくなる。個人は多様で不確かな軌道に直面する。しかしながら，指摘しておくべきは，生涯史に関して個人間の相違は増大しても，それは年齢行路の3モデルのすべてを放棄することにはならないということである。たとえ新しい生涯史モデルが出現し，続く世代の中でそうなるにしても，伝統的なモデルを採った行程が存続しているのも目にする。

　個人は規準化の危機と予見の危機という，2つの危機にさらされている。その引き換えに，個人の人生道程を調整し折り合いをつけるいくらかの裁量の幅を，たとえ手中にすることができたとしても，こうした危機があるということがわかった。

柔軟な時間性での安全性の担保

新しい危機，安全への新しいニーズ

　人生行路の新しい柔軟化は個人の軌道に一層の多様性を引き起こし，さらには混沌とした予見不能な道程，新しい社会的危機の出現をもたらす。

　労働人生は学校を卒業してから，引退するまで行われる一本調子の，均質なモデルのままではもはやない。就労はさらに不連続になる。就労はすべての年齢にかかわる非就労期間につながっている。しかしながら，職業領域の改編はとりわけ一方では労働市場へ不安定に出遅れて入職した若者，他方では本著の中でキャリアの終りの虚弱化を注視してきた年配勤労者に関係していた。それはとりわけ情報とノウハウの新しい社会における知識の急速な陳腐化と，労働の内部市場での不安定化の反映であった（第2章）。

　実際，年齢行路におけるリスクの特性の根本的な変化を確認できる。ところで，労働の新しい形態と，ライフコースの時間上の柔軟性の出現は，社会保護制度の同様の変化に釣り合っていない。リストアップされたリスクと，関連する社会権を伴った，社会保護制度の現在の体系は，年齢行路の3構成に沿って密接に構築されたままである。結果として現れたリスクの新しい特性を償うことができない。社会保護の厳格な手段と，より柔軟になった年齢行路に関連して，安心を求める新しいニーズとがますます乖離していく状況を目にする。新しいニーズは知識や能力の急速な陳腐化に対する保護，流動性，現役生活を通して多様な転職，非就労期間の補償を必要とする。非就労期間はこれまで見てきたようにすべての年齢に関係があり，その補償は現役生活

の終りに年金の形で蓄積されるものだけではもはやない。

周知のごとく，ライフコースの3つのモデルは，雇用の安全とリスクに対する広義の保護と引き換えに被用者の従属性を根拠につくられた（Castel, 1995; Supiot, 1999）。そういうわけで，第二次世界大戦後，拡大した社会保護制度が，充分に完成された形態で，実施され，従属的な雇用の地位と連結することが重要であった。このモデルは産業界の大企業とその被用者のニーズによく合っていたが，今日では数多くの労働状況があり，この基準にはもはや対応してはいない。保護対従属の連結は，企業の現在のニーズと人材管理の新たな方法とにしっくり合っていない。こうした管理方法では今では，従業員の自律性や責任が高く評価される。目的と企画で人々を統治するが，彼らの従属性にはあまり関心をもたない（Boltanski, Chiapello, 1999）。こうして，従業員にもっと自由を与える用意はあるが，それと引き換えに求めるのは責任であり，従業員の安全性への保障は乏しい。

そういうわけで，「雇用を超えて」と，スピオが示したように，労働者の安全性を今後は考えなければならない。問題はもはや単に予測できる生存リスクに実際に備えるだけではなく，当事者がその新しい責任と自由を担える具体的な方法を保障することである。

社会保護の配置構造改編

ライフコースが新しい柔軟な体制に進展する状況の中で，それゆえに，社会保護と安全の概念は，配置構造改編されなければならない。

リスクの補償から，軌道の安全確保へ

1992年からエワルド（Ewald）が力説したのは，19世紀が過失と責任が際立った時代であったその後で，社会保護の中心パラダイムとして，安全の時代，リスクの社会的補償と連帯の時代に我々は入った，と彼の目に映ったという事実である。それは20世紀の我々の福祉国家の基本であり，彼の主要著書『福祉国家』（Ewald, 1986）の中でその出現を分析した。

この観点から，主要な目的は，「古い」福祉国家の場合でのように，責任の社会化によって，雇用の安定性やリスク補償を保障することではもはやない。今後，必要なことは，現在では個別化し，不確かである軌道の安定化を確かなものにし，持続力を与え，自律と流動性のための支援をすることである。

こうした新しい視野で，直近10年間の間に，さまざまな社会保護の配置構造改編の素案が以下のような言葉で提案された。「社会的投資」（Esping-Andersen, 1996），「社会的引き出し権」（Supiot, 1999），「遺産贈与を基盤とした社会保護」（*asset-based welfare*），「過渡的労働市場」，あるいは「フレキシキュリティ」，というような表現

で示されたすべての提案は，工業時代の社会保護を基盤としたパラダイムの改訂を提案することを目的としていた。それらはエワルドの表現によれば，「不確かさに対する最適な管理」を明確に定義するためであった（Ewald, 1992, p.21）。解決策の概要は社会保護の部分的改革や景気情勢に合わせた調整には敢然と背を向けることであり，社会保護の構造自体を検討し直すことである。それは社会的国家の新たな姿を示唆しており，こうした国家は積極的で予防的な投資家にならなければならない。

　この観点から，リスクの補償は，もはや社会保護によって担われている諸機能の中の一つの機能を形成しているにすぎない。就労と非就労が交互にくる変りやすい状態が増加していくにもかかわらず，何よりも社会保護はこうした個人に継続性を保障しつつ，個人の自律を推進して支えていかなければならない。それゆえ，生涯を通しての人々の職業能力や雇われる能力の維持は今後，中心的位置を占め，新しく保障されるものでなければならない。それはまさにエスピン－アンデルセンが進展させた「社会的投資」の方向である。彼の考えによれば，機会の平等の目的は今後，収入の維持や再配分の仕掛けを配慮することではなく，優先的に新しい方法で表される。こうした方法は，生涯を通して教育を受けたり，資格取得ができる権利や，人材の発展を保障する方に充てられるだろう。これらの保障は最も欠損のある人たちでもある一定程度の能力を身につけることができるようになるだろう。しかしながら，「社会的投資」という表現は不明確なままである。社会保護の主要な支柱である国，市場，企業，個人，家族を調整して再組み合わせする新しいやり方について，何も語ってはいない。

投資家である，活力ある社会的国家という新たな姿

　社会保護の配置構造改編計画は，出発点で社会保護の自由主義モデルか，あるいはより社会主義的モデルである社会民主主義的か大陸型の社会保護を採るかによって，異なる道の方に向かうようである。2000年にリスボンで開催された欧州サミットは次の10年間のための戦略を決めるのに，社会的投資から部分的に着想を得たのだが，その方法は多様であり，それゆえに実施された社会的投資国家の新しい姿は，この戦略と対照的であったことに気づかされる。新しい知識経済の文脈の中で，欧州で長続きする新しい成長モデルを建設することが目的であった。戦略は質の高い雇用で，長期の発展と人材を当てにしていた。またひとたび不意に襲われるリスクの補償にとどまることなく，すべての年齢での雇用能力の強化に心を砕き，より予防的で活力ある社会保護に賭けていた。

　総括の時であった2010年にわかったことは，北欧の国々だけがリスボンで定めた目的に近づいていた。これらの国々は高い水準の経済成長を維持しながら，個人が辿る軌道の安全性を保障しつつ，社会的不平等を軽減しながらもすべての人々への雇用を発展させていた。北欧のこうした新しいモデルはフレキシキュリティと言い表され，そこでは労働により大きな柔軟性があり，同時に柔軟にして予防的になった社会保護

制度が随伴されている。

　欧州や世界のほかのところでも，社会的投資の戦略が実施され，著しく異なる結果を生んでいた。大部分の場合，個人の安全性を保障するやり方については，はっきりとした前進は具現化されていなかった。ジェンソン（Jenson, 2010）は対照的なこの現実は，社会的投資の概念の曖昧さそれ自体ゆえからであると説明した。ジェンソンはさらに，社会的投資国家という定型句が成功したのは，多様な解釈ができるからである，とも述べた。さらに，工業生産時代に成長と雇用のために社会政策でニーズを援助する重要性を示して世に認められたケインズ経済学の方法を使って，社会的投資の概念は見通しを逆転させることができる，とも主張した。たしかに，ジェンソンが強調したのは，社会保護の供給の対象設定，そこから引き出しうる成長と雇用のための投資からのリターンであった。このようにして，知識社会時代において，大転換で成長と社会保護の発展を両立させることができるだろう。というのは社会保護は代償のない単なるコストとはもはや考えられてはいない。したがって，新しいこの展望がきわめて対照的な解釈を引き起こしたことは理解できる。この考えを理論化し，実践適用したギデンズ（Giddens, 1998）の方法は，トニー・ブレアの新労働党政府の一環として策定されたようだが，それは社会的投資の用語によるアプローチのデンマーク，またはスウェーデンの解釈とはあまり多くの類縁性を保持してはいない。

　社会保護の「活性化」で，雇用に有利な社会保護を目的としたバルビエ（Barbier, 2002）の研究はその証言である。著者は欧州にある2つの両極のモデルを観察する。自由主義と社会民主主義の傾向である。その実践と結果において2つはすべて見分けられる。勤労福祉制度（*workfare*）というアメリカの自由主義伝統の一環である前者においては，現状の労働市場でできるだけ早い復職に的を絞った援助を失業者に提供する。この活性化プログラムでは，受給者が復職の要請に応じなければ，即刻ペナルティを課すケースも含まれている。普遍的社会民主主義型の後者においては，稼働所得の代替援助やさまざまな社会サービスを含んだ，幅広い給付が失業者に保障されており，労働市場，または支援雇用に復帰するまで失業者はこれらの援助の権利保持者でもある。

　これらの研究成果に則れば，社会的投資の展望から着想を得た，社会保護の配置構造改編における，異なる2つの方策がともかくはっきりと見えてきたことも確認することができる。一方では，資産を持つ個人の基金という方式（*asset-based welfare*）で個人とその責任に中心の地位を与える。こうした方式は個人の軌道を安全にするために使える資産を備えている。もう一つの，国際的援助給付制度，過渡的な市場，またはフレキシキュリティというような方式では，共同体の規制や，国を含めたさまざまなアクター間の調整を重んじる。こちらの方式では上記の手段を個人の軌道を安全化する措置の中心に据える。

　資産を持つ個人の基金による安全化（*asset-based welfare*）。この方式は，「英国の

第三の道⁽¹⁵⁾」のシンクタンクのメンバー，およびカナダやオーストラリアの研究者によって再び取り上げられる前に，アメリカの進歩主義左派の知識人によって練り上げられ，試された。

この解決法を主張し説明した初期の著作の一つが『ステークホルダー社会』（Yale University Press, 1999）であった。この著者，アッカーマン（Ackerman）とアルストット（Alstott）（政治学と法学の，大学人の2人）が主張する考えは，反貧困と機会の平等の闘いは「株主社会」の確立を経由して行われるもので，「株主社会」では一人一人が子ども時代から，いわば前世代によって積み上げられた資産部分を示す遺産を享受する。同著者によれば，それにより民主的で，より生産的で，より自由な社会を樹立しえるのである。

この方式では，社会的国家と公共政策の役割は，あらゆる性質のある程度の資本を得られるように，個人を助けたり，供与したりするために，予防的な仕方で，市場の川上で働きかけることである。あらゆる性質の資本とは，たとえば，財政上，不動産関係の，また教育や研修のような人的な，そして市場で再資格を与えるための社会的なものを指す。このような資本は個人勘定に蓄積される。個人勘定は国によって直接的に豊かにしたり，また種々の優遇策（特に税制で）によって，個人に貯蓄するよう仕向けたり，企業には従業員の勘定を豊かにするように奨励したり，さまざまな公的機構によって間接的に豊かにすることができるだろう。この方法の信奉者は個人の人生の自立，自律，選択を促進できる個人の能力を強調する。この方法は個人が自身の未来を形作り，自身のキャリアと人生を創る起業家になることを可能にする。それはアメリカ人が"エンパワーメント"の概念で指し示すものである。

この方式は古典的な福祉国家を社会的国家に取って替える。後者では予防的に資産を有する個人に恵まれており，それらの個人はあらゆる資産を拡大させ，おのれの人生のアクターになるための自由な裁量を持っている。前者の古典的な福祉国家では，リスクが現実に起きたり，貧困状態になった時にのみ治癒的措置で介入する。後者は予防的である。後者の共鳴者たちは"株主"の社会（*Stakeholder society*）（Ackerman, Alstott, 1999）という概念，または加えて資産基盤の社会的国家（*asset-based welfare*），（Paxton, Regan, 2001；Regan, 2001）の概念を主張する。彼らによれば，所得移転で面倒をみる人たちの受動性と依存性を維持するのではなく，公的社会福祉の新しいモデルは責任と行動を奨励する。その意味で，社会的国家の新しい姿について，より批判的なアメリカ人アナリストは授権賦与国家，まさしく，"能力を強化する国家"と呼んだ（Gilbert, 2002）。彼の支持者たちによれば，この新しい社会的国家は戦後の"旧福祉国家"を刷新するために適切な解決を図れるだろう。この社会的国家に関連する新しい手段が，労働市場の変化に伴って起きている社会的リスクにも，不可欠な新しい柔軟性と流動性にも対応できるだろう。このモデルはしたがって人生経路の多様性の増大を考慮しうるだろう。

資産を基盤にした社会的国家はより自由で責任感のある労働者の安全への新たなニーズにきちんと合った答えを供し，人生行路を個別化しうる。労働者は自ら選択して，おのれの人材形成や，企業に投資することができる。あるいは仕事を替えたり，子どもが誕生したり，転居するなど，人生のさまざまな推移の展開に立ち向かうこともできる。

しかしながら，このモデルは潜在的な限界を呈する。その限界とは個人の責任と社会権との間で満足のゆくバランスが取れる公共政策の実施の困難さに起因する。危険なことは実際，個人の選択と人生計画においておのれ自身に委ねられたままになることである。この新しいリスクはオスターマン（Osterman）によって，"おのれ自身で操る落下傘装備戦略"という暗喩表現で公然と非難された（Gautié, 2004 によって引用された，Osterman, 1999）。ゴーティエは教育についてそれを示す。「勤労者が誰もが，長期計画を立てて，理性的に責任感ある個人としておのれ自身で体現する能力を同じように持っているわけではない」（Gautié, 2002）。たとえば，フランスでは，研修の自発性について，研修への欲求を持つという認識それ自体では，単純工と一般事務職の方は，幹部職に比べて大変希薄である。ゆえに他のアクターが研修戦略に参加できるように，共同体が調整しない場合には，このような認識の不均衡は，不充分で不適切な人材育成投資になってしまうかもしれない。

過渡的労働市場

このモデルはドイツのギュンター・シュミット（Günther Schmid）の周辺で構想され，1990年代末以来，欧州で推進された。前述のモデルが自由で責任感のある個人を態勢の中心に位置づけたのに対して，この過渡的市場モデルは職業生活に今や次々と起きる就労と非就労のさまざまな状態での移動に随伴して，構造化することができる調整，および働く者の社会権に優先的位置を与える。というのは，"過渡的市場"と呼ばれる諸状態の間を橋渡しする労使協議や組織的な調整が主な対象であるからである。

原則は，労働だけではなく，このような過渡期も報われることである。この目的で，就労と非就労が交互に来て移行する地位の間を，絶え間なく往復して，不連続になる職業軌道に安全性と継続性を与えるためには，労働市場と社会保護の改革が，その両方の効果を合わせるような方法で，行われることになるだろう。こうした展望に立てば，失業保険は被雇用者能力保険に変革しなければならない。それはもはや失業の補償によって収入を維持するだけに甘んじてはならず，雇用への回帰と，収入を得られる個人の能力を発達させることが求められる。さらに，雇用や社会的身分が変化する場合の安全性を担保するためには，流動性保険が創られる。こうした目的の業務で，雇用と社会保護の政策について国の種々な努力を組み合わせ，特に地域においては，さまざまなアクターが連携することを目指して，大規模な組織化が実施される。

フレキシキュリティ

　この方式は，オランダで考案され，デンマークで発展し，欧州の社会的モデルの現代化の要素として欧州委員会によって奨励された，下記の4つの構成要素の組み合わせである。柔軟性と安全性をつなげた労働権，生涯を通じた学習，労働市場の積極的な政策，雇用に有利になる予防的で柔軟な社会保護システムの戦略である。フレキシキュリティは，人々に高いレベルの社会保護を保障し続けながらも，グローバル化した知識経済の中で経済組織の柔軟性を確保することができる。

　このようにフレキシキュリティは，この経済に好都合な新しい賃金関係の基礎を築く。工業時代の賃金関係がしたような，勤労者の従属関係をリスクに対する広義の保護に引き換えるのではなくて，新しい賃金関係は労働者を一層柔軟にして，安全化を図る。確かに，労働者は雇用の中でさらに保護を，とりわけ解雇に対する保護を得ている。川上では，雇われる能力を維持するために必要な支えを，川下では質の高い雇用への回帰に不可欠な支援を利用することが保障されている。このような条件の中では，流動性はもはやリスクではなく，それは職業上の進展の機会になる。

社会的引き出し権

　さまざまな種類の「社会的引き出し権」を創設することを目指したアラン・スピオ (Supiot, 1999) の提案は，同じ系統の思考に属する。諸権利は個人に結びついていて，労働の状況につながっているものではもはやない，という枠組みでの新しい手段の構築である。これらの権利は現在と過去の雇用の地位で条件づけられるものではなく，リスクに対する唯一の埋め合わせを表すものではもはやない。雇用の縛りがほどけ，以前に築いた債権を示しており，一つの会社から他の会社へ持ち運びが可能である。これらの権利の履行は名義人の自由な決定に依り，リスクの不意の発生によるものではない。補償された無業の任意の期間に，債権取得が認められる。この新しい方法での社会保護構想によるいくつかの部分は既に存在している。例えば，貯蓄時間口座，教育時間融資，失業者・起業家支援，親休暇，研修または教育の個人休暇など。

より柔軟で，より選択的な安全性

　上記に挙げた社会保護の配置構造のすべての場合，目的は類似している。職業行路はより不確かになって，人生軌道が直線性や規定の移行を喪失した。そのような世界の中で軌道の継続性を保障しうる，より柔軟で，より選択的な安全性を実現するためである。市場での競争の敗者に補償をするよりも，個人を支援して力をつけさせることを目指した，予防的な社会的投資戦略は，すべての場合で優位に位置づけられている。

　しかしながら，推奨された解決法は異なる。資産による社会的国家の場合では，共同資金調達を請け負う公的措置を通して，個人は種々の資産をそれぞれ貯えるが，そ

れを活用したり，利益を引き出す唯一の責任者はその個人である。過渡的市場，フレキシキュリティあるいは社会的引き出し権の論理的必然としては，個人別口座の形成のための共同資金調達の制度化のみならず，その使用は種々のアクターによる共同責任となる。

しかし，2番目の方式の場合，これらのモデルが促進したい積極的な安全の装置で，たとえ全くの調整不足ゆえに失敗したのだとしても，雇用と社会保護がまとめて含まれる，一種の継続・変化・参加を包含する組織化では，すべてのアクターたちの調整は実施が極めて複雑であることが明らかになるかもしれない。

本章では，柔軟にして脱標準化した，ライフコースの時間性の変化を概略して，大づかみに示す試みをした。このアプローチは，工業化以降の時代の社会保護の配置構造改編を確立できる新しいパラダイムに注意を払うことができた。行程や軌道というダイナミックな概念は，柔軟な時間性の一環として，より流動する労働者の安全性を考える上で中心となった。社会保護の未来は，「ライフコースの政策」として今日ますます示されることが多くなったことに今や則っている。社会的国家はあらゆる年齢に向けた，治癒的よりもっと予防的な政策の周りで自ら立て直しをしなければならないだろう。こうした政策はあらゆる年齢行路に沿って，個人の能力（健康，被雇用者能力，資格）を維持し，人生にさまざまな彩りをつけるたくさんの移行を安全化することを目的とするだろう。この新しい概念は，上述して喚起した社会保護の配置構造改編モデルのまさに核心にある。今や，ライフコースの政策が，工業化の"旧い"社会的国家の構築物を現代化して適合化させるための主要な手段を形成している。[18]

注
(1) ギルマール（Guillemard, 2015）と本書第3章参照。
(2) この社会生活時間の反一致は新しい政策的調整の必要性の喫緊課題とされている。その重要性の証拠として家族生活と職業生活の両立が全欧州の政策として承認されている。
(3) 異なる概念に対して正確さを期するためにDares（2000）参照。「職業生活余命」は与えられたある時期に検討された人口に関する横断的なアプローチにつながる。これに対して用語「職業生活寿命」は，著者たちによれば，労働生活期間の変化を連続して続く複数世代について追跡できる縦断的な見通しの参照となる。
(4) フランスでは，Cereq（2007）の世代調査が，学校教育卒業から就業が安定するまで平均して8年以上かかったことを明らかにした。
(5) これがまさに1998年のOECD報告書の表題である。
(6) フランスでは，1945年に社会保障制度が創設され，満額年金受給開始年齢は65歳と定められ，平均寿命は男性で67歳であった。60歳での平均余命は15年を超えてはいなかった。それが今日では25年近くになっている。
(7) この2つの領域の交差によるアソシアシオンの文化を主に定義しているメール（Mehl, 1982）を特に参照。
(8) 退職者および早期退職者を対象にした全国規模の認定経済的有益アソシアシオンの中

　　　　　　　　　　　　　　　　　　　　　　　第7章　より柔軟なライフコース，社会保護への新たな挑戦

　　で，以下を列挙：Entente des générations pour l'emploi et l'entreprise（EGEE, née en 1979）; Échanges et consultations techniques internationaux（ECTI, 1975）; Association générale des in-tervenants retraités（AGIR, 1983）．認定社会的有益アソシアシオン：Solidarités nouvelles face au chômage（née en 1974）et une multiplicité d'actions locales auprès des missions locales pour l'emploi, des organismes de formation ou d'alphabétisation, etc.
(9)　新しい退職者に関する最近のエッセーでは，こうした行動の変化に着目して，異なる言葉を使って彼らを描いているのに気づかされる．ヴィモン（Vimont, 2001）は，「新しい第3年齢は，就労から非就労への，無限のニュアンスを持った"虹色の社会"を構成する」．ロシュフォール（Rochefort, 2000）は，「社会組織の中に退職者を組み入れることを気遣い，穏やかさを保った"多世代社会"」を観察する．
(10)　第3年齢の施設の社会的使用と頻度については拙書を参照（Guillemard, 1980）．
(11)　この点について，マンジェの示唆に富む著書（Menger, 2002）を参照．芸術の仕事に関する変貌に基づいて，労働の変貌を分析している．彼によれば，あらゆる賃金生活者にとって，変貌は作動している進展を予示している．
(12)　欧州における労働の変化と労働権の未来に関する1999年の彼の報告書は，まさにその題名の通りである．
(13)　エスピン－アンデルセンがコーディネートし，2001年9月に欧州連合EUのベルギー人議長に提出した社会福祉の欧州に関する最新報告書は，『欧州についての新しい社会福祉の構造とは？』（2002）という題名であった．
(14)　社会的投資戦略の現在と将来については，モレル，パリエ，パルム（Morel, Palier, Palme, 2009）の中で提案された，喚起力に富んだ分析を参照することができる．
(15)　2001年，ロンドンに本拠を置く公共政策研究所（Institute for Public Policy research, IPPR）は資産を基盤にした福祉"*Asset-based welfare*"に関して理論と経験を突き合わせる第1回国際セミナーを開催し，その思想家と実験者の大半が集合した．このセミナーで発表された資料を基に，この理論の社会保護の配置構造改編を概略する．2001年末から，IPPR研究所はその内部に資産を基盤による社会福祉国家研究センター（The Centre for Asset-Based Welfare）を設立した．
(16)　フランス語で特に参照すべき文献は，シュミット（Schmid, 2001）とガジエ（Gazier, 1998）．
(17)　より徹底した報告としては，欧州委員会通信（Commission Européenne, 2007）を参照．
(18)　OECDが『生きることのリスク，ライフサイクル，社会政策』のテーマで専門家を集めて，近年に開催したセミナー（2007年5月31日および6月1日，パリ）で例証された，この考察の現代的意義．

[訳者注]
(i)　フランスでは1901年7月1日法で規定された，社団Associationsが市民社会のさまざまな分野（教育，文化，スポーツ，観光，福祉など）で非営利団体として活動している．

第 **8** 章

新しい長寿化社会における年金と雇用のための世代間社会契約の再構築

　年金制度改革があらゆる先進国の政治的日程にのぼっている現在，本書で提示した分析から，特に前章で概要を示した社会保護の配置構築改編，社会生活時間の再編成という領域から，行動に向けてどのような教訓が引き出せるのだろうか。

比較分析から得られた2大原則

　比較分析から，とりわけシニア層の雇用を最も維持し，人口高齢化と伸長する長寿化に適応しえた国々の検証を通して，2つの大原則が抽出される。これらの原則によってこの分野におけるフランスの遅延の理由が対照的に明らかにされ，雇用と年金制度のための世代間の社会契約が再構築できるような，包括的でオルタナティブな戦略の概要を大まかに提示することができる。

第1の原則：人口的要因は政策を限定づける強制的条件とはならない
　国際比較によって明らかになったことは，人口の高齢化の現実は唯一の解決策を条件づけるものではなかったし，単一政策があらかじめ定められるわけでもなかったことである。ほぼ同じような人口状況であるにもかかわらず，教育，雇用，社会保護，年齢間と世代間における成長の成果と労働の配分について，国によって異なる選択が採られた。本書でこれまで強調してきたように，こうした国の選択の違いによって，相対的に異なる年齢文化がもたらされた。その意味で，住民の人口高齢化は致命的な破たんをもたらすわけではない。高齢化は好機とさえ捉えることもできる。すべては社会の選択，採択された決定，実施された政策次第なのである。1998年にまずOECDが，次いで1999年に欧州連合が提唱したスローガン，「あらゆる年齢の人のための社会」(société pour tous les âges) と「活力ある高齢化」(vieillissement actif) は，望ましく可能な展望を示している。これらのスローガンが提起しているのは，人口の長寿化と高齢化が圧縮できない費用と負担の増加を避けがたくするわけではない，

ということである。長寿化の進歩を社会の重荷に単純化してしまうことはできない。重荷と捉えるビジョンでは，必ずや年金受給年齢の引き上げや受給額の低下，世代間の対立や年齢間戦争による社会の崩壊に行き着く。だが，こうした人口構成の変化は，2つの高齢化の組み合わせであるので，反対にさまざまな年齢と世代がより融合しあい，より連帯するような，私たちの社会を再構築する機会としてとらえることもできる。

第2の原則：年齢による公的管理から，年齢の多様性と協働を包摂した管理へ

高齢化と長寿化の課題に対応するには，年齢と社会生活時間についての我々の考えや管理の方法を根本的に変化させることが必要である。社会保護政策と雇用政策の年齢による細分化は限界に達したようである。ライフコースにおいて新たな時間的柔軟化がみられる状況の中で，年齢を基準にした公的管理はその正当性を喪失した。これまでの章を通じて確認してきたが，21世紀社会が提起している課題に応えるには，公的活動を統治するパラダイムを抜本的に変更しなければならないことは明らかである。オランダやフィンランドの実例の分析で解明されたことは，労働市場で早期退職の文化が深く浸透している国々にとっては，公的活動のヒントを与える基礎的パラダイムの改編だけが，状況に要請されている前例のない労働力の考え方の転換に着手できるのである。オランダやフィンランドの国々が行ったことは本当の文化的革命である。このような努力は自然発生的にできたわけではないことを見てきた。人生を通して，すべての年齢に向けて労働能力を維持するというグローバルな予防的戦略が求められている。このような戦略の実施は強力な協議と連携を伴った中期的な計画が必要となる。

スカンジナビア諸国については，活力ある高齢化の挑戦はその地域の各国で同じ拡がりではない。活動を進めるパラダイムはすでに実施されている。スウェーデンのケースを検討して明らかになったことは，この国ではシニアの労働意欲を高めるために改めて活性化に努めるだけで充分であった。

年齢による公的管理を問い直すことは新しいことではない。すでに1982年にベルニス・ヌーガルテンがその先駆的著書の中で，こうした行動論理を問題としていた。彼女は「年齢の観点で中立的な社会」として提示したことを実現するために，もはや年齢を基準とはせずに，ニーズの基準の周りに公的な解決方法を形成することを提案していた（Neugarten, 1982）。こうして，その他の諸研究でもっぱら力説されたことは，公共政策の年齢による細分化によって，人生の歩みの中で年齢別に機会が与えられ，それがどれほど構造的に機会を縮小させてきたのか，ということであった（Riley et alii, 1994）。これらの著者たちによれば，知識と長寿化の新しい社会における個人の希求と，軌道を形成してきた社会構造との間の隔たりは増大していく。これらの著者たちによって，こうした状況ゆえに年齢管理の細分化からの脱却が主張されていくだろう。その状況からすべての年齢を包摂した社会が求められていくだろう（age integrated society)。

　この表現は欧州委員会によって推奨されている《あらゆる年齢の人のための社会》という新しい社会モデルと交差し合う。欧州委員会のスローガンではさまざまな年齢を包摂する管理が求められ，年齢障壁と戦うこと，とりわけ雇用において年齢差別がないように新たな注意を払うことが必要とされる。欧州連合は年齢包括管理を求めている（Fondation européenne de Dublin, 1997）。社会保護の領域で，この新しい目標がリスクを補償する社会保険制度のほかに，生涯を通した人材投資に向けて，より柔軟で予防的な形態の保護を創り出す必要がある。これらの形態は前章で大まかに描いた社会保護の配置構造改編の方向性に合致している。こうした原則がスカンジナビア諸国の戦略を方向づけ，フィンランドとオランダの成功の核となり，早期退職文化を逆転させて，活力ある高齢化を進展させた，と観察できた。

　さまざまな年齢を包摂する新しい管理は年齢と世代間の連帯を根拠とする根本的なパラダイム変化を前提としていることに留意しよう。新しい管理は，年齢間での労働の分配原則に基づくものではない。すなわち年齢間で役割の細分化を必然的に引き起こす，つまりもはや年齢による管理といった原則に基づくものではない。ところで，世代間の雇用の配分原則は，戦後の年金制度のための世代間契約を生み出した。それはさらに早期退職措置の発展戦略の根拠ともなった。早期退職（規定年齢前退職）制度は年齢間で原則を共有しながら雇用を守る目的で欧州大陸の中で幅広く採用された。マルサス主義アプローチによって，配分しなければならない雇用は限られていて，シニアはその職を若者に譲らなければならなくなった。若者には就労を，シニアにはキャリア末期には非就労の補償を。各年齢で行う活動の厳しい分割に基づくこうした年齢間の連帯の論理とは反対に，さまざまな年齢が融合する新しい管理は雇用の中における年齢間の連帯を必要とする。世代間での労働の分割は，労働の場におけるさまざまな年齢の協働の原則に道を譲らなければならない。世代間の連帯は今後は雇用における互いの協力と補完性に基づくものになる。進行する長寿化社会における雇用と年金について，このように観点を逆転させること，それのみが世代間の社会契約の再構築を可能にするだろう。この枠組みはフランスの遅延を解釈するための分析装置として役立つだろう。さらに比較研究から得た教訓によって，フランスが他の欧州大陸諸国同様に，活力ある高齢化に取り組み，同時に雇用と年金のための世代間社会契約を持続的に再構築しえるような行動手段を見つけるのに，上記の枠組みが分析装置として役立つことだろう。

シニアの雇用と年金改革，国際比較から見るフランスの遅延の理由

　これまでの国際比較から明らかになったことは，シニアたちが就業し続けられるには，かなりのレベルの社会保護と積極的な雇用政策とを組み合わせた公共政策の配置

構造が必要であり，スカンジナビア諸国では特有の典型的な仕組みがそれを例証していることであった（第3章と第4章）。若い世代と同様にシニア世代が就労して，現役生活が延長される配置構造が成功した結果を観察することができた。それはシニアのための雇用維持と統合の手段が数多く提供されている，ダイナミックな雇用政策に恵まれた国々であり，そのことは提示された類型化でも明白であった（本研究では日本とスカンジナビア諸国がその例にあたる）。こうした国々では労働生活を延長することで人口高齢化についても最もよく対応することができていた。これらの結果からまさしく喚起されることは，こうした変化は2つの主要な手段を結集して初めて起こりうるものなのである。一方ではキャリアの後半期の雇用をより有利にするために，社会保護の規則の再検討に着手すること，他方では企業の中で年齢に関する新しい管理方法を推進するために，年齢に関する差別をより減少させ，雇用と労働に関する積極介入主義政策を実施するべきなのである。

　フランス特有の問題は，2つの最前線である年金と雇用に関する改革について，積極的に関わり合い，活発に，協調して取り組む能力が乏しいように見えることである。2003年の年金改革では満額年金受給に必要な保険料支払い期間が延長され，年金の繰り上げと繰り下げも制定された。それらの改革はシニアの就業期間が再び増加するという予測に基づいていた。シニア就業を延長するというこの目的の下，早期退職関連の公的措置は消滅するか，大幅に圧縮されたが，その間，企業の早期退職費用はますます高騰化していた。ところが，就労の再増加を推進するべき労働と雇用に関する政策は，下記に検証するように，肝心の目標レベルに達していなかった。その結果，フランスでは現役引退の実際の年齢は，年金支給の平均年齢と相関しない状況が続いていた。2003年と2010年の年金改革以来，受給開始の平均年齢は上昇して，62歳となった。反対に，第2章で確認したように，現役引退の平均年齢は今日まで58歳か59歳あたりにとどまっている（2013年で59.1歳）。このように，保険料拠出期間の延長，シニア雇用に対する制度的障壁の削減は，シニアの労働市場からの退出の延期には充分ではなく，それは主として経済的アクターと，労働と雇用の政策上の決定にかかっている。シニアの就労維持に関するフランスの執拗な不振は，必要なあらゆる手段を一挙に結集しようとする当局の意志あるいは能力の欠如の結果であるように思われる。フランスの公的活動はシニア側の労働供給を高める目的で障害になるあらゆるものを取り除くために，既存の制度の枠組みの改革に主として集中していた。だが，同時に企業側からのシニア労働需要にはブレーキとなるものすべてについて，すなわち40歳以上の生涯職業教育や異動の欠如，有効性の消失または廃れた経験資本，若い世代のそれと比較したシニア世代の労働関連費などについては，フランスの公的活動は広範囲に疎かにしてきた。

　シニアの就労レベルを再上昇させるためには，これらの2つの局面に働きかけることが必要不可欠であったということは，フィンランドの経験の成功で明らかである。

第8章 新しい長寿化社会における年金と雇用のための世代間社会契約の再構築

　比較すれば，フランスで実施された公的活動は何よりも就労から引退への過程の制度的調節方法を変更して，勤労者の現役から退出する決定に影響を及ぼすことを狙ったものであった。2003年の年金改革が，労働市場からの早期退職に関するあらゆる措置を圧縮ないしは撤廃したように，労働市場から早期退職させるあらゆる促進策を削減させ，その上，罰則規定さえ設けた（年金切り下げ）。社会保護の改革はこのようにしてキャリアの末期に労働市場から退出する誘因要素（pull factor）として早期退職のインセンティブを著しく減少させた。しかし，運悪く，並行してシニアたちを雇用にとどめておく機会は，おそらく雇用面での考え方と実施に欠陥があったがゆえに，本章で次に検討するように，発展することはなかった。

　こうした時期から，年金受給に移行を遅くする新しい規制は，個人による甚大な費用負担を生む恐れがある。多くのシニアは，就労を継続できなくて，補償の低い失業給付，あるいは最低保障の受給期間が長期化し，しかも規定前に余儀なく年金を受給せざるを得なくなって，繰り上げ年金を適用した結果，減額年金を受けるリスクにさらされる。より就労し続けることが難しい肉体労働者と，就労延長にはより有利な管理職との間の不平等の広がりは言うまでもない。不幸にも，このシナリオは現在，進行中であるように見える。第2章の中で提示したデータで，キャリアの末期における脆弱さはとりわけフランスで確認できた。この状況から特に50歳以上に関する長期失業問題を2015年の国の緊急優先課題として政権が取り上げるまでになり，さらにはシニアの失業対抗措置の大方針の発表となった。

　2010年の年金改革に関する議論の時に，労働組合はすでにシニア雇用の問題に対する保障や，労働の困難さについて考慮するよう望んでいた。それは，年金支給規則の強化が，勤労者にとって，特に労働市場で最も弱い人や最も資格のない人にとって深刻な事態にならないようにするためであった。政府の方は，年金制度の財政均衡の問題についての議論を閉ざし，財政均衡を絶対的に緊急な案件と位置づけて扱った。人口の高齢化，新しい年齢管理や社会生活時間について挑戦を突き付けられている社会の大きな課題は議論の対象からはずされた。しかしながら，この重要課題については欧州委員会による数多くの声明や報告書が提出されていた。EU加盟国が「抜本的な方策」を実行するように，欧州委員会は加盟国の強い結集を繰り返し呼び掛けていた。その指導原理は，「ライフサイクルの見地から，あらゆる年齢の人々の十全な潜在能力の結集を基盤にした予防的アプローチ」であるべきである（Commission des Communautés européennes, 2004）。この見地からは遠く，フランスはこの問題を封印して，単に会計上の改革を目的に，年金案件の中で緊急性を要する改正という狭い枠組みにますます閉じこもった。

　それゆえに，人々の高齢化のビジョンについて，フランスでは危機論と異なる考え方が入る余地はもはやない。高齢に関する数字上の負担から，年金制度，さらには幅広く社会保護全般の引き下げ調整へと向かわせる。シニア雇用という国の重要課題は

決定的に見捨てられたようである。フランスはこの行動への支援を盛り上げるすべを知らなかった，それとも能力がなかったからなのか。成果に乏しく，実行の困難さが顕わになったからなのか。それともこうした活動にはあまり適切ではないとみなされる不景気な状況だからなのか。いずれにしても，シニア雇用のための国の協調行動計画（2006-2010年）は更新されなかった。

期待はずれのシニア雇用のための国の協議行動計画（2006-2010年）

フランスでは，1990年代当初より早期退職制度の効果の否定的結果について指摘されてきたにもかかわらず，シニア雇用の問題が意識されたのはごく最近のことである。年金受給までのシニア就労延期目標が人口高齢化に適合するために避けることのできない中心的要素として，何よりも2003年の年金改革の文脈の中で早期退職の公的措置の封じ込め，工業分野での極度の困難業務に対するCATSの対象者の厳格な絞り込みが実践された。2003年の年金改革の「持続可能性（サステナビリティ）」は労働市場からの実質的な退出年齢の切り上げによって担保されたのであった。

フランスでは2003年の年金改革で初めて，年金制度につなげられた職業生活を延長する国の政策が制度化された。予定されている保険料の支払い期間の延長は，その代償として必然的に労働市場からの引退実年齢を延期しなければならない。シニアの雇用に関する一連の公的報告書はフランスにおけるこの問題の重要性が理解されたことを示すものである。2004年と2005年の間に刊行された重要な国の報告書は4冊をくだらない。最も重要な報告書として，以下のものを挙げておく。

- 経済分析委員会報告書（CAE, 2005）：『フランスにおけるシニアと雇用』
- カユック（Cahuc, 2005）：『シニアの難しい雇用復帰』
- IGAS（2004）：『年齢管理と雇用政策』
- ジャケ（Jacquet, 2005）：『シニアの雇用への挑戦』
- 上記のほか，OECDのフランスについての報告書（OCED, 2005）と比較総論（OECD, 2006）：『長く生きて長く働く』も合わせて入れておく。

これらの報告書はいずれもフランスの状況に関するきわめて的確な診断を下しているという長所がある。しかし，示された行動提案は各々性質を異にするものであり，大概の場合，フランスで年金受給へ移行する調整の制度的枠組み改革にとどまっている。これらの報告書で探求され必要とされた重要な行動手段とは，就業から退職にいたる過程の調整方法の変化についてである。報告書に含まれている勧告は非常に広範にわたっており，年金の制度的改革や，就業延長への障害，または雇用維持の抑止要素となるあらゆる措置（障害，失業，就業免除）の改正に関するものである。

たとえば，CAEの報告書（CAE, 2005）は，60歳での年金受給が原則であるという考え方を一般的に持ち続けていることが，シニア雇用問題におけるフランスの芳しくない位置を説明できる主要な要因の一つと見なしている。50歳代にとってもまた職

業生活の先の見込みが短いこととなり，シニアにキャリア延長やあらゆる野心への意欲を減退させると同様に，企業にもシニアに投資する気をまるで起こさせない。カユックの報告書もまた，シニアの就業率の低さは労働供給と需要の問題に起因するもので，こうした問題は相互に影響しあい，その原因の大部分は年配労働者の現役引退を促進する公的措置の中にある，と主張した。『長く生きて長く働く』と題したOECDの総論（2006年）も同様に，現役生活を長続きさせる勧告の主要部分を，シニア雇用に対するあらゆる制度上の障壁と抑制の撤廃を目指す措置（退職年齢の引き上げ，労働意欲をそぐ所得補償システムと年齢規制の廃止）に充てた。同報告書は勤労者側には年金受給の先延ばしを，雇用主側にはシニア求人募集を増やす行動を促している（特にシニア採用の抑制，またはシニア人員削減優先対象の措置に対抗する施策）。シニアのより長い雇用維持と，活力ある高齢化の発展をめざして（OECD 報告書の第6章），シニアの雇用される能力を向上させる諸勧告だけが，他の領域に属する明確な施策，たとえば職業教育や積極的雇用政策といった実施手段を用いることができるのである。

『年齢管理と雇用政策』と題されたIGASの年間報告書（2004年）が唯一つ，施策提案の中に広範で総合的な手段を集約しており，その中では研修や雇用政策が戦略的な位置を占めていた。しかもこれらの勧告を展開させる目的で，国際比較による教訓を最も拠り所にしている報告書でもある。しかしながら，シニア雇用管理に集中しており，その題名にもかかわらず，刷新された年齢管理に関する勧告がもたらした結果についてははとんど検討されていない。

上記のすべての報告書は解決策を示唆しているが，労働における年齢管理と積極的雇用政策についてはほんのわずかしか扱っていない。ところが，2003-2006年の間は，現役生活の延長に関する新たな公的意志の表れである一連の協約が目につく時期なのである。

2004年の生涯教育法（2003年12月の職業間全国協約に由来する）はさまざまな制度を規定している。たとえば，シニアの専門的能力のブラッシュアップや有効化認証に特に適合しているVAE（実務経験資格認定）や，45歳以上が優先される失業者のための「専門職化契約」や「勤労者の専門職化研修期間」といった措置がある。

2005年1月18日の労使関係現代化法は，従業員300人以上の企業に雇用と専門的能力に関する管理予測計画を3年ごとに交渉する義務を定めている（GPEC）。同法には年配勤労者の雇用維持や就労を促進する措置や方策の実施について，明確にした部分を含んでいる。特に勤労者が45歳になった時点でキャリア後半期について面談し，その後も5年に1度の面談実施を企業に義務づけている。

最後に，しかも何よりも重要なことであるが，「シニア雇用のための全国協議行動5ヵ年計画」が2006年6月に発表された。同計画は2005年10月13日に労使で交渉をし，2006年3月9日に3つの使用者団体（MEDEF, CGPME, UPA）と，3つの労働組合

団体 (CFDT, CFT と CFE-CGC) との間で署名された，全国職業間協約の延長の一環をなすものであるが，CGT と FO は正式承認をしなかった。5 か年計画は以下のような5つの主要な目的を持っており，それは31の施策に具体化されている。
- 社会文化的な表象を変化させること
- シニアの雇用維持を優遇すること
- シニアの雇用復帰を促進すること（措置の中に，57歳以上の求職者を対象にした更新1回可能な18ヵ月のシニア有期雇用契約制度がある）
- 急激な職業生活中断を防止するためにキャリア末期を調整すること
- 労使と国の三者によるフォローアップを継続的に保障すること

　長い期間を組み入れた，この5ヵ年計画はシニア就業率を増加させることがねらいである。55-64歳の就業率が，欧州の目標である50％に達するように，それを明確な指標として，2006-2010年の期間を通じて毎年およそ2ポイントずつ増加できるようにすることを優先目標とした。

　この計画の3つの主要な意義について明確に指摘し，その後でフランスがシニア雇用のための2010年の欧州の約束を守れなかった，期待外れの結果にいたった理由について検討してみよう。

① 協議行動計画の3つの意義
- フランスの労働市場におけるシニアの状況に関する的確な診断を提示する。計画によれば，経済と人口の状況によって今日，シニア就業率の上昇が社会保護制度の持続と発展，社会的結束を図る上で重要な論点となっている。人的資本が重要な位置を占める知識経済において，シニアの経験や能力をあえて放棄することはもはやできない。なぜなら決定的な切り札を断つことになるからである。労働における年齢管理は経済的繁栄の条件となったがゆえに，年齢管理は政府の優先課題となった。ところが，1980〜1990年代における年齢処遇に関する手段は圧倒的に，早期就労停止に関連する労使の妥結に基づいていて，労働市場のあらゆるアクターたちによって共有されたものであった。そうした経緯ゆえに，年配勤労者の早期退職実施を増殖させ，労働における年齢への偏見に立ち向かう熾烈な戦いに着手し，趨勢を逆転させるためには，ものの考え方や行動に根本的な変革が促進されなければならない。
- 計画は「年金受給まで現役のままでいられる活力に富んだアプローチを発展させるには，年齢が労働市場の調整弁と考える致命的な論理」と決別するには，シニア雇用へ総力を挙げて結集する必要性を宣言する。フランスで初めてシニア雇用に関して連携された行動計画が持続的に実施されたことを強調しなければならない。2003年の年金改革ののち，雇用促進のばねとなる政策が公的施策の主要課題として登場したのであった。
- この問題に対する労使間対話を促進し，国の責任を促し，労使交渉が進められたことが，同計画の主要な意義である。第1に，全国職業間協定にいたるように交渉す

る必要があった。第2に，この計画はこの課題についての国の関与と責任を表明している。同計画は協定に沿って延長され，計画実現のさまざまな段階を継続的に注視する労使，国の3者間によるフォローアップの常設グループが創設された。

② 行動計画の4つの限界

シニアの不完全雇用は，2003-2006年の間にいくつも練られた対策が時間の浪費に終わった後，計画によってこの問題を遂に政府が関与する国家的事案とした意義はあるのだが，同計画内容はいくつかの点で挑むべきレベルに達したようには見えない。中でも波及効果の力の弱さを物語るフランスの計画の限界と思われる4点を析出してみよう。

(1) 公共政策の舵を取るパラダイムにおける顕著な変化の欠如

早期退職の文化とは決別できるはず，と国の計画の序文の中で宣言された「文化的革命」からは，フランスの現在の状況はほど遠い。《シニア》計画によって提案された方法の全体を仔細に吟味してみると，実施体制が年齢による差別論理のままであると確認するしかない。この数十年間，若者雇用に利するという想定でシニア雇用を制限してきたが，そうした時代を経て，施策の根拠となるパラダイムを刷新することもせずに，活力ある高齢化を推奨している。施策体制が年齢による統治論理であることについての再検討は成されていない。

雇用面の問題対象とみなされ，絞り込まれた一つの年齢グループに当てた《シニア》という呼称そのものが，第1に，年齢差別の例証となっている。報道でも大々的に取り上げられた，計画の中の目玉施策の一つが，求職中の57歳以上のシニアを対象として更新1回可能な18ヵ月の有期雇用制度であることを確認すると，計画の年齢差別論理はさらに明白となる。この有期雇用制度は，就労復帰によって補足的権利が獲得できるので，年配求職者を繰り上げ年金になるリスクから守り，満額年金受給年数を保障するものである。この施策（アクションNo.20）が図るべき方針転換を明確に見定めていなかった事実を示している。当局者は年齢別措置の実施に固執して，若年失業を扱ったと同じ方法でシニアの問題に対応しようとする。すなわち若年雇用施策の実施を経て，シニア有期雇用制度という形態をとった老年雇用施策の実施だったのである。だが，この施策はひっそりと目立たないままになるだろう[5]。なぜなら，シニアの期待に添うものではないし，使用者側の期待したものでもない。それにもかかわらず，断固たる方針転換を示すのではなく，年齢別区分という公的施策の原則を本質的に温存している。その上，この施策は，年金への権利が得られるように他者の配慮による同情心によってしか雇用を守れない，使えない老齢労働力という表象を強めてしまう。

反対に，人生行路を年齢別区分からダイナミックな概念にとって替えるためには，人々を支配する重要変数として年齢を活用することを根本的に問い直すことが，方針転換の前提となるだろう。この新たな概念は年齢面では中立的で，あらゆる年齢を統

治する多様性に富む長所を備えている。対照的に,《シニア雇用》計画は50歳以上を対象とした施策に集中しているので,その結果,特にキャリア後半期の調整に関わり,予防的ないくつかの要素はあるものの,主として治療的な特質を帯びている。計画はシニアのために,被雇用者能力の喪失,過去の研修不足,職務異動性の減退といった状況を改善することに努める。こうした状況は企業による事前対応が欠如している中で,避けがたい労働力の高齢化に起因するものである。シニア計画は結果を予見して川上で原因に働きかけるよりも,治療的な方法を選択し,とりわけキャリア末期の調整と50歳代の就労復帰を目標とした。

　周知のようにこうした方法は実現が難しく,実質的な成果は乏しい。そのことはフィンランドでも同様に確認された。40歳代に対象を絞った,労働能力や被雇用者能力の喪失を予防する諸施策は,50歳代よりも結局はより確実に保障されることになり,より長く就労に動員できるだろう。そういうわけで,治療的な施策は予防的な施策を基盤にしたものでなければならず,その逆ではない。フィンランドの国のプログラムは45歳以上に代表される人的資源の再評価の強調であったことを想い起こそう。フィンランドはより若い世代に比べて研修不足といったような,45歳以上を労働市場に統合する障害の除去に努めた。

　シニア雇用にブレーキをかける構造的な障害に対する非難攻撃からは遠く,フランスの行動計画はシニアに重くのしかかる偏見を打破する目的で全国的情報キャンペーンを実施することとなった（第1目標）。計画責任者たちの考えでは,シニア雇用のブレーキは労働の場での年齢に関するもっともらしい社会文化的な表象に起因している。たとえば,計画の中で以下のような記述がある。「年配勤労者が直面している困難さは,社会文化的に形成された表象に大きく起因している。仮定のことであれ,確かなことであれ,彼らのハンディキャップに対するものとは逆に,年配勤労者の優位な点が強調されることはめったにない,というのが集団としての彼らの共通認識である」。

　こうした現状を改善するために,2006年に大掛かりな世論喚起キャンペーンが開始された。短いスポット（30秒）によるテレビキャンペーンで,掲げられた目的は50歳以上に対するイメージを変え,偏見を打破することである。実際,広報キャンペーン開始時に伝えられたように,「企業の中で今日50歳以上の人々にとってのハンディキャップは唯一つ,彼らに注がれる視線なのである」。この基本的命題を立てながら,シニア行動計画は不幸なことに,ねらいを間違えた。企業慣行についての現状の裏付けもなく,あたかも偏見は雇用主や一般の人による自然発生的な作りものとして,偏見だけを攻撃した。企業にシニア需要抑制の要因がある現実を考慮していないので,結果として,年配勤労者に冷淡な使用者の偏見を増幅させるものを計画は無視している。反対に,もしも企業からの需要が検討されていたら,伝えるべきメッセージは企業側に以下のように指し示すことができたであろう。

第 8 章 新しい長寿化社会における年金と雇用のための世代間社会契約の再構築

すなわち，もし年配勤労者の中に今日，本人の希望からあまりにも遠く据え置かれている者たちがいるとしたら，それは変化への抵抗とか，モチベーション欠如というような「年齢ゆえの自然な限界」という想定される理由からではなく，労働力の高齢化を見越した先行対策の欠如，あるいは企業内における年齢層に不適切な管理のせいなのである。たとえば，よく知られている例であるが，50歳代の勤労者が10年以上前から，場合によっては20年以上前から同じポストにいると，現在では大半の組織の中で期待されている変化や異動の目的をかなえることは難しくなる。さらに，自分のキャリアコースの上で研修を定期的に受けられず，研修参画の機会からも外されたままになる危険もある。

フランスの世論喚起キャンペーンと，1990年代末にフィンランドで実施された同様のキャンペーンとを比較すると，シニア雇用キャンペーンの難しさが明らかになる。フィンランドのスローガンは「経験は国の富」というものであった。それは経営者がシニア労働力を組織的に断ち切ったのは彼らの誤算であった，という経営者側への通告であった。反対に，経営者はこの経験を認識して学び活用することを条件として，誤算を競争力のある優遇措置に転換させることもできた。フィンランドの経験を手掛かりに吟味すれば，フランスのキャンペーンのスローガンでは企業の労働需要が全く無視されていることが明らかである。フランスのキャンペーンは，まだかくしゃくたる老人に以下のような驚くべき発言をさせるという構成になっていた。

- 君たちより僕の方がもっと長くセックスできる。
- 私のIQは145。
- エイズ撲滅支援のために，私は10万ユーロを集めた。
- ビデオゲームで君を楽に打ち負かせるよ。
- マラソンなら君と同じくらい早く走れるよ。

CMの最後の場面は，毎回同じ決めゼリフで終わった。「なぜ私は君たちといっしょに働けないのか」。問題はこれらのメッセージが老いに対する最も古典的なステレオタイプをただ否認することでしかないということである。だからステレオタイプを強化することにしかならないというリスクがある。視聴者一人一人は示唆されていることと逆のことを連想する：僕はベッドでは長くは続かないよ。高齢の労働者は病気だ。シニアはボランティアでもしていればいいんだよ……。

結局，キャンペーンは年齢のスティグマを緩和するよりむしろ強める危険がある。このキャンペーンが提示したかったことは，企業は公民（citoyenne）であるべきで，長所を持っている年寄りを疎外してはならない，ということである。たとえそれらの長所があらゆる企業の基準である業績や被雇用者能力のそれとはほとんど無縁のものであっても，長所を持つ彼らを疎外してはならないのである。最終的には，キャンペーンは全くの計算違いの結果となった。年配労働者に対する企業の対応にはキャンペーンが期待した影響がなかったことは，ほとんど驚くに値しない。

結局，この計画は年齢による差別対応とは異なるやり方で，シニア雇用の問題を考える能力の欠如を表わしている。たとえば，フランスは若者たちについてもシニアたちについても，雇用に関するパフォーマンスの悪さが奇妙に目立つ。しかしながら，労働現場での待ったなしの世代交代問題は企業にとって今日，重要な脅威となっているのだが，当局の回答は2つの年齢グループの不完全雇用の改善に適した処置の間に何の関連性も打ち立てられていない。企業はその規模にかかわらず，年金受給者になる従業員の大量退職に直面しており，しばしば非常に短期間での世代間の能力の継承を余儀なくされている。奇妙なことに，核心的能力の喪失という重要なリスクに企業は直面しているのに，計画の中ではこの点についてほとんど言及されていない。キャリア末期の調整を目的として，個人指導のチューター制の実施は普及しなければならない，とだけ触れているにすぎない（アクション No. 25）。この方法はまた退職者ボランティアとして企業へ戻ることができる，と推奨されてもいる。年齢管理のパラダイムを刷新する脊柱になりうるし，また世代間の新たな連帯を確固としたものにできるものが，最古参の人たちのための個人指導チューター制活動の喚起に矮小化されたのである。

(2) 企業のシニア労働需要のメカニズムに対する無知

第2にシニア労働の供給に絞った活動は，企業のシニア労働需要のメカニズムについてはなはだしく無知である。

シニアに関係する計画の3つの目的と方法はシニア雇用の維持と復帰を中心に据えている。それらは企業に向けた命令となっている。

- シニア雇用維持を優遇すること
- シニアの就労復帰を優先すること
- キャリアの末期を調整すること

しかしながら，企業にこれらの命令に従うよう納得させる有効な理由は言及されていなかった。競争力や生産性について，企業がシニア雇用から期待できる利益についてほんの少しでも明確に説明を受けないままで，企業が上記の各目的のために実施を進めれば，50歳以上の人が企業にとって切り札になるとせめても確信できるのだろうか。フィンランドで採用された45歳以上の雇用戦略とのコントラストは際立っている。実際，フィンランドの計画では，企業側からのシニア労働の需要と，シニア側からの労働供給と，双方への働きかけが中心目的として採用されているのが確認できた。その目的は主として奨励策の採択により実施された。これらの措置は企業にはシニアを魅力的にさせると同時に，シニアには労働延長を魅力的にさせることを意図していた。

(3) 奨励策というよりも強制的な施策

フランスの場合，計画の中に含まれた措置の大半が強制的な性質のものであり，奨励的なものは極めて細々としている。たとえば，シニアの雇用維持の促進という主要な目的は，企業に向けた至上命令的な調子による7つの措置の表明となった。そのた

めに準備された公的な奨励策は，反対に以下のように，微小なものである。
- キャリアの後半期と専門的能力の総合評価についての面談の実行を一般化すること。というのは，勤労者は50歳ではもはや職業行程の終りではない。それどころか，雇用主のあなたにとって，キャリアの後半期の中身を当事者の勤労者と一緒になって決める時なのである；
- シニアに向けた職業教育の新たな手段を発展させること。特にVAE（実務経験有効化資格認定），同時に2004年5月4日の生涯職業教育に関する法律に由来する教育への個人の権利（DIF）もある；
- シニアに有利な契約に基づく政策を展開すること。シニアたちはEDEC（雇用と専門的能力の発達契約）の優先対象者に含まれるだろう。この契約に関係するシニアたちの数は2006年と2010年では2倍に増えるだろう。2006年にはシニアに関するEDECは内密な措置であったということから，ささやかな努力結果となった；
- GPEC（雇用と専門的能力の予測管理）の協約を共に発展させて，拡大させること。GPECに対する支援と助言の努力が期待に達しなかったことがわかるだろう。
- 職業上のリスク予防と労働条件改善の活動を発展させること（この活動は労働衛生計画2005-2009年の中に組み込まれている；
- FACT（労働条件改善基金）の方向を年齢管理を扱う施策の方へ変えさせること。

確かに，これらの方策はなによりも企業や産業部門の協約となるように定められ，年配勤労者について3年ごとの交渉が義務づけられている。

しかしながら，貧弱な奨励的性格，一貫性の欠如，極度のばらつきが交渉の影響力を弱くしていると説明できる。シニア雇用に関する交渉の推進力は，苛酷な業務ゆえに最後には働けなくなるような難しい案件で長期的に妥協してきただけに，シニア雇用に関する交渉力は弱い。

(4)実施された方法の弱さ

計画は総額1000万ユーロの予算である。これは喧伝された目的に照らせば，極めて貧弱である。予算の半分は広報キャンペーンの財源に充てられ，300万ユーロはGPECの財源の諸部門（特に中小企業）に向けられ，200万ユーロは年齢管理の方に方向転換したFACT（労働条件改善基金）に充当される。予算とその割り当てからは，オランダやフィンランドで観察できたことを範とすれば，強力な公的結集力はほとんど呼び起こせていない。

たとえば，シニア雇用を推進する年齢管理に関して，企業内の助言のための支援は《シニア雇用》計画の成功の鍵の要因となる。支援は媒介であり，それによって企業は雇用と能力の予測管理，あるいは労働条件や組織化の改善など，企業の特殊事情に基づいて絞り込んだシニアのための措置を実施中に彼らに寄り添い，理解を高めることができる。同じく支援の介在で，企業はこの分野における活動に必要な評価や判断手段が得られる可能性がある。

ところで国の計画では，必要不可欠な相談助言の活動全般は ANACT（全国労働条件改善局）とその ARACT（州局）のネットワークの結集力に立脚している。2006年，ANACT ではほぼ1人の職員が全国レベルでこの基本方針を担当しており，その実務時間の22％が年齢管理に充てられた。局と中央政府をつなげる発展協定は活動の優先的基本方針となった，年齢管理の主題に関する局の活動は22％から30％への引き上げが決められた。ARACT の働きによって，「企業レベルでも産業部門や地域のレベルでも，年齢管理の方法についての伝達や蓄積，モデル事業や人々の理解を高めて発展」[6]させなければならないだろう。この分野において ANACT の活動がどれほど優れていても，年齢管理における相談助言について実践した公的措置と，この分野におけるフランス企業のニーズは驚くべきものである。もたらされた答えは問題に明らかに釣り合ってはいない。このテーマについて，企業への相談助言活動が計画の中で最高の活動の一つであったフィンランドの場合との比較は教訓的である。

その上，就労復帰に有利になるような，シニアにもっと競争力をつける雇用サービスについての根本的な改革がなく，シニア雇用計画の支えになっていない。しかしながら，周知の事実であるが，50歳以下の求職者の半分以上が就職先を見つけられるのに対して，50歳以上では求職者の3分の1でしかない。雇用サービス監視を簡単に呼びかけるだけで，最も高齢な人々を排除する重いメカニズムにどのように反撃できたのだろうか，不明である。それゆえに，計画で採択された以下のような活動は無駄に終わるリスクに陥った。たとえば，ANPE（国立雇用局）のシニア対象のサービス供給を増強する施策（アクション No. 15），シニアの職業資格に向けての AFPA（国立成人職業教育局）の活動を増やす施策（アクション No. 16）などである。

計画の実施方法の脆弱さが，提案措置のばらつきで倍加していた。全体が行動計画というよりも単なる目録の様相を呈していた。強固に融合化された企画の中の決定的な刷新の一角を占めているというよりも，むしろシニア計画は教育（生涯教育に関する2004年法），労働衛生（2005-2009年の労働における保健衛生計画），雇用予測管理（2005年1月，社会現代化法）の各分野における既存措置の強化計画であるかのようであった。これらの措置をまとめて連携するものは策定されていなかった。[7]上記に想起したように，それぞれ異なる措置であるからゆえに，同じ立法枠に服するわけでもなく，同じ時期に，同じアクターによって策定されたわけではなかった（より詳細は，Jolivet, 2008 参照）。結局，結束の欠如は矛盾した方向性にまで進み，決定方針のわかりやすさを台無しにした。

シニア雇用に関して多くの矛盾と目につく後退の中で，2つの例を記そう。困難業務に対する難しい交渉の間，予防に関する交渉よりも主として部分的ないしは全面的な早期退職による，賠償的な解決法が検討された。これらは労働災害，または失業の福祉対策としての現役早期退出の原則の活性化であった。

企業に対して65歳前の勤労者の規則による退職禁止をまるで釉をかけたように美化

第8章　新しい長寿化社会における年金と雇用のための世代間社会契約の再構築

した矛盾は，なお一層劇的であった。2003年の年金改革では，勤労者の年金受給規則を法律によって65歳開始と制定した。同時に，引退補償の課税と例外措置を定めた。この問題に関して，MEDEF（フランス企業運動）と政府との激しい対立の後，2007年度PLESS（社会保障財政法案）は公的意志の後退を強く印象づけた。この法案は交渉による65歳前の引退方法について著しい放任主義を示しており，2014年まで無税で認められていた。だが，2008年度のPLESSの一環として，承認された高額補償のこの措置は2009年末からの廃止が定められた。2009年1月1日から，2009年度のための社会保障財政法は年齢を70歳に引き上げながら改めて厳格にした。新しい手続きの重視を規定しつつ民間部門では雇用主が勤労者の退職年齢を規定できる。この手続きは勤労者が満額年金を受給できる年齢，65歳を迎える3ヵ月前に次の年度の間に退職する意向であるかを文書で問い合わせなければならない。もしもその勤労者が退職の意志がないと回答すれば，雇用主は次年度中に当該者に対する規定退職手続きを行うことはできない。同様の手続きは次の4年間適用が可能である。こうして，フランスは企業の退職年齢が満額年金受給開始年齢よりも繰り下がる，まれな国の中に位置することになった。

　結局，硬直化が勝った。[8]このように決定がコロコロ変わるのは，少なくとも公的活動の目標を覆った混乱を示している。目標は政治力の関係と利害状況次第で揺れ動くように見える。規定の年金受給開始の対照的な例を扱った時評番組はこの分野における公的な積極的介入策の限界を雄弁に解説した。計画が終了して，おそらく明らかになった業務の複雑さと失敗を前にして，問題と任務について暗黙裡に切り離しがされたようである。高齢化につながる制度の財政上の不均衡の視点から年金改革は国が取り組む国の新たな案件になったのに対して，シニア雇用は契約に関する交渉の力学に残された。

シニア雇用政策の最近の局面：2010年の契約に基づく合意交渉の義務

　上記の切り離しに関する最近の局面は2009-2010年度において読み取れる。2009年度のPLFSS（社会保障財政法案）の一環として，2008年末からシニア雇用の問題に関する労使対話を活発にするために，従業員50人以下のすべての企業に対して，最終期限を2010年1月1日として，シニア雇用に関して交渉し，合意に達する義務が規定された。この義務を遵守しない場合，企業は従業員全体の総賃金の1％に当たる重い罰金が科せられ，その拠出は全国老齢保険金庫に充当される。このようにして，国は責任の分担を再定義した。シニア雇用のために企業にただちに行動するように命じた後，案件の責任を労使に委ねた。こうした新しい分担について，新聞報道のタイトルが暗示的である。「シニア雇用：結果で判断される企業」（「レゼコー」2010年1月4日）。「シニア従業員の維持に，ましてやさらなる雇用に渋面をつくる企業」（「ル・モンド」2010年年4月17日）。国は年金受給に関する2010年の約束に没頭して，労使交

271

渉義務についての新たな規則の推進運動を自画自賛した。多くの決断のおかげで、運動が始まった。雇用政務次官は喜び、以下のように力説した。8,000企業と80産業部門が55歳以上の従業員のための措置を最終決定して、ほぼすべての企業は税を免れた。しかしながら、労使はシニア雇用に関する合意の効果については非常に多くの疑念と批判を示していた。労働組合と、ANDRH（全国人材所長協会）は緊急に署名をせざるをえなかったのだと、強調した[(9)]。こうした条件の中では、シニアの不完全雇用を継続的に改善しうる重大なプロジェクトに着手し、革新的であることは困難であった。たとえば、衰退していく仕事にシニアを集中させないようにするという目的で、事業の変化に応じて、企業の中でキャリアの後半期の異動やコースを、数ヵ月間でどのように明確に描き直せるのか？　それは職業の調査観測や研究、その後の難しい交渉の開始が前提となった。大半の企業にとっては多かれ少なかれうわべだけの同意の方へ向かった安易な解決法は避けられないことであった。合意内容の公式な定義が厳格さを欠き、許容性が大きいだけにその傾向になった。合意とは、以下の6つの行動分野から少なくとも3つを対象としていなければならない。
- 企業での向老期勤労者の採用
- 職業キャリアの変化予測
- 労働条件の改善と苦痛な状況の予防
- 専門的能力と資格の発達
- キャリアの末期、就労から引退への移行過程の調整
- 知識と専門的能力の継承と、チューター制の発達

　合意の大半は有効な前進が含まれておらず、極端にささやかな目標の提案に思われる。たとえば、キャリア末期は圧倒的にパートタイム、およびチューター制が選択されていたのに対し、向老期勤労者の採用が合意に含まれていることはまれであった。合意は無駄な努力であったし、企業が税の支払いを避けるという目的だけのために、急ごしらえで策定されたものだと、CGT（労働総同盟）は評価した。四方八方から、承認された合意の質についての懐疑論が噴出した。企業の合意の評価で目立つのは、企業にとって交渉の義務は年齢管理政策の明確な転換にはいたらなかったということである。これらの合意は最善の場合、シニアの管理に関する労使対話を開始することができたし、革新的な活動を根づかせる機会となった数例があった。

2010年：年金制度改革という狭い枠に閉じこもった高齢化問題

　ベビーブーム世代が年金受給開始年齢に達した2008年以来の高齢化問題に関する議論をざっと概観すると、年金制度とそれに関連した統計上の媒介変数（パラメータ）という狭い範囲内での議論にますます閉じこもってしまった、と認めざるをえない。本書で検証してきたように、シニア雇用の問題は今や、企業の合意の管轄に属するものとなった。もっと長く働き続けなければならないと確認し続けるならば、それは年

金制度の媒介変数の中にこの支払い命令をただちに転写させるためである。すなわち年金受給の法定年齢の引き上げとか，満額年金支給に必要な保険料納付期間のさらなる延長が必要となる。ところが，人々の高齢化と伸長する長寿化によって求められる社会に関する大議論は棚上げにされてしまった。唯一提起された問題は，2008年危機とベビーブーム世代の年金受給年齢到達によって大きく打撃を受けた財政の均衡を取り戻すには，改正すべき制度の媒介変数があるという点である。周知のごとく，型通りに言えば，媒介変数の課題は全部で3つある。

- 保険料を増額する
- 年金水準を引き下げる
- 法定退職年齢を引き上げるとか，満額年金受給に必要な保険料納付期間を延長する

上記の法定退職年齢の引き上げ，あるいは満額年金受給に必要な保険料納付期間延長という媒介変数は，民間部門の勤労者にとっては1993年の改革（保険料支払いの40年間への引き上げ）の，同様に公的部門の勤労者にとっては2003年改革の，核心部分である。さらに2008年には保険料納付期間は2010年をめどに41年への延長が定められて，公的部門の特別制度にも適用拡大された。2003年の改革に先だって行われた議論と2010年のそれとを比較すると，2003年以来，辿ってきた過程を見定めることができる。シニア就業率の引き上げは明確に2003年改革の成功の条件となっていた。政府は雇用と年金改革を，成功へ導く2つの措置としていた。2010年には，諸年金と方法の改革が実行の究極目的となり，シニア雇用はその枠外にとり残された。これらの改革の準備を下支えしたCOR（年金制度方針委員会）の複数の報告書を比較してみると，議論の幕引きを示す客観的な表わし方が見てとれる。最初のCOR（2002）報告書では方針について述べる章の中で1章丸ごと「年齢と仕事」の課題に割き，この主題について「大きな国民的政策へ導く」ことを提案した。まる20頁をもっぱらこの問題に当てた。7番目のCOR（2010）報告書になると，それがわずか3頁にすぎない。そこから見えるのは，フランスの進化はほんのわずかでしかなかったということである。2010年に50％の就業率という欧州の目標は約100万人とシニア雇用の増大を想定していたから（COR p.62），このような景気情勢では実現不可能であることを暗黙裡に示していた。後退はできないのだが，状況は変わらずで，シニア雇用の問題は関与の対象外なのである。大局的に見れば年金勘定の均衡に格別に最有効な変数，すなわち二重の被除数をもたらす変数（Hairault *et alii*, 2004）が，開始された年金改革についての議論では考慮されるべき媒介変数から排除されたのを見ると，驚くほかはない。実際に，周知のごとく現役生活の実質的延長は自動的に保険料納付者の数の増加となり，同時に非就労高齢者への年金や給付の数の削減となる。すなわちシニア就業率を再上昇させることは年金制度の財政均衡を保つ主要な原動力になる。年金の長期的な均衡の立て直しのためには，この変数を除外したことが2003年改革の不充分さの核心部分であったし，正確に言えば，それゆえに2010年の約束へとつながったのであるだ

けに，不可解なことである。この件では短期の政治的要請が，年齢と世代間の公平性や社会的結束という長期の中心課題より優位に立った。

　2010年の年金改革は主として法定年齢の引き上げについてであり，それは民間部門および公的部門のすべての給与勤労者年金制度に関することである。2008年に特別年金制度に関するいくつものデクレが発布されたが，それは特別制度を公務員や他の民間部門の年金制度に近づけるためであった。保険料納付に必要な期間は37.5年から40年となり，他の制度同様に減算定と増算定の措置が制定された。2010年の改革によって，満額年金受給の最低年齢は徐々に60歳から2017年には62歳へと移行する。保険加入期間が不充分であっても減算定抜きの満額年金を支払うことが可能な，減算定無効最低年齢は2017年から65歳となり，それが2023年には67歳となる。実質的な協議もなく，数か月で採択されたこれらの措置は不当で不公平であると批判された。

　第1に，これらの措置は主にほかの職業活動分野に比べてより若くして就労した工員に対して新たな重荷を強いることになった。彼らの大半は60歳前に年金受給に必須な勤続年数を完全に満たしており，60歳から満額年金受給が可能な人たちなのであった。この人たちはしばしば骨の折れる疲れる業務に従事していたのに，今後は年金支給開始には62歳まで待たなければならない。その上，満額率保険料納付期間以上に支払っていたのにもかかわらず，増額算定措置の恩恵は受けられない。同年金改革ではこうした職業分野における労働疲弊を考慮した苦痛労働に対する早期退職制度を規定したが，非常に悪化した健康状態の人だけをその対象者とするきわめて限定的な適用にした。

　第2には，女性たちもまた2010年の改革で導入された減算定措置なしで満額年金支給される67歳への引き上げで大いに損害を被った。女性たちは一般的に生涯を通した経歴や保険料納入規定年数充足による特典を得られない。その結果，女性たちの大半は，67歳まで仕事に「従事する」ことになるか，不完全経歴の年金額計算にならざるを得ず，大きな減額算定をされた早期退職年金を受給することになり，年金受給女性の貧困は著しく深刻になるだろう。結局，この改革は世代間の公平性の不充分さを深めた。なぜなら，この先の努力を期待されるのは現役世代に対してであり，年金受給者ではなく，主として若い現役世代に対してなのである。彼らにとっては年金の将来はなおも遠いことであり，自分たちが被る大きな減額算定のせいで年金レベルが減少することもわかる。労働市場にもっと長く居続けられるようにする拡大方法，あるいは現役世代の教育や失業，あるいは種々の職業中断する期間を，保険料納付規定に必要な期間として計算上で有効化することができるような拡大方法は何もなく，損失を補完する措置は実施されなかった。

2014年の社会党の改革：2010年改革で最も目にあまる不公平の改善

　「年金制度の未来と公平性を保障する」2014年1月20日法は，2010年法の最大の不

公平性を部分的に改善する試みである。長い経歴のある人々が60歳で年金受給退職者になる可能性を2014年法で復活させ，規定の保険料納付年数計算の中に非労働期間をより寛容に扱って有効化するように定めている。同法は「労苦予防個人口座」を制定した。この口座には当該勤労者の実質就業年数によってポイントが累算され，最終的には職業再教育に，またキャリアの最終盤にはパートタイム勤務へ，あるいは早期退職への移行に拠出することができるはずである。しかし，この口座は複雑であることが明らかになって，その機能を明確に把握するにはまだあまりに時期尚早である。そのうえ，同法はさらに規定保険期間を最終的に延長することを定めている。保険期間の媒介変数は年齢のそれよりも不公平性は少ないとして，1973年生まれの世代から3年ごとに四半期ずつ徐々に延長することで，規定保険料支払期間は2035年には43年に達することになる。しかし，現在のフランス年金制度の細分化を是正する構造的な真の改革は無期限に退けられた。しかしながら，専門家の見解では，この改革が，世代間と職業グループ間の取り扱いの公平性を再構築し，財政的にも持続性を保てる年金制度に改訂できる唯一のものであるという。

年齢による区分が根強く，ほかの年齢管理を推進できない雇用政策

フランスで観察できた変化には人々の年齢による管理へのいらだちが反映されている。早期退職文化から抜け出すための文化的変革は起きてはいない。年齢を尺度にした管理はシニアにはただ単にさかさまになっただけで，年齢は従来以上に存在し，改革の途上である。年齢引き上げは年金制度に関する議論の核心である。雇用計画はもっぱらシニアに関係していた。55歳以上には交渉義務があり，雇用には50歳以上が対象である。

2009年末の同時期，マルタン・イルシュ青年男女高等弁務官によって「青少年」計画が提出され，それによって2008年危機後，一層失業にさらされていた18-25歳を支援するために若い世代へのRSA（就業連帯所得）が制定された。その運営管理では人々の年齢による区分はかつてないほど支配的となり，必然的に年齢の壁の増大，年齢を基礎とする雇用差別といった一連の副作用を伴った。それは同時に，世代間に強い緊張を生み出した。若者を「犠牲になった世代」，反対に最近の年金受給者を諸改革で貯えを得て金持ちになった世代として好んで対立させた。公共政策は包括的なビジョンもなく，切迫した中で付け足すやり方で，失敗を切り抜けようとする。フランスの主要問題はジュニア世代同様にシニア世代の，ますます厳しくなる不完全雇用の問題なのであるという事実が確認されたと同じ時期に，公共政策においてこのように年齢間の社会生活時間の配分と，年齢グループが敵対し合う硬直したビジョンが強められた。年齢と各世代の問題を別々に区切って扱うアプローチでは，この課題は扱うことはできない。そのような視野ではフランスの2つの不幸に共通な根源を突き止めて，効果的に直すことは不可能である。この共通根源は，さまざまな段階と障壁によ

って次々に生じる職業軌道の不連続性に起因している。したがって，職業軌道の時間軸での見通しは勤労者にとっても雇用主にとってもなかなか難しい。フランスではどれほど各年齢が単一色の活動に閉じこもっているかを観察してきた。年齢ごとに学習，労働，無為の間で社会生活時間を変化させることがフランスではあまり見られない。フランスの若者（15-24歳）の９％のみが仕事と学習とをつなげている。45歳以上の人々にとっても同様で，その世代の就労中の研修率は極めて低い。この２つの年齢層については非就労状態を特別視し，公共政策の介入論理による状況として，別扱いにしている。人生行程の流れをスムーズにして，各年齢の社会生活時間を最も結び合わせやすくなるように障壁を砕くのとは逆に，この論理は年齢の障壁を強化したのである。しかし，「問題のある」年齢を「別枠で」で取り扱うことは，方向転換を難しくする副作用をそれ自体生じさせないわけにはいかない。実際，この取り扱いは公務を同情心訴求調整弁に位置づける傾向がある。前述したシニア雇用のための2006年の意見キャンペーンではそれを具現化して戯画化までにいたった。CDD（シニア有期雇用契約）の規範とは，保険料完全納付不足による減額算定がされないような年金受給ができるように，シニア従業員をより長く維持するように企業の公民意識に訴えることとは無関係な別なことであるのだろうか。ところが向老期労働者のイメージを引き上げるよりもむしろ，企業に向けての説教じみた語り掛けや公的扶助的な処遇によって向老期労働者のイメージに落伍者の烙印（スティグマ）を押したのである。高齢者といずれ劣らず職業統合の問題を抱えた年齢層と認識されている若者に対するさまざまな雇用対策についても，同様の指摘ができるであろう。シニアの労働契約を断ち切るために企業が「協定解消」措置を行使することは，精神に沁み込んでいる「早期退職文化」の表われである。職務上異動を進めるために2008年勧告で制定されたこの方法は，無期雇用契約の全勤労者を対象とした。使用者と勤労者間での交渉による同意が求められる「協定解消」は低税の解消補償が含まれており，失業給付への権利を開く。しかしながら，企業による協定解消の適用は58歳から59歳の間が最も多く，60歳になると落ち込む。2011年以来，企業が向老期労働者の失業保険費用を安くして分離するために，協定解消を活用した，とOECDが分析して指摘している。協定解消の対象になった向老期労働者に対する調査はこの解釈を裏付けた（Dalmasso, Gomel, 2014）。協定解消に署名する第１の理由は，勤労者にとっては「選択休止」であって，失業給付による利益は多くの場合少なかった。協定解消の休止では雇用は継続しており，辞職はしていない，と勤労者の半数は考えていた。

世代契約，雇用対策から年齢区分を断ち切るオランド大統領の目玉施策

　世代契約は2013年３月１日法によって施行された。それは３つの目的を意図している。若者の安定雇用への登用を向上させる。シニア雇用を維持する。知識と能力の継

承を確実にする。

　この方法は非常に刷新的である。雇用対策における年齢差別というフランスで優勢だった論理との決別であり，その点でこの分野での公共施策のパラダイムを根本的に変化させる。その上，労働において世代間の連帯と結束を再び活発にし，世代間の補完性に注意を傾ける。フランスでは長い間，年齢間の労働分担の戦略があったので，労働市場で若者と年配者とを対立させてきたのとは逆の方法となる。加えて，世代契約は企業の必要性に応えている。すなわち人数の多いベビーブーム世代の引退によって，世代交代の速度が未曾有の高まりとなっている状況では能力の継承が必要である。熟練勤労者は多くの場合，職業上の知識と鍵となる能力を保持していて，継承の組織化は企業にとって戦略的な重要目標となった。

　そうとはいえ，この革新的で立派な構想の実施は確実性に富むとはいえ，期待された結果を生まなかった。署名された契約数が予定人数をはるかに下回った。当初，2013年だけで署名契約は75,000数と推定されていたのだが，2015年3月時点で，開始された2013年から署名された世代契約は33,000であった。この対策は雇用されている26歳以下の若者の安定した身分での採用（無期限雇用契約）と，57歳か，それ以上の年齢のシニアの採用をつなげている。この対策は独創的なもので，OECDの他の国々には比較できる方策はない。

　世代契約が期待された結果を生まなかったこと，企業に対して望んだ成功をもたらさなかったことについて，いくつかの要素を説明することができる。

　第1に，この対策の立案者はこの施策に加わるよう企業を説得する適切な促進策を熟慮することを怠った。提示された唯一の誘導策は単なる金銭的援助であり，それも中小企業向け（従業員300人以下）だけに限っていた。26歳以下の若者の採用と57歳およびそれ以上の勤労者の雇用の維持，または少なくとも55歳以上のシニアの採用に対して3年間，各年4,000ユーロを援助する。従業員300人以上の企業に関しては，以前のシニア雇用計画の手順と同様である。これらの方法は2013年9月30日以前世代に関する問題について合意または計画を話し合う義務が課せられ，この義務を実行しない場合は罰金（賃金総額の1％）が課せられることもありうる。この合意または計画にはあらかじめの診断を基に策定された数値指標と目的を含まなければならない。向老期勤労者雇用のための契約は以下の5つの項目のうち，少なくとも2つを含まなければならない。向老期勤労者採用，職務変遷予測と年齢管理，世代間協力の組織化，専門的能力と資格の振興と教育研修へのアクセス，キャリアの末期および就労から引退への移行過程の調整。こうした実践の計画または契約を話し合う義務は従業員50人から300人に拡大する。50人以下の企業だけがそれを免れている。大企業にとっては強制が金銭的促進策にとって代わる。

　すべての場合において，適切な振興策に欠け，契約の特徴が非常に窮屈なことから，人々の関心や方法の範囲が限定的になった。とりわけ，世代間で有益な能力や経験の

継承を確かなものにするために，世代間の調整マネージメントが確固となるように仕向けないまま，契約を強制したのである。同様に多くの場合，鍵となる能力は中央年齢によって保持されており，年配労働者によってではない。能力の継承，および世代間の協力体制に関係するのは，労働の場のすべての年齢層なのであって，老若の両極端に位置する年齢層によってではない。もう一度繰り返すが，シニア雇用維持はこの対策の中では公的な命令にとどまっていると，認めざるを得ない。シニアをより魅力的にするために，企業が40歳以上への研修あるいは労働条件の改善について，支援の提供をして従業員のシニア雇用維持をするように誘導することは，なにも規定されてはいない。

　世代契約を成功させるために重要な障壁となる第2の要因は，この対策の構想にあたり，企業業績や競争力に固有の課題を世代間に求めるという考察が不充分であったからだと思われる。世代契約は，雇用で最も厳しい状況に置かれている老若両極の世代にそれぞれ同時に関連する雇用戦争に勝ち抜く手段になりうるとされていた。同時に，企業の年齢管理に関する企業行動を変化させる公的施策の梃になることもねらっていた。

　しかしながら，この対策には企業の中心的興味からかなりかけ離れた規定枠組みが課せられている。たとえば，最も若い世代に比較したシニアの関連費用が，その年功を反映しすぎる報酬ゆえにシニア雇用の重大な障壁になっているのだが，年齢による報酬改定は世代契約の交渉の規定部分には含まれていない。

　その上，この枠組みは労使対話中の諸課題，たとえば雇用と専門的能力の予測管理，職業行程の安全性，あるいは労働の困難さなどとぶつかったことから，この対策への企業の賛同を難しくした。

　筆者が企業に実施したこの対策についての評価で，企業がしばしば口にしたのは，労使交渉の間の福利厚生書類の重複や，優先課題を定めることの難しさである。しかも何よりも，公共政策によって定められた福祉課題は種々あり，さらに相互に矛盾さえしている優先課題を結びつけてまとめる困難さがある。こうした努力は，競争力を高めるという企業の優先目標から遠いように思われるだけに，企業にはむなしく見える。こうした状況で，強制された人員というのが自分の立場であり，しかも従業員削減が世の動向であるというのに，どのようにして契約の募集に応じられるのだろうか。

　問題提起によって世代契約が構想され，手段が提示されたが，この問題提起は従業員の高齢化が企業に提起している業績の課題を中心的に考察してはいない。それゆえ，経営者側は仕事の邪魔になる余分な義務的事務として世代契約をとらえた。フランスのこうした状況はフィンランドで採られた進め方からは遠い。フィンランドで実施された公的な多角的戦略は高齢化する労働力を国にとっての資源に変えようと，企業を説得し，援助することを志した。上記に挙げた理由によって，世代契約はシニア雇用の計画または協定づくり以上ではなく，フランス企業の年齢による管理のやり方を変

えることは成功しなかった。

　企業のシニア労働需要の活発化を目指す政策の弱さは，直近の10年間にわたるフランスの政策への批判的な分析から引き出せる主要結果である。早期退職方法の封鎖または退職年齢の繰上げに的を絞った，シニア労働の供給に関する強烈な施策それだけでは，55-64歳の就業率を再上昇させるには，とりわけ現役生活を延長させるには，充分ではなかった。さらに悪いことに，これらの施策はキャリアの最終期を弱体化させ，主としてシニアにその調整の代価を支払わせた。ゆえにフランスで見受けられる55-59歳の就業率の再上昇は見掛け倒しの現象だろう。

　実際，年金制度の受給開始年齢は今日，62歳であるが，労働市場から退出する実年齢は常に60歳前である。企業は向老期勤労者をかかえるのを渋り，彼らのある者たちを高すぎる，魅力に乏しいと判断する。企業が従業員の被雇用者能力の喪失を見越して予防を促進させてこないで，これまでわれわれが吟味してきたように，従業員の年金受給開始時期よりも前に協定解消措置を使って労働協約の解消策を利用させてきた。雇用における年齢差別の慣行はとりわけフランスで証言が多くあり，そのことは勤労者によって極めて幅広く認識され，全土に広がっている。勤労者による差別の認識は2000年に比べて2倍になり，2010年に7％に達した。これは欧州平均よりも明らかに高い（OCED 2014, p.96）。この数年間に記録されたシニア失業の激増と共にこうした特質が集中し，すべての指数が労働市場におけるシニアの脆弱さとキャリア末期の新たな不安定性を客観的に表出している。

　フランスの年金改革優先の方針が，労働変革，および年齢による労働能力の喪失予防や，現役継続に欠かせない施策の必要性を大幅に隠してしまった。この政策で大きな代価を支払わされるのはシニアだけではなく，企業もまたなきにしも非ずなのである。企業が従業員の高齢化ゆえに先行きを見越して，充分に対策を制御できなければ，企業競争力の低下に陥るリスクがある。

　フィンランドでの実践をモデルにして言うならば，長い職業行路の間中，勤労者の労働能力や被雇用者能力を維持するための予防的な多元的戦略の実施だけが，フランスのみならず労働市場からの退出方法を明確に変化させることに成功していない他の国々も同様に，国，企業，勤労者にとって人口高齢化を一つの好機に転換しえるのである。

教育，雇用，年金について，多様な年齢と世代間の，新しい連帯へ

再考すべきライフサイクルにおける社会生活時間の配分

　新しい知識社会の文脈の中で，人口高齢化と伸長する長寿化という難問に立ち向かうには，雇用と社会給付移転の問題を解決するように，労働，教育，補償された非就労期間という人生行路での社会生活時間配分の仕組みについて，世代間の連帯契約に

関する再交渉が必要である。

　現行の年金制度の主要部分は1945年から1960年の間に策定された。それは三分割された人生行路概念と共に，産業社会発達の到達点を代表していた。この概念によれば，休息権は長期間にわたって集中的に生産活動に従事したことを条件として，人生の終りに集結されている。

　第二次世界大戦が終了した戦後期は，再建設と華々しい成長の状況の中で，差し迫った老いのリスクに抗するために，年金への普遍的な権利を構築することが急務であった。実際，老人は先進諸国における貧困者であった。この時代に年金制度を樹立することは何よりも世代間の暗黙の契約の表れであった。それは年齢によってカバーされるべきリスクの特徴について，またライフサイクル，すなわち教育，就労，補償された非就労期間という時間の配分，および共存する3つの世代間における公的再配分の方法についての，大がかりな同意を表現していた。年金への普遍的な権利は，この時代に策定され，当時のコンセンサスを反映している。年金の保障額は伸展する長期間の労働生活が条件であり，その権利は大半が人生の終りの補償された非就労期間に集中されている。

　このようにして，年金制度の構築を通して共存する3世代間の連帯契約が創設された。ロールズが言う意味での公平で公正ですべてにとって互いに役立つものとして考えられた（Rawls, 1999）。つまり連帯契約は長期にわたる相互性の鎖を基盤としている。長い労働生活を条件として，老年期の何年間かの休息権の授与と引き換えに，青年期や壮年期の人々は安定した持続性のある雇用を占有する。それによって年金のための年長世代への移転制度に出資することができ，同時に子どもの教育や自分自身や家族のための健康管理に出費できるようになった。年金制度の制定とその負担増加が，老いた両親と成人した子どもたちそれぞれの自律性を同時に促進させたことにも注意しなければならない。事実，年金制度の創意によって下の世代は，老いた自分の両親に代表される年長世代に対する責任感，とりわけ金銭的負担から解放された。年金制度は当然のこととして「世代間関係の逆転」（Lenoir, 1979）を後押しした。優位に立つ上の世代への年金の公的移転の発達は，親孝行の倫理や扶養義務から下の世代を免れさせた。同時に，孝行の倫理は家族内に残って，私的資金の流れは下の世代の子どもたちに向けて増大した。

　世代間の新しい関係図はこのようにして配置された。この連帯契約は産業社会に特有な社会生活時間を分割した3つのモデルに完璧に組み込まれている。

　この意味で，教育，労働，引退の3つの社会生活時間を構成している制度を組み合わせながら産業社会のモデルが完成されている。リスクに対する社会保護の給与労働の制度，およびその外延部に伸展した制度で配偶者も忠実に人生を3つの時間に分割されている。例えば，教育政策は子どもを対象とし，現役で働く成人には労働権，家族政策や保健政策が向けられ，社会移転のおかげで，高齢の非就労者には品位ある暮

らしとつつましい幸せの数年間を過ごせる年金が与えられる。[12]

　ところが，これまで見てきたところでは，産業社会に特有な，この3部構成は壊れた。ライフサイクル全体に配分された社会生活時間の仕組みにより柔軟であいまいな形態が現れ，同時に軌道の多様化や個人化が生まれた。それらとともに，新たな年齢によるリスクの特徴が現れた。年齢の混交と年齢閾の平坦化という新たな条件の中では，ライフサイクルの全段階で一様に統制したり，一つの年齢からもう一つへの移行を規定するような標準規範を継続検討することはもはやほとんど意味がない。唯一の社会生活時間の中に各年齢を特殊化することも，もはやほとんど意味をなさない。3部構成時間のライフサイクルは年齢間で労働と非労働の厳密な配分を基盤とした世代間連帯で構想されている。老年はこの枠組みでは社会の周縁で抗い難く養われ，社会的移転で暮らす年金受給の非就労期間として定められるしかない。この概念においては我々の社会の中で年齢に与えられた地位について根本的に再検討する余地はないのだが，しかしながら長寿化の伸展から考慮せざるを得ない。

　こうした見方はフランスでは不条理なまでに進んで，これ以上は耐え難い。実際，成人の幅の狭い世代だけが労働市場で保たれるに至った。最も若い世代は雇用参加施策の管轄下となり，高齢化する現役世代は脆弱で労働市場に長く留まることに苦労している。対照的に，年金制度は人生の終盤用に積み重ねられてきた，義務的有償休暇の巨大な財政出資となったが，その資金調達はますます不確かなものとなった。

　年齢による区分化と社会生活時間の分割の論理は息切れしている。第二次世界大戦後の世代間の連帯契約は犠牲の契約となった。多くの国で，若年世代の雇用確保は相次ぐ世代間での相互の交換が条件となっているのに，もはや保障されなくなった。その上，老いていく国民の社会保護への資金調達に不可欠な，現役生活延長がフランスのように，多くの国で出現するのが遅れている。その結果，老齢リスクに関する移転部分は膨らんで，社会的支出の約40％になっている。それに引換え，雇用政策と失業給付の出費は社会的支出の10％にも満たない。教育への公的投資は横ばいか収縮している（2000年以来のフランスの場合）。

　かくして，若い世代に教育と安定した雇用を約束して未来の年金を備えさせた世代間の連帯契約は砕け散った。世代間の公正な契約に立ち返ることが喫緊の課題である。貧困と社会的リスクが逆転し，若い世代の側に現れ，世代間の社会的再配分がもはや相互の利益になったり，財政的持続性を保つことはできなくなった。

　前述したように，教育，雇用，年金のための契約である世代間の連帯契約の再構築が急務なのである。人口高齢化で年金制度が相次いで余儀なく改革されたが，それもまたそれ自体で連帯契約を由々しく危うくした。その改革が多くの場合連帯契約を無視したからである。年金改革はもっぱら制度財政均衡の会計見通しの見地から行われた。だが，年金制度の財政的社会的持続性には，生涯にわたって世代間で雇用と教育への機会を公平に再分配することが欠かせない。

公的施策に必要な針路とパラダイムの変化……連帯契約の再構築のために，世代間における雇用と教育への機会の再配分

　公的施策としての針路変更は避けられない。年齢概念を行路概念に差し替えなければならない。行路概念はライフサイクル全体で労働力を維持する総括的な予防施策を考えることができる。このような社会的投資戦略はあらゆる年齢の人々の潜在力を最大限に集中させていくに違いない。職業経歴軌道の流動化，安全性の担保，生涯にわたる教育，就労，非就労の期間の最適な連結，あらゆる年齢に向けた新しい戦略とは，このようなものである。この戦略は若い世代とシニア世代の不完全雇用というフランスの困難点を改善させる最良策となる。それは年齢の多様性の管理というにとどまらず，多様な年齢が生み出す相互作用の管理でもある。これからの20年後，労働における諸世代による強力な変革は，労働現場での多様な年齢による協働と補完性を重視することが求められる。しかも長寿化が進むだけに，労働する年齢世代の活動範囲の拡大はかつてないほど広がるだろう。世代間で競争したり争うよりも，世代それぞれの能力を交差し移転させることに重きをおくのは，総体として企業や国の競争力にとって重要な目標となる。これまでに筆者が実施してきた比較調査結果から導き出した事象から，これらを実証しつつ，雇用における多様な年齢を包摂した新しい管理に寄与すると思われる主要な牽引策について述べよう。

すべての年齢の労働能力が維持できる総括的な予防戦略の牽引策

　目的は若い世代とシニア世代を対象とする企業の労働需要と，同時にその2つの世代グループの労働供給を喚起することである。それに続いては，シニア雇用を増加させたり，彼らの引退を先に延ばしたりすることができたほかの国の中での原動力について特に集中して扱う。というのは筆者の調査は主として職業キャリアの第2期（後半期）に関しているからである（Guillemard, 2013）。

① 職業行路を保障して推進する

　勤労者にとって企業の魅力や労働意欲をかき立てる主な要素は，年齢が変わるにつれ職業上に変化が生じる将来の見通しである。蓄積できる能力や機動力は，経営者から見れば被雇用者能力の証拠でもある。それには個別のキャリアのフォローアップや，雇用に関する予測管理が必ず必要である。行政や企業が年齢管理について前向きに取り組む姿勢を活発化させることが，フィンランドの最初の全国5ヵ年計画の主要プログラムの一つとなっていた。プログラムの最終評価を担っていたフリーの専門家によれば，「年齢マネージメント」と名付けられた施策は総括的に企業に対して重要な影響力を持っていた（Arnkil, 2002）。この施策は一方では多様な人々からなるマネージャーや研修指導者のために年齢管理に関する研修を実施するという役割を担っていた。他方では，企業や行政に向けて，向老期勤労者に望ましい労働状況の分析や年齢管理問題への先行診断ツール，およびベストプラフティスの事例の紹介普及をめざし

た，相談のよりプラグマティックな活動も担っていた。年齢管理についてのこの施策の最終目的は，組織の生産性を増加させると同時に，働く者の被雇用者能力と労働能力を発達させることであった。労働条件や環境を変化させながら，企業にシニア勤労者を適切に活用する方法を学ばせることであった。それは彼らの経歴に水平的にはもっと流動性をもたせ，垂直的には未来ある職業の方へと再構築することであった。プログラムの重要部分は老いと管理をテーマにマネージャーと幹部への研修に充てられていた。

相談業務と職業研修の組織は，このプログラムの立役者であった。全国組織網は共通ツールの下に構築されていた。そこには企業の研修担当者，公的な研修機関，コンサルタントや，企業の研修担当幹部が含まれていた。年齢マネージメントの研修施策のすべてが評価の対象となっていた。2002年のプログラムの最後には，上達実現評価に関する実践ツール，および「Age―― Management Handbook Talentum 2003（年齢マネージメントの人材ハンドブック2003年）」(2002, p. 44-47) のような年齢マネージメントについての好実践例の普及活動が準備されていた。最終的に構築されたのは，年齢管理の専門家の本当の組織網である。全土にわたってこのテーマに関する企業内専門コンサルタントを養成することができる。彼らは新しい職業や能力の需要の見取り図を作成して，異なる年齢，異なる部門の勤労者を企業内でも外部でも変化させ，企業が従業員の老いに先行して準備することを助けることができる。職業行路を立て直すことは欠かせない。なぜならすでに10年前から同じポストに従事していて，さらに5年の延長をしなければならない場合の動機づけは乏しい。

フィンランドにおける年齢マネージメント普及活動は，公立と民間のマネージメント研究所と保健社会事業省との間の密接な連携によって推進されていた。フィンランドの雇用担当部署の独自の組織からも支援されており，その組織は年齢マネージメントに関する部署の効率性に好都合な統合を強く表明していた。実際2003年から，経済発展と雇用の地方センターの中で，種々の部門の経済発展部署と雇用部署が同じ組織のもとに結集された。[13]

フランスでは異動施策によって，労働市場退職から転換して，新しい職種や教育行程関連向上の方へ切り替える企業が現れるようになった。AXA フランスとその CAP 職務協約がそうした例である（資料8-1）。勤労者には職務異動を，対する使用者には従業員の雇用維持を義務づけて雇用保障するという，交換条件の新しい協定を提案することで，早期退職制度を終結させた。

② 職業行路と連結した教育・研修行程を発展させる

シニア世代の就業率は教育レベルと相関関係があることを我々は確認した。それはフランスの場合と同様に，欧州計画でも実証された（資料8-1）。高度なレベルの教育を受けた者だけが就業継続ができる。すなわち生涯を通じての修業は，雇用市場でますます加速する変化に適合できるような必要能力を次世代のシニア層に保障してい

資料 8-1 Axa：すべての勤労者を異動可能にするための"Cap 職務"計画

2002年の状況：異動のニーズと，退職対象とされている大半のシニア従業員
　―保険職務の変化：事務管理（会計と契約の管理）から，商業的論理（種々の商品販売）へ；
　―50歳以上の従業員の34％；
　―極度に寛容な早期退職措置：157,000ユーロ小切手つきで57歳で退職可能になる。
2003年の実施計画：シニアを含めたすべての勤労者を異動可能にするための"Cap 職務"
　―早期退職制度の撤廃；
　―新しい保険職務の方への異動と引き換えに，雇用保障の協約；
　―自発性に基づく異動；
　―研修つき；
　―自発的申請を呼びさますために，企業内での大規模なコミュニケーション（異動を承諾した勤労者例を紹介する小冊子。全従業員へ配布）。

るのである。また，同様に実証できたことは，フランスにおける生涯研修と教育は年齢に比例して減少しており，40歳から減っていく。生涯を通じて，とりわけ40歳から投資することは，現役生活を延ばし，労働市場からの退出を個別に変える非常に重要な原動力となる。観察したフィンランドの全国計画では，若い世代に比べて遅れていた40歳以上の教育を補填することが優先目標に採用されていた。その目標に沿って，すべての人に新しいテクノロジーへのアクセスを促進させようという意志があった。こうした見地で，「ウェブを活用するシニア」のように，特にシニア世代を対象としたプログラムが組まれた。その上，成人向けの研修方法や，就業者向けの生涯教育を受ける際，年長者の意欲を駆り立てるような方法について，深い考察がされていた。なぜなら40歳以上の人にとっては研修へのアクセスのみならず，研修中に自己放棄してしまうという問題が生じるからであった。実際，40歳以上の向老期の人たちは確かに自分は仕事の熟練者ではあるが，低い初等教育を受けているだけで，成人実習の特別なプロセスには適格とはいえず，全年齢向けの研修に自分は向いていないのではないかと危惧していた。それゆえ向老期労働者自身の躊躇を乗り越えて，自ら教育を受けるという意欲を持つことが重要目標なのである。この場合，勤労者が持つ経験を支えにして研修が十二分に提供されることが不可欠であることが明白となった。

しかしながら，フィンランドの最初のプログラムでは最年長者への研修機会を明らかに増加させたが，年長世代の中でも最も低いレベルの初等教育だけだった人たちは積み重なった遅れを埋めることはできなかった。それゆえ2003-2007年の期間に実施した，《Push》（押して動かす）を意味する略称 NOSTO と名付けられた新プログラムでは低いレベルの教育を受けた50-54歳を対象とした。実際のところ，実施された評価によって明らかになったのは，最も年長の人たちを対象とした研修を増加させた努力がより効果を上げたのは最も高い教育を受けた人たちであった。研修に関する世

代間の溝を減少させるために，2003年に1,000万ユーロが投入され，5年間プログラムが立ち上げられた。この対象グループの人々の学習能力を大きくし，意欲をかき立てるために特別に努力がなされた。最終的に，総合的な基礎研修システムは職業研修施策に連結された。教育をあまりうけなかったこの年長者世代は2010年ごろ労働市場から退出するはずであった。この見通しから，生涯を通じた研修を発達させるために，「全年齢のための労働生活の魅力」を目指す新プログラム VETO の中で，追加的施策が進展した。それがすべての現役年齢の人を対象にした，その賃金に比例した報酬つきの研修保障を確かなものにする法制化である。成人が教育を受けるために手当を受ける権利がこうして創設された。職業キャリアの間におよそ18ヵ月間の報酬つき研修の権利である。職業生活の間に一度に，あるいは数度に分けて取ることができる。それは一種の債権であり，受益者は自分の選択で専門的能力を高めたり，あるいは学業に戻るために活用できる。よりくわしく言えば，職業上のノウハウや能力を向上するためのこの権利は，職業生活の10年ごとに計画的に組織的に行使されていくに違いないだろう。これらの新しい方策は，全生涯を通じて教育の原則を具体的に実現することを究極目的としている。その先に目指すのは，教育に自ら投資することで，就労人口の生産性を改めて向上させていくことである。

③ 職場の保健衛生と福祉を促進する「持続力を保てる労働」の方へ

職場における保健衛生と安全，より広義には職場の充実感は，教育とともに，労働の質を表すキーポイントとなる。ところで，雇用に関する欧州戦略の一環として欧州研究が明らかにしたのは，雇用の質の指数と55-64歳の就業率との相関関係である（Davoine, Erhel, 2006）。この研究の著者たちによって作成された，欧州諸国における2つの現象の相関地図によると，北欧諸国は英国同様にシニア世代の雇用維持ができており，その雇用の質は最も高いことが示されている。フランスは同地図の中で中低位に位置しており，雇用の質は並以下，就業率は低い。最も低い評価状況はイタリア，スペイン，ギリシャである。それを SHARE 調査[14]が以下のように確認した。フランスは南欧の国々とともに，シニア世代の回答では雇用の質が非常に悪い国である。とりわけキャリアの展望がなく，シニア労働についての認識が低い。シニアはまた欧州の隣国に比べて労働条件も悪いと述べている。彼らは加重労働にさらされていると感じている。2005年の労働条件に関するフランスの調査結果は前述のデータと符合する（Dares, 2008）。35-55歳の勤労者のおよそ40％が「60歳以上になったら，今の仕事を今と同じようにはできない」と思っていることが，後者のフランスの労働条件調査で明確に示された。理由として挙げられたのは，体力的につらい重労働（工員），労働組織に関連する緊張，不規則または超過勤務時間，加重労働（被雇用者や幹部）などである。

労働の持続性が担保されていなければ，そこで勤労生活を延長することはできない。フランスで支配的な競争力戦略は，従業員集団や経費の縮小，高度な労働強化を基に

している。それは個別目的ごとの対応でストレスを生む人材マネージメントと，唯一の世代を頼りにした業務活動に関連する高度な労働強化を基盤としている。こうした競争力戦略は労働生活の延長には前向きではなかった。競争力戦略は労働を長続きさせるために不可欠な条件を創らなかった。

活力ある高齢化概念を発達させた国は労働の質の改善と，すべての年齢に合った労働条件を実現させた国である。フィンランドの実例の分析で提示したことであるが，フィンランドは労働現場のあらゆる側面における福祉の向上を，最初のプログラムの主要施策の一つとして設定し，それが成功の核心ポイントの一つとなった。この施策は勤労者の見地と同様，企業のグローバルな業績の観点から構想された。実際，高齢化と長寿社会においては，企業の重大な挑戦は労働における健康維持の予防政策によって，労働を生涯にわたって持続できるようにすることである。この重要性を理解していなければ，企業は疲弊して意欲に乏しい労働者を生み出すことになるだろう。そうした従業員は企業の将来の業績には避けがたく重荷になるだろう。労働力を得られる人材プールの平均年齢はもっと高くなるだろうから。

それゆえに肝心なことは一方では，企業は，経験を切り札として認めることである。向老期労働者に不利なテクノロジーや組織の選択で彼らの経験を無効にしないことが前提となる（Behagel, 2005）。他方では，労働組織や条件を適切に調整して，早すぎる消耗を予防し，能力を維持することである。各企業が労働における健康と安全や，人材管理に，フィンランド式の労働力の指標のやり方で，多様な数値指標を含む自らの計測ツールを持つことが想定されるだろう。この計測ツールは労働における健康悪化のリスクについて，勤労者，ならびにグローバルな企業業績のためにも警告を発することができるだろう（Kreutz, 2005）。労働組織は向老期労働者に相応の充足感を保障するべきである。彼らの方は意欲的で労働者として人を引き付け，自身の引退を数年先に延ばすことを是とするだろう。この点に関して，周知のように引退への選択は健康状態が決定的要因になる（Volkoff, Bardot, 2004）。フィンランドの経験から採り上げるべき重要な教訓としては，人口の高齢化とともに，雇用の質を改善する目標は就業率の上昇目標と同様に，少なくとも重要な課題となることは疑いようがない。

④ 職場で多様な年齢による協働作業と相乗作用を促進する

労働現場で加速する世代交代の状況の中で，一つの目標が要請されている。ベビーブーム世代が退職年齢に達した（フランスでは2006年から）。それゆえ労働市場からの現役引退が今後の20年以上にわたって絶え間なく大きな流出を引き起こすだろう。高齢人口ピラミッド形状の企業や行政では，時に労働力の30～50％を新しく入れ替えなければならなくなるだろう。彼らの退出は組織の中で鍵となる能力の喪失リスクを生む。こうした条件の下で，組織が競争力を維持したいのならば，世代間で能力やノウハウの継承を絶対に強調しなければならない。同時期に，多くの企業が社員を募集しなければならなくなり，ベビーブーム世代に属する職場の従業員が年老いていくの

に，一度に大量の若い社員を迎えいれることになるだろう。企業が直面するのは，労働における世代の多様性であり，従業員たちの行動や期待はますます多種多様になる。

企業に課せられた重要な課題は，対照的な行為や異なる基準を持つ多世代で行う労働の現場で補完し，協力しあうことを優遇することである。こうした分野で効果的な実践をしなければ，企業の業績に大きな弊害となる世代間の対立の拡大を見ることになるかもしれない。この新しい難題に挑むことができる万能薬として，個人指導をするチューター職制度がしばしば言及される。それについて本書では世代間契約の一環として検討することができた。しかしながら，現代の研究によってチューター職の伝統的なアプローチの限界が明らかにされ，それゆえにニコラ・フラマンが示したように二項式の交互策が重視されている。年長者と若者が組む親方見習期間としての伝統的なチューター制度は，月並みな再生産の論理を優先して，変化の必要性と矛盾することがある。チューター制度は技術の継承が可能であると同時に，時には変化させたり消滅させたい実践の再生産の方にも導く。技術刷新がますます早くなる状況の中で，技術知識が多かれ少なかれ早く陳腐化する事態に直面して，チューター制度はまた禁忌されることもある。この問題への代案として企業の中には二項式を検討しているところがある。「しかし，永続するべき伝統的技術を妨げないで機能を変化させるためには，言葉を変えるだけでは不十分である。年長者は自らのノウハウを若者に伝授し，同時に若者の方は年長者に生産の新技術を教えている現場で，二項式が実施されているのを目にした。しかしながら，経営管理と人的資源面に強力な支えが伴わないと，伝統的な社会秩序の再検討はうまくはいかない」（Flamant, 2005, p. 42）。本書が研究した実例はソラック鉄鋼部門（FOS）に関するものである。そこでは若者と年長者の二項式が創成されていた。それは個人から個人への知識の伝授のためではなく，鉄鋼所の作業員たち全体に向けた，研修サポートの援助の知識を形式化するためであった。したがって，「協働作業の所産は《若者と年長者》関係の中に閉じ込められたものではなく，作業員全体に役立たねばならない。その点で，二項式の方法は補完性の論理に基づいている。それは（知識と専門家たちを形式化する）方法であり，同時に（世代間の協働作業を組織化する）究極目的でもある…有益な知識の選択と継承を促進する最大の機会となる相互の認知を基盤として，双方による構築プロセスを促進するものである。（…）」（Flamant, 2005, p. 44）。

チームの中で年齢の混じり合いが不可欠である，と再喚起させられる例である。さまざまな世代が一丸となって率いられていれば，組織の中で変化を目指す運営はそれだけ多く達成の機会に恵まれる。そうした観点からは，経験を伝承するのは年長者だけの専売特許と考える必要はない。何事も，熟考を経た企業次第，企業が備えた労働現場での多世代の特別な組み合わせ具合なのである。あるいは企業が活用する能力の類型とか，企業を特徴づける技術の陳腐化の早さ次第なのである。いくつかの組織の中では，新参者を教育する中心的役割を担うのは中央年齢の者である。ほかの組織で

はむしろこの役割は年長者に割り当てられている。すべてのケースで，労働現場において多様な年齢による協働作業が，能力を出し合う相互交換を通して行われている。若者の専門知識を活用する，とりわけデジタル通信技術では年長者にこうした技術の活用を導く「逆転指導」の活動が示されている。世代間の技術交換の波は双方向であることが認められた。こうしたことから，フランス式の世代契約が世代間の技術交換の現実や，多様な年齢による構築が望ましい相乗作用から大きく外れていることに気づかされる。世代間の能力の継承は企業にとって戦略的目標となった。能力の継承は，人材の年齢間相互にわたるマネージメントが必要とされる。それが唯一，多様な年齢による協働作業と相乗作用という新しい課題に応えられるものである。

年金のために，世代間の新しい社会契約

年金制度について，グローバル化知識社会における，非規格化され柔軟になったライフコースの新たな時間性の制度から遠いものと，考えることはできない。年齢と世代における新たな連帯は休息権の行使においてと同様に，労働においても課題とされている。それは年齢とともに辿る人生行路において多様な社会生活時間の新たな再分配であり，公平で持続的な年金制度のために世代間で社会契約を再構築することができるだろう。

明らかに，現役生活の末期に，退職あるいは早期退職の形態で，補償つき非就労に大半の時間を重ねることはすでに廃れた論理である。明瞭になったリスクの新たな特性にそれではもはや応えられない。人生の諸段階で，列挙された主要リスクに関連して，有業か無業かで明確に分断された状況の保護に，社会保険制度を結集できた時代ではもはやない。今後は，仕事，教育，非就労がすべての年齢で密接に混じり合う。その結果，例えばデンマーク式のフレキシキュリティにヒントを得たりしながら，新しい社会モデルでは無職になったり，変化に富む人生の軌道を安全にするための努力をしなければならない。補償つき無業であることがもっと柔軟に，もっと自由に，もっと選べる方策へ進むことが必要である。スピオが理論化した，社会的引き出し権概念の方法によれば，補償つき無業の方策は個人的な選択とニーズに応じて，人生経路の何時でも要請できるものとなるだろう。

その結果として，年金受給は特別な時間設定から脱するのが望ましい。年齢の行路全体をカバーするグローバルな予防戦略を採れば，実現可能になる。この戦略は，可能な選択の幅を狭めるあらゆる決まりを除去し，各段階で人生の選択を最大化することが目的となろう。こうした観点では，年金受給はより遅くなる。その代わり，より選びとられるものとなろう。労働時間は軽減され，休職（サバティカル）期間やさまざまな中断期間が拡大する可能性があり，人生行程で今より良い形で区切りをつけることができるだろう。対立する当事者全体にとって，肯定的な結論を導き出せるのはこうした協議からしかない。雇用と成長は，生産性競争が課せられている中央年齢だ

けが「担わされる」ものではなくなるだろう。ジュニアとシニアの両世代も連携して，業務と社会会計の均衡に寄与することが可能だろう。世代間の連帯契約の新たな地平は「アラカルト方式」の年金制度の構想が前提となるだろう。

　年金受給の均一年齢，あるいは保険料拠出の標準期間について法制化する試みは，今日では正当性がくずれている。人生行路はあまりにも複雑で種々さまざまになっている。そんな風に推論していくと，過去のツールと認識の枠で明日の問題を扱うことになってしまいかねない。年金カッターと呼ばれる年金減少方法に替わって，引退年齢をもっと柔軟に選択できる形態にしなければならない。労働市場からの退出について種々の選択を管理することが必要となる。たとえば，市場からの退出の選択を60歳から70歳の間の10年間か，それ以上に設定して，完全引退，あるいは漸進的な退職にすることができるだろう。こうした選択方法は奨励策と非奨励策の制度の中に組み入れることもできるだろう。各当事者は年金額と受給開始時，自分のニーズと状況によって選定することが可能となるだろう。このようにしてフィンランドとスウェーデンの年金制度は改正されて，年金受給が可能になる最低年齢のみが維持されている（スウェーデンでは60歳，フィンランドではその後62歳になった）。就労と年金の併用は推進されるべきである。同様に労働と教育の併用，並びに交替制が推奨されなければならない。

　本書の終りにあたり，人口高齢化と長寿化の伸展が先進社会にとって致命的な破滅を意味するものではないということ提示できたことを願う。人口構造の変貌は年金受給開始のさらなる繰上げや給付減，安心できる福祉国家の解体をどうしても避けることができないわけではない。人口の変化はすべての年齢の人にとって個別性にさらに配慮しつつ，もっと連帯した社会を建設することができるよい機会とすることができる。こうした社会は以下に記すような主要方針による世代間の連帯契約の再構成なしではありえない（Guillemard, 2015）。すべての人にとって年金受給開始の先延ばしの要請は，代償として若者と最年長者の雇用機会の拡張を伴われなければならない。今日，多くの国において彼らは労働市場の周縁に幅広く留め置かれている。この見地から，全生涯にわたる積極的雇用政策の複合化を通して，若年，中年，シニアがもっと就業によい備えを持てるようにしなければならない。

　また現役世代向けの教育投資によって増加した高齢化につながる社会保護費用を再均衡化するためには，教育と年金に関する短期および長期にわたる公的支出を密接に連結させるべきであろう。

　同様の考え方で，高齢化と長寿社会における世代間の私的譲渡は，多くの場合，年金受給者が眠っている資産の所有者であることが避けがたいので，世襲財産社会の形成による悪い影響を是正するためには，生前譲渡を加速させることで再均衡バランスが取り戻せる。

　世代間の新しい連帯は，現代化された社会保護と一層結集力と競争力のある社会構

築を担保するものであり，同時に非常に高齢な人々に対しては，共同体の連帯を実践するものでなければならない。そうしたことで家族や個人に多くを頼ることはもはや可能ではないのに，そういう場合がなおもあまりにも多い

公平で公正な世代間の連帯契約の再構成に到達する道は，要求されるものが多い。それには公的な力強い積極的介入策が必要となる。しかし，外国に例をとる迂回した方法で明らかになったことは，この挑戦に挑んだ北欧諸国が革新的経済体制下で，個人の能力と自律を生涯にわたって支援し，促進することに傾注して，福祉投資国家を発展させて社会モデルを現代化させながら，同時に新しい知識経済の一環を成していることである。

注
(1) 上からの高齢化と下からの高齢化（第1章参照）。
(2) 年金の支給年齢の引き上げは，長期キャリア条項の創設によってブレーキがかかった。非常に若くから働き始めた勤労者に対して保険料支払い期間延長への公平な前提条件として，長期キャリアに対する考慮であった。彼らにとって，満額受給できる168四半期の保険料支払い期間は60歳前に達してしまうのである。この条項は見通しを超えた良い結果をもたらした。
(3) ある種の勤労者のための早期就業停止制度。
(4) 第4章で検討したように。
(5) 2010年の計画終結時に，署名されたシニア有期雇用契約は20件に満たなかった。
(6) 全国協議活動計画（p.14）。
(7) 行動の連携に関する，より詳細な説明は，ギルマール（Guillemard, 2007 p. 36-51）参照。
(8) 引退への想像を絶する問題の詳細な時評について，プス＝プレス（Poussou-Plesse, 2008, p. 384と次頁）で参照できる。
(9) シニア雇用のための協約の内容と有効性に関する施行デクレは2009年5月20日にしか発布されなかった。交渉のために企業にはかろうじて6ヵ月余りしか残されていなかったことになる。
(10) 2006-2010年の「シニア雇用」計画の1,000万ユーロと対比すると，就業連帯所得（RSA）の予算は，6億5,000万ユーロである。
(11) OECDの資料（1998）によると，1960年にOECD内の68歳の男性平均では50年間は労働生活に費やされ，残りの18年間は働く準備のための短期間の教育期間と，短い隠居生活に充てられていた。
(12) 思い起こせば，1960年代，年金受給開始年齢の平均は67歳であり，男性の平均寿命は70歳弱であった。
(13) アラン・ルフェーヴル（Alain Lefèvre）のブログ：北欧社会。
(14) 調査「欧州における健康，高齢化，引退」は，50歳以上が居住する世帯を対象に実施されたビエンナーレ調査結果である。調査は健康，社会生活，年金の3つの大きなテーマを扱っている。欧州11ヵ国において3万人余りが関係している。

引用参考文献

Ackerman B., Alstott A., 1999, *The Stakeholder Society*, New Haven, Yale University Press.

Amauger-Lattes M. C., 2007, «La discrimination fondée sur l'âge. Une notion circonstancielle sous haute surveillance», *Retraite et Société*, n° 51, La Documentation française, p. 28-43.

Anglaret D., Massin M., 2002, «Les préretraites. Un outil important de la gestion des âges dans les entreprises», *Premières Synthèses*, DARES n° 45, 1er novembre.

Anxo D., Boulin J. Y., 2006, «The Organisation of Time of the Life Course: European Trends», *European Societies*, vol. VIII, n° 2 p. 319-341.

Anxo D., Ericson T., 2010, *Active Ageing in Sweden. A Policy Oriented Analysis. Report for ASPA*, www.aspa-eu.com

Ariès P., 1973, *L'Enfant et la vie familiale sous l'Ancien Régime*, Paris, Seuil.

Arnkil R., 2002, «Assessment of the Finish National Programme on Ageing Workers. Discussion Paper by Independent Expert in European Commission. Peer Review Programme of the European Employment Strategy», *The National Programme for Ageing Workers (follow up). Final Report*, Helsinki, 20-21 janvier 2003.

Atchley R., 1976, *The Sociology of Retirement*, Cambridge, Schenkman. Aubert P., 2004, «Les quinquagénaires dans l'emploi salarié privé», *Économie et Statistique*, INSEE, n° 368, avril.

Auer P., Speckesser S., 1998, «Labour Markets and Organisational Change: Future Working Structures for an Ageing Workforce», *Journal of Management and Governance*, I, p. 177-206.

Autume A., Betbeze J. P., Hairault J. O., 2005, *Les Seniors et l'emploi en France*, Conseil d'analyse économique (CAE), Paris, La Documentation française.

Aventur F., 1994, «La formation continue des salariés à partir de 45 ans», *in* L. Salzberg, A.-M. Guillemard (dir.), *Emploi et Vieillissement*, coll. «Cahier travail et emploi», Paris, La Documentation française, p. 89-95.

Babeau A., 1997, «Problèmes posés par l'introduction des fonds de pension en France», *in* Mission interministérielle recherche expérimentation (mIRE) (dir.), *Comparer la protection sociale dans l'Europe du Sud*, Paris, p. 293-306.

Baktavatsalou R., 1995, «Les préretraites en 1994», *Premières Synthèses*, 110, Paris, ministère du Travail et des Affaires sociales, DARES, 22 août.

Baktavatsalou R., 1996, «Les dispositifs publics de préretraite en 1995», *Premières Synthèses*, DARES, 35, 2.

Barbier J.-C., 1998, «Les politiques publiques de l'emploi en perspective. Pour un cadre de comparaison des politiques nationales de l'emploi», *in* J.-C. Barbier, J. Gautié (dir.), *Les Politiques de l'emploi en Europe et aux États-Unis*, Paris, PUF, p. 383-412.

Barbier J.-C., 2002, «Peut-on parler d'"activation" de la protection sociale en Europe?», *Revue française de sociologie*, 43, 2, p. 307-332.

Barbier J.-C., Gautié J. (dir.), 1998, *Les Politiques de l'emploi en Europe et aux États-Unis*, coll. «Cahiers du Centre d'études de l'emploi», 37, Paris, PUF.

Barbier J. C., 2008, «Qualité et flexibilité de l'emploi en Europe. De nouveaux risques», *in* A.-M. Guillemard (dir), *Où va la protection sociale?*, Paris, PUF, p. 69-85.

Bass S., Morris R., Oka M. (eds.), 1996, *Public Policy and the Old Age Revolution in Japan*, New York, The Haworth Press.

Beck U., 2001, *La Société du risque. Sur la voie d'une autre modernité*, Paris, Aubier-Flammarion [1re édition en allemand, 1986].

Behagel L., 2005, «Les seniors, entre formation et éviction», *Connaissance de l'emploi*, n° 14, avril.

Behaghel, 2006, «Changement technologique et formation tout au long de la vie», *Revue Economique* 57(6) nov.

Bessin M., 1993, «Les seuils d'âge à l'épreuve de la flexibilité temporelle», *in* C. Quételet, *Le Temps et la Démographie*, actes du colloque Chaire Quetelet, Louvainla-la-Neuve, 14-17 septembre, Éric Vilquin (dir.), Academia.

Bessin M., 1996, «Les catégories d'âge face aux mutations temporelles de la société», *Gérontologie et Société*, 77, p. 45-57.

Best F., 1981, *Flexible Life Scheduling. Breaking the Education Work, Retirement Lockstep*, New York, Praeger.

Blanchet D., Pelé L.-P., 1999, «Social Security and Retirement in France», *in* J. Gruber, D. Wise (eds.), *Social Security and Retirement all around the World*, NBER, University of Chicago Press, p. 101-133.

Bolle P., 1997, «Le travail à temps partiel, liberté ou piège?», *Revue internationale du travail*, 136, 4, Genève, p. 609-632.

Boltanski L., Chiapello E., 1999, *Le Nouvel Esprit du capitalisme*, Paris, Gallimard.

Bonoli G., 1997, «Pension Politics in France. Patterns of Cooperation and Conflict in Two Recent Reforms», *West European Politics*, 20, 4, p. 160-181.

Bosch G., 1997, «Annual Working Hours. An International Comparison», *in* G. Bosch, D. Meulders, F. Michon, *Le Temps de travail: nouveaux enjeux, nouvelles normes, nouvelles mesures*, Bruxelles, Dulbea, p. 13-36.

Bosch G., 1999, «Le temps de travail: tendances et nouvelles problématiques», *Revue internationale du travail*, 138, 2, Genève, p. 141-162.

Boudon R., 1995, *Le Juste et le Vrai*, Paris, Fayard.

Bourdon N., Mouton-Benoit F., 1994, «Le chômage des demandeurs d'emploi âgés de plus de 50 ans de 1982 à 1992», *in* L. Salzberg, A.-M. Guillemard (dir.), *Emploi et Vieillissement*, Paris, La Documentation française, p. 113-123.

Brunet F., 2002, «Comment les entreprises anticipent-elles le vieillissement de l'emploi?», *Données Sociales*, 2002-2003, Paris, INSEE, novembre, p. 193-198.

Brunet F., Richet-Mastain L., 2002, «L'âge des salariés joue surtout à l'embauche», *Premières Synthèses*, DARES, n° 15-3, avril.

Burdillat M., Charpentier P., 1995a, «La retraite progressive: une banalisation de la cessation anticipée de l'activité», *Annales des Mines*, mars, p. 69-79.

Burdillat M., Charpentier p., 1995b, «Les préretraites progressives entre gestion des sureffectifs et partage du travail», *Cahiers de recherche du GIP mutations industrielles*, 67, janvier.

Cahuc P., 2005, «Le difficile retour en emploi des seniors», documents de travail, Centre d'observation économique, Chambre de commerce et d'industrie de Paris, n° 69.

Camdessus 2004, Le sursaut-Vers une nouvelle croissance pour la France, La Documentation française.

Campbell N., 1999, *The Decline of Employment among Older People in Britain*, CASE Paper, 19, Londres, London School of Economics, Center for Analysis of Social Exclusion (CASE).

Canceil G., 2002, «La situation des plus âgés sur le marché du travail», *in* M. Aglietta, D. Blanchet, F. Héran (dir.), *Démographie et Économie*, rapport du Conseil d'analyse économique, Paris, La Documentation française, p. 323-336.

Casey B., 1989, «Early Retirement. The Problem of Instrument Substitution and Cost Shifting and their Implications for Restructuring the Process of Retirement", *in* W. Schmähl (ed.), *Redifining the Process of Retirement. An International Perspective*, Berlin, Springer Verlag, p. 133-150.

Casey B., 1998, «Retraite anticipée ou tardive: incitations et désincitations», document de travail, OCDE, AWP 3.3F, pour le projet «Préserver la prospérité dans une société vieillissante».

Casey B., Laczko F., 1989, «Early Retirement, a Long Term Unemployment ? The Situation of Non-Working Men 55-64 from 1979 to 1986», *Work, Employment and Society*, III, 4, p. 505-526.

Casey B., Wood S., 1994, «Great Britain: Firm Policy, State Policy and the Employment and Unemployment of Older Workers», *in* F. Naschold, B. De Vroom (eds.), *Regulating Employment and Welfare. Company and National Policies of Labour Force Participation at the End of Worklife in Industrial Countries*, Berlin, De Gruyter, p. 363-394.

Caspar P., Afriat C., 1988, *L'Investissement intellectuel*, Paris, Economica.

Castel R., 1995, *Les Métamorphoses de la question sociale. Une chronique du salariat*, Paris, Fayard.

Castells M., 1998, *La Société en réseaux*, Paris, Fayard.

Castles F. (ed.), 1993, *Families of Nations Pattern of Public Policy in Western Democracies*, Aldershot, Dartmouth Publishing Company.

Castles F., Mitchell D., 1993, «Three Worlds of Welfare Capitalism or Four ?», *in* F. Castles (ed.), *Families of Nations. Public Policy in Western Democracies*, Brookfield, Vt. Dartmouth, p. 93-127.

Caussat L., Roth N., 1997, «De l'emploi à la retraite: générations passées et futures», *Revue française des affaires sociales*, numéro hors série, «Le vieillissement comme processus», p. 177-201.

Cereq, 2007, «Génération 98, 7 ans après. Quelques événements de la vie professionnelle».

Cereq, 2008, «Quand l'école est finie. Premiers pas dans la vie active de la Génération 2004».

Chamboredon J.-C., Prévot J., 1973, «Le métier de l'enfant», *Revue française de sociologie*, 14, p. 295-335.

Charpentier P., Galtier B., 1996, «Les préretraites progressives: un dispositif au service de l'emploi et de l'entreprise. Vers un partage du travail voluntaire et de l'emploi», Direction régionale du travail et de l'emploi, Rhône-Alpes, octobre.

Chauvel L., 1998, *Le Destin des générations. Structure sociale et cohortes en France au xxe siècle*, Paris, PUF.

Chenu A., 1999, «Itinéraires professionnels d'ouvriers et d'employés (1968-1990) », *in* C. Dubar, C. Gadéa (dir.), *La Promotion sociale en France*, Villeneuve d'Ascq, Presses universitaires du Septentrion.

Chokrane B., Hatchuel G., 1999, «La dynamique sociale des seniors», *Consommation et modes de vie*, CREDOC, 135, mai.

Cnav, 2008, «L'emploi en fin de carrière. Illustration avec la génération 1941», *Cadr@ge*, n° 4, septembre.

Cohen D., Dupas P., 2000, «Trajectoires comparées des chômeurs en France et aux États-Unis», *Économie et Statistique*, n° 332-333.

Commissariat Général du Plan, 1986, *Vieillir solidaires*, Paris, La Documentation française.

Commissariat Général du Plan, 1991, *Livre blanc sur les retraites*, Paris, La Documentation française.

Commissariat Général du Plan, 1995, *Perspective à long terme des retraites*, groupe présidé par Raoul Briet, Paris, La Documentation française.

Commissariat Général du Plan, 1999, *L'Avenir*

de nos retraites, rapport au Premier ministre (dir. Rapport Charpin), Paris, La Documentation française.

Commission des Communautes Europeennes, 2004, «Accroître l'emploi des travailleurs âgés et différer la sortie du marché du travail», communication, 146, Bruxelles.

Commission Européenne, 1999a, *L'Emploi en Europe en 1998*, Luxembourg, Office des publications des communautés européennes.

Commission Européenne, 1999b, *Les Travailleurs âgés sur le marché du travail*, Observatoire de l'emploi, *System Tendances*, 33, hiver.

Commission Européenne, 1999c, *The European Labour Market in Light of Demographic Change*, Luxembourg, Office des publications des communautés européennes.

Commission Européenne, 1999d, *Vers une Europe pour tous les âges. Promouvoir la prospérité et la solidarité entre les générations*, Bruxelles, Com/99/121.

Commission Européenne, 2000, *La Protection sociale en Europe 1999*, Luxembourg, Office des publications des communautés européennes.

Commission Européenne, 2005, «Face aux changements démographiques, une nouvelle solidarité entre générations», livre vert, non publié.

Commission européenne, 2007, Communication sur des principes communs de Flexicurité, Publication des Communautés européennes.

Conseil d'Analyse Économique (CAE), 2005, *Les Seniors et l'emploi en France*, Paris, La Documentation française.

Conseil d'Orientation des Retraites, 2002, *Retraites : renouveler le contrat social entre les générations. Orientations et débats*, premier rapport 2001, Paris, La Documentation française.

Conseil d'Orientation des Retraites, 2010, *Retraites, annuités, points ou comptes notionnels ? Options et modalités techniques*, septième rapport, janvier.

Conseil Économique et Social Européen, 2001, «Avis sur les travailleurs âgés», note 33, *Journal officiel des commu-nautés européennes*, C14, 16 janvier.

Conseil européen de Stockholm, Conclusions de la présidence, 23-24 mars 2001.

Coomans G., 2001, «Horizon 2010 : perspectives démographiques et emploi», *in* Conseil économique et social, *Âges et em-ploi à l'horizon 2010*, Éditions des journaux officiels, p. 8-68.

COR (2002). Document en annexe du premier rapport, Cf au dessus.

Credoc, 1999, *L'Évolution des opinions et des comportements des seniors depuis vingt ans en France*, Paris.

Crouch C., 1993, *Industrial Relations and European State Traditions*, Oxford, Clarendon Press.

Czada R., Windhoff-Heritier A. (eds.), 1991, *Political Choice. Institutions, Rules and the Limits of Rationality*, Francfort-sur-le-Main, Campus.

Dahrendorf R., 1988, *The Modern Social Conflict. An Essay on the Politics of Liberty*, New York, Weindenfeld & Nicolson.

Dalmasso R., Gomel B., 2014, "Motifs de la rupture conventionnelle des seniors in : Jolivet A., Molinié A. F., Volkoff S., Le travail avant la retraite, Paris ed Liaisons, p. 53-70.

Daniel C., Palier B. (dir.), 2001, *La Protection sociale en Europe. Le temps des réformes*, MIRE, Paris, La Documentation française.

Dares, 1995, «Les préretraites en 1994», *Premières Synthèses*, 110, Paris, ministère du Travail et des Affaires sociales, 22 août.

Dares, 1996, «Les dispositifs publics de préretraite en 1995», *Premières Synthèses*, 35, 2.

Dares, 1998, «La durée d'une vie de travail. Une question de génération ?», *Premières Synthèses*, n° 98-12 50. 2.

Dares, 2000, *La Durée de vie active. Un siècle d'évolution 1896-1997. Projection jusqu' en 2050*, Les Dossiers de la DARES, n° 6, Paris, La Documentation française.

Dares, 2002a, «L'âge des salariés joue surtout à l'embauche», *Premières Synthèses*, n° 15-3, avril.

Dares, 2002b, «Les entreprises se préoccupent peu du vieillissement démographi-que», *Premières Synthèses*, avril, 15-4.

Dares, 2002c, «Les préretraites. Un outil important de la gestion des âges dans les entreprises», *Premières Synthèses*, n° 45, 1er novembre.

Dares, 2003, «Les seniors et la formation continue. Un accès limité mais avec de grandes différences selon les situations professionnelles», *Premières Synthèses*, n° 12-1, mars.

Dares, 2005, «Accroître l'emploi des seniors: entre volontés et difficultés», *Premières Synthèses*, n° 41.

Dares, 2007, *Colloque «Âge et Travail. Emploi et travail des seniors, des connaissances à l'action»*, document d'études, n° 125.

Dares, 2008, Direction de l'Animation de la recherche et des Etudes Statistiques *Enquête française sur les conditions de travail de 2005*, Ministère du Travail.

Dares, 2009a, *Trajectoires de fin de carrière et départ à la retraite*, groupe de travail du Conseil d'orientation de l'emploi, 14 janvier.

Dares, 2009b, «Activité des seniors et politiques de l'emploi», tableau de bord trimestriel, décembre.

Davoine L., Erhel C., 2007, «La Qualité de l'emploi en Europe: une approche comparative et dynamique», Economie et Statistique n° 410, 2007 p. 47-69.

De Grip A., Hoevenberg J., Willems E. (eds.), 1997, «L'emploi atypique dans l'Union européenne», *Revue internationale du travail*, Genève, 136, 1, p. 55-78.

De Vroom B., 2001, «The Shift from Early to Late Exit Changing Institutional Conditions and Individual Preferences. The Case of the Netherlands», *in* Japan Institute of Labour, *Toward Active Ageing in the 21st century*, Workshop symposium, Japan/US/EU Joint Program, Tokyo, 29-30 novembre.

De Vroom B., Blomsma M., 1991, «The Netherlands. An Extreme Case», *in* M. Kohli, M. Rein, A.-M. Guillemard, H. van Gunsteren (eds.), *Time for Retirement. Comparative Studies of Early Exit from Labor Force*, Cambridge, Cambridge University Press, p. 97-126.

De Vroom B., Guillemard A.-M., 2002, «From Externalization to Integration of Ageing Workers: Institutional Changes at the End of the Worklife», *in* P. Jensen, J. Goul Andersen (eds.), *Changing Labour Markets, Welfare Policies and Citizenship*, Bristol, Policy Press, p. 183-208.

Debbasch C., Bourdon J., 1999, *Les Associations*, Paris, PUF.

Défenseurs des droits, 2013, *Rapport annuel, 2012*, Paris.

Delarue V., 2003, «Dynamiser l'emploi des seniors en France, quelques pistes», Analyses économiques, DPAE n° 12 oct.

Delsen L., Reday-mulvey G. (eds.), 1996, *Gradual Retirement in the OECD Countries. Macro and Micro Issues and Policies*, Aldershot, Dartmouth Publishing Company.

DREES, 2009 Direction de la Recherche et des Etudes Statistiques, «Carrière et retraite: le modèle Trajectoire l», Ministère des solidarités et de la Santé.

Drury E., 1993, *Age Discrimination Against Older Workers in the European Community*, Londres, Eurolink Age.

Dumons B., Pollet G., 1994, *L'État et les retraites. Genèse d'une politique*, Paris, Belin.

Dumont G.-F. *et alii*, 1979, *La France ridée*, Paris, Hachette.

Ebbinghaus B., 2000, «Any Way out of Exit

from Work? Reversing the Entrenched Pathways of Early Retirement», *in* F. W. Scharpf, V. Schmidt (eds.), *Welfare and Work in the Open Economy*, vol. II: *Diverses responses to common challenges*, Oxford, Oxford University Press, p. 511-553.

Ebbinghaus B., 2006, *Reforming Early Retirement in Europe, Japan and the USA*, Oxford, Oxford University Press.

Ebbinghaus B., Manow P., 2001, «Studying Varieties of Welfare Capitalism», *in* B. Ebbinghaus et P. Manow (eds.), *Comparing Welfare Capitalism, Social Policy and Political Economy in Europe, Japan and the USA*, Cambridge, Routledge.

Economie et statistique, 1990, *L'Avenir des retraites*, 233, juin.

Ekamper P., 1997, «Future Age. Conscious Manpower Planning in the Netherlands. From Early Retirement to a New Perspective on the Elderly?», *International Journal of Manpower*, 18, 3, MBC University Press, p. 232-247.

Esping-Andersen G., 1990, *The Three Worlds of Welfare Capitalism*, Princeton, NJ: Princeton University Press, [traduc-tion française: *Les Trois Mondes de l'État providence. Essai sur le capitalisme moderne*, Paris, PUF, coll. «Le Lien Social», 1999].

Esping-Andersen G., Sonnberger H., 1991, «The Demographies of Age in the Labor Market Management», *in* J. Myles, J. Quadagno (eds.), *States, Labor Markets and the Future of Old-Age Policy*, Philadelphie, Temple University Press, p. 227-249.

Esping-Andersen G., 1996a, *Welfare States in transition. National Adaptations in Global Economies*, Londres, Sage Publications.

Esping-Andersen G., 1996b, «Welfare States Without Work. The Impasse of Labour Shedding and Familialism in Continental European Social Policy», *in* G. Esping-Andersen (ed.), *Welfare States in Transition: National Adaptations in Global Economies*, Londres, Sage Publications, p. 66-87.

Esping-Andersen G., 1996c, «Positive-Sum Solutions in a World of Trade-Offs», *in* G. Esping-Andersen (ed.) *Welfare States in Transition*, Londres, Sage Publication, p. 256-267.

Esping-Andersen G., 1997, «Hybrid or Unique? The Japanese Welfare State between Europe and America», *Journal of European Social Policy*, Londres, Sage Publications, 7, 3, p. 179-189.

Esping-Andersen G., 1999, *Social Foundations of post Industrial Economies*, Oxford, Oxford University Press.

Esping-Andersen G., 2000, «Regulation and Context. Recon-sidering the Correlates of Unemployment», *in* G. Esping-Andersen, M. Regini (eds.), *Why deregulate Labour Markets?*, Oxford, Oxford University Press, p. 99-112.

Esping-Andersen G., 2002, *Why do we Need a New Welfare State?*, Oxford, Oxford University Press.

Estienne J.-F., 1996, *Vieillissement et retraites au Japon*, Paris, La Documentation française.

Estienne J.-F., 1999, *Réforme et avenir des retraites: les enseignements de l'exemple japonais*, Paris, La Documentation française.

European foundation for the improvement of living and working conditions, 2007, *First European Quality of Life Survey. Time use and work-life options over the life course*, Luxembourg.

Ewald F., 1986, *L'Etat Providence*, Grasset.

Ewald F., 1992, «Responsabilité, solidarité, sécurité. La crise de la responsabilité en France à la fin du xxe siècle», *Risques*, 10, avril-juin, p. 9-24.

Ferrera M., 1996, «The Southern Model of Welfare in Social Europe», *Journal of European Social Policy*, 6, 1, p. 17-37.

Ferrera M., Hemerijck A., Rhodes m., 2000,

The Future of Social Europe. Recasting Work and Welfare in the New Economy, CELTA, Oeiras, Portugal.

Flamant N., 2005, «Les jeunes, les seniors et l'entreprise. Faux débats, vraies questions», *Entreprise et personnel*, n° 250.

Fondation européenne de Dublin, 1997, *La Lutte contre les barrières de l'âge dans l'emploi*, Fondation européenne pour l'amélioration des conditions de vie et de travail.

Fondation européenne pour l'amélioration des conditions de vie et de travail, 1997, *La Lutte contre les barrières de l'âge dans l'emploi*, Luxembourg, Office des publications des communautés européennes.

Fourel C., Loisiel J.-P., 1999, «Huit Français sur dix sont concernés par la vie associative», *Consommation et modes de vie*, CREDOC, 133, février.

Francfort I., Osty F., Sainsaulieu R., 1995, *Les Mondes sociaux de l'entreprise*, Paris, Desclée de Brouwer, coll. «Sociologie économique».

Fujimura H., 2000, «Employment Extension for Workers in their Early 60's at Japanese Firms», *Japan Labour Bulletin*, avril, p. 6-10.

Fujimura H., 2001, «Revision of Pension System and Employment Issues Involving Workers in their Early 60's», *in* Japan Institute of Labour, *Toward Active Ageing in the 21st Century*, Japan/US/EU Joint Program symposium, Tokyo, Mimeo.

Gallie, D., Paugam, S., 2000, *Welfare Regimes and the Experience of Unemployment*, Oxford, Oxford University Press.

Gaudart C., Weill-Fassina A., 1999, «L'évolution des compétences au cours de la vie professionnelle. Une approche ergonomique», *Formation Emploi*, 67, juillet-septembre.

Gaullier X., 1999, *Les Temps de la vie. Emploi et retraite*, Paris, Éditions Esprit.

Gaullier X., Thomas C., 1990, *Modernisation et gestion des âges. Les salariés âgés et l'emploi*, rapport au ministère du Travail, de la Solidarité, de la Santé et de la Protection sociale, Paris, La Documentation française.

Gautié J., 2002, *De l'invention du chômage à sa déconstruction*, Genèses 2002/1 n° 46.

Gautié J., 2004, «Des marchés internes aux marchés transitionnels», *in* J.-P. Touffut (dir.), *Institutions et Emploi*, Paris, Albin Michel.

Gautié J., Guillemard A. M. (dir), 2004, «Gestion des âges et rapports intergénérationnels dans les grandes entreprises: études de cas», juin, disponible sur le site Web du CEE, www.cee-recherche.fr/fr/query_re-direct. asp

Gazier B., 1991, *Économie du travail et de l'emploi*, Paris, Dalloz.

Gazier B., 1998, «Ce que sont les marchés transitionnels», *in* J.-C. Barbier, J. Gautié (dir.), *Les Politiques de l'emploi en Europe et aux États-Unis*, Paris, PUF, p. 339-355.

Giddens A., 1998, *The Third Way. The renewal of social Democracy*, Cambridge, UK Polity Press.

Gilbert N., 2002, *Transformation of the Welfare State. The Silent Surrender of Public Responsability*, Oxford, Oxford University Press.

Gould R., 2006, «Choice or Chance, Late Retirement in Finland», *Social Policy and Society*, vol. V, n° 4, p. 519-532.

Gould R., Saurama L., 2003, «From Early Exit Culture to the Policy of Active Ageing. The Case of Finland», *in* T. Maltby, B. De Vroom, M.-L. Mirabille, E. Overbye (eds), *Ageing and Transition to Retirement. A comparative Analysis of european Welfare States*, Ashgate, Aldershot.

Guillemard A.-M., 1986, *Le Déclin du social: formation et crise des politiques de la vieillesse*, Paris, PUF, coll. «Sociologies».

Guillemard A.-M., 1990, «Les nouvelles frontières entre travail et retraite en France»,

La Revue de l'IRES, 2, hiver, p. 41-98.

Guillemard A.-M., 1993a, «L'équité entre générations dans les sociétés démographiquement vieillissantes. Un problème d'évaluation des politiques publiques», *Il Politico. Rivista italiana di scienze politiche* (Pavia), n° 12, janvier-juin, p. 5-29.

Guillemard A.-M., 1993b, «Emploi, protection sociale et cycle de vie : résultats d'une comparaison internationale des dispositifs de sortie anticipée d'activité», *Sociologie du travail*, 3, 1993, p. 257-284.

Guillemard A.-M., 1993c, «Travailleurs vieillissants et marché du travail en Europe», *Travail et Emploi*, 57, p. 60-79.

Guillemard A.-M., 1993d, «Utilité sociale des retraités et des personnes âgées», *CLEIRPA Infos*, numéro spécial hors série, p. 23-27.

Guillemard A.-M., 1994, «Attitudes et opinions des entreprises à l'égard des salariés âgés et du vieillissement de la main-d'œuvre», *in* L. Salzberg, A.-M. Guillemard (dir.), *Emploi et Vieillissement*, Paris, La Documentation française, p. 57-70.

Guillemard A.-M., 1995, «Paradigmes d'interprétation de la sortie anticipée d'activité des salariés vieillissants», *Travail et Emploi*, 63, 2, p. 4-22.

Guillemard A.-M., 1998, «Réforme des modalités de passage de la vie active à la retraite», *in* Commission européenne, *La Protection sociale en Europe 1997*, chapitre 5, Luxembourg, Office des publications officielles des communautés européennes, p. 113-128.

Guillemard A.-M., 1999a, «Cycle de vie», *in* A. Akoun, P. Ansart (dir.), *Dictionnaire de sociologie*, Le Robert/Seuil, p. 129-130.

Guillemard A.-M., 1999b, «Incertitudes et perspectives de la fin de carrière» *Sociétal*, dossier spécial, «Démographie et emploi. Le grand retournement», 25-juin, p. 35-40.

Guillemard A.-M., 2002a, «L'Europe continentale face à la retraite anticipée. Barrières institutionnelles et innovations en matière de réforme», *Revue française de sociologie*, «L'Europe sociale en perspectives», 43, 2, avril-juin, p. 333-368.

Guillemard A. M., 2002b, «De la retraite mort sociale à la retraite solidaire», *Gérontologie et Société*, n° 102 p. 53-66.

Guillemard A. M., 2005, «La construction sociale de la catégorie de "travailleur âgé" dans une perspective comparée», *in* J.-C. Barbier, M.-T. Letablier (eds), *Politiques sociales. Enjeux méthodologiques et épistémologiques des convergences internationales*, PIE-Peter Lang, Bruxelles, p. 229-246.

Guillemard A. M., 2007a, «Pourquoi l'âge est-il en France le premier facteur de discrimination dans l'emploi ?», *Retraite et Société*, n° 51 p. 12-27.

Guillemard A. M., 2007b, *Prolonger la vie active face au vieillissement. Quels leviers d'action ? Les enseignements de l'étranger*, anact, septembre, www. anact. fr

Guillemard A. M. (dir.), 2008, *Où va la protection sociale ?*, Paris, PUF.

Guillemard A.-M., 2013, "Prolonging Working life in an Aging world: A crossnational Perspective on Labor Market and Welfare Policies. Toward Active Aging", in Field, Burke, Cooper (eds), *The SAGE Handbook of Aging, Work and Society*, SAGE, London, p. 60-74.

Guillemard A.-M., 2015a, «Age Policy», *in* Wright J.-D. (ed.), *International Encyclopedia of the Social and Behavioral Sciences*, 2nd ed, vol 1, Oxford, Elsevier, p. 323-325.

Guillemard A.-M., 2015b, «Sécurité sociale et transformation des rapports entre les générations», *Informations sociales*, n° spécial 70ème anniversaire de la sécurité sociale, octobre, p. 116-124.

Guillemard A.-M., Taylor P., Walker A., 1996, «Managing an Ageing Workforce in Britain and France», *The Geneva Papers on Risk and Insurance*, 21, 81, octobre, p. 478-

501.

Guillemard A.-M., Van Gunsteren H., 1991, «Pathways and their Prospects. A Comparative Interpretation of the Meaning of Early Exit», *in* M. Kohli *et alii* (eds), *Time for Retirement. Comparative Studies of early Exit from the Labor Force*, p. 362-388.

Guillemard A.-M., Cornet G., 2001, *Relever le taux d'activité des salariés âgés. Les enseignements de la comparaison des cas néerlandais et finlandais*, rapport pour le Conseil d'orientation des retraites, juillet (résumé de ce document en annexe du premier rapport du COR, «Retraites: renouve-ler le contrat social entre les générations», Paris, La Documentation française, 2002, p. 367-376).

Habermas J., 1978, *Raison et légitimité. Problèmes et légitimation dans le capitalisme avancé*, Paris, Payot.

Hairault J. O, Langot F., Sopraseuth T., 2004, *Le Double Dividende des incitations à la prolongation d'activité*, rapport cepremap pour le Commissariat général du Plan.

Hall P., 1993, «Policy Paradigms, Social Learning ant the State. The Case of Economic Policy Making in Britain», *Comparative Politics*, 25, 3, p. 275-296.

Hall P., Soskice D. (eds), 2001, *Varieties of Capitalism. The Institutional Foundations of Comparative Advantage*, New-York, Oxford University Press.

Hall P., Taylor R., 1997, «La science politique et les trois néo-instutionnalismes», *Revue française de science politique*, 47, 3-4, juin-août, p. 469-496.

Hassenteufel P., Smith A., 2002, «Essoufflement ou second souffle? L'analyse des politiques publiques à la française», *Revue française de science politique*, 52, 1, février, p. 53-73.

Heclo H., 1974, *Modern Social Politics in Britain and Sweden*, New Haven, Yale University Press.

Heinz W. R., 2001, «Work and the Life Course. ACosmopolitan-LocalPerspective», *in* V. Marshall *et alii* (eds.), *Restructuring Work and the Life Course*, Toronto, University of Toronto Press, p. 3-22.

Henkens K., 1998, *Older Workers in Transition. Studies on the early Retirement Decision in the Netherlands*, La Haye, NIDI (rapport n° 53).

Hinrichs K., 2000, «Elephants on the Move. Patterns of Public Pension Reform in OECD Countries», *European Review*, 8, 3, juillet, p. 353-378.

Holzmann R., 2000, «The World Bank Approach to Pension Reform», *International Social Security Review*, 53, 1, p. 11-34.

Huet M., 1994, «Les attitudes des entreprises vis-à-vis des travailleurs vieillissants», *in* L. Salzberg, A.-M. Guillemard (dir.), *Emploi et Vieillissement*, coll. «Cahier Travail et Emploi», Paris, La Documentation française, p. 71-78.

Hutchens R., 1994, «The United States: Employment Policies for Discouraging Work by Older People», *in* f. naschold, b. de vroom (eds.), *Regulating Employment and Welfare. Company and National Policies of Labour Force Participation at the End of Worklife in industrial Countries*, Berlin, De Gruyter, p. 395-431.

Igas, 2004, *Gestion des âges et politiques de l'emploi*, rapport annuel de l'Inspection générale des affaires sociales, Paris, La Documentation française.

Ilmarinen J., 2006, *Towards a Longer Worklife*, Helsinki, Finnish Institute of Occupational Health.

Inagami T., 1991, «Tendances récentes du système japonais de relations industrielles: néocorporatisme et nouvelle "identité syndicale"», *Sociologie du travail*, XXXIII, 1, p. 27-50.

Inkeles A., Usui C., 1988, «The Retirement Decision in Crossnational Perspectives», *in* R.

Ricardo-Campbell, E. Lazear (eds.), *Issues in Contemporary Retirement*, Stanford, Hoover Institute Press, p. 273-296.

Iribarne (d') P., 1989, *La Logique de l'honneur. Gestion des entreprises et traditions nationales*, Paris, Seuil, coll. «Sociologie».

Iribarne (d') P., 1991, «Culture et effet "sociétal"», *Revue française de sociologie*, 33-1, p. 599-624.

Iwata K., 2001, «Employment and Policy Development Relating to Older People in Japan», *in* Japan Institute of Labor, *Toward Active Ageing in the 21st century, Japan/ US/ EU joint Program*, 29-30 novembre, Tokyo, Mimeo.

Jacobs K., Kohli M., Rein M., 1991, «Germany. The Diversity of Pathways», *in* M. Kohli, M. Rein, A.-M. Guillemard, H. van Gunsteren (eds.), *Time for Retirement. Comparative Studies of Early Exit from Labor Force*, p. 181-221.

Jacquet G., 2005, *Le Défi de l'emploi des seniors*, Les études de la Fondation pour l'innovation politique.

Japan Institute of Labour (2001), *Toward Active Ageing in the 21st century*, Workshop symposium, Japan/US/EU Joint Program, Tokyo, 29-30 novembre.

Jenson J., 2010, «Diffusing Ideas after Neo-Liberalism. The Social Investment Perspective in Europe and Latin America», *Global Social Policy*, 10, 1, p. 59-84.

Jobert B., 1995, «Rhétorique politique, controverses scientifiques et construction des normes institutionnelles. Esquisse d'un parcours de recherche», *in* A. Faure, G. Pollet, P. Warin (dir.), *La Construction du sens dans les politiques publiques. Débats autour de la notion de référentiel*, Paris, L'Harmattan.

Jobert B., Muller P., 1987, *L'État en action. Politiques publiques et corporatismes*, Paris, PUF.

Jolivet A., 2008, «Réforme des retraites de 2003. Quel impact sur l'emploi des seniors ?» *Retraite et Société*, n° 54, juin, p. 10-31.

Kerschen N., Nénot A.-V., 1993, «La fin des préretraites ou l'éternel recommencement ?», *Droit social*, 5, mai, p. 470-482.

Kitschelt H., Lange P., Marks G., Stephen S. (eds.), 1999, *Continuity and Change in Contemporary Capitalism*, New York, Cambridge University Press.

Knight F. H., 1921, *Risk. Uncertainty and Profit*, Boston, Houghton Mifflin Company.

Kohli M., 1987, «Retirement and the Moral Economy. An Historical Interpretation of the German Case», *Journal of Aging Studies*, I-2, p. 125-144.

Kohli M., Rein M., Guillemard A.-M., Van Gunsteren H. (eds.), 1991, *Time for Retirement. Comparative Studies of Early Exit from the Labor Force*, Cambridge, Cambridge University Press.

Kreutz G., 2005, «Avis d'expert», *Réalité prévention*, n° 7.

Laczko F., 1987, «Older Workers. Unemployment and the Discouraged Worker Effect», *in* S. Di Gregorio (ed.), *Social Gerontology: New directions*, Londres, Croom Helm, p. 239-251.

Laczko F., Phillipson C., 1991a, «Great Britain. The Contradictions of Early Exit», *in* M. Kohli, M. Rein, A.-M. Guillemard, H. Van Gunsteren (eds.), *Time for Retirement. Comparative Studies of Early Exit from the Labor Force*, p. 222-251.

Laczko F., Phillipson C., 1991b, *Changing Work and Retirement. Social Policy and the Older Worker*, Philadelphie, Open University Press.

Lainé F., 2003, «Les seniors et la formation continue. Un accès limité mais avec de grandes différences selon les situations professionnelles», *Premières Synthèses*, DARES, n° 12-1, mars.

Lautman J., 1996, «Risque et rationalité», *An-

née sociologique, 46, 2, p. 273-285.

Lazear E., 1979, «Why is there Mandatory Retirement ?», *Journal of Political Economy*, n° 87, p. 1261-1284.

Legrand M., 1987, *Préretraite et dynamique associative*, thèse de 3e cycle de sociologie, université de Nancy II.

Le Minez S., 1995, «Les entreprises et le vieillissement de leur population : faits et opinions», *Travail et Emploi*, 63-2, février, p. 23-39.

Lenoir R., 1979, «L'intervention du troisième âge et l'inversion des rapports entre générations», *Actes de la recherche en sciences sociales*, vol. 26, n° 1, p. 57-82.

Le rapport de la Cour des Comptes, 2008, Rapports Publics, Documentation Française.

Lewis J., 1992, «Gender and the Development of Welfare Regimes», *Journal of European Social Policy*, 3, p. 159-173.

Livre blanc sur les retraites (1991), commandé par Michel Rocard, (note 3) Livre blanc sur les Retraites. Rapports Publics La Documentation Française.

Maddison A., 1995, *L'Économie mondiale 1820-1992. Analyse et statistiques*, Paris, OCDE.

Maltby T., de Vroom B., Mirabile M.-L., Overbye E. (eds), 2004, *Ageing and the Transition to Retirement. A compara- tive analysis of European Welfare States*, Aldershot, UK, Ashgate.

Marchand O., 2002, *Plein emploi, l'improbable retour*, Paris, Gallimard, coll. «Folio actuel».

Marchand O., Marquié J.-C., Paumès D., Volkoff S. (dir.), 1995, *Le Travail au fil de l'âge*, Toulouse, Éditions Octares.

Marchand O., Minni C., Thélot C., 1998, «La durée d'une vie de travail. Une question de génération ?», *Premières Synthèses*, DARES, n° 98-12 50.2.

Marchand O., Salzberg L., 1996, «La gestion des âges à la française», *Données sociales*, Paris, INSEE, p. 165-173.

Marchand O., Thélot C., 1997, *Le Travail en France. 1800-2000*, Nathan, coll. «Essai et Recherches».

Marioni P., 2005, «Accroître l'emploi des seniors : entre volontés et difficultés», *Premières Synthèses*, DARES, n° 41.

Marioni P. (coord.), 2007, *Colloque «Âge et Travail. Emploi et travail des seniors, des connaissances à l'action»*, document d'études, DARES, n° 125.

Marquié J.-C., Paumès D., Volkoff S. (dir.), 1995, *Le Travail au fil de l'âge*, Toulouse, Éditions Octares.

Martine J. 2012, "L'emploi des seniors au Japon : un état des lieux du contexte et des pratiques", Ebisu, 48, p. 173-199.

Martine J., 2012, "L'emploi des seniors au Japon : un état des lieux du contexte et des pratiques", Ebisu, 48, p. 173-199.

Maurice M., 1989, «Méthode comparative et analyse sociétale. Les implications théoriques des comparaisons internationales», *Sociologie du travail*, 21, 2, p. 175-191.

Maurice M., Sellier F., Silvestre J.-J., 1982, *Politique d'éducation et organisation industrielle en France et en Allemagne*, Paris, PUF.

Maurice M., Sellier F., Silvestre J.-J., 1992, «Analyse sociétale et cultures nationales. Réponse à Phillippe d'Iribarne», *Revue française de sociologie*, XXXIII-1, janvier-mars, p. 75-86.

Mayer K. U., Müller W., 1986, «The State and the Structure of the Life Course», *in* A. Sorensen, F. Weinert, L. Sherrod (eds), *Human Development and the Life Course*, Hillsdale, NJ, Erlbaum, p. 217-245.

Mayer K. U., Schoepflin U., 1989, «The State and the Life Course», *Annual Review of Sociology*, XV, p. 187-209.

Mayntz R., Scharpf F. W., 2001, «Institutionnalisme centré sur les acteurs», *Politix*, 14-55, p. 95-123.

Mc Ewan E. (ed.), 1992, *Age : The Unrecognised*

Discrimination, Londres, ACE Books.
Mehl D., 1982, «Culture et actions associatives», *Sociologie du travail*, 1, p. 24-42.
Menger P.-M., 2002, *Portrait de l'artiste en travailleur. Métamorphoses du capitalisme*, Paris, Seuil, coll. «La République des idées».
Mercat-Bruns M., 2001, *Vieillissement et droit à la lumière du droit français et du droit américain*, Paris, LGDJ.
Mercat-Bruns M., 2002, «Discriminations fondées sur l'âge et fin de carrière», *Retraite et Société*, n° 36, La Documentation française, p. 112-135.
Merrien F.-X., 2002, «États providence en devenir. Une relecture critique des recherches récentes», *Revue française de sociologie*, 43, 2, avril-juin, p. 211-242.
Merrien F.-X., Parchet R., Kernen A., 2005, *L'État social. Une perspective internationale*, Paris, Armand Colin.
Mette C., 2013, «Trajectoires de fin de carrière: Illustration à partir des retraités du régime général de la génération 1944», *Les Cahiers de la CNAV*, Document de Travail n° 6 mars
Michaudon H., 2000, «L'engagement associatif après 60 ans», *INSEE première*, 737, septembre.
Ministère du travail, 1994, *Travail, Emploi, Vieillissement*, colloque euro-péen, 22-23 novembre 1993, Paris, La Documentation française.
Ministère du travail, 1996, *Travail et vieillissement dans les entreprises*, colloque européen, 12-13 juin 1995, OPIO, synthèse, mai.
Ministry of finance, 2006, *The Lisbon Strategy for Growth and Jobs. The finish National Reform Programme 2005-2008*, Annual Progress Report, Helsinki.
Ministry of labour, 2000, *White Paper on Labour 2000. The Best mix of Young and Middle Aged and Older Workers in an Ageing society*, The Japan Institute of Labour, Tokyo.
Ministry of social affairs and health (finland), 2002, *The Many Faces of the National Programme on Ageing Workers*, The Concluding Report on the Programme, Helsinki.
Minni C., Topiol A., 2002, «Les entreprises se préoccupent peu du vieillissement démographique», *Premières Synthèses*, DARES, avril, 15-4.
Minni C., Topiol A., 2003, «Les entreprises face au vieillissement de leurs effectifs», *Économie et Statistique* n° 368, p. 43-63.
Minni C., 2015, Emploi et chômage des 55-64 ans en 2013 in *DARES Analyses*, février 2015, n° 12
Monchois X., Gelot D., 1994, «Les bénéficiaires de la politique active de l'emploi de plus de 50 ans», *in* L. Salzberg, A.-M. Guillemard (dir.), *Emploi et Vieillissement*, Paris, La Documentation française, p. 143-169.
Morel N., Palier B., Palme J. (eds), 2009, *What Future for Social Investment?*, Stockholm, Institute for Future Studies. Research Report 2009/2.
Muller P., 2000, «L'analyse cognitive des politiques publiques: vers une sociologie politique de l'action publique», *Revue française de science politique*, numéro spécial, «Les approches cognitives des politiques publiques», 50, 2, avril, p. 189-207.
Muller P., Surel Y., 1998, *L'Analyse des politiques publiques*, Paris, Montchrestien.
Naschold F., De Vroom B. (eds.), 1994, *Regulating Employment and Welfare. Company and National Policies of Labour Force Participation at the End of Worklife in industrial Countries*, Berlin, De Gruyter.
Naschold F., De Vroom B., Casey B., 1994, «Regulating Employment and Retirement. An International Comparison between Firms and Countries», *in* F. Naschold, B. De Vroom, *Regulating Employment and Welfare*, p. 434-494.

Naschold F., Oppen M., Peinemannn H., Rosevow J., 1994, «Germany: the Concerted Transition from Work to Welfare», *Regulating Employment and Welfare. Company and National Policies of Labour Force Participation at the End of Worklife in Industrial Countries*, p. 117-182.

Neugarten B., 1982, *Age or Need ? Public Policies for older People*, Beverly Hills, Sage.

Neumarck D., 2001, *Age Discrimination Legislation in the United States*, National Bureau of Economic Research, Working Paper Series, 8152, mars.

Nohara H., 1999, «L'analyse sociétale des rapports entre les activités féminine et masculine. Comparaison France-Japon», *Revue française de sociologie*, 40, 3, juillet-septembre, p. 131-158.

O'Connor J., 1973, *The Fiscal Crisis of the State*, New York, Saint Martin's Press.

OCDE, 1981, *The Welfare State in crisis*, Paris.

OCDE, 1995a, *The Transition from Work to Retirement*, Paris, Social Policy Studies, 16.

OCDE, 1995b, *Les Travailleurs âgés et le marché du travail*, Paris.

OCDE, 1998, *Maintaining Prosperity in an Ageing Society*, Paris.

OCDE, 2000, *Des réformes pour une société vieillissante*, Paris.

OCDE, 2003, *Ageing and Employment Policies. Sweden*, Paris.

OCDE, 2004a, *Ageing and Employment Policies. Finland*, Paris.

OCDE, 2004b, *Ageing and Employment Policies. Japan*, Paris.

OCDE, 2004c, *Ageing and Employment Policies. United Kingdom*, Paris.

OCDE, 2005, *Vieillissement et politiques de l'emploi. France*, Paris.

OCDE, 2006, *Vivre et travailler plus longtemps*, Paris.

OCDE, 2013, *Perspectives de l'Emploi*, Editions OCDE, Paris.

OCDE, 2014, *Vieillissement et politiques de l'emploi. France. Mieux travailler avec l'âge*. Editions OCDE, Paris.

OFCE (Observatoire français des conjonctures économiques), 2007, *Étude comparative sur les pays européens ayant un taux d'emploi des seniors élevé*, rapport au Conseil d'orientation des retraites, septembre.

Offe C., 1984, *Contradictions of the Welfare State*, Londres, Hutchinson.

Oka M., Kimura T., 2003, «Managing an Ageing Labour Force. The Interplay between Public Policies and the Firm's Logic of Action. The Case of Japan, *Geneva Papers on Risk and Insurance*, vol. XXVIII, n° 4, octobre, p. 596-611.

Olofsson G., 2001, *Age, Work and Retirement in Sweden. Views, Policies and Stratégies of Key Actors. The Swedish Case*, Paper for the Millenium Project Conference, Japan Institute of Labour, Tokyo, 29-30 novembre.

Olofsson G., Peterson J., 1994, «Sweden: Policy Dilemmas of Older Workforce in a Changing "Work Society"», *in* F. Naschold, B. De Vroom (eds.), *Regulating Employment and Welfare. Company and National Policies of Labour Force Participation at the End of Worklife in Industrial Countries*, p. 183-247.

Osterman P., 1999, *Securing Prosperity*, Princeton, Princeton University Press.

Palier B., Bonoli G., 2000, «La montée en puissance des fonds de pension. Une lecture comparative des réformes des systèmes de retraite», *L'Année de la régulation*, 4, p. 224-227.

Paxton W., Regan S., 2001, «Progressing Asset Based Policies in the UK», contribution au séminaire international, Londres, janvier, MIMEO.

Percheron A., 1991, «Police et gestion des âges», *in* A. Percheron, R. Rémond (dir.), *Age et Politique*, Paris, Economica, p. 111-

139.
Phillipson C., 1982, *Capitalism and the Construction of Old Age*, Londres, Mc Millan Press.

Piachaud D., 1986, «Disability, Retirement and Unemployment of Older Men», *Journal of Social Policy*, XV-2, p. 145-162.

Pierson P., 1994, *Dismantling the Welfare State ? Reagan, Thatcher and the Politics of Retrenchment*, Cambridge, Cambridge University Press.

Pierson P., 1998, «Irresistible Forces, Immovable Objects: Post Industrial Welfare States Confront Permanent Austerity», *Journal of European Public Policy*, 5, 4, décembre, p. 539-560.

Pierson P., 2000, «Increasing Returns, Path Dependance and the Study of Politics», *American Political Sciences*, 4, 94, 2, juin, p. 251-267.

Pierson P. (ed.), 2001a, *The New Politics of the Welfare State*, Oxford, Oxford University Press.

Pierson P., 2001b, «Coping with Permanent Austerity. Welfare State Restructuring in Affluent Democracies», *in* P. Pierson. (ed.), *The New Politics of the Welfare State*, p. 410-456.

Plumier G., 2005, «Chômage senior. Abécédaire de l'indifférence ?», Harmattan.

Pochet P., 1998, «Les pactes sociaux dans les années 1990», *Sociologie du Travail*, 2.

Poussou-Plesse M., 2008, *Faire salariat à part. Enquêtes sur les fins de carrière. France 1997-2008*, thèse de sociologie, université Paris-Descartes, décembre.

Premières synthèses, 2002, «Emploi des salariés selon l'âge (ESSA)», enquête, premiers résultats, DARES, avril, 15-1-15-4.

Quintreau B., 2001, *Ages et emploi à l'horizon 2010*, avis et rapport du Conseil économique et social, Éditions des journaux officiels, 2 vol.

Radaelli C., 2000, «Logiques de pouvoir et récits dans les politiques publiques de l'Union européenne», *Revue française de science politique*, 50, 2, avril, p. 255-276.

Rappoport B., 2009, *Trajectoires de fin de carrière et départ à la retraite*, groupe de travail du Conseil d'orientation de l'emploi, DARES, 14 janvier.

Rawls J., 1999 [1971], *A Theory of Justice*, Oxford, Oxford University Press.

Regan S., 2001, «Assets and Progressive Welfare. Introduction», contribution au séminaire international, Londres, janvier, MIMEO.

Reynaud J.-D., 1989, *Les Règles du jeu. L'ac-tion collective et la régulation sociale*, Paris, Armand Colin.

Riley M., Johnson M., Foner A. (eds.), 1972, *Aging and Society. A Sociology of Age Stratification*, New York, Russell Sage Foundation.

Riley M., Kahn R., Foner A. (eds.), 1994, *Age and Structural Lag, Society's Failure to Provide meaningful Opportunities in Work Family and Leisure*, New York, Wiley-Interscience.

Roberts G. S., 1996, «Between Policy and Practice: Japan's Silver Human Ressource Centers as Viewed from the Inside», *in* S. Bass, R. Morris, M. Oka (eds.), *Public Policy and the Old Age Revolution in Japan*, New York, The Haworth Press, p. 115-132.

Rochefort R., 2000, *Vive le Papy Boom*, Paris, Odile Jacob.

Rosanvallon P., 1981, *La Crise de l'État providence*, Paris, Seuil.

Roth N., 2000, «L'activité après 50 ans: évolutions récentes», *Retraites choisies et progressives*, rapport présenté par D. Taddei, Paris, La Documentation française, p. 143-154.

Roussel L., 1989, *La Famille incertaine*, Paris, Odile Jacob.

Rozenkier A., 1986, «Associations: la vie qui continue», *Informations sociales*, 5, p. 71-

75.

Ruellan R., 1993, «Retraites: l'impossible réforme est-elle achevée?», *Droit social*, 12, p. 911-912.

Sabatier P.-A., Schlager E., 2000, «Les approches cognitives des politiques publiques: perspectives américaines», *Revue française de science politique*, numéro spécial, «Les approches cognitives des politiques publiques», 50, 2, avril, p. 209-233.

Salzberg L., Guillemard A.-M. (eds.), 1994, *Emploi et Vieillissement*, coll. «Cahier Travail et Emploi», Paris, La Documentation française.

Samuels R., 1987, *The Business of the Japanese State*, Ithaca, Cornell University Press.

Sautter C., 1990, «L'État et le travailleur japonais», in Y. Higuchi, C. Sautter (dir.), *L'État et l'individu au Japon*, Paris, Éditions de l'École des hautes études en sciences sociales.

Scharpf F. W., 1997, *Games Real Actors Play. Actor Centered Institutionalism in Policy Research*, Boulder, CO.: Westview Press.

Scharpf F. W., 2000, «Economic Changes, Vulnerabilities and Institutional Capabilities», in F. W. Scharpf, V. Schmidt (eds.), *Welfare and Work in the Open Economy*, Oxford, Oxford University Press, vol. I, p. 21-124.

Scharpf F. W., 2001, «Employment and the Welfare State. A Continental Dilemma», in B. Ebbinghaus, P. Manow (dir.), *Comparing Welfare Capitalism. Social policy and Political Economy in Europe, Japan and the USA*, Cambridge, Routledge.

Scharpf F. W., Schmidt V. (eds.), 2000, *Welfare and Work in the Open Economy*, Oxford, Oxford University Press, vol. I: *From Vulnerability to Competitiveness*, vol. II: *Diverse Responses to Common Challenges*.

Schmid G., 2001, «L'activation des politiques d'emploi: combiner la flexibilité et la sécurité dans les marchés transitionnels», *Institutions et Croissance*, Paris, Albin Michel.

Schmidt V., 2000, «Values and Discourse in the Politics of Adjustment», in F. W. Scharpf, V. Schmidt (eds.), *Welfare and Work in the Open Economy*, vol. I, p. 229-309.

Segrestin D., 1992, *Sociologie de l'entreprise*, Paris, Armand Colin.

Seike A., 2001, «Beyond Lifetime Employment», *The Geneva Papers on Risk and Insurance*, 26, 4, octobre, p. 642-655.

SESI, 1998, Service des Etudes Statistiques et de l'Information A précédé la DARES, *Données sur la Situation sanitaire et sociale en France ?* Ministère du Travail.

Silvent Madi K., 2000, *L'Expérience finlandaise. Le programme national pour les salariés vieillissants*, rapport de mission, chef de mission FNE, DGEFP, ministère de l'Emploi et de la Solidarité, 13 février.

Smelser, Halpern, 1978, «The hisotrical triangulation of Family, Economy and Education», Edited by John Demas and Sarane Spence Boocock, 278-315. Chicago: UNiversity of Chicago Press.

Soskice D., 1999, «Divergent Production Regimes: Coordinated and Uncoordinated Market Economies in the 1980's and 1990's», in H. Kitschelt *et alii* (eds), *Continuity and Change in Contemporary Capitalism*, p. 252-283.

Spitz B., 2006, *Le Papy-krach*, Paris, Grasset.

Standing G., 1986, «La flexibilité du travail et la marginalisation des travailleurs âgés. Pour une nouvelle stratégie», *Revue internationale du travail*, 125, 3, p. 363-383.

Standing G., 1986, «La flexibilité du travail et la marginalisation des travailleurs âgés. Pour une nouvelle stratégie», Revue internationale du travail, 125, 3, p. 363-383.

Strauss A., 1978, *Negotiations: Varieties, Contexts, Processes and Social Order*, San Francisco, Jossey-Bass.

Strauss A., 1981, «Symbolic Interaction and Social Policy Analysis», *Symbolic Interaction*,

4, 1, printemps, p. 75-86.

Sue R., 1995, *Temps et ordre social*, Paris, PUF.

Supiot A. (dir.), 1999, *Au-delà de l'emploi. Transformations du travail et devenir du droit du travail en Europe*, rapport pour la Commission des communautés européennes, Paris, Flammarion.

Taddei D., 2000, *Retraites choisies et progressives*, rapport du Conseil d'analyse économique, Paris, La Documentation française.

Taylor P. (ed), 2008, *Ageing Labour Forces Promises and Prospects*, Cheltenham, UK, Edward Elgar.

Taylor P., Walker A., 1994, «The Ageing Workforce: Employers Attitudes towards Older Workers», *Work, Employment and Society*, 8, 4, p. 569-591.

Taylor P., Walker A., 1998a, «Employers and Older Workers. Attitudes and Employment Practices», *Ageing and Society*, 18, p. 641-658.

Taylor P., Walker A., 1998b, «Policies and Practices towards Older Workers. A Framework for Comparative Research», *Human Resource Management Journal*, vol. VIII, n° 3, p. 61-76.

Teulade R., 2000, *L'Avenir des systèmes de retraite*, rapport au Conseil économique et social, Journal officiel, 17 janvier.

Thelen K., 1999, «Historical institutionalism in comparative politics», Annual Review of political Science, vol. 2 p. 369-404.

The Lower House of The States General, 2000, *Promoting the Participation of older Workers in the Labour Process*, Statement from the Minister for Social Affairs and Employment, Session 1999-2000, 27046N, La Haye, 14 mars.

Topiol A., 2001, «Anticiper le flux des départs par métiers», *Réalités industrielles*, Annales des Mines, numéro spécial, «Gestion démographique des ressources humaines», mai, p. 38-44.

Trommel W., De Vroom B., 1994, «The Lorelei-Effect of Early Exit», *in* F. Naschold, B. De Vroom (eds.), *Regulating Employment and Welfare. Company and National Policies of Labour Force Participation at the End of Worklife in industrial Countries*, p. 51-115.

Van Dalen H. P., Henkens K., 2002, «Early Retirement Reform: can it and will it Work?», *Ageing and Society*, 22, p. 209-231.

Van Der Veen R., Trommel W., De Vroom B., 2000, «Institutional Change of Welfare States, Empirical Reality, Theoretical Obstacles», *in* H. Wagenaar (ed.), *Government Institutions. Effects, Changes and Normative Foundations*, Tha Hague, Kluwer Academic Publishers, p. 33-53.

Cécile van de Velde, 2008, «Devenir adulte Sociologie comparée de la jeunesse en Europe», PUF.

Veltz P., 2000, *Le Nouveau Monde industriel*, Paris, Gallimard.

Vimont C., 2001, *Le Nouveau troisième âge. Une société active en devenir*, Paris, Economica.

Viriot-Durandal, J. P. 1999, Le Pouvoir Gris, PUF.

Visser J., Hemerijck A., 1997, «A Dutch Miracle», *Job Growth, Welfare Reform and Corporatism in the Nehterlands*, Amsterdam, Amsterdam University Press.

Volkoff S., Molinié A.-F., Jolivet A., 2000, *Efficaces à tout âge? Vieillissement démographique et activités de travail*, dossier du Centre d'études de l'emploi, 16, Paris, La Documentation française.

Volkoff S., Bardot F., 2004, «Départs en retraite, précoce ou tardifs: à quoi tiennent les projets des salariés quinquagénaires?», *Gérontologie et Société*, n° 111, décembre 2004, p. 71-94.

Wadensjö E., 1996, «Gradual Retirement in Sweden», *in* L. Delsen, G. Reday-Mulvey (eds.), *Gradual Retirement in OCDE*

Countries : Macro and Micro Issues and Policies, Aldershot, Dartmouth Publishing Company, p. 25-44.

Walker A., 2002, «Active Strategies for Older Workers in the United Kingdom», *in* M. Jepsen, D. Foden (eds.), *Active Strategies for Older Workers,* European Trade Union Institute (ETUI), Bruxelles, p. 403-426.

Wilensky H., 1975, *The Welfare State and Equality : Structural and Ideological Roots of public Expenditures,* Berkeley, University of California Press.

Zaidman C. *et alii,* 2000, «Les dispositifs de cessation d'activité. État des lieux et évolutions souhaitables», *in* D. Taddei, *Retraites choisies et progressives,* rapport du Conseil d'analyse économique, Paris, La Documentation française, p. 95-121.

訳者あとがき

　本書の著者，アンヌ゠マリー・ギルマール（Anne-Marie Guillemard）は，現在パリ デカルト ソルボンヌ大学名誉教授で，社会保護，年金制度，雇用に関する国際比較研究で著名なフランスの社会学者である。本書は，2010年にフランスで刊行された *Les défis du vieillissement. Âge, Emploi, Retraite. Perspectives internationales.* Armand Colin の日本語版である。さらに詳しく言えば，2010年版は2003年に著した *Âge de l'emploi. Les sociétés à l' épreuve du vieillissement,* Paris, Colin（雇用の年齢。高齢化の試練に直面する社会）を基に，新たなデータを加え，結論の主張をより確固にした，いわば同じテーマの第2弾にあたる。今回日本での刊行にあたって，著者の希望により最新データを採り込み，加筆した日本語版独自の改訂版となっている（著者の指示により，2010年版の第7章は削除した）。

　先進諸国は人口の高齢化と長寿化に直面して，年金制度の改正に取り組んできたが，それと同等か，むしろそれ以上に重要なのはキャリア後半の雇用問題と，世代間の仕事の配分方法に関することなのである，と著者は問題提起する（第1章）。雇用と社会保護の公共政策の選択によって，キャリア後半の職業上の脆弱性は国によって対照的に異なる。エスピン-アンデルセンの福祉国家類型論にヒントを得て，著者はその傾向を4つに類型化し，各々の代表例としてフランス，スウェーデン，日本，イギリスの労働市場と社会保護の特質を抽出する（第3章）。選択された公共政策と，それに係る関連アクター（国，労使代表，関連団体）の合意による相互作用によって社会的に構築された「年齢文化」が多くの先進諸国で早期退職制度を蔓延化させた（第2章，第4章）。しかし，人生を年齢で教育期・労働期・引退期の3段階で区切るのは，産業社会時代に形成された規範体系である。年齢区分を基礎とし，リスク発生の補償に重点を置くこれまでの社会保護制度から，就労と失業が交互に来るリスクが多くなる現代の情報・知識時代，長寿化社会には，生涯を通じて被雇用者能力を保てる社会保護の再構築が求められる（第7章，第8章），と説く。

　著者は1972年，高齢をテーマにした社会学の先駆的著作 *La Retraite une Mort Sociale,* Paris, Mouton（退職，社会的な死）を刊行し，内外で注目された。以降，各国の研究者と高齢者雇用を主とした調査研究を重ね，国際比較研究の実績を重ねてきた。すなわち，本書は著者の40数年の研究成果の集大成作と言える。ほかに代表作として，1986年の *Le déclin du social—Formation et crise des politiques de la vieillesse,* Presse Universitaires de France（社会的なものの衰退——高齢者政策の形成と危機）がある。英語論文も多数あるが，その中には本書でも紹介された日本人研究

者との共同調査による日本企業の人事管理の事例研究（第5章参照）もある。

　訳語について，2点記したい。まず，本書の大きなテーマである「社会保護」（protection sociale）は，大づかみに言えば，（日本の「社会保障」の概念にほぼ近い広義の概念と役割を担う。次に，よく現れる用語「向老期勤労者」「年配勤労者」について。「向老期勤労者」は40歳代後半以降の労働者を指し，原書では salarié vieillissant（老いゆく勤労者）である。「年配勤労者」は50歳代後半からを指し，salarié âgé（高齢勤労者）と表現されている。しかし，40〜50歳代に「老い」「高齢」を前面に出す原語表現と，その年代層に対する日本人の認識との間には乖離があり，上記のような訳語にした。また本書では超高齢ではない世代を示す senior も幅広く使用されている。これは文字通り「シニア」と訳した。近年は「シニア」が多用される傾向がある。また EU の高齢者雇用の方針を反映して，salarié âgé（年配高齢者）の用語は60歳からを指す場合も現われてきた。

　本書はフランス政府機関アンスティチュ・フランセの翻訳出版助成制度 PAP の2015年度対象作品に選ばれ，版権料助成を授与され，支えられた。ここに深く感謝申し上げたい。

　翻訳作業は当初，日仏女性研究学会の当時の有志数人と担当章を決め，学習会を開くなどして開始した。しかし，病気で倒れる人など，個々の事情が発生して翻訳チームは自然消滅に至った。それでも，各人が担当した第1稿の翻訳文は，下訳として活用させていただいた。感謝の意を込めて，ここにお名前と担当章を記したい。石田久仁子氏（第1章，第2章），加藤康子氏（第3章），伊吹弘子氏（第5章，第6章）の3人である。

　その後の翻訳者探しは容易ではなかった。幸いにもスイス在住の友人，三崎由美子氏の参加を得て，翻訳成就するに至った。紆余曲折の大幅な遅延により，ミネルヴァ書房編集部の担当者，北坂恭子氏には多大なご迷惑をおかけしたこと，ここに改めてお詫び申し上げつつ，深く感謝を申し上げる。

2018年10月

監訳者　藤森　宮子

人名索引

あ 行

ヴァンダヴィーン（Van Der Veen, R.） 210
エスピン - アンデルセン（Esping-Andersen, G.）　17, 89, 95, 113, 201, 202, 225
エビングハウス（Ebbinghaus, B.）　97, 98, 107

か 行

カステル（Castells, M.）　15
カステル（Castel, R.）　88
カユック（Cahuc, P）　77
ギデンズ（Giddens, A.）　250
ギルマール（Guillemard, A.-M.）　iv, 16
クーマン（Coomans, G.）　173
ゴーティエ（Gautié, J.）　82, 92, 252
コーリ（Kohli, M.）　iv, 16

さ 行

シェプリン（Schoepflin, U.）　16, 23
シャルパン（Charpin, J.-M.）　128
シャルプフ（Scharpf, F. M.）　93, 113, 226
シュナペール（Schnapper, D.）　107
シュミット（Schmid, G.）　252
シュミット（Schmidt, V.）　93, 96, 226
ジョスパン（Jospin, L.）　128
ジョベール（Jobert, B.）　195, 196, 226
スタンディング（Standing, G.）　76, 77
スピオ（Supiot, A.）　133, 248, 253, 288
ソンベルジェ（Sonnberger, H.）　95

た 行

ティトマス（Titmuss, R. M.）　17
ドゥブルーム（De Vroom, B.）　97, 177, 178, 197, 210
トロンメル（Trommel, W.）　210

な 行

ナショルド（Naschold, F.）　97, 177, 178, 196
ヌーガルテン（Neugarten, B.）　258

は 行

ハインツ（Heinz, W. R.）　15, 23
バルビエ（Barbier, J.-C.）　92, 137, 234, 250
ピアソン（Pierson, P.）　94, 112, 118, 119, 201-203, 206, 208, 224
ヒンリクス（Hinrichs, K.）　129
フラマン（Flamant, N.）　287
ブレア（Blair, T.）　159, 160, 250
ベック（Beck, U.）　14-16
ベッサン（Bessin, M.）　15, 16

ま 行

ミュレール（Muller, P.）　95
メイヤー（Mayer, K. U.）　16, 23
メルカ＝ブラン（Mercat-Bruns, M.）　102

ら 行

ライリー（Riley, M.）　16
レイン（Rein, M.）　iv

事項索引

あ行

あらゆる年齢で働く権利（の文化）　20, 104, 135, 143
あらゆる年齢の人のための社会　217, 222, 257, 259
アリーナ　195, 196, 198, 209, 225, 226
暗黙の世代間契約　68
欧州委員会　22, 26, 136, 167, 205, 225, 253, 255, 259, 261
欧州大陸型の社会保護レジーム　113
欧州理事会
　——（2000年，リスボン）　27
　——（2001年，ストックホルム）　27
　——（2002年，バルセロナ）　27
オランダの障害保険の再構成　21
オランダの失業経路の改革　213
オランダの政策 VUT（フレキシブル退職とプレ年金）　211

か行

「稼ぎ頭の男性」モデル（male breadwinner model）　108
活力ある高齢化（vieillissement actif）　7, 26, 257
　——のEUの方針　26, 27
　——の概念（OECD考案）　26, 238
　——の文化　95, 157
過渡的労働市場　248, 252
完全早期退職制度 ASFNE（全国雇用基金の早期退職特別手当）　121
企業制の早期退職　126
キャリア後半における労働市場の典型的な4つの軌道　99
休息権　150, 280, 288
強制退職年齢（定年）　152, 189
強制退職年齢（定年，日本）　145, 147, 152, 192
「経験は国家の資産」（フィンランドの国家計画：1998-2002年）　215, 218
経済社会諮問院の報告書（ルネ・トゥラード，元社会問題担当大臣の報告書）　128
公的早期退職制度（ARPEと段階的早期退職）の廃止（2003年，年金改革）　79, 124
コーポラティスト的保守主義的レジーム　91
「コーポラティストの，または協調組合主義」の仕組み　176
コーポラティズム（協調組合主義）　67, 108
国民運動連合（UMP）　80
55-64歳年齢層の就業率引き上げに関する数値目標　27
個人指導のチューター制の実施　268
国家計画（フィンランド）　215
雇用5ヵ年法（1993年，フランス）　132
雇用政策と労働市場のモデル　92
雇用なき社会保護　115
雇用における年齢差別禁止に関するEU指令　73
雇用における年齢差別禁止法（アメリカ）　106, 178
雇用における年齢差別禁止法案（オランダ）　214
雇用における年齢に基づく差別と戦う法律（英国）　162
雇用／年金の重複の自由化（フランス）　82
雇用を維持する文化　105

さ行

再雇用（日本）　145, 152, 188, 192
最初の強制退職年齢（役職定年，日本）　188
産業関係のシステムの類型　176
産業社会の3段階の時間性モデル　231
35時間労働　134
35時間労働に関するオーブリー法Ⅰ・Ⅱ　133
三世代間の連帯契約　280
時間貯蓄口座　182, 186
失業保険による早期退職制度　119
シニア雇用のための国の協議行動計画（2006-2010年）　134, 262, 263
シニア対象のサービス提供を増強する施策（アクションNo.15）　270

事項索引

シニアの職業資格に向けてのAFPA（国立成人職業教育局）の活動を増やす施策（アクションNo.16）　270
社会的投資（政策）　93, 135, 137, 225, 249
社会的引き出し権　133, 153, 248, 253, 254, 288
社会保護のレジーム　89
社会保護レジームの類型（エスピン-アンデルセン）　82, 90
社会民主主義レジーム　90
周縁化／補償つき排除　101
自由主義的ないしは残余主義レジーム　91
終身雇用　145
就労義務の文化　105
就労人口の収縮　171, 172
就労年齢の多様性のためのよき実践法令　106
「就労目的の福祉（welfare to work）」　106, 137, 160, 179
出向　188, 189
生涯職業教育に関する法律（2004年5月4日）　132, 269
職業教育（制度）　59, 61
職業訓練参加率　61
人口高齢化（日本）　166
人口の年齢中央値　22
新歴史制度主義（新制度主義）　18, 19, 87, 88, 98, 107
ステークホルダー年金　162
ストックホルム首脳会議（EU）（2001年）　169
すべての年齢での雇用能力の強化　249
政局への積極的介入主義　93
制度上の非流動性（粘着性）（institutional stickiness）　94, 110, 202, 203
世代間契約　68
世代間の労働分配　68
積極的雇用政策プログラム「就労保障」の導入（スウェーデン）　142
1986年の「高年齢者等の雇用安定等に関する法律」（略称「高年齢者雇用安定法」）　ii, 148, 149, 187
早期就労停止措置　67
早期退職（の権利）　67, 103
早期退職手段の制限　118
早期退職制度の需給制限（2003年，年金改革）　124
早期退職制度の制限（スウェーデン）　141
早期退職年金（企業）　79
早期退職（の）文化　64, 65, 67, 68, 74, 75, 102, 103, 115, 116
早期退職優遇制度（ERIP: Early Retirement Incentive Programs, アメリカ）　82
ソシエタル（社会生活・制度の）分析　12, 13, 18, 98

た 行

第3年齢　11, 245
退職年齢の中央値（フランス）　165
大陸型モデル　137, 174, 175
大陸型社会保護レジーム　112, 113, 118
大陸型レジームの制度上の非流動性の強さ　205
タデイ報告書　129
段階的早期退職（制度）　120, 121, 182, 206
段階的早期退職協定　183
段階的早期退職の（公的）制度　119, 120
チューター制度　71, 272
長期キャリア保持者のための早期退職　125, 182, 189
積み立て型「プレ年金」（オランダ）　211, 212
転籍　188, 189
ドゥラランド（Delalande）税　119
特定給与労働者期限前活動停止制度（CATS）　172

な 行

内部市場の不安定化　58, 75, 76
2001年11月16日法　83
日本型モデルの2つの重要な要素　146
日本の福祉国家モデル　146
認識論的アプローチ　87, 94
認知的アプローチ　21
認知的次元　226
年金改革
——（スウェーデン）　141
——（フランス，1993年）　117, 273
——（フランス，2003年）　124, 130, 270, 273
——（フランス，2010年）　271, 273, 274
——（フランス，2014年）　274

年齢閾の平滑化　246
年齢統治　20, 23, 66, 68, 115
年齢の混交　240
年齢文化　20, 21, 94, 98, 101, 102, 107, 111

　　　　　　は　行

パートタイム労働と部分的な障害年金の組み合わせ（スウェーデン）　138
パートタイム労働と部分年金を組み合わせる新たなオプション（オランダ）　211
排斥／維持　105
バラデュール首相の一般制度改革　128
フィンランドの第１次国家５年計画（1998-2002）　215
フィンランドの第２次国家５か年計画 VETO　217
フォーラム　196, 198
福祉国家モデル（スカンジナビア）　136
部分年金とパートタイム労働の組み合わせ（フランス）　137
フランス企業運動（MEDEF）　196, 263, 271
フレキシキュリティ　76, 248, 253
北欧モデル　174
補償つき排除　103, 108

　　　　　　や　行

予防的で活力ある社会保護　249

　　　　　　ら　行

ライフコースの脱制度化　234
リスボン首脳会議（EU）（2000年）　169
連帯する引退期の出現　243
「労働衛生」計画（2005-2009年）　134, 269
労働契約法定合意解約制度　52
労働時間貯蓄制度　133
労働時間の減少　235
労働時間の細分化　235
労働市場からの早期退職文化　21
労働市場への統合／再統合　104
「労働なき社会保護」の悪循環　117
労働なき福祉国家（welfare state without work）　103, 113, 115
老齢年金改正に関する法律（1994年、日本）　168, 192

　　　　　　わ　行

ワッセナー合意（1982年 オランダ）　226

　　　　　　欧　文

asset-based-welfare（遺産贈与を基盤とした社会保護）　248, 250
ACA（高齢失業手当）　122, 185
ANACT（全国労働条件改善局）　269, 270
ANPE（国立雇用局）　270
ARPE（雇用代替手当）の制度　121, 122, 184, 185, 206
ASFNE（全国雇用基金の早期退職特別給付制度）　116, 119, 122, 172, 180, 182
CAATA（アスベストを扱う労働者の規定年齢前就労停止制度）　124
CATS（特定給与労働者規定年齢前就労停止制度）　124, 172, 182, 186
CFDT（民主労働総連合）　80
CFE-CGC（幹部職員同盟）　80
CFTC（キリスト教労働同盟）　80
CGT（労働総同盟）　80, 264, 272
CIE（雇用率先契約，1995年）　131
CIF（研修個人休暇）　132
CNAV（老齢保険全国金庫）　56, 78
COR（年金方針委員会）　129, 192, 227, 273
CRE（雇用復帰契約）　131
CTF（研修時間基金）　132
DARES（調査研究統計推進局）　38
EDEC（雇用と専門的能力の発達契約）　269
FACT（労働条件改善基金）　269
FCAATA（アスベスト労働者規定年齢前就労停止基金）　124
FO（労働者の力）　80
GPEC（雇用と専門的能力の予測管理）　269
PLESS（社会保障財政法案，2007年）　271
PRP（段階的早期退職制度）　122
RPR（共和国連合）　127
UDF（フランス民主連合）　127
Unedic（全国商工業雇用連合）　121, 122
VAE（実務経験有効化資格認定）　269
VETO（2003-2007年，フィンランドの第２次国家計画）　222, 223
VUT（Voluntary Early-Retirement, オランダの任意早期退職の略語）　210

〈著者紹介〉

アンヌ＝マリー・ギルマール（Anne-Marie Guillemard）

パリ デカルト ソルボンヌ大学名誉教授。フランスの社会学者。社会保護，年金制度，雇用に関する国際比較研究で国際的に評価されている。

　1972年，老いをテーマにした社会学の先駆的著作 *La Retraite une Mort Sociale*, Paris, Mouton（退職，社会的な死）の刊行で内外の注目を浴びる。以降，各国の研究者と高齢者雇用を主とした国際共同調査研究やシンポジウム活動などを重ね，国際比較研究の実績を重ねる。1986年に発表の *Le déclin du social—Formation et crise des politiques de la vieillesse*, Presse Universitaires de France（社会的なものの衰退—高齢者政策の形成と危機）は，第二次世界大戦後のフランスの高齢者政策の形成過程と実践を膨大な資料と調査研究で明晰に描出して分析し，高齢者政策の社会学者としての地位を確固とした。

〈訳者紹介〉

藤森宮子（ふじもり・みやこ）［担当章：序章・第2・5・6・7・8章］

　監訳者紹介参照。

三崎由美子（みさき・ゆみこ）［担当章：序章・第1・2・3・4・5・6章］

　仏IT関連企業日本法人の代表取締役を15年務めた後，スイスに移住。仏企業の通訳，翻訳を担当，現在に至る。パリ第5大学（現パリ デカルト大学）社会学部社会科学博士前期課程修了。修士号取得。

〈監訳者紹介〉

藤森宮子（ふじもり・みやこ）

金城大学元教授。日本介護福祉学会評議員。
パリ デカルト大学社会科学博士。早稲田大学大学院文学研究科仏文学修士。
博士論文（2008）：*Les politiques publiques de prise en charge de la vieillesse: une comparaison France-Japon* (1962-2005), 2008.（論文題名訳：高齢者公共政策の日仏比較—(1962-2005)）。
Miyako Nakamura Fujimori (2017), «À la recherche de la viabilité de l'assurance de soins de longue durée dans une société de longévité: le cas japonais», *in* A.-M. Guillemard, E. Mascova (dir.), *Allongement de la vie. Quels défis ? Quelles politiques ?*, Paris, La Découverte.（論文題名訳：長寿社会における介護保険の持続性を求めて——日本を事例に）。

新・MINERVA 福祉ライブラリー㉛
社会保障制度の高齢化への挑戦
——世代間の連帯契約で新たな制度を構築する——

2019年2月10日　初版第1刷発行　　　　〈検印省略〉

定価はカバーに
表示しています

監訳者　藤　森　宮　子
発行者　杉　田　啓　三
印刷者　江　戸　孝　典

発行所　株式会社　ミネルヴァ書房
607-8494　京都市山科区日ノ岡堤谷町1
電話代表（075）581-5191
振替口座　01020-0-8076

© 藤森宮子ほか，2019　　　共同印刷工業・清水製本

ISBN978-4-623-08492-0
Printed in Japan

G・エスピン-アンデルセン著／岡沢憲芙・宮本太郎監訳
福祉資本主義の三つの世界
　　——比較福祉国家の理論と動態
　　　　　　　　　　Ａ５判・304頁・本体3,400円

K・ペーターセン他編著／大塚陽子・上子秋生監訳
北欧福祉国家は持続可能か
　　——多元性と政策協調のゆくえ
　　　　　　　　　　Ａ５判・456頁・本体6,500円

グンナー・ミュルダール著／藤田菜々子訳
ミュルダール 福祉・発展・制度
　　　　　　　　　　四六判・360頁・本体4,200円

アラン・ウォーカー編著／岡田進一監訳／山田三知子訳
イギリスにおける高齢期のQOL
　　——多角的視点から生活の質の決定要因を探る
　　　　　　　　　　Ａ５判・260頁・本体3,500円

マイケル・ヒル他著／埋橋孝文・矢野裕俊監訳
イギリス社会政策講義
　　——政治的・制度的分析
　　　　　　　　　　Ａ５判・392頁・本体4,000円

――――― ミネルヴァ書房 ―――――
http://www.minervashobo.co.jp/